Hoheitsbetriebe von Kirchen und Religionsgemeinschaften

Schriften zum

STAATSKIRCHENRECHT

Herausgegeben von
Axel Frhr. von Campenhausen
und Christoph Link

Band 28

PETER LANG
Frankfurt am Main · Berlin · Bern · Bruxelles · New York · Oxford · Wien

Gerrit Nils Beermann

Hoheitsbetriebe von Kirchen und Religionsgemeinschaften

Eine körperschaftsteuerliche Untersuchung

PETER LANG
Europäischer Verlag der Wissenschaften

Bibliografische Information Der Deutschen Bibliothek
Die Deutsche Bibliothek verzeichnet diese Publikation in der Deutschen Nationalbibliografie; detaillierte bibliografische Daten sind im Internet über <http://dnb.ddb.de> abrufbar.

Zugl.: Berlin, Freie Univ., Diss., 2005

D 188
ISSN 1437-3149
ISBN 3-631-53886-3

www.peterlang.de

Meinen Eltern

Vorwort

Diese Arbeit ist im Wintersemester 2004/2005 vom Fachbereich Rechtswissenschaft der Freien Universität Berlin als Dissertation angenommen worden. Sie ist auf dem Stand vom September 2004.

Mein besonderer Dank gilt meinem Doktorvater, Herrn Professor Dr. Markus Heintzen, der die Anregung zu dieser Arbeit gegeben und ihr Entstehen durch großes Engagement gefördert hat. Mein Dank gilt auch Herrn Professor Dr. Helmut Lecheler für die Erstellung des Zweitgutachtens. Ebenfalls zu Dank verpflichtet bin ich Herrn Professor Dr. Axel Freiherr von Campenhausen und Herrn Professor Dr. Christoph Link für die Aufnahme dieser Arbeit in die von ihnen herausgegebene Reihe „Schriften zum Staatskirchenrecht".

Für die sorgfältige Korrektur des Manuskripts möchte ich mich bei Frau Sabine Trautmann bedanken.

Schließlich gilt mein Dank meinen Eltern, ohne deren Unterstützung und Interesse diese Arbeit nicht zustandegekommen wäre, meiner Schwester, Frau Alke Beermann, für ihre fachliche Begleitung und vor allem meiner Verlobten, Frau Anja Trautmann, für ihr Verständnis und ihren täglichen Rückhalt.

Berlin, im April 2005 — Gerrit Nils Beermann

Inhaltsverzeichnis

A. Einführung in die Thematik

I. Überblick über die Besteuerung von öffentlich-rechtlich verfassten Kirchen und Religionsgemeinschaften nach dem KStG

Juristische Personen des öffentlichen Rechts treten nicht nur als rechtlich verselbstständigte Verwaltungseinheiten auf Seiten des Staates auf, sondern der Status einer juristischen Person des öffentlichen Rechts steht grundsätzlich auch Kirchen und Religionsgemeinschaften zur Verfügung. Art. 140 GG i. V. m. Art. 137 Abs. 5 S. 1 WRV bestimmt, dass die Religionsgesellschaften Körperschaften des öffentlichen Rechts bleiben, soweit sie solche bisher waren. Anderen Religionsgesellschaften sind auf ihren Antrag gleiche Rechte zu gewähren, wenn sie durch ihre Verfassung und die Zahl ihrer Mitglieder die Gewähr der Dauer bieten, so Art. 140 GG i. V. m. Art. 137 Abs. 5 S. 2 WRV. In der Bundesrepublik Deutschland lassen sich daher sowohl privatrechtlich als auch öffentlich-rechtlich organisierte Kirchen und Religionsgemeinschaften finden.
Die Besteuerung juristischer Personen des öffentlichen Rechts ist nicht in einem geschlossenen Konzept oder System normiert[1]. Jedoch weisen mehrere Einzelsteuergesetze ähnliche Regelungsmodelle auf. So knüpfen § 20 Abs. 1 Nr. 10 a) und b) EStG, § 4 Nr. 1 GrEStG, § 3 Abs. 3 GrStG, § 21 Abs. 3 Nr. 1 UmwStG und § 2 Abs. 3 S. 1 UStG an den körperschaftsteuerrechtlichen Begriff des Betriebs gewerblicher Art nach § 1 Abs. 1 Nr. 6 und § 4 KStG an. Aus § 1 Abs. 1 Nr. 6 und § 4 KStG ergibt sich, dass juristische Personen des öffentlichen Rechts nur mit ihren Betrieben gewerblicher Art unbeschränkt steuerpflichtig sind[2]. Es besteht also eine auf den Bereich der wirtschaftlichen Betätigung sachlich beschränkte oder „partielle" Körperschaftsteuerpflicht[3] und keine unbeschränkte Steuerpflicht der juristischen Personen des öffentlichen Rechts als solche außerhalb der Figur des Betriebs gewerblicher Art[4].

---

[1] *Hüttemann*, Die Besteuerung der öffentlichen Hand, S. 19; *Seer*, in: DStR 1992, S. 1790, 1794.

[2] Unterhält eine juristische Person des öffentlichen Rechts keinen Betrieb gewerblicher Art i. S. des § 1 Abs. 1 Nr. 6 KStG, kommt eine beschränkte Körperschaftsteuerpflicht nach § 2 Nr. 2 KStG in Betracht.

[3] *Hüttemann*, Die Besteuerung der öffentlichen Hand, S. 30f.

[4] *Desens*, in: DStZ 2003, S. 654; *Graffe*, in: Dötsch/Eversberg/Jost/Pung/Witt, Körperschaftsteuer, § 1 KStG, Rn. 53; *Kessler/Fritz/Gastl*, in: BB 2001, S. 961, 963; *Reich/Helios*, in: BB 2001, S. 1442, 1443; *Steffen*, in: DStR 2000, S. 2025; *Zenthöfer*, in: Cattelaens/Gottstein/Stegmüller/Zenthöfer, Körperschaftsteuer[13], Rn. 71. *Gastl*, in: DStZ 2003, S.

Führt eine wirtschaftliche Betätigung zur Steuerpflicht, sind nach § 4 Abs. 5 S. 1 KStG Einrichtungen juristischer Personen des öffentlichen Rechts, die überwiegend der Ausübung öffentlicher Gewalt dienen und als Hoheitsbetriebe bezeichnet werden, keine Betriebe gewerblicher Art und daher nicht körperschaftsteuerpflichtig. Voraussetzung für die Annahme von nicht steuerpflichtigen Hoheitsbetrieben von Kirchen und Religionsgemeinschaften ist zunächst, dass die öffentlich-rechtlich organisierten Kirchen und Religionsgemeinschaften zu den in § 1 Abs. 1 Nr. 6 KStG genannten juristischen Personen des öffentlichen Rechts gehören. Zudem ist notwendig, dass die verfassungsrechtliche Grundlage des Art. 140 GG i. V. m. Art. 137 Abs. 5 WRV verfassungsgemäß und legitim ist[5] und dem Körperschaftsbegriff des Art. 140 GG i. V. m. Art. 137 Abs. 5 WRV nicht nur eine formelle, sondern auch eine materielle Wirkung zugeschrieben werden kann[6]. Darüber hinaus müssen die Kirchen oder Religionsgemeinschaften oder ihre Betriebe in der Lage sein, öffentliche Gewalt i. S. des § 4 Abs. 5 KStG auszuüben[7]. Sind diese Voraussetzungen gegeben, befinden sich öffentlich-rechtlich verfasste Kirchen und Religionsgemeinschaften im Kreis der nach § 1 Abs. 1 Nr. 6, § 4 Abs. 5 KStG Steuerbegünstigten. Dann ist der „kirchliche Hoheitsbetrieb" eine Möglichkeit, die verhindert, dass Einrichtungen von Kirchen und Religionsgemeinschaften der Steuerpflicht unterworfen werden. Als von der Besteuerung verschonte kirchliche Hoheitsbetriebe kommen z. B. kirchliche Hochschulen oder Erwachsenenbildungseinrichtungen in Betracht[8].

II. Die Begriffe des Hoheitsbetriebs und des Betriebs gewerblicher Art im Steuerrecht

Dem Begriff des Betriebs gewerblicher Art von juristischen Personen des öffentlichen Rechts widmet sich § 4 KStG. § 4 Abs. 5 KStG verdeutlicht, dass Betriebe, die überwiegend der Ausübung öffentlicher Gewalt dienen (Hoheitsbetriebe), nicht zu den Betrieben gewerblicher Art gehören. Die Hoheitsbetriebe sind somit von der Besteuerung freigestellt und stellen steuertechnisch eine doppelte Ausnahme dar. Schließt das KStG in seinem § 1 Abs. 1 juristische Per-

---

99, 105, schlägt vor, die Rechtslage dahingehend zu ändern, dass juristische Personen des öffentlichen Rechts generell für steuerpflichtig erklärt werden.

[5] Vgl. B. IV.

[6] Vgl. B. V. 2.

[7] Vgl. C. II. 3.

[8] Vgl. C. II. 4.

sonen des öffentlichen Rechts von der unbeschränkten Körperschaftsteuerpflicht aus und bezieht nur deren Betriebe gewerblicher Art ein, so sollen Hoheitsbetriebe wiederum von dieser Regelung nicht erfasst werden.
Für juristische Personen des öffentlichen Rechts bieten sich daher zunächst zwei Möglichkeiten, der unbeschränkten Körperschaftsteuerpflicht zu entgehen. Während nach § 1 Abs. 1 Nr. 4 KStG juristische Personen des privaten Rechts letztlich unabhängig von ihrem Tätigkeitsfeld unbeschränkt körperschaftsteuerpflichtig sind, können juristische Personen des öffentlichen Rechts eine unbeschränkte Körperschaftsteuerpflicht vermeiden, indem sie entweder überhaupt keine Betriebe gewerblicher Art unterhalten oder ihre Einrichtungen als Hoheitsbetriebe führen.
Muss eine Betätigung als Betrieb gewerblicher Art qualifiziert werden, bietet sich als dritte Möglichkeit zur Erlangung einer Steuervergünstigung das Gemeinnützigkeitsrecht an. Dies ist dann der Fall, wenn das Gemeinnützigkeitsrecht Anwendung finden kann und seine Voraussetzungen erfüllt sind.

III. Gegenstand der Untersuchung

Im Mittelpunkt der Untersuchung steht die Frage, ob und in welchem Umfang auf Seiten der Kirchen und Religionsgemeinschaften Hoheitsbetriebe im Sinn des Körperschaftsteuerrechts existieren. In diesem Zusammenhang wird auch die Figur des Betriebs gewerblicher Art nach den §§ 1 Abs. 1 Nr. 6, 4 Abs. 1 bis 4 KStG dargestellt. Um den Umfang der Arbeit nicht ausufern zu lassen, soll auf die Rechtslage in anderen Steuergebieten nur fragmentarisch eingegangen werden[9]. Für die Umsatzsteuer kann schon jetzt festgehalten werden, dass § 2 Abs. 3 S. 1 UStG zwar auf das KStG verweist, diese Verweisung jedoch nur eine indizielle Wirkung entfaltet und keine bindende[10]. Schließlich wird das Verhältnis von § 1 Abs. 1 Nr. 6 und § 4 KStG zu den Steuervergünstigungen des Gemeinnützigkeitsrechts Gegenstand der Untersuchung sein. Zunächst soll jedoch der verfassungsrechtliche Hintergrund der Figur des Hoheitsbetriebs von Kirchen und Religionsgemeinschaften dargestellt und geklärt werden. Art. 140 GG i. V. m. Art. 137 Abs. 5 WRV gibt den Kirchen und Religionsgemeinschaften die Möglichkeit, sich öffentlich-rechtlich zu organisieren. Erst durch diese

[9] Vgl. für die Gewerbesteuer § 2 Abs. 2 GewStDV, den Solidaritätszuschlag § 2 Nr. 3 SolZG, für die Umsatzsteuer § 2 Abs. 3 S. 1 UStG und für das Umwandlungssteuergesetz § 1 Abs. 5 UmwStG. Siehe allgemein auch *Wolf*, in: DB 2003, S. 849, 850, zu steuerlichen Vorteilen bei hoheitlicher Betätigung.
[10] *Lange*, in: UR 2001, S. 1, 7f; *Thieme/Dorenkamp*, in: FR 2003, S. 693, 694.

verfassungsrechtlich gewährleistete Überlassung der öffentlich-rechtlichen Rechtsform erwächst die Möglichkeit der Steuerbefreiung für Hoheitsbetriebe nach § 4 Abs. 5 KStG.

B. Kirchen und Religionsgemeinschaften als öffentlich-rechtliche Körperschaften im Verfassungsrecht

I. Kirchen und Religionsgemeinschaften

In dieser Untersuchung wird zumeist das Begriffspaar „Kirchen und Religionsgemeinschaften" verwendet, wenn es um eine Bezugnahme auf die religiösen Gruppierungen geht. Diese Terminologie entspricht nur bedingt dem Verfassungstext. So normiert zwar Art. 140 GG i. V. m. 137 Abs. 1 WRV das Verbot einer Staats*kirche* und widmet sich Art. 7 Abs. 3 S. 2 GG der Erteilung des Religionsunterrichts unter Berücksichtigung der *Religionsgemeinschaften.* Zumeist findet sich im Grundgesetz jedoch der Begriff der „Religionsgesellschaften" (vgl. nur Art. 140 GG i. V. m. Art. 137 Abs. 2 bis 7 WRV). Trotzdem ist das Begriffspaar „Kirchen und Religionsgemeinschaften"[11] vorzuziehen. Gegenüber dem Ausdruck der Religionsgesellschaft, der eine Nähe zum Privatrecht aufweist, ist der der Religionsgemeinschaft „der transzendenten Welt des Religiösen" angemessener[12]. Zudem wird dieser Begriff besser dem Selbstverständnis der Kirchen gerecht, die sich als „Stiftungen ihres Herrn" begreifen und nicht als Zusammenschluss von Glaubensgenossen[13]. Was die zusätzliche Verwendung des Begriffes der „Kirchen" betrifft, sollen dadurch die beiden großen christlichen Kirchen in Deutschland, die evangelische und die katholische, nicht gegenüber den anderen religiösen Gruppierungen bevorzugt werden. Vielmehr weist diese Begriffswahl nur auf die historisch gewachsene besondere Bedeutung der evangelischen und katholischen Kirche für Deutschland, auch gerade für das Staatskirchenrecht[14], hin.

---

[11] Vgl. zur vorzugswürdigen Verwendung des Begriffes der Religionsgemeinschaft *Brauser-Jung*, Religionsgewerbe und Religionsunternehmerfreiheit, S. 169f; *Friesenhahn*, in: HdbStKirchR, 1. Band[1], S. 545, 546; *Neureither*, Recht und Freiheit im Staatskirchenrecht, S. 199f. Vgl. allgemein zum Begriff der Religionsgemeinschaft *Pieroth/Görisch*, in: JuS 2002, S. 937ff.

[12] *Mikat*, in: Bettermann/Nipperdey/Scheuner, Die Grundrechte, 4. Band/1. Halbband, S. 111, 148.

[13] *A. v. Campenhausen*, in: v. Mangoldt/Friedrich Klein/Starck, Bonner Grundgesetz, Band 3[4], Art. 137 WRV, Rn. 18. Vgl. zum Stiftungscharakter der Kirchen auch die Nachweise in Fn. 160.

[14] Zur Kritik am Begriff des Staatskirchenrechts siehe u. a. *Görisch*, in: NVwZ 2001, S. 885ff m. w. N; *Korioth*, in: FS Badura (2004), S. 727, 728f m. w. N. Da die neuen Begriffsvorschläge nicht überzeugen, wird in dieser Arbeit am Begriff des Staatskirchenrechts festgehal-

II. Historische Entwicklung des verfassungsrechtlichen Hintergrundes

Das Staatskirchenrecht der Bundesrepublik Deutschland ist in besonderem Maße historisch gewachsen und traditionsbestimmt, erfreut sich sogar einer geschichtlichen Kontinuität[15]. Dies macht schon die bloße Betrachtung des Art. 140 GG deutlich, der die Art. 136 bis 139 und 141 der Weimarer Reichsverfassung vom 11. August 1919 zu Bestandteilen des Grundgesetzes erklärt und damit diese Vorschriften in das Grundgesetz inkorporiert[16]. Die staatskirchenrechtlichen Regelungen der WRV sind somit der verfassungsrechtliche Hintergrund für das heutige Verständnis des Verhältnisses von Staat und Kirche[17].
Die Ursprünge des heutigen Verhältnisses von Staat und Kirche reichen allerdings mehrere Jahrhunderte zurück. Seit dem 16. Jahrhundert war im Deutschen Reich als Folge der Reformation ein staatskirchenrechtliches Regelungssystem entstanden[18]. Der Status der öffentlichen Körperschaft, der den großen Kirchen verliehen wurde, fand im preußischen Allgemeinen Landrecht von 1794 seinen

---

ten. Vgl. zur Entstehung und erstmaligen Verwendung des Begriffs des Staatskirchenrechts *Frankenberger*, in: BayVBl. 2002, S. 424f.

[15] *A. v. Campenhausen*, in: HdbStKirchR, 1. Band^2, S. 47f; *Isensee*, in: FS Listl (1999), S. 67, 70f, der jedoch auch ausführt, dass in der Gegenwart eine historische oder traditionelle Legitimation des Staatskirchenrechts keine „Erfolgschance" mehr habe und daher auf die Lebens- und Leistungsbedürfnisse des heutigen Gemeinwesens zurückgegriffen werden müsse; *Mikat*, in: Mikat, Religionsrechtliche Schriften, S. 413, 418f, verdeutlicht, dass gerade das Staatskirchenrecht empfindlich gegenüber geistigem und sozialem Wandel sei, trotzdem sei die historische Kontinuität des Staatskirchenrechts Leitmotiv bei der verfassungsrechtlichen Untersuchung. Vgl. zur „Kontinuität der Verfassungsbestimmungen" des deutschen Staatskirchenrechts zudem *A. v. Campenhausen*, in: BayVBl. 1999, S. 65ff.

[16] BVerfG, Urteil vom 19. Dezember 2000, 2 BvR 1500/97, in: BVerfGE 102, 370, 386; *A. v. Campenhausen*, Staatskirchenrecht^3, S. 49; *Hemmrich*, in: v. Münch/Kunig, Grundgesetz-Kommentar, Band 3^5, Art. 140, Rn. 7; *Jeand'Heur/Korioth*, Grundzüge des Staatskirchenrechts, Rn. 41; *Korioth*, in: Maunz/Dürig, Kommentar zum Grundgesetz, Art. 140, Rn. 8; *Maunz/Zippelius*, Deutsches Staatsrecht^{30}, S. 238; *Morlok*, in: Dreier, Grundgesetz-Kommentar, Band III, Art. 140, Rn. 27; *Neureither*, Recht und Freiheit im Staatskirchenrecht, S. 126ff; *Scheuner*, in: HdbStKirchR, 1. Band^1, S. 5, 31; *Triebel*, in: BayVBl. 2002, S. 624. Vgl. zur Entstehungsgeschichte der Inkorporation des Weimarer Staatskirchenrechts in das Grundgesetz durch dessen Art. 140 u. a. *A. v. Campenhausen*, in: v. Mangoldt/Friedrich Klein/Starck, Bonner Grundgesetz, Band 3^4, Art. 140, Rn. 2ff; *Badura*, in: HdbStKirchR, 1. Band^2, S. 211, 236ff.

[17] Siehe dazu nur *Meyer-Teschendorf*, in: AöR 103 (1978), S. 289; *Neureither*, Recht und Freiheit im Staatskirchenrecht, S. 27f; *Wilms*, in: NJW 2003, S. 1083ff.

[18] *A. v. Campenhausen*, Staatskirchenrecht^3, S. 2; *M. Heckel*, in: ZevKR 45 (2000), S. 173, 176, 184f; *Obermayer*, in: Dolzer/Vogel/Graßhof, Bonner Kommentar, Art. 140 Rn. 1ff; *H. Weber*, Die Religionsgemeinschaften des öffentlichen Rechts im System des Grundgesetzes, S. 51f.

Ursprung und seine konkrete Ausprägung[19]. Der Staat versuchte durch die Schaffung solcher „Staatsanstalten"[20] auf die Untertanen erzieherisch und polizeilich einzuwirken und die Kirchen auf diese Weise an sich zu binden[21]. Jedoch bedeutete der Korporationsstatus auch, dass den Kirchen die Rechtsfähigkeit verliehen wurde[22].
In der Folgezeit bewirkten insbesondere die Revolution von 1848[23], ein neues kirchliches Bewusstsein[24] und eine einsetzende wissenschaftliche Diskussion eine langsame und schleichende Veränderung des staatskirchenrechtlichen Verständnisses. Dies führte zu einer Distanzierung von Staat und Kirchen[25], zu einer fortschreitenden Verselbstständigung der Kirchen[26] und schließlich zu den Formulierungen der Weimarer Reichsverfassung[27].
Nach der Revolution 1918 versuchte die politische Linke zunächst, die bisherige staatskirchenrechtliche Ordnung aufzuheben und die Kirchen als Faktoren des öffentlichen Lebens auszuschalten[28]. In den Beratungen der Nationalversammlung forderte vor allem das sozialdemokratische Lager eine radikale Trennung von Staat und Kirchen und die Einordnung der Kirchen und Religionsgemeinschaften in das allgemeine Verbandsrecht[29]. Die Sozialdemokraten verlangten zudem, die Religion zur Privatsache der Bürger zu erklären und für die

---

[19] *Meyer-Teschendorf*, in: AöR 103 (1978), S. 289, 290; *Morlok*, in: Dreier, Grundgesetz-Kommentar, Band III, Art. 140/Art. 137 WRV, Rn. 2; *Muckel*, in: Der Staat 38 (1999), S. 569, 572; *Schmidt-Eichstaedt*, Kirchen als Körperschaften des öffentlichen Rechts?, S. 113; *Wilms*, in: NJW 2003, S. 1083.

[20] *H. Weber*, Die Religionsgemeinschaften des öffentlichen Rechts im System des Grundgesetzes, S. 52. Vgl. auch *Wilms*, in: NJW 2003, S. 1083.

[21] *Schmidt-Eichstaedt*, Kirchen als Körperschaften des öffentlichen Rechts?, S.113f.

[22] *Morlok*, in: Dreier, Grundgesetz-Kommentar, Band III, Art. 140/Art. 137 WRV Rn. 2; *Müller-Volbehr*, in: ZevKR 49 (2004), S. 73, 84.

[23] *Jeand'Heur/Korioth*, Grundzüge des Staatskirchenrechts, Rn. 28f; *Morlok*, in: Dreier, Grundgesetz-Kommentar, Band III, Art. 140/Art. 137 WRV Rn. 3; *Scheuner*, in: HdbStKirchR, 1. Band[1], S. 5, 25f; *H. Weber*, Die Religionsgemeinschaften des öffentlichen Rechts im System des Grundgesetzes, S. 53.

[24] Vgl. zur Situation bei der katholischen Kirche *A. v. Campenhausen*, Staatskirchenrecht[3], S. 34.

[25] *Müller-Volbehr*, in: ZevKR 49 (2004), S. 73, 85.

[26] *A. v. Campenhausen*, Staatskirchenrecht[3], S. 34, 36.

[27] *Jeand'Heur/Korioth*, Grundzüge des Staatskirchenrechts, Rn. 29; *Morlok*, in: Dreier, Grundgesetz-Kommentar, Band III, Art. 140/Art. 137 WRV Rn. 3. Vgl. auch *H. Weber*, Die Religionsgemeinschaften des öffentlichen Rechts im System des Grundgesetzes, S. 53f, zur Diskussion um den Begriff der öffentlichen Korporation von der Mitte des 19. Jahrhunderts bis zum Beginn des 20. Jahrhunderts.

[28] *A. v. Campenhausen*, Staatskirchenrecht[3], S. 39.

[29] *Korioth*, in: Maunz/Dürig, Kommentar zum Grundgesetz, Art. 140, Rn. 5; *Morlok*, in: Dreier, Grundgesetz-Kommentar, Band III, Art. 140, Rn. 11; *H. Weber*, Die Religionsgemeinschaften des öffentlichen Rechts im System des Grundgesetzes, S. 54.

Kirchen und Religionsgemeinschaften keine öffentlichen Mittel mehr einzusetzen. Das bürgerliche und konfessionelle Lager dagegen wollte den öffentlich-rechtlichen Status der Kirchen erhalten und das Selbstverwaltungsrecht umfassend gewähren[30]. Das Zusammenwirken der maßgebenden politischen Kräfte in der Weimarer Nationalversammlung unter Einbeziehung der Sozialdemokraten ermöglichte einen Ausgleich zwischen den unterschiedlichen Ansichten der Parteien und Gruppen[31].

Dieser sog. Weimarer Kirchenkompromiss führte zu keiner völligen Trennung von Staat und Kirche[32]. Zwar verfügte Art. 137 Abs. 1 WRV das endgültige Ende des Staatskirchentums[33] und sicherten die sonstigen kirchenrechtlichen Regelungen der Verfassung die Religionsfreiheit, Kirchenautonomie und das vermögensrechtliche System der evangelischen und katholischen Kirche – unter Einbeziehung der sonstigen Religions- und Weltanschauungsgemeinschaften. Jedoch behielten nach Art. 137 Abs. 5 S. 1 WRV diejenigen Kirchen den Status der Körperschaft des öffentlichen Rechts, die ihn bis dahin innehatten, und blieb es bei einer begrenzten Verbindung von Staat und Kirchen, so dass die kirchenrechtlichen Regelungen als „hinkende Trennung von Staat und Kirche" bezeichnet wurden[34]. Die Weimarer Reichsverfassung bestätigte den Kirchen somit ihre überkommene öffentlich-rechtliche Rechtsform. Die Nationalversammlung behielt den Begriff des öffentlichen Rechts als „Notlösung" bei, da die Auffassung vorherrschte, nur auf diese Weise die Vorrechte der Kirchen erhalten zu können[35]. Andere Religionsgemeinschaften konnten unter den in Art. 137 Abs. 5 S. 2 WRV festgelegten Voraussetzungen die Rechte einer Körperschaft des öffentlichen Rechts erwerben[36].

---

[30] *Korioth*, in: Maunz/Dürig, Kommentar zum Grundgesetz, Art. 140, Rn. 5; *Morlok*, in: Dreier, Grundgesetz-Kommentar, Band III, Art. 140, Rn. 11.

[31] Vgl. zu dem gesamten Prozess *Badura*, in: HdbStKirchR, 1. Band², S. 211, 229ff; *Korioth*, in: Maunz/Dürig, Kommentar zum Grundgesetz, Art. 140, Rn. 5; *Morlok*, in: Dreier, Grundgesetz-Kommentar, Band III, Art. 140 Rn. 11.

[32] *Jeand'Heur/Korioth*, Grundzüge des Staatskirchenrechts, Rn. 30; *Korioth*, in: FS Badura (2004), S. 727, 736. *M. Heckel*, in: ZevKR 45 (2000), S. 173, 180, spricht dagegen vom „System der Trennung".

[33] *A. v. Campenhausen*, Staatskirchenrecht³, S. 40; *Jeand'Heur/Korioth*, Grundzüge des Staatskirchenrechts, Rn. 30.

[34] *Stutz*, Die päpstliche Diplomatie unter Leo XIII. nach den Denkwürdigkeiten des Kardinals Domenico Ferrata, S. 54, Anm. 2. Vgl. auch *A. v. Campenhausen*, Staatskirchenrecht³, S. 40; *Maunz/Zippelius*, in: Deutsches Staatsrecht³⁰, S. 236.

[35] *H. Weber*, Die Religionsgemeinschaften als Körperschaften des öffentlichen Rechts im System des Grundgesetzes, S. 54.

[36] Zum geschichtlichen Hintergrund der Korporationsqualität als Angebot an die kleinen Religionsgemeinschaften siehe *M. Heckel*, in: ZevKR 45 (2000), S. 173, 195ff.

III. Heutige Verfassungsordnung

Die Verfasser des Grundgesetzes haben die öffentlich-rechtliche Stellung der großen Kirchen und bestimmter anderer Religionsgemeinschaften und die Möglichkeit, eine solche Stellung zu erwerben, nicht angetastet. Wie in der Weimarer Nationalversammlung 1919 wurde ein Kompromiss geschlossen und zudem auf eine Neuregelung der staatskirchenrechtlichen Verfassungsbestimmungen verzichtet. Der Parlamentarische Rat hat den Weimarer Kirchenkompromiss fortgeführt, indem er die entsprechenden Regelungen der Weimarer Reichsverfassung zu Bestandteilen des Grundgesetzes erklärte[37]. Nur das Grundrecht der Religionsfreiheit (Art. 135 WRV) und die Klausel zugunsten der Angehörigen der Wehrmacht (Art. 140 WRV) wurden nicht durch Art. 140 GG in das Grundgesetz inkorporiert.

Nach Art. 140 GG i. V. m. Art. 137 Abs. 5 S. 1 und 2 WRV tragen die altkorporierten Kirchen und Religionsgemeinschaften auch unter der Geltung des Grundgesetzes den „rätselhaften Ehrentitel“[38] Körperschaft des öffentlichen Rechts und können weitere Religionsgemeinschaften diesen Titel und die damit verbundenen Rechte erwerben. Sie alle kommen in den Genuss einer Stellung, die ansonsten nur dem Staat und den unterstaatlichen juristischen Personen des öffentlichen Rechts zugewiesen ist.

Der öffentlich-rechtliche Körperschaftsstatus ist ein Baustein und eine Ausprägung des staatskirchenrechtlichen Verfassungsrechts. Wie auch bei der Erhebung der Kirchensteuer – vgl. Art. 140 GG i. V. m. Art. 137 Abs. 6 WRV – kommt in ihm zum Ausdruck, dass es unter der Geltung des Grundgesetzes keine absolute Trennung von Staat und Kirchen gibt[39]. Seit einigen Jahrzehnten

---

[37] Vgl. zum Entstehungsprozess *A. v. Campenhausen*, in: v. Mangoldt/Friedrich Klein/Starck, Bonner Grundgesetz, Band 3[4], Art. 140, Rn. 2ff; *Jeand'Heur/Korioth*, Grundzüge des Staatskirchenrechts, Rn. 42f; *Korioth*, in: Maunz/Dürig, Kommentar zum Grundgesetz, Art. 140, Rn. 4, 6f; *Morlok*, in: Dreier, Grundgesetz-Kommentar, Band III, Art. 140, Rn. 12; *Obermayer*, in: Dolzer/Vogel/Graßhof, Bonner Kommentar, Art. 140, Rn. 65f; *Preuß*, in: Denninger/Hoffmann-Riem/Schneider/Stein, Alternativkommentar zum Grundgesetz[3], Art. 140, Rn. 9f; *Scheffler*, Staat und Kirche[2], S. 95ff.

[38] *Smend*, in: ZevKR 1 (1951), S. 4, 9.

[39] Von keiner absoluten Trennung von Staat und Kirchen gehen aus: BGH, Beschluss vom 24. Juli 2001, VI ZB 12/01, in: NJW 2001, S. 3537, 3538; *Badura*, Staatsrecht[3], L Rn. 41; *A. v. Campenhausen.*, in: HdbStKirchR, 1. Band[2], S. 47, 71ff; *ders.*, Staatskirchenrecht[3], S. 141; *ders.*, in: v. Mangoldt/Friedrich Klein/Starck, Bonner Grundgesetz, Band 3[4], Art. 137 WRV, Rn. 222; *Drüen/Rüping*, in: StuW 2004, S. 178; *Ehlers*, in: ZevKR 45 (2000), S. 201f; *M. Heckel*, in: JZ 1994, S. 425, 428; *Korioth*, in: Maunz/Dürig, Kommentar zum Grundgesetz, Art. 140/Art. 137 WRV, Rn. 7; *Triebel*, in: BayVBl. 2002, S. 624, 625; *Wilms*, in: NJW 2003, S. 1083, 1084. Vgl. zudem *A. v. Campenhausen*, in: BayVBl. 1999, S. 65, 67; *H. Weber*, Die Religionsgemeinschaften als Körperschaften des öffentlichen Rechts im System des Grundge-

schon ist das System bzw. das Verständnis der verfassungsrechtlichen Normen in diesem Sinne hinterfragt, zum Teil abgelehnt worden. Und auch in letzter Zeit sind das Staatskirchenrecht und die Frage der Auslegung der in das Grundgesetz inkorporierten Weimarer Kirchenartikel Gegenstand der Diskussion[40].

IV. Verfassungsmäßigkeit und Legitimität des Art. 140 GG i. V. m. Art. 137 Abs. 5 WRV

Im Zusammenhang mit dem Begriff des kirchlichen Hoheitsbetriebs, der an die §§ 1 Abs. 1 Nr. 6, 4 KStG und die dort geregelte Besteuerung der juristischen Personen des öffentlichen Rechts anknüpft, spielen vor allem die Verfassungsmäßigkeit und Legitimität des Art. 140 GG i. V. m. Art. 137 Abs. 5 WRV, der den Kirchen und Religionsgemeinschaften die Stellung als Körperschaft des öffentlichen Rechts einräumt bzw. ihnen die Möglichkeit gibt, diese Stellung zu erwerben, eine entscheidende Rolle.

1. Verfassungsmäßigkeit des Art. 140 GG i. V. m. Art. 137 Abs. 5 WRV

Insbesondere seit den 1960er Jahren sind der Körperschaftsstatus der Kirchen und die Frage nach der Vereinbarkeit des Art. 140 GG i. V. m. 137 Abs. 5 WRV mit dem übrigen Regelungsapparat des Grundgesetzes Gegenstand wissenschaftlicher Auseinandersetzungen. Eine Reihe von Autoren zieht die Verfassungsmäßigkeit des Art. 140 GG i. V. m. Art. 137 Abs. 5 WRV nicht direkt in Zweifel, hält jedoch die Norm – und teilweise auch das gesamte geltende Staatskirchenrecht – für überholt[41]. So sieht z. B. *Czermak* den Art. 137 Abs. 1 WRV, der statuiert, dass keine Staatskirche besteht, als Grundnorm des Staatskirchenrechts an und kritisiert die – durch Art. 137 Abs. 5 WRV herbeigeführte

---

setzes, S. 32f, zur Zusammenarbeit von Staat und Kirchen und der Überschneidung von kirchlichem und staatlichem Arbeitsbereich. *Czermak*, in: KJ 2000, 229, 238, erkennt zwar an, dass das Grundgesetz „Regelungen […] der Kooperation und gemeinsamen Zuständigkeit" enthält, sieht aber in der Trennung von Staat und Kirche den verfassungsrechtlichen „Hauptgrundsatz".

[40] Vgl. u. a. *A. v. Campenhausen*, in: BayVBl. 1999, S. 65ff; *Kleine*, Institutionalisierte Verfassungswidrigkeiten im Verhältnis von Staat und Kirchen unter dem Grundgesetz; *Renck*, in: BayVBl. 1999, S. 70ff; *ders.*, in: BayVBl. 2000, S. 744ff.

[41] *Czermak*, in: ZRP 1990, S. 475, 479; *Kleine*, Institutionalisierte Verfassungswidrigkeiten im Verhältnis von Staat und Kirche unter dem Grundgesetz, S. 203; *Renck*, in: BayVBl. 1999, S. 70, 73ff; *ders.*, in: BayVBl. 2000, S. 744, 746; *Sailer*, in: ZRP 1999, S. 455, 458. Vgl. auch *Renck*, in: DÖV 2002, S. 56, 61f, zur „Mystifizierung" des Körperschaftsstatus.

– institutionelle Steuerbefreiung von Kirchen und Religionsgemeinschaften. Aufgrund dieser „Ungereimtheiten" will er das Grundgesetz in diesem Punkt geändert wissen[42]. Ähnlich kann *Kleine* verstanden werden, der Art. 137 Abs. 5 WRV und damit den Körperschaftsstatus nur bei formellem Verständnis für verfassungsrechtlich zulässig hält, darüber hinaus jedoch der Ansicht ist, man solle sich aus verfassungspolitischen Gründen von Art. 137 Abs. 5 WRV trennen[43]. *Renck* sieht in der Körperschaftsstellung prinzipienwidriges Verfassungsrecht aufgrund eines Verfassungswandels[44]. Daher seien das Staatskirchenrecht neu zu gestalten und damit auch der Art. 137 Abs. 5 WRV. *Sailer* denkt an eine Aufhebung dieser Verfassungsnorm, da „die Volkskirche offensichtlich zum Auslaufmodell geworden und damit die Geschäftsgrundlage der verfassungsrechtlich fragwürdigen Kirchenprivilegierung weggefallen" sei[45].
Nach diesen Einschätzungen ist Art. 137 Abs. 5 WRV also wirksam, wenn auch an seine Aufhebung gedacht wird. Es stellt sich jedoch die Frage, wie die Ansicht zu bewerten ist, die davon ausgeht, dass Art. 140 GG i. V. m. Art. 137 Abs. 5 WRV dem verfassungsrechtlichen Maßstab der grundgesetzlichen Ordnung widerspricht und damit keine Wirksamkeit hat. Das grundsätzliche Problem, ob „verfassungswidriges Verfassungsrechts" möglich ist, soll an dieser Stelle nicht erörtert werden, da es den Umfang der Arbeit sprengen würde. Mit dem BVerfG ist jedoch festzuhalten, dass eine Norm grundsätzlich verfassungswidrig sein kann, auch wenn sie selbst Teil der Verfassung ist[46]. Die Verfassung ist als Einheit zu verstehen. Ihre elementaren Grundsätze, also die Grundrechte und die Werteordnung, dienen daher als Maßstab, an dem die einzelnen Verfassungsbestimmungen zu messen sind[47]. Daher ist davon auszugehen, dass „verfassungswidriges Verfassungsrecht" grundsätzlich denkbar ist.
Vor diesem Hintergrund hält *Schmidt-Eichstaedt* Art. 137 Abs. 5 WRV für nicht verfassungsgemäß[48], wenn er darlegt, der durch Art. 140 in das GG inkorporierte Art. 137 Abs. 5 WRV widerspreche tragenden Prinzipien der Verfassung. Er verstoße nicht nur gegen den Gleichheitssatz, sondern auch gegen das

---

[42] *Czermak*, in: ZRP 1990, S. 475, 479, der jedoch der Ansicht ist, dass eine Verfassungsänderung z. Zt. utopisch sei.
[43] *Kleine*, Institutionalisierte Verfassungswidrigkeiten im Verhältnis von Staat und Kirche unter dem Grundgesetz, S. 203.
[44] *Renck*, in: BayVBl. 1999, S. 70, 74ff; *ders.*, in: BayVBl. 2000, S. 744ff.
[45] *Sailer*, in: ZRP 1999, S. 455, 458.
[46] BVerfG, Urteil vom 23. Oktober 1951, 2 BvG 1/51, in: BVerfGE 1, S. 14, 32.
[47] BVerfG, Urteil vom 23. Oktober 1951, 2 BvG 1/51, in: BVerfGE 1, S. 14, 32; Urteil vom 14. Dezember 1965, 1 BvR 413, 416/60, in: BVerfGE 19, S. 206, 220.
[48] *Schmidt-Eichstaedt*, Kirchen als Körperschaften des öffentlichen Rechts?, S. 107ff; *ders.*, in: Der Staat 21 (1982), S. 423, 427.

Gebot religiöser Neutralität und die Gewährleistung religiöser Selbstbestimmung[49]. Zudem sei der Begriff der Körperschaft des öffentlichen Rechts auf den staatlichen Bereich beschränkt, die Kirchen und Religionsgemeinschaften dürften also keine öffentlich-rechtlichen Körperschaften sein[50].

a) Kein Verstoß des Art. 140 GG i. V. m. Art. 137 Abs. 5 WRV gegen den Gleichheitssatz

Der allgemeine Gleichheitssatz des Art. 3 Abs. 1 GG verbietet seinem Wortlaut nach die Ungleichbehandlung von Menschen oder Menschengruppen, nicht lediglich von Sachverhalten[51]. Daran knüpft auch die sog. „neue Formel" des BVerfG an, wonach der Gleichheitssatz dann als verletzt gilt, „wenn eine Gruppe von Normadressaten im Vergleich zu anderen Normadressaten anders behandelt wird, obwohl zwischen beiden Gruppen keine Unterschiede von solcher Art und solchem Gewicht bestehen, daß sie die ungleiche Behandlung rechtfertigen könnten"[52]. Im Unterschied zur „neuen Formel", die Verhältnismäßigkeitsgesichtspunkte in die Gleichheitsprüfung einführt, steht das herkömmliche Verständnis des BVerfG vom Gleichheitssatz als bloßem Willkürverbot, das eine weniger strenge Bindung des Grundrechtsverpflichteten bewirkt[53]. Das Willkürverbot ist verletzt, „wenn sich ein vernünftiger, sich aus der Natur der Sache ergebender oder sonstwie sachlich einleuchtender Grund für die gesetzliche Differenzierung oder Gleichbehandlung nicht finden läßt"[54], die zu beurtei-

---

[49] *Schmidt-Eichstaedt*, Kirchen als Körperschaften des öffentlichen Rechts?, S. 108; *ders.*, in: Der Staat 21 (1982), S. 423, 431, 437f.

[50] *Schmidt-Eichstaedt*, Kirchen als Körperschaften des öffentlichen Rechts?, S. 115; *ders.*, in: Der Staat 21 (1982), S. 423, 427, 430ff.

[51] Vgl. *Bader*, Hoheitsbetrieb und Betrieb gewerblicher Art im Umsatz- und Körperschaftsteuerrecht, S. 162; *P. Kirchhof*, in: HdbStaatsR, Band V², § 124, Rn. 196. Trotz der Formulierung „alle Menschen" genießen unstr. die juristischen Personen des Privatrechts gem. Art. 19 Abs. 3 GG ebenfalls grundsätzlich den Schutz des allgemeinen Gleichheitssatzes, so BVerfG, Urteil vom 20. Juli 1954, 1 BvR 459, 484, 548, 555, 623, 651, 748, 783, 801/52, 5, 9/53, 96, 114/54, in: BVerfGE 4, S. 7, 12; Beschluss vom 13. Januar 1976, 1 BvR 631/69 und 24/70, in: BVerfGE 41, S. 126, 149; *Gubelt*, in: v. Münch/Kunig, Grundgesetz-Kommentar, Band 1⁵, Art. 3 Rn. 6; *Starck*, in: v. Mangoldt/Friedrich Klein/Starck, Bonner Grundgesetz, Band 1⁴, Art. 3 Abs. 1, Rn. 219.

[52] BVerfG, Beschluss vom 7. Oktober 1980, 1 BvL 50, 89/79, 1 BvR 240/79, in: BVerfGE 55, S. 72, 88. Siehe auch BVerfG, Beschluss vom 29. Mai 1990, 1 BvL 20, 26, 184 und 4/86, in: BVerfGE 82, S. 60, 86; Beschluss vom 8. Oktober 1996, 1 BvL 15/91, in: BVerfGE 95, S. 39, 45.

[53] *P. Kirchhof*, in: HdbStaatsR, Band V², § 124, Rn. 217; *Wernsmann*, Das gleichheitswidrige Steuergesetz – Rechtsfolgen und Rechtsschutz, S. 205.

[54] BVerfG, Beschluss vom 12. Oktober 1951, 1 BvR 201/51, in: BVerfGE 1, S. 13, 52. Vgl. auch BVerfG, Beschluss vom 15. Dezember 1959, 1 BvL 10/55, in: BVerfGE 10, S. 234, 246;

lende Maßnahme also als willkürlich bezeichnet werden muss[55]. Nach diesem herkömmlichen Ansatz reicht somit schon irgendein sachlicher Grund für eine unterschiedliche Behandlung aus[56].

Das Verhältnis des Willkürverbots und der „neuen Formel" ist anhand verschiedener Kriterien, die das BVerfG entwickelt hat, zu beurteilen[57]. So soll die strengere Bindung der „neuen Formel" u. a. dann eingreifen, wenn eine Ungleichbehandlung von Personen oder Personengruppen sich auf die Ausübung grundrechtlich geschützter Freiheiten nachteilig auswirken kann[58]. Im Hinblick auf den Vorrechte und Privilegien vermittelnden öffentlich-rechtlichen Körperschaftsstatus kommen als betroffene grundrechtliche Freiheiten die Glaubens-, Gewissens- und Bekenntnisfreiheit nach Art. 4 Abs. 1 GG und die Religionsausübungsfreiheit nach Art. 4 Abs. 2 GG in Betracht.

Somit ist Art. 137 Abs. 5 WRV am Maßstab der „neuen Formel" zu prüfen. Als zu vergleichende Gruppen von Normadressaten i. S. der „neuen Formel" zieht *Schmidt-Eichstaedt* die sog. „Bekennenden" und die „Nichtbekennenden" heran. Der öffentlich-rechtliche Körperschaftsstatus privilegiere die Mitglieder der Kirchen und Religionsgemeinschaften und führe zu einer ungerechtfertigten Bevorzugung der „Bekennenden"[59]. *Schmidt-Eichstaedt* meint eine Ungleichbehandlung zu erkennen, wenn Gläubige eine Religionsgemeinschaft gründen, diese öffentlich-rechtlich „absichern" und sich durch diese öffentlich-rechtliche Absicherung weitere Vorteile von Seiten des Staates versprechen lassen können und Nichtgläubigen dieser Weg nicht offen stehe.

Dieser Auffassung kann nicht gefolgt werden. Denn der eben aufgezeigte Weg, den die Anhänger einer Religion gehen können, kann auch von den sog. „Nichtbekennenden" beschritten werden. Ein „Nichtbekennender" kann mit Gleichgesinnten eine Weltanschauungsgemeinschaft gründen, die nach Art. 140 GG i. V. m. Art. 137 Abs. 5 und 7 WRV einer Religionsgemeinschaft gleichge-

---

Beschluss vom 15. Januar 1969, 1 BvR 723/65, in: BVerfGE 25, S. 101, 105; Beschluss vom 9. März 1994, 2 BvL 43, 51, 63, 64, 70, 80/92, 2 BvR 2031/92, in: BVerfGE 90, S. 145, 196.

[55] BVerfG, Beschluss vom 12. Oktober 1951, 1 BvR 201/51, in: BVerfGE 1, S. 13, 52; Beschluss vom 15. Dezember 1959, 1 BvL 10/55, in: BVerfGE 10, S. 234, 246; Beschluss vom 15. Januar 1969, 1 BvR 723/65, in: BVerfGE 25, S. 101, 105; Beschluss vom 28. Juni 1994, 1 BvL 14, 15/88, in: BVerfGE 91, S. 118, 123; *Gubelt*, in: v. Münch/Kunig, Grundgesetz-Kommentar, Band 1[5], Art. 3 Rn. 11; *P. Kirchhof*, in: HdbStaatsR, Band V[2], § 124, Rn. 216.

[56] *Gubelt*, in: v. Münch/Kunig, Grundgesetz-Kommentar, Band 1[5], Art. 3 Rn. 14.

[57] Vgl. die Darstellung bei *Wernsmann*, Das gleichheitswidrige Steuergesetz – Rechtsfolgen und Rechtsschutz, S. 205f.

[58] BVerfG, Beschluss vom 26. Januar 1993, 1 BvL 38, 40, 43/92, in: BVerfGE 88, S. 87, 96f; Beschluss vom 8. Juni 1993, 1 BvL 20/85, in: BVerfGE 89, S. 15, 22f.

[59] *Schmidt-Eichstaedt*, Kirchen als Körperschaften des öffentlichen Rechts?, S. 116; *ders.*, in: Der Staat 21 (1982), S. 423, 431.

stellt ist. Es fehlt hier also schon an einer Ungleichbehandlung. Eine Ungleichbehandlung kann nicht allein darin gesehen werden, dass das öffentliche Recht für Kirchen und Religionsgemeinschaften besondere Rechte zur Verfügung stellt und sie nicht vollständig auf das Privatrecht verweist. Jeder kann seinen Glauben – oder seine Weltanschauung – offensiv nach außen vertreten, auch und vor allem in Gemeinschaft mit anderen[60]. Jeder kann mit seiner Religions- oder Weltanschauungsgemeinschaft unter bestimmten weiteren Voraussetzungen die besonderen Rechte des Art. 137 Abs. 5 WRV – aber auch des Art. 137 Abs. 6 WRV – in Anspruch nehmen. Die sog. „Nichtbekennenden" werden daher schon nicht ungleich behandelt.

Eine Ungleichbehandlung kommt nur dann in Frage, wenn man behauptet, kleine und große Religionsgemeinschaften würden in Widerspruch zum Grundsatz der Parität unterschiedlich behandelt, oder wenn man im öffentlich-rechtlichen Status eine ungerechtfertigte Bevorzugung der Kirchen, Religions- und auch Weltanschauungsgemeinschaften gegenüber anderen gesellschaftlichen Gruppen und Verbänden sieht.

Die größeren Religionsgemeinschaften haben zumeist einen öffentlich-rechtlichen Status, die restlichen Gemeinschaften sind privatrechtlich organisiert. Ohne näher auf das Problemfeld einzugehen, wie „gleich" kleine und große Religionsgemeinschaften sind und ob eine evtl. Verschiedenheit unterschiedliche Rechtsstellungen erlauben kann, ist schon die These einer Ungleichbehandlung zu verneinen. Denn zwischen privatrechtlich und öffentlich-rechtlich organisierten Glaubensgemeinschaften besteht keine unüberwindbare Trennmauer. So kennt zwar Art. 137 Abs. 5 Religionsgemeinschaften, die mit dem öffentlich-rechtlichen Status „geboren" sind, die also schon vor Verabschiedung der Verfassung den öffentlich-rechtlichen Status innehatten. Art. 137 Abs. 5 S. 2 WRV sieht aber die Möglichkeit vor, dass zunächst privatrechtlich organisierte Gemeinschaften in den öffentlich-rechtlichen Status wechseln können[61].

---

[60] Vgl. BVerfG, Beschluss vom 5. Februar 1991, 2 BvR 263/86, in: BVerfGE 83, S. 341, 354ff, zur religiösen Vereinigungsfreiheit, die von der Religionsfreiheit des Art. 4 Abs. 1 und 2 GG umfasst ist.

[61] In der letzten Zeit sind neben den in Art. 137 Abs. 5 S. 2 WRV ausdrücklich genannten Voraussetzungen weitere Merkmale wie „Rechtstreue" und „Staatsloyalität" in der Diskussion, auf die hier nicht weiter eingegangen werden soll, da sie die grundsätzliche Aussage nicht beeinflussen. Vgl. dazu u. a. BVerfG, Urteil vom 19. Dezember 2000, 2 BvR 1500/97, in: BVerfGE 102, S. 370ff; BVerwG, Urteil vom 17. Mai 2001, 7 C 1.01, in: NVwZ 2001, S. 924ff; Urteil vom 26. Juni 1997, 7 C 11.96, in: BVerwGE 105, S. 117ff; *A. v. Campenhausen*, in: ZevKR 46 (2001), S. 165ff; *Ehlers*, in: Sachs, Grundgesetz-Kommentar[3], Art. 140/Art. 137 WRV, Rn. 20a; *Jeand'Heur/Korioth*, Grundzüge des Staatskirchenrechts, Rn. 232ff; *Morlok/Heinig*, in: NVwZ 1999, S. 697ff; *Muckel*, in: Der Staat 1999, S. 569ff; *Pagels*, in:

Es steht also jeder Religionsgemeinschaft frei, ihren rechtlichen Status zu wählen und gegebenenfalls zu ändern; eine Ungleichbehandlung von Seiten der Verfassung findet nicht statt. An dieser Einschätzung ändern auch die Merkmale des Art. 137 Abs. 5 S. 2, wie „ihre Verfassung", „Zahl ihrer Mitglieder" und „Gewähr der Dauer", nichts. Denn diese Kriterien sollen nur sicherstellen, dass von einer zumindest minimalen inneren Ordnung gesprochen werden kann, die das Wort von der Religions*gemeinschaft*[62] in der Weise überhaupt zulässt, dass die auf wenigstens mittelfristiges Wirken angelegten, mit dem öffentlich-rechtlichen Status verbundenen Rechte ihre Wirksamkeit entfalten können[63]. Die Merkmale sind zudem gerichtlich überprüfbar, d. h. jede Religionsgemeinschaft kann im Rechtsweg ihren subjektiven Anspruch auf Verleihung des öffentlich-rechtlichen Körperschaftsstatus verfolgen[64]. Der Weg in den öffentlich-rechtlichen Rang ist also für jede Religionsgemeinschaft gangbar, der Gleichheitssatz ist nicht verletzt[65].

Eine ungerechtfertigte Ungleichbehandlung könnte jedoch zwischen Kirchen und Religionsgemeinschaften auf der einen Seite und gesellschaftlichen Gruppen und Verbänden auf der anderen bestehen. Gewerkschaften, Parteien, aber auch Kunst- und Gesangvereine können keinen öffentlich-rechtlichen Status erlangen, sie werden somit „anders" behandelt i. S. der Rechtsprechung des BVerfG. Daraus kann eine verfassungsrechtlich relevante und ungerechtfertigte Ungleichbehandlung nur folgen, wenn zwischen den Religionsgemeinschaften und den anderen gesellschaftlichen Gruppen keine Unterschiede von solcher Art und solchem Gewicht bestehen, dass sie die ungleiche Behandlung rechtfertigen können.

Eine Reihe von Autoren sieht denn auch – gerade in der Wirkung nach außen – keine wesentlichen Unterschiede zwischen einer Religionsgemeinschaft und z. B. einer Gewerkschaft oder einer anderen gesellschaftlichen Gruppe[66]. Die

---

JuS 1996, S. 790ff; *Preuß*, in: Denninger/Hoffmann-Riem/Schneider/Stein, Alternativkommentar zum Grundgesetz[3], Art. 140, Rn. 55.

[62] Vgl. *Friesenhahn*, in: HdbStKirchR, 1. Band[1], S. 545, 556.

[63] *A. v. Campenhausen*, in: BayVBl. 1999, S. 65, 67.

[64] *Friesenhahn*, in: Mikat, Kirche und Staat in der neueren Entwicklung, S. 352, 356.

[65] *Hemmrich*, in: v. Münch/Kunig, Grundgesetz-Kommentar, Band 3[5], Art. 140 Rn. 21.

[66] Entwickelt wurde dieser sog. verbandspluralistische Ansatz von *Hesse*, in: ZevKR 11 (1964/65), S. 337ff, unter Aufgabe seiner koordinationsrechtlichen Ansicht. So auch *Calliess*, in: ZevKR 14 (1968/69), S. 58, 71f; *W. Hammer*, in: ZevKR 14 (1968/69), S. 84, 87; *Kewenig*, in: Mikat, Kirche und Staat in der neueren Entwicklung, S. 139, 149f; *Mahrenholz*, Die Kirchen in der Gesellschaft der Bundesrepublik, S. 42; *ders.*, in: ZevKR 20 (1975), S. 43ff; *Müller-Volbehr*, in: ZRP 1991, S. 345ff. *Schlaich*, Neutralität als verfassungsrechtliches Prinzip, S. 178ff, begreift die Kirchen zwar als Verbände im politischen Gemeinwesen, verdeut-

„Kirche“ sei „ohne jede Einschränkung ‚Verband‘ oder ‚Gruppe‘ unter vielen anderen Verbänden oder Gruppen“, so *Mahrenholz*[67]. Ähnliches vertritt auch *Müller-Volbehr*, der der Ansicht ist, die Kirche sei heute nur noch eine von vielen Kräften[68].

Ein sog. Öffentlichkeitsauftrag der Kirchen und Religionsgemeinschaften könne nach *Mahrenholz* nicht als Differenzierungskriterium gegenüber anderen Gruppen dienen. Vielmehr stehe der Bereich des Öffentlichen in gleichem Maße für alle Beteiligten offen. Es gebe keine besondere „Mitträgerschaft“ der Kirchen als Körperschaften am öffentlichen Gemeinwesen[69]. Vielmehr seien die Vorstellungen der Kirchen und Religionsgemeinschaften nur ein Diskussionsbeitrag in der Gesellschaft unter anderen[70]. Werde der Dienst der Kirchen an der Welt im Verhältnis zu anderen gesellschaftlichen Gruppen und Verbände auswechselbar, fügt *Müller-Volbehr* hinzu, müssten auch diese anderen Beteiligten an der Öffentlichkeit den öffentlich-rechtlichen Status erhalten[71]. Auch andere Autoren sprechen den Religionsgemeinschaften keine herausragende Rolle in der Gesellschaft zu, die ihre Besserstellung rechtfertige. So z. B. *Preuß*, der als Begründung für seine Ansicht den religionsneutralen Staat nennt[72]. Die religiösen Verbände seien wie andere auch eine Art Vermittler zwischen Gesellschaft und Staat, zu ihrer Privilegierung genüge diese Rolle nicht[73].

In der Tat haben die Religionsgemeinschaften – vor allem die großen Kirchen – in der Öffentlichkeit einen Bedeutungsverlust erlitten, der auch ihr Wirken in der Gesellschaft beeinflusst. Gerade wenn es um soziale oder politische Probleme geht, stehen im gesellschaftlichen Alltag die Beiträge von Religionsgemeinschaften gleich geordnet neben Beiträgen anderer Verbände oder Gruppen; alle sind Teilnehmer an derselben gesellschaftlichen Diskussion. Insofern mag man Mahrenholz zustimmen, wenn er von den Religionsgemeinschaften als Verbänden neben anderen Verbänden spricht.

---

licht aber, dass die Konturen des Verbandsbegriffs unklar sind, und betont zudem die qualitativen Unterschiede der Kirchen im Verhältnis zu anderen „sozialen Mächten“.

[67] *Mahrenholz*, Die Kirchen in der Gesellschaft der Bundesrepublik, S. 42.

[68] *Müller-Volbehr*, in: ZRP 1991, S. 345, 347.

[69] *Mahrenholz*, Die Kirchen in der Gesellschaft der Bundesrepublik, S. 40; *ders.*, in: ZevKR 20 (1975), S. 43, 47. Ähnlich auch *Müller-Volbehr*, in: ZRP 1991, S. 345, 348.

[70] *Mahrenholz*, Die Kirchen in der Gesellschaft der Bundesrepublik, S. 43; *ders.*, in: ZevKR 20 (1975), S. 43, 48.

[71] *Müller-Volbehr*, in: ZRP 1991, S. 345, 348.

[72] *Preuß*, in: Denninger/Hoffmann-Riem/Schneider/Stein, Alternativkommentar zum Grundgesetz[3], Art. 140, Rn. 53.

[73] *Preuß*, in: Denninger/Hoffmann-Riem/Schneider/Stein, Alternativkommentar zum Grundgesetz[3], Art. 140, Rn. 23.

Trotzdem unterscheiden sich Religionsgemeinschaften und andere gesellschaftliche Gruppen und Verbände. Die Andersartigkeit erwächst nicht unbedingt im Bereich des Öffentlichen oder eines sog. Öffentlichkeitsanspruches. Denn wie *Hesse* erstmalig aufgezeigt hat, ist das Verhältnis von Staat und Kirche im gesellschaftlichen Bereich kein anderes als das Verhältnis des Staates zu anderen Gruppen oder Verbänden. Das Besondere des kirchlichen Wirkens liegt vielmehr in der besonderen Bedeutung von Glaube und Religion für die gesellschaftliche Ordnung – unabhängig von der religiösen Neutralität des Staates[74]. Der moderne Staat hat aus sich heraus keine umfassende geistige Substanz: „Der freiheitliche, säkularisierte Staat lebt von Voraussetzungen, die er selbst nicht garantieren kann"[75]. Zwar enthält das Grundgesetz einen „Kanon ethischer Werte"[76]. Dieser Kanon stellt sich jedoch nur als „Mindeststandard" dar[77]. Daher muss der Staat mit der gesellschaftlichen Ebene in Kontakt treten und eine öffentliche Wertbildung fördern. Weil der Staat kein eigenes ethisches und weltanschauliches Konzept besitzt, muss er den geistigen Kräften Platz geben, sich zu entfalten[78].

Im Rahmen dieses Prozesses stehen die Kirchen und Religionsgemeinschaften an herausragender Stelle[79]. Im Gegensatz zu anderen Verbänden und Gruppen

---

[74] *Hesse*, in: ZevKR 11 (1964/1965), S. 337, 360f; *Schlaich*, Neutralität als verfassungsrechtliches Prinzip, S. 179.

[75] *Böckenförde*, Recht, Staat, Freiheit, S. 112.

[76] *Isensee*, in: Essener Gespräche 11 (1977), S. 92, 94.

[77] *Isensee*, in: Essener Gespräche 11 (1977), S. 92, 94.

[78] Vgl. dazu *Albrecht*, Koordination von Staat und Kirche in der Demokratie, S. 141f; *Badura*, in: HdbStKirchR, 1. Band[2], S. 211, 225; *Brauser-Jung*, Religionsgewerbe und Religionsunternehmerfreiheit, S. 259; *Ehlers*, in: ZevKR 45 (2000), S. 201, 209; *P. Kirchhof*, in: HdbStKirchR, 1. Band[2], S. 651, 654ff; *Listl*, in: Mikat, Kirche und Staat in der neueren Entwicklung, S. 240, 251; *Meyer-Teschendorf*, Staat und Kirche im pluralistischen Gemeinwesen, S. 131; *Stumpf/Zaborowski*, in: ThürVBl.1999, S. 197, 200, und S. 225, 227. *Isensee*, in: NJW 1977, S. 545ff, beschäftigt sich in umfassender Weise mit der Problematik, ob (Grund-) Werte durch den Staat zu schützen seien oder ob der religiös-weltanschaulich neutrale Staat kein eigenes „Ethos" habe und allein den gesellschaftlichen Gruppen und Verbänden, insbesondere Kirchen und Religionsgemeinschaften, die Entwicklung und Pflege der (Grund-) Werte übertragen sei. *Isensee* kommt zu dem Ergebnis, dass Staat und Gesellschaft in dieser Frage eng zusammenwirken müssten, er spricht von einer „Arbeitsteilung", sieht jedoch die gesellschaftlichen Gruppen eher in der Lage, Ethik und Moral in einem tieferen Sinne zu verwirklichen. *Herms*, in: Der Staat 40 (2001), S. 327, 341ff, nennt die Voraussetzungen, nach denen Weltanschauungen und Religionen „den Boden" von Staat und Recht bestimmen können.

[79] Anders *Albrecht*, Koordination von Staat und Kirche, S. 141ff; *Mahrenholz*, Die Kirchen in der Gesellschaft der Bundesrepublik, S. 42; *ders.*, in: ZevKR 20 (1975), S. 43, 48; *Preuß*, in: Denninger/Hoffmann-Riem/Schneider/Stein, Alternativkommentar zum Grundgesetz[3], Art. 140, Rn. 28. Vgl. auch die kirchlich geprägte Sicht von *v. Tiling*, in: ZevKR 14 (1968/69), S. 238, 257, der es ablehnt, „das Christliche irgendwie hintenherum in das Leben von Menschen,

kümmern sich die Kirchen und Religionsgemeinschaften um den Menschen als Ganzen in der modernen Gesellschaft; andere Gruppen erfassen nur Einzelfragen des menschlichen Daseins[80]. Darüber hinaus sind die Kirchen und Religionsgemeinschaften Träger eines umfassenden Ethos und somit der geistigen Substanz, die dem Staat fehlt. Daher muss der Staat gerade mit den religiösen Gruppen in Kontakt treten[81]. Der Rechtfertigungsgrund für den kirchlichen Körperschaftsstatus kann somit in dem ethischen Wirken der Kirche, das sich festigend auf das „Fundament des Staates" auswirke, gesehen werden[82]. Nach *Meyer-Teschendorf* stellt sich Art. 137 Abs. 5 WRV in Weiterführung dieser Gedanken als „Verfassungserwartung" hinsichtlich der öffentlichen Wertfindung und -vermittlung dar[83].

Diese Aussagen erfassen einen Teilbereich des Besonderen der Kirchen und Religionsgemeinschaften. Kirchen und Religionsgemeinschaften besitzen ein jeweils einzigartiges, umfassendes ethisches Programm, das sie den Menschen als Leistung anbieten. Schon das unterscheidet sie von anderen gesellschaftlichen Kräften. Weitergehend ist zudem festzustellen, dass die Kirchen und Religionsgemeinschaften im Gegensatz zu sonstigen gesellschaftlichen Gruppen und Verbänden einen religiös motivierten Wahrheitsanspruch vertreten, aus dem ethisch-moralische Programme erwachsen. Dieser Wahrheitsanspruch, der aus der individuellen Gewissheit und Wahrheitsüberzeugung der Gläubigen folgt[84], ist kennzeichnend für das Wesen der Kirchen und Religionsgemeinschaften.

Der Wahrheitsanspruch und die Wahrheitspflege machen sich in einem weiteren Schritt im Wirken nach außen bemerkbar, wenn die Kirchen und Religionsgemeinschaften im gesellschaftlichen Bereich bei der Lösung sozialer und politischer Probleme mitarbeiten und für den einzelnen Menschen in seinem persönlichen Lebensumfeld wirken. Diese besonderen Leistungen finden vor dem Hin-

---

die es ablehnen oder keines Nachdenkens mehr für wert halten, doch noch hineinzuschleusen".

[80] BVerfG, Beschluss vom 21. September 1976, 2 BvR 350/75, in: BVerfGE 42, S. 312, 333; *Meyer-Teschendorf*, in: AöR 103 (1978), S. 289, 320.

[81] *Meyer-Teschendorf*, in: AöR 103 (1978), S. 289, 318f; *ders.*, Staat und Kirche im pluralistischen Gemeinwesen, S. 131. Vgl. auch *M. Heckel*, in: JZ 1994, S. 425ff.

[82] *Isensee*, in: Essener Gespräche 11 (1977), S. 92, 119f.

[83] *Meyer-Teschendorf*, in: AöR 103 (1978), S. 289, 321; *ders.*, Staat und Kirche im pluralistischen Gemeinwesen, S. 130. *Meyer-Teschendorf* sieht in Art. 137 Abs. 5 WRV auch eine Verfassungserwartung hinsichtlich der Leistungen der Religionsgemeinschaften im sozialen und kulturellen Sektor. Nach *Muckel*, in: Der Staat 38 (1999), 569, 588, stellt sich Art. 137 Abs. 5 WRV nicht als bloße Verfassungserwartung dar, vielmehr verdeutliche Art. 137 Abs. 6 WRV das schon bestehende partnerschaftliche Verhältnis von Kirchen und Staat.

[84] *Ipsen*, Staatsrecht II^{7}, Rn. 353.

tergrund der jeweiligen Wahrheitsüberzeugung statt und stellen so auch eine Form von Religionsausübung und -pflege dar.
Der tiefe und um Anerkennung bei den Menschen suchende Wahrheitsanspruch unterscheidet Religionsgemeinschaften und andere gesellschaftliche Gruppen[85]. Diese vertreten und leben ein umfassendes Bild von der Welt und den in ihr lebenden Menschen. Jene vertreten Partikularinteressen, Meinungen oder Gesinnungen, und bewegen sich damit auf einer anderen Ebene als Religion, die transzendental, auch ins Jenseitige wirkt. Der Wahrheitsanspruch stellt sich als das wichtigste Differenzierungsmerkmal zwischen Kirchen und Religionsgemeinschaften und anderen gesellschaftlichen Gruppen heraus. Er wird durch die Religionsfreiheit umfassend ermöglicht und durch Art. 137 Abs. 5 WRV gefördert. Damit bestehen wesentliche Unterschiede zwischen Kirchen und Religionsgemeinschaften und anderen gesellschaftlichen Gruppen und Verbänden, so dass das Gleichheitsgebot nicht verletzt ist.
Bis hierher ging es um die Frage einer möglichen ungerechtfertigten Ungleichbehandlung i. S. einer Besserstellung der Kirchen und Religionsgemeinschaften. Später wird noch die Frage zu klären sein, aus welchen Gründen gerade der öffentlich-rechtliche Status für Religionsgemeinschaften legitim sein soll[86]. Denn auch andere rechtliche Privilegierungen sind denkbar. Dort wird zu zeigen sein, auf welche Art und Weise der Wahrheitsanspruch sich mit dem öffentlich-rechtlichen Status und der gesellschaftlichen Rolle der korporierten Kirchen und Religionsgemeinschaften verbindet.

b) Kein Verstoß des Art. 140 GG i. V. m. Art. 137 Abs. 5 WRV gegen das Gebot religiöser Neutralität des Staates

Nach *Schmidt-Eichstaedt* soll Art. 137 Abs. 5 WRV auch gegen das Gebot religiöser Neutralität des Staates verstoßen[87], da die Verfassungsnorm dem Staat religiöse Parteilichkeit auferlege. Solange die Verfassung die Religionsgemeinschaften nicht „in die Freiheit des Privatrechts" entlasse, werde der Staat seine

[85] Zwar ist der Wahrheitsanspruch der Kirchen und Religionsgemeinschaften zunächst nur ein Element ihres internen Bereichs. Staat und Gesellschaft können jedoch auf diese Überzeugungen zurückgreifen. Vgl. dazu *Meyer-Teschendorf*, Staat und Kirche im pluralistischen Gemeinwesen, S. 62.
[86] Vgl. S. 31ff dieser Arbeit.
[87] *Schmidt-Eichstaedt*, Kirchen als Körperschaften des öffentlichen Rechts?, S. 108; *ders.*, in: Der Staat 21 (1982), S. 423, 437f. Vgl. auch *Heinze*, in: ZRP 1969, S. 97, der dem Körperschaftsstatus vor dem Hintergrund des Gebotes der religiösen und weltanschaulichen Neutralität des Staates kritisch gegenüber steht.

Leistungen an diese nicht auf Bereiche beschränken, die er ohne Verletzung des Gebotes religiöser Neutralität unterstützen dürfe[88].
Schmidt-Eichstaedt versteht das Gebot religiöser Neutralität nicht als Problem unterschiedlich intensiver Förderung von Religionsgemeinschaften untereinander, sondern gegenüber anderen gesellschaftlichen Gruppen, die nicht Religionsgemeinschaften (oder Weltanschauungsgemeinschaften) sind. So gesehen, stellt sich die Neutralität nur als eine Ausformung des allgemeinen Gleichheitssatzes dar, der jedoch, wie gezeigt, nicht durch Art. 137 Abs. 5 WRV verletzt ist. Zudem rückt solch ein Verständnis der Neutralität diese in die Nähe einer absoluten Trennung von Staat und Kirche, die sich im Grundgesetz gerade nicht verwirklicht.
Der Grundsatz der Neutralität des Staates auf religiös-weltanschaulichem Gebiet fordert nicht die Verdrängung des Religiösen aus den staatlich beherrschten oder organisierten Lebensbereichen[89]. Vielmehr verwehrt er die Einführung einer Staatskirche und die Privilegierung sowie Ausgrenzung bestimmter Bekenntnisse[90]. Die Art. 3 Abs. 3, 4 Abs. 1, 33 Abs. 3 GG und die Art. 136 Abs. 1 und 4, 137 Abs. 1 WRV i. V. m. 140 GG legen dem bundesrepublikanischen Staat den Grundsatz der religiösen und weltanschaulichen Neutralität auf und bilden die Grundlage dafür, dass der Staat, im Interesse der Glaubensfreiheit der Bürger, allen Religionsgemeinschaften neutral gegenüber steht[91]. Die Neutralität hindert den Staat jedoch nicht daran, die Verwirklichung religiöser Bedürfnisse innerhalb der staatlichen Ordnung zu ermöglichen. Förderung von Religionsgemeinschaften durch staatliche Organe oder staatliches Recht verstößt nicht gegen den Neutralitätsgedanken, wenn der Anknüpfungspunkt für die Förderung religionsneutral (bzw. weltanschauungsneutral) ist. Darüber hinaus sind Spezial- und Ausnahmeregelungen wie Art. 7 Abs. 3 S. 1 GG, Art. 140 GG i. V. m. Art. 137 Abs. 6 WRV oder eben auch Art. 140 GG i. V. m. Art. 137 Abs. 5 WRV zulässig[92].
Anders als der Gleichheitssatz, der in Art. 3 GG unmittelbar ausformuliert ist und die Grundlage für die Parität darstellt, folgt die Neutralität des Staates im

---

[88] *Schmidt-Eichstaedt*, Kirchen als Körperschaften des öffentlichen Rechts?, S. 110.
[89] *Starck*, in: v. Mangoldt/Friedrich Klein/Starck, Bonner Grundgesetz, Band 1^4, Art. 4 Abs. 1, 2, Rn. 29. Siehe dazu auch *Morlok*, in: Dreier, Grundgesetz-Kommentar, Band III, Art. 140/Art. 137 WRV, Rn. 121, 123; *Zippelius*, in: Dolzer/Vogel/Graßhof, Bonner Kommentar, Art. 4, Rn. 19ff.
[90] BVerfG, Urteil vom 14. Dezember 1965, 1 BvR 413, 416/60, in: BVerfGE 19, S. 206, 216.
[91] BVerfG, Beschluss vom 28. April 1965, 1 BvR 346/61, in: BVerfGE 19, S. 1, 8; Urteil vom 14. Dezember 1965, 1 BvR 413, 416/60, in: BVerfGE 19, S. 206, 216. Vgl. auch BVerfG, Beschluss vom 16. Oktober 1968, 1 BvR 241/66, in: BVerfGE 24, S. 236, 246.
[92] *Mager*, in: v. Münch/Kunig, Grundgesetz-Kommentar, Band 1^5, Art. 4 Rn. 3.

religiös-weltanschaulichen Bereich erst aus der Vielzahl der Glaubensüberzeugungen, die wiederum aus der Anerkennung individueller und kollektiver Glaubensfreiheit folgt. Hierbei steht Art. 4 GG nicht isoliert, sondern im Spannungsfeld der staatskirchenrechtlichen Artikel des Grundgesetzes, die dann gemeinsam den Begriff der Neutralität ausformen. Die Bundesrepublik Deutschland soll unter dem Grundgesetz kein Staat sein, der absolut vom Religiösen getrennt ist. Religionen (und auch Weltanschauungen) sollen als elementare Bedürfnisse, wenn auch in eingeschränkter Weise, durch den Staat, seine Rechtsordnung und seine Organe gefördert werden. Sei es als Religionsunterricht oder sei es durch die Verleihung von Körperschaftsrechten. So verstanden, zeigt sich gerade Art. 137 Abs. 5 WRV als ein sogar wesenstypischer Baustein der Neutralität. Die auf absolute Trennung von Staat und Religionsgemeinschaften zielende Vorstellung von *Schmidt-Eichstaedt* entspricht also nicht der grundgesetzlichen Regelungstendenz, Neutralität im religiös-weltanschaulichen Bereich auch durch aktive Förderung von Religionsgemeinschaften zu verwirklichen.

Vor diesem Hintergrund ist auch der Argumentation von *Renck*, der wie *Schmidt-Eichstaedt* durch Art. 137 Abs. 5 WRV die Bekenntnisneutralität verletzt sieht, nicht zu folgen. Nach *Renck* verhält sich ein Staat, der durch seine Verfassung Religionsgemeinschaften eine öffentlich-rechtliche Struktur verleihe, nicht bekenntnisneutral. Es handele sich um Prinzipiendurchbrechungen, um prinzipienwidriges Verfassungsrecht[93], da durch Art. 137 Abs. 5 WRV nicht dem an erster Stelle stehenden Grundsatz der Bekenntnisneutralität entsprochen werde. Statt dem „fundamentalen Ordnungsprinzip“[94] der Bekenntnisneutralität zu entsprechen, herrsche in der Bundesrepublik eine „volkskirchliche Bekenntnisordnung“ vor[95]. Der in der gegenwärtigen Situation festzustellende gesellschaftliche Wandel lasse zudem eine volkskirchliche Rechtfertigung des Staatskirchenrechts und des öffentlich-rechtlichen Status entfallen. Mit diesem Umstand gehe ein Verfassungswandel einher, der die Diskrepanz von Recht und gesellschaftlicher Wirklichkeit beseitige[96]. Prinzipienwidriges Verfassungsrecht verliere durch Verfassungswandel faktisch seine Bedeutung. Es sei daher ein neues Staatskirchenrecht – oder, wie Renck es nennt, ein neues Bekenntnisver-

---

[93] *Renck*, in: BayVBl. 1999, S. 70, 74, der jedoch klarstellt, dass er prinzipienwidriges Verfassungsrecht nicht für „verfassungswidriges Verfassungsrecht“ hält. Vgl. dazu auch *ders.*, in: BayVBl. 2000, S. 744, 746.

[94] *Renck*, in: BayVBl. 2000, S. 744.

[95] *Renck*, in: BayVBl. 2000, S. 744, 745.

[96] *Renck*, in: BayVBl. 1999, S. 70, 76.

fassungsrecht – zu gestalten, das die Linie der staatlichen Bekenntnisneutralität strikt einhalte[97].

Das Staatskirchenrecht des Grundgesetzes und damit der öffentlich-rechtliche Körperschaftsstatus verwirklichen, entgegen der Interpretation von *Renck*, den Grundsatz der weltanschaulich-religiösen Neutralität, da der Staat nicht selbst eine Religion propagiert oder Bekenntnisse vertritt, sondern dies seinen Bürgern und deren religiösen Organisationen überlässt. Eine Förderung der sich religiös betätigenden Bürger und Gemeinschaften stellt eine Förderung der Religionsfreiheit dar. Sie ist ein Angebot an die Grundrechtsberechtigten und nicht gleichzusetzen mit religiöser Staatstätigkeit.

c) Kein Verstoß des Art. 140 GG i. V. m. Art. 137 Abs. 5 WRV gegen die Gewährleistung der Selbstbestimmung im religiös-weltanschaulichen Bereich

Ein weiterer Vorwurf, den *Schmidt-Eichstaedt* gegen Art. 137 Abs. 5 WRV erhebt, ist, dass die Norm gegen die Gewährleistung der Selbstbestimmung im religiös-weltanschaulichen Bereich verstoße. Sie ermächtige den Staat zu Eingriffen in den Bereich der eigenen Angelegenheiten der Religionsgemeinschaften durch Sondergesetze einerseits, halte ihn andererseits von notwendigen Unterwerfungen ab[98]. Von Eingriffen durch staatliche Sondergesetze könne man sprechen, da im Bereich der Binnenordnung einer juristischen Person des öffentlichen Rechts öffentliches Recht Anwendung finde. Dieses ermögliche nicht nur die Bezugnahme auf vom Staat vorgegebene Satzungen und Organisationsformen, sondern auch eine umfassende Staatsaufsicht. Daher bestehe zwischen der Selbstverwaltungsgarantie des Art. 137 Abs. 3 S. 1 WRV und dem öffentlich-rechtlichen Körperschaftsstatus, der die Unterworfenheit unter – auch die eigenen Angelegenheiten einer Religionsgemeinschaft betreffende – staatliche Sondergesetze bestimme, ein unauflösbarer Widerspruch[99].

Das Bild, das *Schmidt-Eichstaedt* von den öffentlich-rechtlich organisierten Religionsgemeinschaften entwirft, ist schief. Denn diese unterliegen nicht einer Staatsaufsicht oder einer staatlichen Sondergesetzgebung. Vielmehr soll der öffentlich-rechtliche Status die „Eigenständigkeit und Unabhängigkeit der Kirche

---

[97] *Renck*, in: BayVBl. 1999, S. 70, 77.

[98] *Schmidt-Eichstaedt*, Kirchen als Körperschaften des öffentlichen Rechts?, S. 108, 115; *ders.*, in: Der Staat 21 (1982), S. 423, 427.

[99] *Schmidt-Eichstaedt*, Kirchen als Körperschaften des öffentlichen Rechts?, S. 115f; *ders.*, in: Der Staat 21 (1982), S. 423, 427.

vom Staat sowie ihre originäre Kirchengewalt bekräftigen"[100]. Art. 137 Abs. 3 S. 1 WRV schließt Sondergesetze aus. Ausgeschlossen sind aber keine Gesetze, die nur die strukturellen Eigenarten von Religionsgemeinschaften berücksichtigen, da solche Regelungen keine durch Art. 137 Abs. 3 S. 1 WRV untersagten Sonderbeschränkungen darstellen[101].

Art. 137 Abs. 3 S. 1 WRV bietet die Gewähr dafür, dass öffentlich-rechtlich organisierte Kirchen und Religionsgemeinschaften keine staatlichen Institutionen werden, mit denen von Seiten des Staates beliebig verfahren werden darf, und dass das religiöse Selbstbestimmungsrecht gewährleistet bleibt. Das Selbstbestimmungsrecht verhindert zudem die „Unterwerfungen", die *Schmidt-Eichstaedt* anspricht. Die Religionsgemeinschaften sind keine dem Staat feindlichen Kräfte, die dieser niederhalten muss; vielmehr sorgen die von Art. 137 Abs. 3 S. 1 WRV vorgesehenen allgemeinen Gesetze für die Einordnung der Religionsgemeinschaften in das staatliche Leben bei gleichzeitiger Gewährleistung der Selbstbestimmung in eigenen Angelegenheiten.

d) Der Körperschaftsbegriff – nicht auf das Verwaltungsrecht beschränkt

Schließlich wird kritisiert, Kirchen und Religionsgemeinschaften könnten nach Art. 137 Abs. 5 WRV zwar öffentlich-rechtliche Körperschaften sein, dürften dies aber nicht. Körperschaften des öffentlichen Rechts könnten dem Staat vorbehaltene Rechte und Pflichten übertragen werden. Daher sollten nur Körperschaften in den öffentlich-rechtlichen Status erhoben werden, die dafür geschaffen wurden, Aufgaben des Staates (unter seiner Aufsicht) zu erfüllen, so *Schmidt-Eichstaedt*[102]. Ähnlich argumentiert *Heinze*, der anmerkt, mit dem öffentlich-rechtlichen Status korrespondiere keine öffentlich-rechtliche Funktion der Kirchen und Religionsgemeinschaften – außer Friedhofsverwaltung und Kirchensteuererhebung[103]. In diese Richtung zielt auch die Kritik von *E. Fischer*. Es sei unumstritten, dass auf die als öffentlich-rechtliche Körperschaften verfassten Religionsgemeinschaften keines der Merkmale, das eine öffentlich-rechtliche Körperschaft in einem verwaltungsorganisationsrechtlichen Sinne

---

[100] BVerfG, Beschluss vom 31. März 1971, 1 BvR 744/67, in: BVerfGE 30, S. 415, 428. Vgl. auch BVerfG, Beschluss vom 17. Februar 1965, 1 BvR 732/64, in: BVerfGE 18, S. 385, 386f; *Magen*, in: NVwZ 2001, S. 888, 889, der den Körperschaftsstatus als ein Mittel zur Entfaltung der Religionsfreiheit ansieht.

[101] *A. v. Campenhausen*, Staatskirchenrecht[3], S. 120; *Hesse*, in: HdbStKirchR, 1. Band[1], S. 409, 438f.

[102] *Schmidt-Eichstaedt*, Kirchen als Körperschaften des öffentlichen Rechts?, S. 115; *ders.*, in: Der Staat 21 (1982), S. 423, 427, 430ff.

[103] *Heinze*, in: ZRP 1969, S. 97.

auszeichne, zutreffe[104]. Der öffentlich-rechtliche Status sei daher bei Religionsgemeinschaften eine rechtlich unerhebliche Bezeichnung und nur ein Zugeständnis an die überkommene Struktur der beiden Großkirchen[105]. Letztlich mahnt *Fischer* eine grundsätzliche Trennung von Staat und Kirche an; der gegenwärtige Zustand sei nicht mehr hinnehmbar[106].
Bis weit hinein in den Kreis der Autoren, die die eben dargestellte Ansicht ablehnen, wird deutlich gemacht, dass der Begriff der Körperschaft des öffentlichen Rechts für den Status von Religionsgemeinschaften nicht präzis sei und die Rechtslage nicht erhelle, sondern eher verdunkle[107]. Die öffentlich-rechtlichen Körperschaften im „technischen" bzw. verwaltungsrechtlichen Sinn seien als mit Rechtsfähigkeit ausgestattete, mitgliedschaftlich verfasste Verwaltungsträger zu verstehen, die unter Beaufsichtigung des Staates öffentliche Aufgaben ausführten[108]. In diesen Bereich gehörten die Kirchen nicht; der in der Vergangenheit an ihnen entwickelte Begriff der öffentlichen Korporation habe sich in einer Weise weiterentwickelt, dass er für sie und die übrigen Religionsgemeinschaften unbrauchbar geworden sei[109].
Daher liege dem Körperschaftsbegriff ein differenziertes Verständnis zugrunde. Der öffentlich-rechtliche Körperschaftsstatus für Kirchen und Religionsgemeinschaften sei als Deklarierung oder Etikettierung zu verstehen[110], da diese heute außerhalb der Staatsverwaltung stünden. Art. 137 Abs. 5 WRV wolle den Religionsgemeinschaften zwar einen öffentlich-rechtlichen Sonderstatus erhalten, sie aber nicht in den Bereich der Körperschaften im „technischen Sinn" einordnen. Sie seien als Körperschaften sui generis nur im verfassungsrechtlichen, nicht im verwaltungsrechtlichen Sinn zu verstehen[111]. Das ergebe sich aus dem

---

[104] *E. Fischer*, Trennung von Staat und Kirche², S. 207.
[105] *E. Fischer*, Trennung von Staat und Kirche², S. 208, 211.
[106] *E. Fischer*, in: KJ 1989, S. 295ff.
[107] *A. v. Campenhausen*, Staatskirchenrecht³, S. 139f; *ders.*, in: v. Mangoldt/Friedrich Klein/Starck, Bonner Grundgesetz, Band 3⁴, Art. 137 WRV, Rn. 219; *Friesenhahn*, in: HdbStKirchR, 1. Band¹, S. 545, 560; *H. Weber*, Die Religionsgemeinschaften als Körperschaften des öffentlichen Rechts im System des Grundgesetzes, S. 54f.
[108] *Burgi*, in: Erichsen/Ehlers, Allgemeines Verwaltungsrecht¹², § 52 Rn. 12; *H. Meyer*, in: Knack, VwVfG-Kommentar⁸, § 1 Rn. 10; *Wilms*, in: NJW 2003, S. 1083, 1087. Vgl. zur Verwendung des Begriffs der öffentlich-rechtlichen Körperschaft im Verwaltungs- und Verfassungsrecht *H. J. Wolff/Bachof/Stober*, Verwaltungsrecht, Band 3⁵, § 87, Rn. 5ff.
[109] *A. v. Campenhausen*, Staatskirchenrecht³, S. 140.
[110] *Dürig*, in: Maunz/Dürig, Kommentar zum Grundgesetz, Art. 19 Abs. III, Rn. 41; *Meyer-Teschendorf*, in: AöR 103 (1978), S. 289, 295.
[111] BVerwG, Urteil vom 7. Oktober 1983, 7 C 44.81, in: BVerwGE 68, S. 62, 64f; *Brauser-Jung*, Religionsgewerbe und Religionsunternehmerfreiheit, S. 258; *A. v. Campenhausen*, Staatskirchenrecht³, S. 142f; *ders.*, in: v. Mangoldt/Friedrich Klein/Starck, Bonner Grundgesetz, Band 3⁴, Art. 137 WRV, Rn. 220ff; *Friesenhahn*, in: HdbStKirchR, 1. Band¹, S. 545,

Zusammenspiel der Abs. 3 und 5 des Art. 137 WRV, das den verfassungsrechtlichen vom verwaltungsrechtlichen Körperschaftsbegriff abhebe[112]. Der öffentlich-rechtliche Status gliedere die Kirchen und Religionsgemeinschaften nicht in die mittelbare Staatsverwaltung ein, vielmehr seien sie Teile der Gesellschaft[113].

Wenn das Staatskirchenrecht des Grundgesetzes den Kirchen und Religionsgemeinschaften trotzdem den Körperschaftsstatus anbiete, solle darin eine Garantie des überkommenen öffentlich-rechtlichen Status und die Bestätigung ihrer Vorrechte liegen[114]. Der Begriff der Körperschaft diene als zusammenfassende Kennzeichnung, die die im öffentlichen Recht geregelten Vorrechte und Begünstigungen bündele[115], er solle nicht nur Eigenständigkeit[116] und Unabhängigkeit vom Staat, sondern auch die originäre Kirchengewalt verdeutlichen[117]. Durch den Status werde anerkannt, dass die Kirchen und Religionsgemeinschaften durch ihre öffentlichen Kompetenzen öffentliche Wirksamkeit entfalteten[118], dass sie als Personenverbände mit Öffentlichkeitsbedeutung im modernen Gemeinwesen wirkten, dass sie generell eine herausragende Stellung innehätten[119], sogar „für das Gemeinschaftsleben" unverzichtbar seien[120].

548ff; *Kästner*, in: JuS 1977, S. 715, 719; *P. Kirchhof*, in: HdbStKirchR, 1. Band², S. 651, 657; *Meyer-Teschendorf*, in: AöR 103 (1978), S. 289, 295; *Rüfner*, in: Essener Gespräche 7 (1972), S. 9, 10f; *v. Tiling*, in: ZevKR 14 (1968/69), S. 238, 244.

[112] *Friesenhahn*, in: Mikat, Kirche und Staat in der neueren Entwicklung, S. 352, 365f.

[113] BVerfG, Beschluss vom 25. März 1980, 2 BvR 208/76, in: BVerfGE 53, S. 366, 387; Beschluss vom 4. Juni 1985, 2 BvR 1703, 1718/83 und 856/84, in: BVerfGE 70, S. 138, 160f; Urteil vom 19. Dezember 2000, 2 BvR 1500/97, in: BVerfGE 102, 370, 387f; *Meyer-Teschendorf*, in: AöR 103 (1978), S. 289, 294. Vgl. auch *Schnapp/Kaltenborn*, in: JuS 2000, S. 937, 942; *Wilms*, in: NJW 2003, S. 1083, 1087.

[114] BVerfG, Beschluss vom 4. Oktober 1965, 1 BvR 498/62, in: BVerfGE 19, S. 129, 133f.

[115] BVerfG, Beschluss vom 17. Februar 1965, 1 BvR 732/64, in: BVerfGE 18, S. 385, 386; *A. v. Campenhausen*, Staatskirchenrecht³, S. 141; *H. Weber*, Die Religionsgemeinschaften als Körperschaften des öffentlichen Rechts im System des Grundgesetzes, S. 94f.

[116] Zur Eigenständigkeit vgl. *Scheuner*, in: ZevKR 7 (1959/60), S. 225, 267.

[117] BVerfG, Beschluss vom 17. Februar 1965, 1 BvR 732/64, in: BVerfGE 18, S. 385, 387; BVerfG, Beschluss vom 31. März 1971, 1 BvR 744/67, in: BVerfGE 30, S. 415, 428; *Friesenhahn*, in: HdbStKirchR, 1. Band¹, S. 545, 550; *Hemmrich*, in: v. Münch/Kunig, Grundgesetz-Kommentar, Band 3⁵, Art. 140, Rn. 22.

[118] BVerfG, Beschluss vom 17. Februar 1965, 1 BvR 732/64, in: BVerfGE 18, S. 385, 387; Beschluss vom 4. Oktober 1965, 1 BvR 498/62, in: BVerfGE 18, S. 129, 133; Urteil vom 19. Dezember 2000, 2 BvR 1500/97, in: BVerfGE 102, 370, 387f; *Korioth*, in: FS Badura (2004), S. 727, 744; *v. Tiling*, in: ZevKR 14 (1968/69), S. 238, 243.

[119] *Frank*, in: ZevKR 26 (1981), S. 51; *Friesenhahn*, in: HdbStKirchR, 1. Band¹, S. 545ff; *Meyer-Teschendorf*, in: AöR 103 (1978), S. 289ff; *Scheuner*, in: HdbStKirchR, 1. Band¹, S. 5, 69ff.

[120] *P. Kirchhof*, in: HdbStKirchR, 1. Band², S. 651, 655.

Trotz aller Kritik am Begriff der Körperschaft ist letztlich die These von *Schmidt-Eichstaedt*, die Rechtsform der öffentlich-rechtlichen Körperschaft dürfe nur zur Verfolgung staatlicher Zwecke zur Verfügung gestellt werden, abzulehnen[121]. Vielmehr kann das staatliche Recht auch Kirchen und Religionsgemeinschaften den Körperschaftstitel belassen oder verleihen. Dafür sprechen schon die vorstehend genannten Argumente, die die Autoren der herrschenden Ansicht nennen. In diesem Zusammenhang sollten die Begriffe des „Öffentlichen" und der „Öffentlichkeitsbedeutung" jedoch nicht überstrapaziert werden. Zwar strahlt der im Inneren einer Religionsgemeinschaft wirkende Wahrheitsanspruch nach außen, in den Bereich der Gesellschaft. Im Vordergrund steht aber nicht – wie schon bei der Problematik des Gleichheitssatzes ausgeführt – die bloße Öffentlichkeitsbedeutung, sondern die Leistung der Religionsgemeinschaften, der Dienst am und im „Öffentlichen", der im immateriellen, ethischen und moralischen Bereich erbracht wird und der vom kirchlichen Wahrheitsanspruch ausgehend auf Außenwirkung zielt. Da der Staat des Grundgesetzes aufgrund seiner religiös-weltanschaulichen Neutralität weder Wahrheitsansprüche im Sinne des Art. 4 GG entwickeln noch nach außen vertreten darf, der Mensch jedoch auch auf der Ebene von Ethik und Moral, von Religion und Weltanschauung Bedürfnisse hat, muss es andere Möglichkeiten, andere Institutionen geben, die den Weg gehen, der dem Staat verboten ist.

Diese anderen Institutionen sind die Kirchen, Religions- und Weltanschauungsgemeinschaften. Sie bieten den Menschen ethische und moralische Wertvorstellungen, eine religiös-weltanschauliche Heimstatt an und erbringen insoweit einen Dienst für den öffentlichen Bereich. Diese Form von „Öffentlichkeitsbedeutung" erkennt das Grundgesetz durch den öffentlich-rechtlichen Status an. Der Körperschaftsbegriff, der für die Religionsgemeinschaften gilt, stimmt zwar im Wortsinn mit dem Körperschaftsbegriff im „technischen Sinn" überein, der Wortinhalt ist dagegen unterschiedlich zu verstehen. Neben dem verwaltungsrechtlichen Verständnis steht das verfassungsrechtliche.

Die Verwendung desselben Begriffes in zwei verschiedenen Regelungsbereichen ist kein maßgeblicher Kritikpunkt, da es dem Gesetz- bzw. Verfassungsgeber unbenommen ist, unterschiedliche rechtliche Phänomene gleichen Rechtsbegriffen zuzuordnen. So stört sich z. B. *Kleine* nicht an der Begriffsspaltung im Bereich der Körperschaften. Da der Körperschaftsbe-griff nirgendwo gesetzlich definiert sei, werde der Gesetztext als Grenze der zulässigen Auslegung nicht überschritten, wenn derselbe Begriff an verschiedenen Stellen unter-

---

[121] *Meyer-Teschendorf*, Staat und Kirche im pluralistischen Gemeinwesen, S. 121; *Preuß*, in: Denninger/Hoffmann-Riem/Schneider/Stein, Alternativkommentar zum Grundgesetz[3], Art. 140, Rn. 53.

schiedlich zu verstehen sei[122]. *Meyer-Teschendorf* vertritt die Ansicht, dass man generell nicht von der Organisationsform und dem rechtlichen Status auf das Tätigkeitsfeld eines Aufgabenträgers schließen könne. Öffentlich-rechtliche Gebilde drückten im gesamten öffentlichen Recht nicht immer unmittelbare o-der mittelbare Staatlichkeit aus[123]. Dies zeigten z. B. das öffentlich-rechtliche Rundfunkwesen, berufsständische Einrichtungen, Sparkassen oder das bayerische Rote Kreuz[124]. Auch Körperschaften könne man begrifflich nicht nur auf einer einzigen Rechtsebene erfassen. So seien eine öffentlich-rechtliche Organisationsform und ein öffentlich-rechtlicher Status in der Lage, sowohl staatlichen als auch nichtstaatlichen, also gesellschaftlichen Aufgabenträgern zu dienen[125]. Nach allem könne der Körperschaftsstatus für Kirchen und Religionsgemeinschaften nicht als systemwidriger Einzelfall verstanden werden[126].
Wie gezeigt, lassen sich unterschiedliche rechtliche Phänomene mit denselben Begriffen unproblematisch erfassen. Trotz Begriffsidentität helfen die juristischen Auslegungsmethoden, den jeweiligen Sinngehalt zu verdeutlichen. Hinzu kommt, dass dem Gesetzgeber nur ein begrenzter Begriffspool, der dogmatisch sinnvoll eingesetzt werden kann, zur Verfügung steht. Will man einer etwaigen Verwechslung begegnen, könnte man den Körperschaftsbegriff des Art. 137 Abs. 5 WRV abwandeln. Notwendig ist dieser Schritt jedoch nicht, vielmehr wäre es ein Schritt in die falsche Richtung, weg vom gewachsenen Staatskirchenrecht in Deutschland.

e) Zwischenergebnis: Keine Verfassungswidrigkeit des Art. 140 GG i. V. m. Art. 137 Abs. 5 WRV

Zusammenfassend lässt sich feststellen, dass der Körperschaftsstatus für Kirchen und Religionsgemeinschaften weder gegen den Gleichheitssatz oder die Gebote religiös-weltanschaulicher Neutralität und religiöser Selbstbestimmung verstößt noch dass der Körperschaftsbegriff auf den staatlichen Bereich beschränkt ist.
Art. 140 GG i. V. m. Art. 137 Abs. 5 WRV ist nicht verfassungswidrig. Damit ist die Legitimation der Regelung nicht endgültig geklärt. Denn nur Verfassungsnormen, die gegenwärtig legitimiert sind und sich in rechtlicher Sinnstif-

---

[122] *Kleine*, Institutionalisierte Verfassungswidrigkeiten im Verhältnis von Staat und Kirchen unter dem Grundgesetz, S. 200f, nennt diese Vorgehensweise eine „funktionsdifferente Auslegung".
[123] *Meyer-Teschendorf*, in: AöR 103 (1978), S. 289, 297.
[124] *Meyer-Teschendorf*, in: AöR 103 (1978), S. 289, 297ff.
[125] *Meyer-Teschendorf*, in: AöR 103 (1978), S. 289, 299.

tung entfalten, laufen nicht Gefahr, in absehbarer Zeit vom Verfassungsgeber beseitigt zu werden oder doch schleichend in Bedeutungslosigkeit, in die Nichtanwendbarkeit überzugehen. Der Zusammenhang zwischen der Frage nach der Verfassungswidrigkeit mit der Frage der Legitimität des Art. 137 Abs. 5 WRV folgt, wie schon *M. Heckel* verdeutlicht hat[127], aus den gegensätzlichen Grundprinzipien, auf denen das Staatskirchenrecht aufgebaut ist. Der öffentlich-rechtliche Status der Kirchen und Religionsgemeinschaften muss ein solides dogmatisches Fundament erfahren. Der Blick in die Vergangenheit genügt zur Legitimation nicht mehr[128]. Es reicht daher nicht aus, den Körperschaftsstatus als Teil eines Restbestandes „älterer Rechtsschichten" anzusehen, der aufgrund seiner historischen Rechtfertigung und „seiner verfassungsrechtlichen Verankerung" auch heute noch legitimiert sei[129]. Nur gegenwärtige „verfassungstheoretische Sinnerfüllung"[130] kann Rechtsunsicherheit beseitigen und die für den demokratischen Verfassungsstaat so wichtige allgemeine Akzeptanz herbeiführen. Dies ist gerade vor dem Hintergrund einer Entkirchlichung der Gesellschaft und einer zunehmenden Zahl religiöser Gruppierungen, die den kirchlichen Strukturen nicht entsprechen, notwendig[131]. Der Körperschaftsstatus muss sich „funktional auch aus dem Telos moderner Verfassungsstaatlichkeit begründen" lassen[132].

2. Legitimität des Art. 140 GG i. V. m. Art. 137 Abs. 5 WRV

Schon im Rahmen der kritischen Betrachtung der Verfassungsmäßigkeit des Art. 137 Abs. 5 WRV sind Legitimationsgesichtspunkte genannt worden. Insgesamt kann man koordinationsrechtliche, etatistische, leistungsstaatliche und

---

126 *Meyer-Teschendorf*, in: AöR 103 (1978), S. 289, 300.

127 *M. Heckel*, in: ZevKR 18 (1973), S. 22, 25f, nennt beispielsweise die Begriffspaare Trennung und Verbundenheit, Gleichheit und Freiheit, Parität und Neutralität.

128 So auch *Friesenhahn*, in: Mikat, Kirche und Staat in der neueren Entwicklung, S. 352, 356; *Hesse*, in: ZevKR 11 (1964/65), S. 337, 357ff; *Meyer-Teschendorf*, Staat und Kirche im pluralistischen Gemeinwesen, S. 55ff.

129 *H. Weber*, in: Brockmann, Kirche und moderne Gesellschaft, S. 84, 118.

130 *Meyer-Teschendorf*, in: AöR 103 (1978), S. 289, 312. *Meyer-Teschendorf* führt auf S. 325 weiter aus, dass der religiös-weltanschauliche Staat die öffentliche Rolle, die die Kirchen und Religionsgemeinschaften in der Gesellschaft spielten, nur fördern könne, wenn ihre Bedeutung und Wirkung für und auf den einzelnen Bürger deutlich werde. Vgl. dazu auch *Mikat*, in: Mikat, Religionsrechtliche Schriften , S. 413, 421ff.

131 *Korioth*, in: Maunz/Dürig, Kommentar zum Grundgesetz, Art. 140, Rn. 11.

132 *Meyer-Teschendorf*, Staat und Kirche im pluralistischen Gemeinwesen, S. 57. Vgl. zur Legitimität auch *A. v. Campenhausen*, Staatskirchenrecht³, S. 145ff; *Korioth*, in: FS Badura (2004), S. 727, 729f.

verbandliche bzw. verbandspluralistische Legitimationsansätze unterscheiden[133].

Das koordinationsrechtliche Modell – herrschend in den ersten Jahrzehnten der Bundesrepublik – sieht in Kirche und Staat zwei unabhängige, selbstständige Kräfte, deren Beziehung durch Koordination und nicht durch Subordination gekennzeichnet sei[134]. Um die Rolle der Kirche in der Öffentlichkeit zu schützen und den sog. Öffentlichkeitsauftrag zu gewährleisten, habe der Staat den Kirchen den öffentlich-rechtlichen Status zuerkannt[135]. Diese Auffassung ist mit dem Grundgesetz nicht vereinbar. Weder können Staat und Kirchen (und die sonstigen Religionsgemeinschaften) als gleichberechtigte Kräfte oder gar Partner bezeichnet werden – denn die staatliche Ordnung schließt die Kirchen und Religionsgemeinschaften mit ein und ist auch für sie verbindlich. Noch gibt es, wie bereits dargestellt, einen speziellen Öffentlichkeitsanspruch, sondern nur eine – wenn auch, wie noch zu zeigen sein wird, besondere – Teilnahme der religiösen verfassten Gruppen neben anderen im öffentlichen und gesellschaftlichen Bereich.

Auch die etatistische Konzeption steht dem Koordinationsmodell kritisch gegenüber[136]. Hauptaussage des etatistischen Ansatzes ist, dass von einer rechtlichen Einheit der Staatsgewalt auszugehen sei und dass der Staat letztlich die Rechtshoheit gegenüber seinen Bürgern und den gesellschaftlichen Gruppen, damit auch den Kirchen und Religionsgemeinschaften, besitze[137]. Das BVerfG hat dieser Auffassung zugestimmt, indem es die Verbindlichkeit der Staatsgewalt auch für die Kirchen und Religionsgemeinschaften festgestellt hat[138]. Einen eigenständigen Legitimationsansatz hinsichtlich des öffentlich-rechtlichen

---

[133] *Neureither*, Recht und Freiheit im Staatskirchenrecht, S. 41ff; *Preuß*, in: Denninger/Hoffmann-Riem/Schneider/Stein, Alternativkommentar zum Grundgesetz[3], Art. 140, Rn. 11, 14.

[134] *Albrecht*, Koordination von Staat und Kirche, S. 1ff; *Hesse*, Der Rechtsschutz durch staatliche Gerichte im kirchlichen Bereich, S. 75; *Hollerbach*, Verträge zwischen Staat und Kirche in der Bundesrepublik Deutschland, S. 124. Vgl. auch *P. Kirchhof*, in: HdbStKirchR, 1. Band[2], S. 651, 665ff, der in sein Legitimationsverständnis neben leistungsstaatlichen Elementen koordinationsrechtliche Aspekte aufnimmt, wenn er von Staat und Kirche als „koordinierten Mächten" spricht.

[135] *Hesse*, Der Rechtsschutz durch staatliche Gerichte im kirchlichen Bereich, S. 61; *Hollerbach*, Verträge zwischen Staat und Kirche, S. 122f; *Smend*, in: ZevKR 1 (1951), S. 4, 13.

[136] *Quaritsch*, in: Der Staat 1 (1962), S. 289ff; *ders.*, in: Der Staat 5 (1966), S. 451ff; *H. Weber*, Die Religionsgemeinschaften als Körperschaften des öffentlichen Rechts im System des Grundgesetzes, S. 60; *ders.*, Grundprobleme des Staatskirchenrechts, S. 47ff.

[137] *H. Weber*, Die Religionsgemeinschaften als Körperschaften des öffentlichen Rechts im System des Grundgesetzes, S. 35ff; *ders.*, Grundprobleme des Staatskirchenrechts, S. 43f.

[138] Dies verdeutlicht das BVerfG u. a. im Beschluss vom 28. April 1965, 1 BvR 346/61, in: BVerfGE 19, S. 1, 8.

Status nach Art. 137 Abs. 5 WRV liefert das etatistische Modell jedoch nicht. Vielmehr zeichnet es sich gerade in der Abwehr von Vorstellungen aus, die die Kirchen dem Staat gleich- bzw. nebenordnen wollen, und widmet sich der Auslegung, nicht der Legitimation des Art. 137 Abs. 5 WRV, indem verdeutlicht wird, dass der öffentlich-rechtliche Status die Kirchengewalt nicht „zur eigenständigen Hoheitsgewalt“ aufwerte[139].
Dagegen entwirft der leistungsstaatliche Ansatz ein eigenes Legitimationssystem[140]. Danach komme der Staat den Kirchen und Religionsgemeinschaften quasi im Wege einer aktiven Grundrechtsvorsorge entgegen, indem er, wie bei der Kunst- oder Wissenschaftsförderung, die freie Grundrechtsausübung – hier die des Art. 4 GG – garantiere[141]. Das leistungsstaatliche Modell entwickelt die sozialstaatliche Verantwortung des Staates anhand der Religionsgemeinschaften weiter[142]. Darüber hinaus sei Art. 137 Abs. 5 WRV als eine Art Verfassungserwartung zu verstehen[143]. Und zwar bezüglich der öffentlichen Wertfindung und -vermittlung durch die Kirchen und Religionsgemeinschaften und hinsichtlich ihrer Leistungen auf den sozialen und kulturellen Gebieten. So führt *P. Kirchhof* aus, das Grundgesetz anerkenne „bei den kirchlichen Körperschaften die Gemeinnützigkeit ihres moralisch-ethischen Mandats“ und verdeutliche, dass „die betroffene Religionsgemeinschaft den im Grundgesetz angelegten Kultur- und Sozialauftrag“ miterfülle[144].
Dieser Ansatz wird einem modernen Verfassungs- und Grundrechtsverständnis gerecht, er erklärt jedoch nicht, weshalb gerade der öffentlich-rechtliche Status für Kirchen und Religionsgemeinschaften der legitime ist. Sozialstaatliche Intentionen und Verfassungserwartungen an gesellschaftliche Gruppen führen nicht notwendig zu öffentlich-rechtlichen Organisationsformen, wie man am Beispiel der Parteien, Gewerkschaften, Sozialverbände, aber auch im Bereich der Medien sieht. Man denke nur an das Zeitungswesen und die teilweise privatrechtlich organisierte Rundfunklandschaft. Im Hinblick auf das aufgehobene Monopol des öffentlich-rechtlichen Rundfunks wird deutlich, dass im Medien-

---

139 *H. Weber*, Die Religionsgemeinschaften als Körperschaften des öffentlichen Rechts im System des Grundgesetzes, S. 60.
140 *Häberle*, in: DÖV 1976, S. 73ff; *M. Heckel*, in: JZ 1994, S. 425, 427; *Isensee*, in: HdbStKirchR, 2. Band[1], S. 51ff; *P. Kirchhof*, in: HdbStKirchR, 1. Band[2], S. 651, 666ff; *Meyer-Teschendorf*, in: AöR 103 (1978), S. 289, 318ff.
141 *Isensee*, in: HdbStKirchR, 2. Band[1], S. 51, 75, 89.
142 Vgl. *Häberle*, in: DÖV 1976, S. 73, 76f.
143 *Meyer-Teschendorf*, in: AöR 103 (1978), S. 289, 321ff.
144 *P. Kirchhof*, in: HdbStKirchR, 1. Band[2], S. 651, 667. Zur Rechtfertigung des Körperschaftsstatus aufgrund sozialer Leistungen der Kirchen vgl. auch *Tillmanns*, in: DÖV 1999, S. 441, 449f.

bereich die Verfassungserwartung nicht an eine öffentlich-rechtliche Organisationsform geknüpft ist. Die Intentionen und Erwartungen können nur auf der Ebene der Verfassungsmäßigkeit rechtfertigend eingreifen und wirken. Man mag eine besondere rechtliche Behandlung von Religionsgemeinschaften gegenüber anderen gesellschaftlichen Gruppen aufgrund eines leistungsstaatlichen Konzeptes rechtfertigen. Ein solches Konzept legt aber nicht ohne weiteres dar, warum das Ergebnis dieser besonderen Behandlung, der öffentlich-rechtliche Status, legitim ist.

Das Legitimationsverständnis des Art. 137 Abs. 5 WRV hat jedoch im leistungsstaatlichen Bereich seine Grundlage, und zwar auf der Ebene der Wertfindung und -vermittlung, auf der Ebene von Ethik und Moral. Der Staat benötigt ethische Grundlagen für sein Wirken, gerade im politischen Bereich[145]. Diese müssen, wie aufgezeigt, aus dem Bereich kommen, der außerhalb der Staatlichkeit liegt, da der Staat selbst kein eigenes Ethos besitzt[146]. Um Missverständnissen vorzubeugen: Welche ethischen Vorstellungen der Staat übernimmt oder seiner Ordnung zugrunde legt, liegt in seinem Entscheidungsspielraum. Er ist darin frei, die jeweiligen „objektiven Wahrheiten" der Religionsgemeinschaften zu seinen „subjektiven Wertvorstellungen" zu machen[147]; die jeweiligen Wertvorstellungen müssen sich insofern gegeneinander behaupten[148].

Kirchen und Religionsgemeinschaften sind im Unterschied zu anderen gesellschaftlichen Gruppen idealtypische „Produzenten" und „Lieferanten" umfassender ethisch-moralischer Maßstäbe und Anschauungen[149]. Ihr religiös-weltanschaulicher Wahrheitsanspruch dient dabei als Basis, auf dem sie ein umfassendes ethisch-moralisches Lebens- und Weltbild entwerfen, das den Menschen in seinen Beziehungen zu Staat und Gesellschaft einbezieht. Dabei erfassen sie im Gegensatz zu anderen gesellschaftlichen Gruppen, die nur Teilberei-

---

[145] *Klostermann*, Der Öffentlichkeitsauftrag der Kirchen – Rechtsgrundlagen im kirchlichen und staatlichen Recht, S. 125, warnt vor der Gefahr, dass kirchliche Autorität und öffentliches Ansehen der Kirchen lediglich zur Untermauerung politischer Auffassungen eingesetzt werden könnten.

[146] Kritisch demgegenüber ist *Czermak*, in: KJ 2000, S. 229, 244.

[147] *Mikat*, in: FS Kunst (1967), S. 105, 123. Vgl. auch *Böckenförde*, in: Recht, Staat, Freiheit, S. 110ff, der verdeutlicht, dass auch der moderne Staat wohl letztlich aus den „Antrieben und Bindungskräften" des Glaubens leben müsse; *v. Tiling*, in: ZevKR 14 (1968/69), S. 238, 247.

[148] *Albrecht*, Koordination von Staat und Kirche in der Demokratie, S. 141f; *Meyer-Teschendorf*, Staat und Kirche im pluralistischen Gemeinwesen, S. 69, 130ff; *Schlaich*, Neutralität als verfassungsrechtliches Prinzip, S. 181f.

[149] *Mahrenholz*, in: ZevKR 20 (1975), S. 43, 48. Kritisch ist *Depenheuer*, in: Hommage an Isensee (2002), S. 3, 20, der die Ansicht vertritt, die Kirche würde sich in einer „funktional ausdifferenzierten Gesellschaft" mit dem Anspruch überheben, der Gesellschaft Werte bereitzustellen.

che des menschlichen Lebens betrachten und nur partikulare Interessen vertreten[150], „den ganzen Menschen“ durch ihre Wahrheits-, Wert- und Tugendordnung[151].

Ethisch-moralische Politikmaßstäbe sind ein öffentliches Bedürfnis, da sie die Funktionen und das Funktionieren der Staatsgewalt betreffen. Für die öffentliche Bedeutung von Werten ist entscheidend, dass ein nicht unerhebliches Maß an Stabilität dieser Werte gewährleistet ist. Ethisch-moralische Anschauungen dürfen nicht spontanen Launen und Umschwüngen, wie es sich z. B. bei „bloßen“ Meinungen zeigt, unterworfen sein. Vielmehr müssen die Religionsgemeinschaften als Wertelieferanten sicherstellen, dass ihre dogmatischen Konzepte ausgereift, also fundiert und in sich schlüssig sind, und dass sie sich durch Beständigkeit auszeichnen. Ansonsten können Staat und Gesellschaft nicht auf die Aussagekraft der ethisch-moralischen Modelle vertrauen. Die Wertesysteme müssen eine Stabilität an argumentativen Hintergründen und dogmatischer Prägnanz haben[152].

Folge ist, dass die Kirchen und Religionsgemeinschaften nicht, wie private Vereine, ganz überwiegend den Interessen ihrer Mitglieder dienen und nicht den Mitgliedern und ihren wechselnden Meinungen ohne institutionelle Absicherung unterworfen sein dürfen. Sie müssen ihre interne Struktur konservieren, müssen Dogmen und Kultus „rein halten“, um ihre öffentliche Funktion hinreichend zu erfüllen. Es ist eine Verknüpfung der Aufgabe der Wertfindung und -vermittlung mit einer besonderen verbandlichen Struktur erforderlich. Diese Notwendigkeit auf staatlich-gesellschaftlicher Seite dient auch dem Selbstverständnis der Kirchen und Religionsgemeinschaften.

Das hat der verbandliche bzw. verbandspluralistische Ansatz erkannt, wenn auch einige Vertreter dieses Modells zu Schlussfolgerungen kommen, die keine Legitimationswirkung herbeiführen können. So fordert *Scheuner* in sehr allgemeiner Weise die Aufnahme der bedeutenden sozialen Gruppen in den öffentlichen bzw. öffentlich-rechtlichen Bereich, um die pluralistische Gesellschaft zu verwirklichen. Die Kirchen will er daher weiterhin öffentlich-rechtlich verwurzelt wissen[153]. In Abkehr von seiner koordinationsrechtlichen Ansicht fordert *Hesse*, Kirchen und Religionsgemeinschaften in das pluralistische Verbandswesen und seine verfassungsrechtlichen Gewährleistungen einzuordnen. Ihr besonderes geistliches Wirken rechtfertige für sie die besondere öffentlich-

[150] Kritisch *Preuß*, in: Denninger/Hoffmann-Riem/Schneider/Stein, Alternativkommentar zum Grundgesetz[3], Art. 140, Rn. 28.

[151] *P. Kirchhof*, in: HdbStKirchR, 1. Band[2], S. 651, 667.

[152] So auch *Schmidt-Eichstaedt*, in: Der Staat 21 (1982), S. 423, 437.

[153] *Scheuner*, in: Scheuner, Schriften zum Staatskirchenrecht, S. 273, 275.

rechtliche Stellung nach Art. 137 Abs. 5 WRV[154]. Weitergehend sieht *Meyer-Teschendorf* in Art. 137 Abs. 5 WRV den „Pionier eines Verbände-Verfassungsrechts“[155]. Er erweitert damit seine leistungsstaatliche Argumentation um die Feststellung, die privatrechtliche Rechtsform der öffentlich relevanten Gruppen und Verbände sei nicht mehr zeitgemäß. Der gesellschaftlichen und politischen Bedeutung müsse der rechtliche Status entsprechen. Insofern zeige Art. 137 Abs. 5 WRV, wie der Staat mit gesellschaftlichen Gruppen und Verbänden verfahren solle[156].

Diese Aussagen der Vertreter des verbandspluralistischen Ansatzes allein können noch keine befriedigende Legitimation des öffentlich-rechtlichen Status liefern. So erläutert *Hesse* nur die Andersartigkeit von Religionsgemeinschaften im Verhältnis zu sonstigen Verbänden. *Meyer-Teschendorf* entwirft ein verfassungsrechtliches Modell, dessen Vorhut Art. 137 Abs. 5 WRV darstellen soll. Die öffentliche Bedeutung gesellschaftlich relevanter Kräfte durch öffentlich-rechtliche Organisationsformen zu stärken, mag eine lohnenswerte politische Zielsetzung sein, reiht sich jedoch nicht in das grundgesetzliche System ein. Denn das Grundgesetz erkennt nur bestimmten Verbänden einen öffentlich-rechtlichen Status zu, wie z. B. den Gemeinden im Rahmen der Selbstverwaltung nach Art. 28 Abs. 2 GG oder eben den Religionsgemeinschaften nach Art. 140 GG i. V. m. Art. 137 Abs. 5 WRV.

Darüber hinaus zeigt sich bei Parteien, Interessenverbänden oder Medien, dass der privatrechtliche Status alles andere als hinderlich ist, Meinungen in der Öffentlichkeit zu vertreten und darzustellen, und dass eine gewisse „Staatsferne“ in diesem Bereich sinnvoll ist, um die Gewaltenteilung auf gesellschaftlicher Ebene fortzuführen und die demokratische Ordnung zu stärken. Auch der öffentlich-rechtliche Rundfunk stellt sich nicht als „Staatsprogramm“ dar. Vielmehr ist die jeweilige juristische Person des öffentlichen Rechts, die die Rundfunksendungen veranstaltet, dem staatlichen Einfluss entzogen oder höchstens einer beschränkten staatlichen Kontrolle unterworfen. Art. 5 GG verlangt, dass der Rundfunk, der eine wichtige Rolle im Prozess der Meinungsbildung spielt, nicht dem Staat oder einzelnen gesellschaftlichen Gruppen „ausgeliefert wird“[157]. Insofern ist auch der öffentlich-rechtliche Rundfunk „Sache der All-

---

[154] *Hesse*, in: ZevKR 11 (1964/1965), S. 337, 356, 360f. Vgl. auch *v. Tiling*, in: ZevKR 14 (1968/69), S. 238, 241ff.

[155] *Meyer-Teschendorf*, in: AöR 103 (1978), S. 289, 307.

[156] *Meyer-Teschendorf*, in: AöR 103 (1978), S. 289, 309, 318.

[157] BVerfG, Urteil vom 5. Februar 1991, 1 BvF 1/85, 1/88, in: BVerfGE 83, S. 238, 296. Vgl. auch BVerfG, Urteil vom 28. Februar 1961, 2 BvG 1, 2/60, in: BVerfGE 12, S. 205, 261f; Urteil vom 27. Juli 1971, 2 BvF 1/68, 2 BvR 702/68, in: BVerfGE 31, S. 314, 326f; BGH, Beschluss vom 24. Juli 2001, VI ZB 12/01, in: NJW 2001, S. 3537, 3538.

gemeinheit"[158]. Der staatliche Aspekt bezieht sich vor allem auf die Ermöglichung eines die Meinungsvielfalt der gesellschaftlichen Gruppen vermittelnden Rundfunkwesens und auf die Bereitstellung der organisatorischen, finanziellen und technischen Mittel[159].

Wesentliche Argumente aus verbandlicher Sicht, die den öffentlich-rechtlichen Körperschaftsstatus für Kirchen und Religionsgemeinschaften legitimieren können und sich mit den obigen Erwägungen verknüpfen lassen, liefert *Preuß*. Die Legitimation des Art. 137 Abs. 5 WRV sei in der verbandlichen Andersartigkeit der Kirchen und Religionsgemeinschaften zu finden[160]. Als „Geschöpf von Geist, Wort und Tat Gottes" habe die Kirche einen Stiftungscharakter, d. h. die Mitgliedschaft führe nicht zu einer Verfügungsgewalt über Ziel und Zweck des religiösen Verbandes[161]. Der Verbandszweck, der auch in Leistungen – nicht nur im ethisch-moralischen Bereich – an die Gesellschaft und an Bürger, die keine Mitglieder der jeweiligen Religionsgemeinschaft seien, bestehe, sei somit von der „Mitgliedermotivation" geschieden. Der Staat ermögliche durch Bereitstellung des öffentlich-rechtlichen Status, den sich aus diesem Status ergebenden Privilegien und der öffentlich-rechtlichen Handlungsformen die Beibehaltung des Stiftungscharakters der Kirchen und Religionsgemeinschaften und führe sowohl zur Motivation der Mitglieder als auch zur Institutionalisierung des Verbandes – letzteres auch bei nachlassender Mitgliedermotivation[162].

Der von *Preuß* genannte Stiftungscharakter erweist sich als ein entscheidendes Element zur Legitimierung des Art. 137 Abs. 5 WRV. Jedoch argumentiert *Preuß* zu einseitig, wenn er vor allem die kirchliche Struktur um ihrer selbst

---

[158] BVerfG, Urteil vom 27. Juli 1971, 2 BvF 1/68, 2 BvR 702/68, in: BVerfGE 31, S. 314, 327.

[159] *Meyer-Teschendorf*, in: AöR 103 (1978), S. 289, 297f; *Ossenbühl*, Rundfunk zwischen Staat und Gesellschaft, S. 34; *R. Scholz*, in: JuS 1974, S. 299, 302; *Starck*, in: Festgabe BVerfG, 2. Band (1976), S. 480, 491.

[160] *Preuß*, in: Denninger/Hoffmann-Riem/Schneider/Stein, Alternativkommentar zum Grundgesetz³, Art. 140, Rn. 54.

[161] *Preuß*, in: Denninger/Hoffmann-Riem/Schneider/Stein, Alternativkommentar zum Grundgesetz³, Art. 140, Rn. 29. Vgl. auch *A. v. Campenhausen*, in: Staatskirchenrecht³, S. 425, der ausführt, die Kirchen seien „nach eigenen Gesetzen gewachsene *Lebensverbände* oder *Gemeinschaften des Lebens* unter ihrem vor- und aufgegebenem Auftrag" (Hervorhebung im Original). „Unvergleichlich" sei „ihr Auftrag, der kein von ihnen verfolgtes Interesse" sei, „auch nicht ein über partikularen Interessen schwebendes Gesamtinteresse". Siehe zum Stiftungscharakter der Kirchen auch *A. v. Campenhausen*, in: v. Mangoldt/Friedrich Klein/Starck, Bonner Grundgesetz, Band 3⁴, Art. 137 WRV, Rn. 18; *Meyer-Teschendorf*, in: AöR 103 (1978), S. 289, 311; *Scheuner*, in: Loccumer Protokolle, 8/1974, S. 82, 83; *Schlaich*, Neutralität als verfassungsrechtliches Prinzip, S. 179.

[162] *Preuß*, in: Denninger/Hoffmann-Riem/Schneider/Stein, Alternativkommentar zum Grundgesetz³, Art. 140, Rn. 54.

willen öffentlich-rechtlich bewahren will. Art. 4 GG fordert solch einen Schutz nicht, der jeweilige Wahrheitsanspruch der religiösen Gemeinschaft und dessen Verkündigung auch nicht. Eine eindeutige Legitimation ergibt sich erst dann, wenn man die verbandlichen Erwägungen und die Argumente hinsichtlich der öffentlichen Funktion als Wertevermittler zusammenführt.

Der Stiftungscharakter der Religionsgemeinschaften macht für diese eine öffentlich-rechtliche Stellung sinnvoll, da so ihr unverfälschter Erhalt sichergestellt ist. Legitim im verfassungsrechtlichen Sinn wird der Status aber erst deshalb, weil aufgrund der öffentlichen Funktion der religiösen Verbände für den Staat der Stiftungscharakter auch für ihn schützenswert ist. Um ihre Rolle als Entwickler und Vermittler von Werten, Ethik und Moral angemessen wahrnehmen zu können, müssen Kirchen und Religionsgemeinschaften eine gefestigte dogmatische Basis besitzen. Nur darauf aufbauend können sie Wertmaßstäbe entwickeln, die einer intensiven und kritischen Betrachtung standhalten. Nur dann kann der Staat diese Maßstäbe in sein Handeln einbeziehen und sie als Grundlage eigener Entscheidungen verwenden[163].

Insofern führt eine öffentliche Funktion tatsächlich zu einer legitimen öffentlich-rechtlichen Organisationsform. Der religiöse privatrechtliche Verein, der im „stillen Kämmerlein" wirkt, ist im obigen Sinne öffentlich nicht relevant. Will er mit seinem dogmatischen Wahrheitsanspruch öffentlich relevant werden, muss er den öffentlich-rechtlichen Weg gehen. Denn der Staat kann nicht – so überraschend es zunächst gerade im Vergleich zu den Interessenverbänden oder Medien erscheinen mag – in für ihn so wesentlichen Fragen, wie es ethisch-moralische Programmsätze sind, allein und vor allem auf private Institutionen bauen. Eine Konstanz in Organisation und Struktur, eine Bindung der Mitglieder, ein Schutz der dogmatischen Grundlagen erst führt zu einer Konstanz in der öffentlichen Wahrnehmung und Beanspruchung der Wertekompetenz durch staatliche Institutionen.

Hier zeigt sich die Besonderheit gegenüber den für die Demokratie und die Funktion des Staatswesens ebenso wichtigen „Meinungsmachern". Diese sind zumeist privatrechtlich organisiert, und das auch notwendigerweise. Denn Meinungen müssen dem ständigen Wechselspiel der jeweiligen Protagonisten unterworfen sein, da nur dann die schnelle Entstehung und Verbreitung von Meinungsbildern gewährleistet ist, auf die der Staat in seinen alltäglichen Entscheidungen angewiesen ist. Ethik und Werte, Moral und Religion unterliegen einer weitaus geringeren „Halbwertszeit" als Meinungen. Sie bilden einen beträchtli-

---

[163] Zur Beeinflussung des Rechts durch Ethik und Moral vgl. *Gramm*, in: FS Hollerbach (2001), S. 611, 612ff.

chen Teil des Fundaments, auf dem der Staat aufgebaut ist und auf dem er sich weiter entwickelt, und müssen daher eine entsprechende „Festigkeit" besitzen. Im Fall der Kirchen und Religionsgemeinschaften drückt das öffentliche Recht diese Konstanz aus, die dann durch die religiösen Verbände verwirklicht wird. Somit ist Art. 137 Abs. 5 WRV aus dem Zusammenspiel von öffentlicher Funktion in Sachen Wertfindung und -vermittlung mit dem Stiftungscharakter der Religionsgemeinschaften, der für eine umfassende Dogmatik der Wertmaßstäbe sorgt, legitimiert. Die „öffentliche" Rolle führt zum öffentlich-rechtlichen Status – aber nur deshalb, weil der innere Bereich der Religionsgemeinschaften so einzigartig ist und in Gesellschaft und Staat ausstrahlt. Art. 140 GG i. V. m. Art. 137 Abs. 5 WRV entspricht nicht nur verfassungsrechtlich dem Ordnungssystem des Grundgesetzes, er erfährt auch eine besondere Legitimation, die den öffentlich-rechtlichen Körperschaftsstatus der Kirchen und Religionsgemeinschaften auf eine solide Basis stellt.

V. Formeller bzw. materieller Körperschaftsbegriff oder öffentlich-rechtlicher Gesamtstatus?

Erweist sich der öffentlich-rechtliche Status als verfassungsgemäß und legitim, stellt sich die Frage, wie der Körperschaftsbegriff in Anwendung auf die Kirchen und Religionsgemeinschaften zu verstehen ist und welche Auswirkungen dieses Verständnis auf die Auslegung des einfachen Rechts hat. Im Rahmen der Prüfung der Verfassungsmäßigkeit des Art. 137 Abs. 5 WRV wurde durch die Herausstellung der Eigenständigkeit des verfassungsrechtlich begründeten kirchlichen Körperschaftsstatus gegenüber den Körperschaften des Verwaltungsrechts schon ein grundlegendes Begriffsverständnis entwickelt[164]. Nun soll der Körperschaftsbegriff der Kirchen und Religionsgemeinschaften eingehender untersucht werden. Je nachdem, welches Begriffsverständnis zugrunde gelegt wird, ergeben sich unterschiedliche Auswirkungen auf der steuerrechtlichen Ebene bei der Bestimmung eines in der Form von Hoheitsbetrieben gem. § 4 Abs. 5 KStG steuerlich begünstigten hoheitlichen Handelns.

Gegenstand der Untersuchung ist noch nicht § 4 Abs. 5 KStG selbst. Es soll an dieser Stelle nicht geklärt werden, ob Kirchen und Religionsgemeinschaften Hoheitsbetriebe i. S. des § 4 Abs. 5 S. 1 KStG, also „Betriebe, die überwiegend der Ausübung öffentlicher Gewalt dienen", haben können und welche Voraussetzungen an das kirchliche Handeln zu stellen sind, damit es als hoheitlich in

---

[164] Vgl. B. IV 1. d).

diesem Sinn gilt. Jedoch liefert die Auseinandersetzung um das Begriffsverständnis des Körperschaftsstatus die rechtliche Basis, um die Betätigung der Kirchen und Religionsgemeinschaften in die steuerrechtlichen Kategorien der §§ 1 Abs. 1 Nr. 6, 4 KStG einordnen zu können.
Der Körperschaftsbegriff wird zum Teil bloß formell, zum Teil materiell verstanden. Über den materiellen Ansatz noch hinausgehend gibt es das Modell des öffentlich-rechtlichen Gesamtstatus.

1. Formeller Körperschaftsbegriff?

Ein sehr enges Verständnis der Körperschaftsqualität offenbart der Ansatz, der die öffentlich-rechtlich verfassten Kirchen und Religionsgemeinschaften nur als Körperschaften im formellen Sinn ansieht[165]. Danach vermittle der Körperschaftsbegriff nur die Rechtsfähigkeit und die Fähigkeit, bestimmte historisch begründete hoheitliche bzw. öffentlich-rechtliche Rechte und Pflichten wahrzunehmen. Alle anderen kirchlichen Lebensäußerungen seien auf das Privatrecht verwiesen, da nur der Staat die öffentlich-rechtlichen Befugnisse weiter ausformen könne. Die öffentlich-rechtlich verfassten Kirchen und Religionsgemeinschaften seien nicht umfassende Hoheitsträger aufgrund ihrer Rechtsstellung, sondern wie vom Staat Beliehene nur punktuell in gewissen, abgegrenzten Bereichen. Der Körperschaftsstatus nach Art. 137 Abs. 5 WRV habe vor allem „verbale“ Bedeutung[166].
Dieses Verständnis reduziert den Inhalt des Begriffs der Körperschaft gerade in den Handlungsmöglichkeiten auf ein öffentlich-rechtliches Minimum, so dass nach diesem Ansatz der Körperschaftsbegriff noch nicht einmal als „bloße Ver-

---

165 *A. v. Campenhausen*, Staatskirchenrecht[3], S. 140ff; *ders.*, in: v. Mangoldt/Friedrich Klein/Starck, Bonner Grundgesetz, Band 3[4], Art. 137 WRV, Rn. 220ff; *ders.*, in: ZevKR 46 (2001), S. 165, 170; *Di Fabio*, in: BayVBl. 1999, S. 449, 450; *Ehlers*, in: ZevKR 32 (1987), S. 158, 165ff; *Goerlich*, in: JZ 1984, S. 221, 222f; *Jeand'Heur/Korioth*, Grundzüge des Staatskirchenrechts, Rn. 222; *Kleine*, Institutionalisierte Verfassungswidrigkeiten im Verhältnis von Staat und Kirche unter dem Grundgesetz, S. 119f, 203ff; *Korioth*, in: Maunz/Dürig, Kommentar zum Grundgesetz, Art. 140 GG/137 WRV, Rn. 68; *W. Martens*, Öffentlich als Rechtsbegriff, S. 145f; *Mikat*, in: Bettermann/Nipperdey/Scheuner, Die Grundrechte, 4. Band/1. Halbband, S. 111, 161ff; *ders.*, Das Verhältnis von Kirche und Staat in der Bundesrepublik, S. 19; *Preuß*, Zum staatsrechtlichen Begriff des Öffentlichen, S. 178f; *Rüfner*, in: Essener Gespräche 7 (1972), S. 9, 11f; *ders.*, in: HdbStKirchR, 1. Band[1], S. 759, 767f; *Schatzschneider*, in: BayVBl. 1980, S. 564, 565; *ders.*, in: NJW 1984, S. 991; *H. Weber*, Die Religionsgemeinschaften als Körperschaften des öffentlichen Rechts im System des Grundgesetzes, S. 56, 108ff; *ders.*, in: ZevKR 17 (1972), S. 386, 399f; *ders.*, in: Brockmann, Kirche und moderne Gesellschaft, S. 84, 105f; *ders.*, in: NJW 1989, S. 2217, 2223.
166 *Stolleis*, in: BayVBl. 1972, S. 23; *ders.*, in: ZevKR 17 (1972), S. 150, 152.

legenheitsbezeichnung“ charakterisiert werden kann[167]. *Müller-Volbehr* wendet sich gegen den formellen Begriff, indem er den Wortlaut der Verfassung heranzieht[168]. Art. 137 Abs. 5 WRV vermittle den Kirchen und Religionsgemeinschaften in genereller Art und Weise die Stellung als Körperschaft des öffentlichen Rechts. Der Wortlaut des Art. 137 Abs. 5 WRV offenbare die Absicht des Verfassungsgebers, nicht nur bestimmte Einzelprivilegien zuweisen zu wollen. Stünden den Kirchen und Religionsgemeinschaften nur gewisse einzelne öffentlich-rechtliche Rechte zu, wären Sinn und Zweck der Formulierung des Art. 137 Abs. 5 WRV nicht nachvollziehbar und wäre damit der „verfassungsrechtliche Aufwand der Korporationsgarantie [...] übertrieben“, wie schon *Isensee* verdeutlicht hat[169]. Dieser ablehnenden Beurteilung des formellen Ansatzes ist zuzustimmen. Zwar darf nicht vergessen werden, dass der Körperschaftsbegriff des Art. 137 Abs. 5 WRV eine gegenüber dem Verwaltungsrecht eigenständige verfassungsrechtliche Bedeutung besitzt. Dieser besondere verfassungsrechtliche Begriff will jedoch nicht den öffentlich-rechtlichen Status der kirchlichen und religionsgemeinschaftlichen Körperschaften verkürzen, sondern vor allem die Eingliederung in den staatlichen Verwaltungsapparat verhindern. In diesem Zusammenhang kann auch auf die Aussagen des BVerfG hingewiesen werden, in denen von der Körperschaftsstellung als „zusammenfassende Kennzeichnung der Rechtsstellung der Kirchen“ und als „Zuerkennung eines öffentlichen Status“ die Rede ist[170]. Der formelle Ansatz, der den Kirchen und Religionsgemeinschaften mit Art. 137 Abs. 5 WRV nur bestimmte einzelne öffentlich-rechtliche Befugnisse zusprechen will, wird daher auch der Wertung des BVerfG nicht gerecht[171].

---

[167] *Müller-Volbehr*, in: ZevKR 33 (1988), S. 153, 156.

[168] *Müller-Volbehr*, in: JuS 1987, S. 869, 870; *ders.*, in: ZevKR 33 (1988), S. 153, 156.

[169] *Isensee*, in: GS Constantinesco (1983), S. 310, 315f. So auch BVerwG, Urteil vom 7. Oktober 1983, 7 C 44.81, in: BVerwGE 68, S. 62, 64f; *Müller-Volbehr*, in: JuS 1987, S. 869, 870; *ders.*, in: ZevKR 33 (1988), S. 153, 156. Vgl. zudem *Renck*, in: BayVBl. 1982, S. 329f.

[170] BVerfG, Beschluss vom 17. Februar 1965, 1 BvR 732/64, in: BVerfGE 18, S. 385, 386f; Beschluss vom 4. Oktober 1965, 1 BvR 498/62, in: BVerfGE 18, S. 129, 133f.

[171] *Friesenhahn*, in: HdbStKirchR, 1. Band[1], S. 545, 560; *Müller-Volbehr*, in: JuS 1987, S. 869, 870; *ders.*, in: ZevKR 33 (1988), S. 153, 156.

2. Materieller Körperschaftsbegriff - aber kein öffentlich-rechtlicher Gesamtstatus

Anders als der formelle Ansatz gehen die Vertreter des materiellen Verständnisses[172] von der Ansicht aus, der Körperschaftsstatus des Art. 137 Abs. 5 WRV verleihe umfassende Hoheitsgewalt und versetze Kirchen und Religionsgemeinschaften ausgehend von ihrem Selbstbestimmungsrecht und unabhängig davon, ob ihnen von Seiten des Staates eine konkrete Einzelbefugnis gegeben ist, jederzeit in die Lage, im Rahmen ihrer Körperschaftsstellung öffentlich-rechtlich zu handeln. Im Gegensatz zur formellen Auffassung wird der materielle Ansatz der Regelung des Art. 137 Abs. 5 WRV gerecht. Wären die Kirchen und Religionsgemeinschaften nur in bestimmten Einzelbereichen befugt, öffentlich-rechtlich zu handeln, bräuchten sie keine Körperschaftsstellung – ausreichend wäre eine Beleihung. Sinn und Zweck des Art. 137 Abs. 5 WRV ist es daher, eine umfassende öffentlich-rechtliche Handlungsmöglichkeit zu gewähren, die genutzt werden kann, wenn ein entsprechender Wille der Körperschaft besteht. Gegen diese Einbeziehung in das öffentliche Recht spricht auch nicht Art. 137 Abs. 1 WRV[173], da das Verbot der Staatskirche sich gegen eine institutionelle Verbindung von Staat und Religionsgemeinschaften wendet und nicht gegen Zuweisung öffentlich-rechtlicher Handlungsmöglichkeiten. Daher vermittelt das Verfassungsrecht nicht nur eine öffentlich-rechtliche Personalverfassung, sondern auch ein öffentlich-rechtliches Handlungsrecht. Der Körperschaftsstatus stellt sich somit als ein „funktionelles Mittel kirchlicher Selbstbestimmung" dar[174].

Der Ansicht, die weitergehend als der materielle Ansatz den Körperschaftsstatus als Ausprägung eines den kirchlichen Öffentlichkeitsanspruch umschließenden öffentlich-rechtlichen Gesamtstatus ansieht[175], kann dagegen nicht gefolgt

---

[172] *Müller-Volbehr*, in: JuS 1987, S. 869, 870; *ders.*, in: ZevKR 33 (1988), S. 153, 157. Vgl. auch *Schmidt-Eichstaedt*, Kirchen als Körperschaften des öffentlichen Rechts?, S. 56ff, 115; *ders.*, in: Der Staat 21 (1982), S. 423, 427, 429ff, der zwar von einem materiellen Begriff ausgeht, aber – wie bereits gezeigt – der Ansicht ist, Kirchen und Religionsgemeinschaften dürften keine Körperschaften des öffentlichen Rechts sein.

[173] So jedoch *Sailer*, in: ZRP 1999, S. 455.

[174] *Müller-Volbehr*, in JuS 1987, S. 869, 870; *ders.*, in: ZevKR 33 (1988), S. 153, 157.

[175] *Conrad*, Der Öffentlichkeitsauftrag der Kirche, S. 60ff; *Friesenhahn*, in: HdbStKirchR, 1. Band[1], S. 545, 562; *ders.*, in: Mikat, Kirche und Staat in der neueren Entwicklung, S. 352, 371; *Häberle*, in: ZevKR 11 (1964/65), S. 395, 397f; *Marré/Schlief*, in: NJW 1965, S. 1514, 1516; *Renck*, in: BayVBl. 1984, S. 708, 712; *Scheffler*, Staat und Kirche[2], S. 223f; *Scheuner*, in: ZevKR 7 (1959/60), S. 225, 267f; *ders.*, in: Essener Gespräche 1 (1969), S. 108, 129f; *Smend*, in: ZevKR 2 (1952/53), S. 374, 376f.

werden[176]. Kirchliche Gewalt ist nicht als genuin öffentliche Gewalt zu kennzeichnen. Entgegen der Auffassung von *Friesenhahn*[177] kann die Kirche nicht als eine „dem Staat parallel wirkende Ordnungsmacht" gesehen werden; der hoheitliche Bereich ist nicht der Bereich des „typischen Wirkens" der Kirche. Vielmehr ist die öffentlich-rechtliche Stellung der Kirchen und Religionsgemeinschaften vom Staat, der die grundsätzliche Verfügungsgewalt über das öffentliche Recht besitzt, abhängig[178]. Der Körperschaftsstatus vermittelt die Möglichkeit zur Ausübung öffentlicher Gewalt. Diese Hoheitsgewalt ist von der staatlichen Gewalt abgeleitet[179]. Zudem hat die Rechtsordnung des Grundgesetzes die öffentlich-rechtlich verfassten Kirchen und Religionsgemeinschaften nicht als Teil der mittelbaren Staatsverwaltung ausge-staltet[180], sie nicht auf die Erledigung von Staatsaufgaben als maßgeblichen Daseinszweck verpflichtet. Dieser Beurteilung steht nicht entgegen, dass in bestimmten, vom Staat übertragenen Bereichen, wie z. B. der Verwaltung öffentlicher Friedhöfe, Kirchen und Religionsgemeinschaften durchaus eine nach allgemeinen Grundsätzen zu beurteilende öffentlich-rechtliche Verwaltungstätigkeit ausüben[181]. Gerade dieser Ausnahmecharakter spricht gegen eine generelle Einordnung in den Bereich der öffentlich-rechtlichen Verwaltung. Vielmehr befinden sich die öffentlich-rechtlich verfassten Kirchen und Religionsgemeinschaften nicht auf derselben

---

[176] So auch *Goerlich*, in: JZ 1984, S. 221, 222; *Hollerbach*, in: VVDStRL 26 (1968), S. 57, 86; *Isensee*, in: GS Constantinesco, S. 301, Fn. 52 auf S. 315; *Jeand'Heur/Korioth*, Grundzüge des Staatskirchenrechts, Rn. 222; *Kleine*, Institutionalisierte Verfassungswidrigkeiten im Verhältnis von Staat und Kirche unter dem Grundgesetz, S. 204f; *Korioth*, in: Maunz/Dürig, Kommentar zum Grundgesetz, Art. 140 GG/137 WRV, Rn. 68; *W. Martens*, Öffentlich als Rechtsbegriff, S. 144f; *Mikat*, Das Verhältnis von Kirche und Staat in der Bundesrepublik, S. 19; *Meyer-Teschendorf*, in: AöR 103 (1978), S. 289, 314; *Müller-Volbehr*, in: JuS 1987, S. 869, 873; *ders.*, in: ZevKR 33 (1988), S. 153, 169; *Preuß*, Zum staatsrechtlichen Begriff des Öffentlichen, S. 178f; *Schatzschneider* in: NJW 1984, S. 991; *Scheuner*, in: HdbStKirchR, 1. Band[1], S. 5, 72; *H. Weber*, Die Religionsgemeinschaften als Körperschaften des öffentlichen Rechts im System des Grundgesetzes, S. 91, 157; *ders.*, in: Brockmann, Kirche und moderne Gesellschaft, S. 84, 105f; *ders.*, in: NJW 1989, S. 2217, 2222f.

[177] *Friesenhahn*, in: HdbStKirchR, 1. Band[1], S. 545, 563, 565.

[178] *Hollerbach*, in: VVDStRL 26 (1968), S. 57, 86, vertritt auf S. 104 zudem die Ansicht, der Körperschaftsstatus sei ein „spezifizierter und limitierter Status, der auf staatlicher Zuerkennung" beruhe.

[179] *P. Kirchhof*, in: HdbStKirchR, 1. Band[2], S. 651, 676.

[180] *A. v. Campenhausen*, Staatskirchenrecht[3], S. 140; *ders.*, in: v. Mangoldt/Friedrich Klein/Starck, Bonner Grundgesetz, Band 3[4], Art. 137 WRV, Rn. 223; *Friesenhahn*, in: HdbStKirchR, 1. Band[1], S. 545, 561; *Jeand'Heur/Korioth*, Grundzüge des Staatskirchenrechts, Rn. 221; *Kästner*, Staatliche Justizhoheit und religiöse Freiheit, S.119; *Korioth*, in: Maunz/Dürig, Kommentar zum Grundgesetz, Art. 140 GG/137 WRV, Rn. 67; *Meyer-Teschendorf*, in: AöR 103 (1978), S. 289, 294.

[181] *Badura*, Staatsrecht[3], L Rn. 50; *Wilms*, in: NJW 2003, S. 1083, 1085.

Ebene wie der Staat. Der Staat gibt ihnen über Art. 137 Abs. 5 WRV nur die Fähigkeit und Möglichkeit, eine öffentlich-rechtliche Organisationsform zu wählen und öffentlich-rechtlich zu handeln.
Zu weit geht daher das BVerwG, nach dessen Ausführungen das Wirken nach außen von Kirchen und Religionsgemeinschaften mit Körperschaftsstatus grundsätzlich dem öffentlichen Recht unterliegen soll[182]. Jede „typische Lebensäußerung der öffentlich-rechtlichen Körperschaft Kirche" sei „nach der Natur des Rechtsverhältnisses öffentlich-rechtlich"[183]. Der vom BVerwG verwendete Begriff der „typischen Lebensäußerung" zeichnet sich nicht durch klare Konturen aus. Letztlich hat alles kirchliche Handeln einen Bezug zum Verkündigungsauftrag, so dass das gesamte Handeln dem öffentlichen Recht unterfallen würde[184]. Nicht einmal staatliche Verwaltungsträger sind in diesem Maße dem öffentlichen Recht unterworfen, da sie eine Reihe von Aufgaben privatrechtlich erfüllen können. Wenn der Korporationsstatus die Kirchen und Religionsgemeinschaften weder in den staatlichen Verwaltungsaufbau noch sonst in eine staatliche Hierarchie einordnet, ist ihre umfassende Einbeziehung in das öffentliche Recht in Form eines öffentlich-rechtlichen Gesamtstatus nicht vertretbar[185].
Zusammenfassend gilt, dass der Körperschaftsstatus nach Art. 137 Abs. 5 WRV weder nur bestimmte, traditionelle öffentlich-rechtliche Rechte vermittelt noch einen universellen öffentlich-rechtlichen Gesamtstatus. Vielmehr gibt er den Kirchen und Religionsgemeinschaften, wenn es von ihnen gewollt ist, die Möglichkeit, mit öffentlich-rechtlicher, vom Staat abgeleiteter und anerkannter Gewalt, tätig zu werden. Ansonsten gilt auch für die öffentlich-rechtlich verfassten Kirchen und Religionsgemeinschaften das Zivilrecht.

---

[182] BVerwG, Urteil vom 7. Oktober 1983, 7 C 44.81, in: BVerwGE 68, S. 62, 65. Zustimmend *Erichsen*, in: DVBl. 1986, S. 1203, 1204.

[183] BVerwG, Urteil vom 7. Oktober 1983, 7 C 44.81, in: BVerwGE 68, S. 62, 65.

[184] So auch *Müller-Volbehr*, in: JuS 1987, S. 869, 871; *ders.*, in: ZevKR 33 (1988), S. 153, 164.

[185] Insofern führt das BVerwG, Beschluss vom 10. Juli 1986, 7 B 27.86, in: DVBl. 1986, S. 1202, 1203, dann auch zurückhaltender aus, dass nicht schon allein aufgrund der Rechtsform jede Handlung der öffentlich-rechtlich verfassten Kirchen und Religionsgemeinschaften als öffentlich-rechtlich einzuordnen sei.

VI. Personelle Reichweite des Körperschaftsstatus der Kirchen und Religionsgemeinschaften

Kam in dieser Untersuchung bisher der öffentlich-rechtliche Körperschaftsstatus nach Art. 137 Abs. 5 WRV zur Sprache, dann wurde dieser auf das Begriffspaar Kirchen und Religionsgemeinschaften bezogen. Diese Bezeichnung soll als zusammenfassende Benennung verstanden werden[186]. Auch im weiteren Verlauf der Arbeit wird es aus praktischen Erwägungen bei dem Oberbegriff „Kirchen und Religionsgemeinschaften" bleiben, da häufig auf religiöse Gruppierungen Bezug genommen wird und der Lesefluss durch das jeweils umfangreiche Aufzählen aller in Frage kommenden religiösen Gruppen, Ober- und Untergruppierungen nicht behindert werden soll. Trotzdem soll nun die personelle Reichweite des Körperschaftsstatus des Art. 137 Abs. 5 WRV erörtert werden, um darzustellen, welche religionsgemeinschaftlichen juristischen Personen des öffentlichen Rechts als Träger von Hoheitsbetrieben bzw. Betrieben gewerblicher Art i. S. der §§ 1 Abs. 1 Nr. 6 und 4 KStG in Betracht kommen. Verfassungsrechtlicher Ausgangspunkt der Untersuchung, welche Kirchen und Religionsgemeinschaften, welche ihrer Untergliederungen und Zusammenschlüsse den öffentlich-rechtlichen Status innehaben, ist Art. 137 Abs. 5 WRV.

Art. 137 Abs. 5 S. 1 WRV stellt klar: „Die Religionsgemeinschaften bleiben Körperschaften des öffentlichen Rechts, soweit sie solche bisher waren." Nach S. 2 können andere Religionsgemeinschaften „gleiche Rechte" erwerben, wenn sie die „Gewähr der Dauer bieten". Diese beiden Sätze unterscheiden somit zwischen „geborenen" und „gekorenen" Religions-gemeinschaften des öffentlichen Rechts, also solchen Religionsgemeinschaften, denen das Verfassungsrecht den Status unmittelbar vermittelt, und solchen, denen aufgrund ihres verfassungsrechtlichen Anspruchs der Status verliehen worden ist oder werden kann. „Schließen sich mehrere derartige öffentlich-rechtliche Religionsgesellschaften zu einem Verband zusammen", verdeutlicht Art. 137 Abs. 5 S. 3 WRV, „so ist auch dieser Verband eine öffentlich-rechtliche Körperschaft." Schließlich stellt Art. 137 Abs. 7 WRV den Religionsgemeinschaften die Weltanschauungsgemeinschaften gleich.

Damit gibt das Bundesverfassungsrecht die Richtung vor[187]. Nach Art. 137 Abs. 8 WRV obliegen den Ländern die weiterführenden Regelungen, jedoch werden zugleich die Handlungsmöglichkeiten der Länder auf eine Unterstützung des

---

[186] Vgl. B. I. zur Verwendung des Begriffspaares „Kirchen und Religionsgemeinschaften" in dieser Untersuchung.

[187] Für die Kirchen finden sich neben dem Art. 137 Abs. 5 WRV bedeutsame Vorschriften noch in Konkordaten und Kirchenverträgen, wie z. B. in Art. 13 RK.

Konzepts des Art. 137 Abs. 5 WRV beschränkt[188]. Für die altkorporierten bzw. „geborenen" Religionsgemeinschaften gewährleistet damit das Grundgesetz durch seinen Art. 140 den vorgefundenen status quo, den Art. 137 Abs. 5 WRV mit dem Inkrafttreten der WRV am 14. August 1919 formuliert hat[189]. Haben Landesverfassungen nach 1945 die Garantie des Art. 137 Abs. 5 WRV übernommen, kann auch dieser Vorgang Bedeutung für den Körperschaftsstatus von Religionsgemeinschaften haben. Verleihungen von Körperschaftsrechten, die nach 1919 stattgefunden haben, wirken aufgrund der jeweiligen Verfassungsbestimmung fort und werden von der Garantie erfasst, wenn das entsprechende Bundesland Gebietsteile eines Landes der Weimarer Republik, das die Körperschaftsrechte verliehen hat, einschließt[190].

1. Personelle Reichweite des Körperschaftsstatus bei den großen Kirchen

Das Bundesverfassungsrecht weist zunächst den Gesamtverbänden der Kirchen und Religionsgemeinschaften sowie ihren Untergliederungen den Körperschaftsstatus zu[191]. Für die evangelische und die römisch-katholische Kirche bedeutet das, dass jeweils die Kirchengemeinden als Körperschaften des öffentlichen Rechts auftreten[192]. Bei der römisch-katholischen Kirche sind zudem die

---

[188] *P. Kirchhof*, in: HdbStKirchR, 1. Band[2], S. 651, 658, 675; *Lehmann*, Die kleinen Religionsgesellschaften des öffentlichen Rechts im heutigen Staatskirchenrecht, S. 51; *Mikat*, in: Bettermann/Nipperdey/Scheuner, Die Grundrechte, 4. Band/1. Halbband, S. 111, 166; *H. Weber*, in: ZevKR 34 (1989), S. 337, 363.

[189] *Friesenhahn*, in: HdbStKirchR, 1. Band[1], S. 545, 573f; *H. Weber*, in: ZevKR 34 (1989), S. 337, 338f. Zur Wiederherstellung des Körperschaftsstatus in den neuen Bundesländern bei den Religionsgemeinschaften, die bereits vor 1919 Körperschaften des öffentlichen Rechts waren, siehe *Jeand'Heur/Korioth*, Grundzüge des Staatskirchenrechts, Rn. 226.

[190] *Friesenhahn*, in: HdbStKirchR, 1. Band[1], S. 545, 573.

[191] Nach *Lehmann*, Die kleinen Religionsgesellschaften des öffentlichen Rechts im heutigen Staatskirchenrecht, S. 135; *Mainusch*, in: ZevKR 49 (2004), S. 285, 289, und *H. Weber*, Die Religionsgemeinschaften als Körperschaften des öffentlichen Rechts im System des Grundgesetzes, S. 101, ist die Korporationsqualität der Untergliederungen sekundär und abhängig von der Eingliederung in den Gesamtverband. Dieser Frage soll nicht weiter nachgegangen werden, da letztlich die Untergliederungen bei einem Ausscheiden aus dem Verband ihrerseits einen Anspruch auf die Körperschaftsrechte haben, wenn sie die Voraussetzungen des Art. 137 Abs. 5 S. 2 WRV erfüllen.

[192] BVerfG, Beschluss vom 13. Januar 1971, 1 BvR 671, 672/65, in: BVerfGE 30, S. 112, 119; Beschluss vom 25. März 1980, 2 BvR 208/76, in: BVerfGE 53, 366, 393; BFH, Urteil vom 19. Februar 1998, IV R 38/97, in: DB 1998, S. 1696, 1697; *A. v. Campenhausen*, in: ZevKR 14 (1968/69), S. 278, 291; *ders.*, Staatskirchenrecht[3], S. 152; *ders.*, in: v. Mangoldt/Friedrich Klein/Starck, Bonner Grundgesetz, Band 3[4], Art. 137 WRV, Rn. 234; *Friesenhahn*, in: HdbStKirchR, 1. Band[1], S. 545, 567; *Hollerbach*, in: HdbStaatsR, Band VI[2], § 139, Rn. 14, der als Begründung für die Körperschaftsqualität der katholischen Kirchenge-

Diözesen als oberste Verbände Körperschaften des öffentlichen Rechts, bei der evangelischen Kirche trifft dies auf die Landeskirchen zu[193]. Universelle Verbände wie die römisch-katholische Weltkirche oder der lutherische und reformierte Weltbund kommen als öffentlich-rechtliche Rechtssubjekte nicht in Frage, da der Staat des Grundgesetzes nur auf die in seinem Gebiet höchste Organisationsform Bezug nehmen kann[194].

Geht das Interesse der Kirchen aufgrund der Ausweitung ihrer kirchlichen Arbeit auf eine Weiterentwicklung der Verwaltungsstrukturen, gibt das Selbstverwaltungsrecht die Möglichkeit, neue Organisationsformen im öffentlich-rechtlichen Bereich zu entwickeln[195]. Nach überwiegender Ansicht erlaubt daher die Organisationshoheit, die aus der Körperschaftsqualität und aus Art. 140 GG i. V. m. Art. 137 Abs. 3 WRV fließt, den Kirchen, neben ihren traditionellen und territorialen Untergliederungen weitere juristische Personen des öffentlichen Rechts – Anstalten, Körperschaften und Stiftungen[196] – zu gründen bzw.

---

meinden jedoch vorrangig Art. 13 RK heranzieht; *Jeand'Heur/Korioth*, Grundzüge des Staatskirchenrechts, Rn. 225; *Mahrenholz*, Die Kirchen in der Gesellschaft der Bundesrepublik, S. 102f; *Mainusch*, in: ZevKR 49 (2004), S. 285, 288; *Mikat*, in: Bettermann/Nipperdey/Scheuner, Die Grundrechte, 4. Band/1. Halbband, S. 111, 154; *Rüfner*, in: FS Listl (1999), S. 431; *Voll/Störle*, in: BayVBl. 1991, S. 97, 100; *H. Weber*, Die Religionsgemeinschaften als Körperschaften des öffentlichen Rechts im System des Grundgesetzes, S. 106f; *Zilles/Kämper*, in: NVwZ 1994, S. 109, 110. Zur organschaftlichen Vertretung der Kirchengemeinden siehe *Zilles/Kämper*, in: NVwZ 1994, S. 109, 110ff.

193 *A. v. Campenhausen*, in: ZevKR 14 (1968/69), S. 278, 284, 291; *ders.*, Staatskirchenrecht³, S. 152; *ders.*, in: v. Mangoldt/Friedrich Klein/Starck, Bonner Grundgesetz, Band 3⁴, Art. 137 WRV, Rn. 234; *Friesenhahn*, in: HdbStKirchR, 1. Band¹, S. 545, 566f; *Hollerbach*, in: HdbStaatsR, Band VI², § 139, Rn. 13, 15, der als Begründung für die Körperschaftsqualität der Diözesen jedoch vorrangig Art. 13 RK heranzieht; *Jeand'Heur/Korioth*, Grundzüge des Staatskirchenrechts, Rn. 225; *P. Kirchhof*, in: HdbStKirchR, 1. Band², S. 651, 679; *Mahrenholz*, Die Kirchen in der Gesellschaft der Bundesrepublik, S. 102f; *Mainusch*, in: ZevKR 49 (2004), S. 285, 289; *Mikat*, in: Bettermann/Nipperdey/Scheuner, Die Grundrechte, 4. Band/1. Halbband, S. 111, 154; *Rüfner*, in: FS Listl (1999), S. 431; *Voll/Störle*, in: BayVBl. 1991, S. 97, 100; *H. Weber*, Die Religionsgemeinschaften als Körperschaften des öffentlichen Rechts im System des Grundgesetzes, S. 105ff.

194 *H. Weber*, Die Religionsgemeinschaften als Körperschaften des öffentlichen Rechts im System des Grundgesetzes, S. 105f.

195 *A. v. Campenhausen*, in: ZevKR 14 (1968/69), S. 278, 285ff. Anhand kirchlicher Einrichtungen wie der Inneren Mission, kirchlicher Gymnasien und Evangelischer Akademien stellt *A. v. Campenhausen* das gesteigerte kirchliche Interesse an neuen öffentlich-rechtlichen Organisationsformen dar. Er weist zudem auf Kirchenverträge und Konkordate hin, die es den Kirchen gestatten, unter Vorbehalt staatlicher Mitwirkung neue öffentlich-rechtliche Einrichtungen zu gründen.

196 Vgl. dazu BVerfG, Beschluss vom 11. Oktober 1977, 2 BvR 209/76, in: BVerfGE 46, S. 73, 85f, wonach zu den „Religionsgesellschaften“ i. S. des Art. 137 Abs. 3 WRV „eindeutig“ auch Anstalten, Stiftungen und sonstiges Vermögen gehören. Vgl. auch *Mainusch*, in: ZevKR 49 (2004), S. 285, 290ff, 296ff.

bestimmte Einrichtungen oder Vermögensmassen auf die Ebene des öffentlichen Rechts zu heben[197] und somit eine mittelbare, öffentlich-rechtlich organisierte Kirchenverwaltung aufzubauen. Eine Beteiligung des Staates bei der Entwicklung derartiger kirchlicher Verwaltungsstrukturen ist nicht ausgeschlossen. Vielmehr ist eine staatliche Mitwirkung als konstitutiver Akt, der Rechtswirksamkeit im staatlichen Bereich schafft, in Form der Anerkennung oder zumindest einer formalen Notifikation sogar erforderlich[198].

Neben den neuen Formen mittelbarer Kirchenverwaltung besitzen die traditionell kirchenverfassungsrechtlich notwendigen Institutionen, die selbstständige Vermögensträger sind, schon von vornherein gem. Art. 140 GG i. V. m. Art. 137 Abs. 5 S. 1 WRV den öffentlich-rechtlichen Status[199]. Für die römisch-katholische Kirche[200] bedeutet dies z. B., dass auf der Diözesanebene Bistum, Bischöflicher Stuhl und Domkapitel die Rechte von öffentlich-rechtlichen Körperschaften innehaben[201], auf lokaler Ebene dagegen sollen Kirchenfabriken und Kirchenstiftungen zwar selbstständige Vermögensträger, aber staatskir-

---

[197] *Albrecht*, in: FS Listl (1999), S. 449, 451, 458; *A. v. Campenhausen*, in: ZevKR 14 (1968/69), S. 278ff; *Friesenhahn*, in: HdbStKirchR, 1. Band[1], S. 545, 569; *ders.*, in: Mikat, Kirche und Staat in der neueren Entwicklung, S. 352, 377; *Hollerbach*, in: HdbStaatsR, Band VI[2], § 138, Rn. 133; *ders.*, in: HdbStaatsR, Band VI[2], § 139, Rn. 16; *P. Kirchhof*, in: HdbStKirchR, 1. Band[2], S. 651, 670; *Mainusch*, in: ZevKR 49 (2004), S. 285, 287f, 290ff; *Rüfner*, in: FS Listl (1999), S. 431, 432ff, 442ff, weist zwar auf die Notwendigkeit gesetzlicher bzw. (kirchen-)vertraglicher Grundlagen hin, unterstützt aber das kirchliche Bedürfnis nach zweckmäßigen Verwaltungsformen. A. A. hinsichtlich der grundgesetzlichen Absicherung ist *H. Weber*, Die Religionsgemeinschaften als Körperschaften des öffentlichen Rechts im System des Grundgesetzes, S. 104, 107.

[198] Vgl. *Friesenhahn*, in: Mikat, Kirche und Staat in der neueren Entwicklung, S. 352, 377. Eingehend dazu *Mainusch*, in: ZevKR 49 (2004), S. 285, 298ff.

[199] *A. v. Campenhausen*, in: ZevKR 14 (1968/69), S. 278, 283ff; *Friesenhahn*, in: HdbStKirchR, 1. Band[1], S. 545, 567.

[200] Unabhängig von der Frage, welche kirchlichen Institutionen den öffentlich-rechtlichen Körperschaftsstatus innehaben, bieten *Kleindienst/Binder*, in: BayVBl. 1999, S. 197f, eine Übersicht der Rechtsträger der römisch-katholischen Kirche nach kirchlichem und staatlichem Recht.

[201] RG, Urteil vom 5. Januar 1897, Rep. II. 259/96, in: RGZ 38, S. 324, 327; *Friesenhahn*, in: HdbStKirchR, I[1], S. 545, 568, unter Bezugnahme auf § 1 Abs. 2 des Vertrages des Landes Nordrhein-Westfalen mit dem Heiligen Stuhl über die Errichtung des Bistums Essen vom 19. 12. 1956 (GVBl. NW, Ausgabe A, 1957, S. 20); *Hollerbach*, in: HdbStaatsR, Band VI[2], § 139, Rn. 18, der als Begründung für die Körperschaftsqualität der Domkapitel jedoch vorrangig Art. 13 RK heranzieht; *P. Kirchhof*, in: HdbStKirchR, 1. Band[2], S. 651, 680; *Mainusch*, in: ZevKR 49 (2004), S. 285, 289. *H. Weber*, Die Religionsgemeinschaften als Körperschaften des öffentlichen Rechts im System des Grundgesetzes, S. 106, verneint bezüglich der Domkapitel eine bundesverfassungsrechtliche Absicherung und geht nur von einer landesrechtlichen Grundlage aus.

chenrechtlich den Kirchengemeinden zugeordnet sein[202]. Etwas anderes gilt zumindest in Bayern, wo die Kirchenstiftung, die Pfründestiftung und sonstige kirchliche Stiftungen als rechtsfähige Stiftungen des öffentlichen Rechts auftreten[203].

Religiöse Orden sind keine öffentlich-rechtlichen Körperschaften i. S. des Art. 137 Abs. 5 S. 1 WRV und können auch nicht die Körperschaftsrechte nach Art. 137 Abs. 5 S. 2 WRV erwerben, da sie keine Religionsgemeinschaften sind und daher nicht in die grundgesetzliche Garantie einbezogen werden[204]. Anders stellt sich die Situation vor allem in Bayern und dem ehemals bayerischen Regierungsbezirk Pfalz, der heute zum Bundesland Rheinland-Pfalz gehört, dar. Dort erhielten durch den Akt der Verleihung traditionell zahlreiche Orden und religiöse Kongregationen die Rechte von Körperschaften des öffentlichen Rechts[205]. Da die Orden und religiösen Kongregationen zu den religiösen Gesellschaften zählen, kann Art. 140 GG i. V. m. Art. 137 Abs. 5 S. 1 WRV nicht die Garantie für die Beibehaltung der Körperschaftsrechte bieten. Ein Schutz der Rechte erwächst jedoch aus Art. 2 Abs. 2 des Bayerischen Konkordats[206], der Orden und religiöse Kongregationen ausdrücklich erwähnt[207].

Besondere Bedeutung für höhere kirchliche Organisationsformen erlangt Art. 140 GG i. V. m. Art. 137 Abs. 5 S. 3 WRV. Danach besitzt die Evangelische Kirche in Deutschland (EKD) als Bund evangelischer Einzel- und Landeskirchen den öffentlich-rechtlichen Körperschaftsstatus[208]. Innerhalb der EKD bestehen weitere zwischenkirchliche Zusammenschlüsse, so die Vereinigte Evan-

---

[202] *Friesenhahn*, in: HdbStKirchR, 1. Band[1], S. 545, 568f.

[203] *Voll/Störle*, in: BayVBl. 1991, S. 97, 99f.

[204] *H. Weber*, Die Religionsgemeinschaften als Körperschaften des öffentlichen Rechts im System des Grundgesetzes, S. 106. Vgl. auch *Primetshofer*, in: Staatslexikon, 4. Band[7], Sp. 185, 186, wonach Orden nach kirchlichem Recht die Rechtspersönlichkeit von öffentlichen juristischen Personen besitzen, die staatliche Rechtspersönlichkeit jedoch zumeist durch das bürgerliche Recht erworben wird.

[205] BFH, Urteil vom 8. Juli 1971, V R 1/68, in: BStBl. II 1972, S. 70, 72; *Friesenhahn*, in: HdbStKirchR, 1. Band[1], S. 545, Fn. 62 auf S. 566, der zudem noch auf einzelne Orden hinweist, die die Körperschaftsrechte in Baden, Hessen und Preußen erlangt haben; *H. Weber*, Die Religionsgemeinschaften als Körperschaften des öffentlichen Rechts im System des Grundgesetzes, S. 104.

[206] Vom 29. März 1924, BayGVBl. 1925, S. 53.

[207] BFH, Urteil vom 8. Juli 1971, V R 1/68, in: BStBl. II 1972, S. 70, 72; *Rüfner*, in: FS Listl (1999), S. 431, 441.

[208] *O. v. Campenhausen*, in: HdbStKirchR, 1. Band[2], S. 383, 384; *P. Fischer*, in: Hübschmann/Hepp/Spitaler, AO und FGO, § 54 AO, Rn. 18; *Hollerbach*, in: HdbStaatsR, Band VI[2], § 139, Rn. 17; *P. Kirchhof*, in: HdbStKirchR, 1. Band[2], S. 651, 679f; *Mainusch*, in: ZevKR 49 (2004), S. 285, 290; *H. Weber*, Die Religionsgemeinschaften als Körperschaften des öffentlichen Rechts im System des Grundgesetzes, S. 106f.

gelisch-Lutherische Kirche Deutschlands (VELKD), die ebenfalls eine öffentlich-rechtliche Körperschaft ist[209]. Dasselbe gilt z. B. für die Union Evangelischer Kirchen in der EKD (UEK)[210] und die Konföderation evangelischer Kirchen in Niedersachsen[211]. Im Bereich der römisch-katholischen Kirche besitzt die Deutsche Bischofskonferenz zwar kirchliche Rechtspersonalität, aber weder Körperschaftsqualität noch staatliche Rechtsfähigkeit[212]. Vielmehr wurde 1968 der Verband der Diözesen Deutschlands gegründet, der eine öffentlich-rechtliche Körperschaft darstellt und für Finanz-, Rechts- und Haushaltsfragen zuständig ist[213]. Art. 137 Abs. 5 S. 3 WRV ist zudem auf den Zusammenschluss mehrerer Diözesen zu einer Landeskirche oder einer Kirchenprovinz anwendbar. So ist z. B. in Bayern die römisch-katholische Kirche des gesamten Landes als öffentlich-rechtliche Körperschaft anerkannt[214].

Art. 137 Abs. 5 S. 3 WRV ist eine nicht unproblematische Norm, da der zusammengeschlossene Verband automatisch als Körperschaft des öffentlichen Rechts entsteht, ohne dass staatlichen Stellen ein Mitwirkungsrecht eingeräumt ist. Um die Sicherheit des Rechtsverkehrs zu gewährleisten, müssen die sich zusammenschließenden Religionsgemeinschaften den Zusammenschluss dem jeweiligen Bundesland mitteilen. Die Länder wiederum haben den neuen Verband zu bestätigen und den gesamten Vorgang zu publizieren[215]. Unproblema-

---

[209] *O. v. Campenhausen*, in: HdbStKirchR, 1. Band², S. 383, 393; *P. Fischer*, in: Hübschmann/Hepp/Spitaler, AO und FGO, § 54 AO, Rn. 18; *Mainusch*, in: ZevKR 49 (2004), S. 285, 290; *H. Weber*, Die Religionsgemeinschaften als Körperschaften des öffentlichen Rechts im System des Grundgesetzes, S. 106f.

[210] Die Union Evangelischer Kirchen in der EKD (UEK) ist am 1. Juni 2003 an die Stelle der Evangelischen Kirche der Union (EKU) und der Arnoldshainer Konferenz (AKf) getreten. Vgl. dazu und allgemein zu Strukturreformen in der evangelischen Kirche *Winter*, in: ZevKR 49 (2004), S. 239ff. Zum Körperschaftsstatus der UEK vgl. auch *Mainusch*, in: ZevKR 49 (2004), S. 285, 290. Zum Körperschaftsstatus der EKU vor der Vereinigung siehe *O. v. Campenhausen*, in: HdbStKirchR, 1. Band², S. 383, 394; *P. Fischer*, in: Hübschmann/Hepp/Spitaler, AO und FGO, § 54 AO, Rn. 18.

[211] *O. v. Campenhausen*, in: HdbStKirchR, 1. Band², S. 383, 395; *P. Fischer*, in: Hübschmann/Hepp/Spitaler, AO und FGO, § 54 AO, Rn. 18.

[212] *Hollerbach*, in: HdbStaatsR, Band VI², § 139, Rn. 17; *Mainusch*, in: ZevKR 49 (2004), S. 285, 290.

[213] *Hollerbach*, in: HdbStaatsR, Band VI², § 139, Rn. 17; *P. Kirchhof*, in: HdbStKirchR, 1. Band², S. 651, 680; *Mainusch*, in: ZevKR 49 (2004), S. 285, 290.

[214] *Mainusch*, in: ZevKR 49 (2004), S. 285, 290; *Mikat*, in: Bettermann/Nipperdey/Scheuner, Die Grundrechte, 4. Band/1. Halbband, S. 111, 154; *H. Weber*, Die Religionsgemeinschaften als Körperschaften des öffentlichen Rechts im System des Grundgesetzes, S. 106.

[215] *A. v. Campenhausen*, Staatskirchenrecht³, S. 152; *ders.*, in: v. Mangoldt/Friedrich Klein/Starck, Bonner Grundgesetz, Band 3⁴, Art. 137 WRV, Rn. 235; *Friesenhahn*, in: HdbStKirchR, 1. Band¹, S. 545, 558. *Scheuner*, in: GS Peters (1967), S. 797, 804 (dort Fn.

tisch ist, da von Art. 137 Abs. 5 S. 3 WRV vorgesehen, dass die sich zusammenschließenden Religionsgemeinschaften weiterhin als solche fortbestehen – wie das z. B. bei der EKD der Fall ist. Der Verband höherer Ordnung muss, da er selbst keine Religionsgemeinschaft ist, keinen umfassenden Zweck verfolgen, sondern es reicht die Verfolgung begrenzter Interessen aus[216]. Schließen sich mehrere Religionsgemeinschaften, die vorher Körperschaften des öffentlichen Rechts waren, zu einer neuen Gemeinschaft zusammen und gehen die alten unter, so ist auch diese neue Religionsgemeinschaft Körperschaft des öffentlichen Rechts, ohne dass Art. 137 Abs. 5 S. 3 WRV zwingend heranzuziehen ist. Art. 137 Abs. 5 S. 3 WRV gilt auch auf der Ebene der Untergliederungen der Kirche, auf der Ebene der Kirchengemeinden. Die Kirchengemeinden können daher Kirchengemeindeverbände gründen, die dann ebenfalls einen öffentlich-rechtlichen Status aufweisen.

2. Personelle Reichweite des Körperschaftsstatus bei den sonstigen Religionsgemeinschaften

Wie sich aus dem Vorstehenden ergibt, stellte sich die Frage, welche Institutionen von Religionsgemeinschaften die Körperschaftsrechte besitzen, wie weit also die personelle Reichweite des Art. 137 Abs. 5 WRV geht, zunächst bei den großen Kirchen. Denn diese waren in der Vergangenheit aufgrund ihrer hohen Mitgliederzahl und ihrer traditionell flächendeckenden Verbreitung in Deutschland das erste Anschauungsobjekt des Art. 137 Abs. 5 WRV. Darüber hinaus gibt es zahlreiche weitere Religionsgemeinschaften, die den öffentlich-rechtlichen Status innehaben, sei es hinsichtlich der höchsten Organisationsform der jeweiligen Religionsgemeinschaft in einem bestimmten Land oder in allen Bundesländern, sei es für einzelne Gemeinden bzw. Unterverbände. Hier sind vor allem die Altkatholische Kirche, die Evangelisch-Methodistische Kirche, die Jüdische Religionsgemeinschaft und die Neuapostolische Kirche zu nennen[217]. Bei der Jüdischen Religionsgemeinschaft ist auf den Zentralrat der

---

25), hält eine staatliche Beteiligung an einem Zusammenschluss nach Art. 137 Abs. 5 S. 3 WRV nicht für notwendig.

[216] *Friesenhahn*, in: HdbStKirchR, 1. Band[1], S. 545, 558. Kritisch zu dieser Aussage und zum gesamten Art. 137 Abs. 5 S. 3 WRV ist *Rüfner*, in: FS Listl (1999), S. 431, 436, der bezweifelt, ob ein Verband ausreicht, der sich einer bloß eingeschränkten Zielsetzung widmet.

[217] Vgl. die umfassenden Aufzählungen bei *P. Kirchhof*, in: HdbStKirchR, 1. Band[2], S. 651, 678f; *Lehmann*, Die kleinen Religionsgesellschaften des öffentlichen Rechts im heutigen Staatskirchenrecht, S. 23ff; *Solte*, in: HdbStKirchR, 1. Band[2], S. 417, 419ff. Vgl. auch *Widmann*, in: Plückebaum/Malitzky, UStG, § 2 Abs. 3, Rn. 28.

Juden in Deutschland hinzuweisen, der sich als Zusammenschluss höherer Ordnung und als öffentlich-rechtlicher Verband darstellt.

VII. Die Bedeutung des Art. 137 Abs. 5 S. 2 WRV

Für die Zukunft ist der Erwerb der Körperschaftsrechte den Religionsgemeinschaften über Art. 137 Abs. 5 S. 2 WRV möglich[218]. In jüngster Zeit ist die Verleihung dieser Rechte Gegenstand umfangreicher gerichtlicher und wissenschaftlicher Auseinandersetzungen[219]. Es würde den Rahmen dieser Arbeit durchbrechen, die Problematik in ihrem ganzen Umfang aufzugreifen und Lösungsversuche aufzuzeigen. Festzuhalten ist, dass die Bundesländer für die Verleihung der Körperschaftsrechte zuständig sind. Dies folgt aus Art. 137 Abs. 8 WRV, der die Kompetenzverteilung zwischen Bund und Ländern regelt[220]. Das Sitzland der Religionsgemeinschaft verleiht den öffentlich-rechtlichen Status für seinen Bereich, so dass andere Länder die öffentlich-rechtlichen Folgen bzw. Privilegien der Verleihung für ihren jeweiligen Bereich durch einen eigenen Rechtsakt anerkennen müssen[221]. Dagegen ist für die Frage der allgemeinen Rechtsfähigkeit der Verleihungsvorgang als überregionaler Akt anzusehen. Eine neukorporierte Religionsgemeinschaft ist in ganz Deutschland rechtsfähig,

[218] Zur Zulässigkeit der verfassungsrechtlichen Differenzierung zwischen „geborenen" und „gekorenen" Religionsgemeinschaften siehe BayVerfGH, Entscheidung vom 18. November 1998, Vf. 10 VII 97, in: DVBl. 1999, S. 706, 707.

[219] Vgl. u. a. BVerfG, Urteil vom 19. Dezember 2000, 2 BvR 1500/97, in: BVerfGE 102, S. 370ff; BVerwG, Urteil vom 17. Mai 2001, 7 C 1.01, in: NVwZ 2001, S. 924ff; Urteil vom 26. Juni 1997, 7 C 11.96, in: BVerwGE 105, S. 117ff; OVG Berlin, Urteil vom 14. Dezember 1995, 5 B 20.94, in: NVwZ 1996, S. 478ff; VG Berlin, Urteil vom 25. Oktober 1993, 27 A 214.93, in: NVwZ 1994, S. 609ff; *A. v. Campenhausen*, in: v. Mangoldt/Friedrich Klein/Starck, Bonner Grundgesetz, Band 3[4], Art. 137 WRV, Rn. 228ff m. w. N.; *Hollerbach*, in: HdbStaatsR, Band VI[2], § 138, Rn. 135f m. w. N.; *Jeand'Heur/Korioth*, Grundzüge des Staatskirchenrechts, Rn. 232fff m. w. N.; *Korioth*, in: Maunz/Dürig, Kommentar zum Grundgesetz, Art. 140/Art. 137 WRV, Rn. 80 m. w. N.; *Lindner*, in: ZevKR 48 (2003), S. 178ff; *Link*, in: ZevKR 2004, S. 1, 4f; *Sendler*, in: DVBl. 2004, S. 8ff; *Wilms*, in: NJW 2003, S. 1083, 1087ff.

[220] *Friesenhahn*, in: HdbStKirchR, 1. Band[1], S. 545, 571f; *ders.*, in: Mikat, Kirche und Staat in der neueren Entwicklung, S. 352, 363.

[221] *A. v. Campenhausen*, in: v. Mangoldt/Friedrich Klein/Starck, Bonner Grundgesetz, Band 3[4], Art. 137 WRV, Rn. 232; *Friesenhahn*, in: HdbStKirchR, 1. Band[1], S, 545, 572; *Lehmann*, Die kleinen Religionsgesellschaften des öffentlichen Rechts im heutigen Staatskirchenrecht, S. 57.

da die Rechtsfähigkeit dem gesamten Verband anhaftet und nicht territorial aufteilbar ist[222].

Nach Art. 137 Abs. 5 S. 2 WRV können nur Religions- und Weltanschauungsgemeinschaften einen Antrag auf Verleihung der Körperschaftsrechte stellen und dadurch in den Genuss der steuerlichen Vergünstigung der §§ 1 Abs. 1 Nr. 6, 4 KStG gelangen. Dieser Mechanismus entspricht der Regelungssystematik des Art. 4 GG. Dieses Grundrecht schützt nur Religion und Weltanschauung und nicht wirtschaftliche Betätigung. Wenn auch der Staat des Grundgesetzes zu religiöser Neutralität verpflichtet ist, ihm also ein eigenes religiöses Bekenntnis nicht zusteht, damit auch das christliche Bekenntnis nicht das Vorverständnis prägen darf, kann er doch die Begriffe Religion (bzw. Weltanschauung), Religionsgemeinschaft oder Religionsausübung rechtlich bewerten und am Einzelfall überprüfen. Denn diese Begrifflichkeiten ergeben sich aus dem Grundgesetz, aus der Leitordnung des Staates selbst[223], so dass es den staatlichen Stellen überlassen ist, sie als Teil der staatlichen Rechts- und Verfassungsordnung auszulegen und anzuwenden.

Religions- bzw. Weltanschauungsgemeinschaften sind Gruppierungen, die sich der Pflege einer Religion oder Weltanschauung verschrieben haben[224]. „Bei Religion und Weltanschauung geht es um eine bewertende Stellungnahme zum Ganzen der Welt und um Antworten auf Fragen nach Ursprung, Sinn und Ziel der Welt und des Menschenlebens“[225]. Eine Religionsgemeinschaft ist eine Vereinigung „von Personen innerhalb eines zum Geltungsbereich des Grundgesetzes gehörenden Gebietes, die das Weltganze universell zu begreifen und die Stellung des Menschen in der Welt aus dieser umfassenden Weltsicht zu erkennen und zu bewerten suchen sowie diese Übereinstimmung umfassend bezeugen und danach handeln wollen“[226]. Weltanschauungsgemeinschaften dagegen richten sich mehr auf innerweltliche als auf transzendentale Zusammenhänge und können als „Auffangtatbestand“ für alle Gruppierungen verstanden werden,

---

[222] *A. v. Campenhausen*, Staatskirchenrecht[3], S. 150; *ders.*, in: v. Mangoldt/Friedrich Klein/Starck, Bonner Grundgesetz, Band 3[4], Art. 137 WRV, Rn. 233; *Friesenhahn*, in: HdbStKirchR, 1. Band[1], S. 545, 576; *Hollerbach*, in: HdbStaatsR, Band VI[2], § 138, Rn. 133; *P. Kirchhof*, in: HdbStKirchR, 1. Band[2], S. 651, 687; *Lehmann*, Die kleinen Religionsgesellschaften des öffentlichen Rechts im heutigen Staatskirchenrecht, S. 56; *H. Weber*, in: ZevKR 34 (1989), S. 337, 361.

[223] *H. Weber*, in: ZevKR 34 (1989), S. 337, 346. Vgl. auch BVerfG, Beschluss vom 5. Februar 1991, 2 BvR 263/86, in: BVerfGE 83, S. 341, 353; Beschluss vom 28. August 1992, 1 BvR 632/92, in: NVwZ 1993, S. 357, 358.

[224] Zu den Abgrenzungsproblemen zwischen Religion und Weltanschauung siehe *Thüsing*, in: ZevKR 45 (2000), S. 592, 595.

[225] *A. v. Campenhausen*, Staatskirchenrecht[3], S. 83.

[226] *P. Kirchhof*, in: HdbStKirchR, 1 Band[2], S. 651, 680f.

die einer „gemeinsamen Weltsicht mit einem daraus abgeleiteten Verständnis des Menschen und seiner Verhaltensweisen" anhängen[227]. Wie diese Definitionen zeigen, darf eine wirtschaftliche Betätigung nicht Hauptzweck sein[228]. Zudem wird eine Vereinigung, die vor allem wirtschaftlich tätig ist, nicht schon dadurch zur Religions- bzw. Weltanschauungsgemeinschaft, dass sie die wirtschaftliche Betätigung zu einer Religion oder Weltanschauung erhebt[229]. Maßgeblich ist, ob es sich „um ein auf Gewinnerzielung gerichtetes wirtschaftliches Unternehmen unter dem Deckmantel religiöser Betätigung handelt", an dem sich ein bestimmter Personenkreis bereichern will, oder ob „die erzielten Einnahmen für die religiöse bzw. weltanschauliche Betätigung [...] verwendet werden"[230]. Ein untergeordnetes wirtschaftliches Tätigwerden einer Gemeinschaft negiert nicht schon ihren Charakter als Religions- oder Weltanschauungsgemeinschaft[231]. Insbesondere das Kirchensteueraufkommen reicht zur Finanzierung der religiösen Betätigung oftmals nicht aus. Zudem ist bei kleinen Gemeinschaften ein solches Aufkommen oftmals schon gar nicht vorhanden.

Sind die Merkmale des Art. 137 Abs. 5 S. 2 WRV erfüllt, hat die antragstellende Religions- oder Weltanschauungsgemeinschaft einen subjektiven öffentlich-rechtlichen Anspruch auf Verleihung der Körperschaftsrechte, den sie im Verwaltungsrechtsweg verfolgen kann[232]. Wenn der Gesamtverband den Körperschaftsstatus erhält, gilt dasselbe nicht ohne weiteres auch für die Untergliede-

---

[227] *P. Kirchhof*, in: HdbStKirchR, 1. Band², S. 651, 681. Vgl. zum Begriff der Weltanschauung auch BFH, Urteil vom 23. September 1999, XI R 66/98, in: BStBl. II 2000, S. 533, 535f.

[228] *Badura*, Der Schutz von Religion und Weltanschauung durch das Grundgesetz, S. 55f; *A. v. Campenhausen*, Staatskirchenrecht³, S. 83; *P. Kirchhof*, in: HdbStKirchR, 1. Band², S. 651, 667, 682; *Thüsing*, in: ZevKR 45 (2000), S. 592, 620; *H. Weber*, in: ZevKR 34 (1989), S. 337, 367f. Differenzierend *Brauser-Jung*, Religionsgewerbe und Religionsunternehmerfreiheit, S. 221ff. Vgl. zudem BVerwG, Urteil vom 23. Mai 1989, 7 C 2.87, in: BVerwGE 82, 76, 93f, wo die überwiegend wirtschaftliche Betätigung einer Religionsgemeinschaft nicht beanstandet wird („Kursgebühren" einer Gemeinschaft als „hauptsächliche Finanzierungsquelle").

[229] *Badura*, Der Schutz von Religion und Weltanschauung durch das Grundgesetz, S. 55; *P. Kirchhof*, in: HdbStKirchR, 1. Band², S. 651, 682.

[230] VG Berlin, Urteil vom 12. Oktober 1988, 1 A 73/86, in: NJW 1989, S. 2559, 2560.

[231] Zur Frage des Schutzes wirtschaftlicher Aktivitäten von Religionsgemeinschaften vgl. *Brauser-Jung*, Religionsgewerbe und Religionsunternehmerfreiheit, S. 155ff; *Goerlich*, in: JZ 1995, S. 955ff.

[232] *A. v. Campenhausen*, Staatskirchenrecht³, S. 148; *ders.*, in: v. Mangoldt/Friedrich Klein/Starck, Bonner Grundgesetz, Band 3⁴, Art. 137 WRV, Rn. 224; *Friesenhahn*, in: HdbStKirchR, 1. Band¹, S. 545, 555; *ders.*, in: Mikat, Kirche und Staat in der neueren Entwicklung, S. 352, 364; *Hollerbach*, in: HdbStaatsR, Band VI², § 138, Rn. 127; *Lehmann*, Die kleinen Religionsgesellschaften des öffentlichen Rechts im heutigen Staatskirchenrecht, S. 54, 64ff; *Mikat*, in: Bettermann/Nipperdey/Scheuner, Die Grundrechte, 4. Band/1. Halbband, S. 111, 155f; *ders.*, in: HbdVerfR², § 29, Rn. 23; *Solte*, in: HdbStKirchR, 1. Band², S. 417, 428; *H. Weber*, in: ZevKR 34 (1989), S. 337, 357.

rungen, z. B. einzelne Gemeinden, wenn die Kriterien des Art. 137 Abs. 5 S. 2 WRV dagegen sprechen. Auf der anderen Seite können schon Einzelgemeinden von Religionsgemeinschaften den Korporationsstatus erhalten, wenn der Oberverband diesen Status noch nicht hat[233]. Den nach Art. 137 Abs. 5 S. 2 WRV „gekorenen" Religionsgemeinschaften kann der Körperschaftsstatus durch einen actus contrarius wieder genommen werden[234]. Das kommt vor allem in Betracht, wenn die Verleihung rechtswidrig war, die Verleihungsvoraussetzungen nachträglich entfallen sind oder die Religionsgemeinschaft verboten wird[235]. Anders verhält es sich bei den Religionsgemeinschaften, denen mit ihren jeweiligen Untergliederungen und Zusammenschlüssen der Körperschaftsstatus nach Art. 137 Abs. 5 S. 1 WRV garantiert wird. Ihnen kann dieser Status nicht durch einfachgesetzliche Maßnahmen, sondern nur durch ein verfassungsänderndes Gesetz entzogen werden[236]. Die gegenteilige Ansicht von *H. Weber* überzeugt nicht. *H. Weber* will „geborene" und „gekorene" öffentlich-rechtlich verfasste Religionsgemeinschaften gleichbehandeln und zu diesem Zweck auch den öffentlich-rechtlich verfassten Religionsgemeinschaften, die sich auf Art. 137 Abs. 5 S. 1 WRV stützen können, den Körperschaftsstatus entziehen, wenn ein Mitgliederschwund zu verzeichnen ist oder eine grundlegende Änderung der Verfassung der Gemeinschaft eintritt[237]. Dieser Auffassung steht der Wortlaut von Art. 137 Abs. 5 S. 1 und 2 WRV entgegen. Nur für die Verleihung der Korporationsrechte fordert Art. 137 Abs. 5 S. 2 WRV, dass die Verfassung einer Religionsgesellschaft und die Zahl ihrer Mitglieder die Gewähr der Dauer bieten müssen. Dagegen bestimmt Art. 137 Abs. 5 S. 1 WRV ohne weitere Voraussetzung, dass die Religionsgesellschaften Körperschaften des öffentlichen Rechts bleiben, soweit sie solche bisher waren.

---

233 *H. Weber*, in: ZevKR 34 (1989), S. 337, 360.

234 *A. v. Campenhausen*, Staatskirchenrecht[3], S. 152; *ders.*, in: v. Mangoldt/Friedrich Klein/Starck, Bonner Grundgesetz, Band 3[4], Art. 137 WRV, Rn. 234; *Friesenhahn*, in: HdbStKirchR, 1. Band[1], S. 545, 557; *Hollerbach*, in: HdbStaatsR, Band VI[2], § 138, Rn. 127; *Mikat*, in: Bettermann/Nipperdey/Scheuner, in: Die Grundrechte, 4. Band/1. Teilband, S. 111, 158; *H. Weber*, Die Religionsgemeinschaften als Körperschaften des öffentlichen Rechts im System des Grundgesetzes, S. 100; *ders.*, in: ZevKR 34 (1989), S. 337, 362.

235 *A. v. Campenhausen*, in: v. Mangoldt/Friedrich Klein/Starck, Bonner Grundgesetz, Band 3[4], Art. 137 WRV, Rn. 234; *H. Weber*, in: ZevKR 34 (1989), S. 337, 362.

236 *A. v. Campenhausen*, Staatskirchenrecht[3], S. 148; *ders.*, in: v. Mangoldt/Friedrich Klein/Starck, Bonner Grundgesetz, Band 3[4], Art. 137 WRV, Rn. 224; *Friesenhahn*, in: HdbStKirchR, 1. Band[1], S. 545, 555; *Jeand'Heur/Korioth*, Grundzüge des Staatskirchenrechts, Rn. 239; *Korioth*, in: Maunz/Dürig, Kommentar zum Grundgesetz, Art. 140/Art. 137 WRV, Rn. 81.

VIII. Die Steuerfreistellung der Hoheitsbetriebe als verfassungsrechtlich geschützte Staatsleistung i. S. d. Art. 140 GG i. V. m. Art. 138 WRV?

Während zunächst die verfassungsrechtliche Grundlage der Figur der Hoheitsbetriebe von Kirchen und Religionsgemeinschaften anhand des Körperschaftsbegriffs des Art. 140 GG i. V. m. Art. 137 Abs. 5 WRV geklärt und dann die materielle Wirksamkeit dieses Körperschaftsbegriffs aufgezeigt worden ist, könnte darüber hinaus Art. 140 GG i. V. m. Art. 138 WRV einen verfassungsrechtlichen Schutz der Hoheitsbetriebe herbeiführen[238]. Art. 138 Abs. 1 S. 1 WRV regelt, dass die auf Gesetz, Vertrag oder besonderen Rechtstiteln beruhenden Staatsleistungen an die Religionsgesellschaften durch die Landesgesetzgebung abgelöst werden. Nach Art. 138 Abs. 1 S. 2 WRV[239] stellt hierfür das Reich – also heute der Bund – die Grundsätze auf. Art. 138 Abs. 2 WRV gewährleistet das Eigentum und andere Rechte der Religionsgesellschaften und religiösen Vereine an ihren für Kultus-, Unterrichts- und Wohltätigkeitszwecke bestimmten Anstalten, Stiftungen und sonstigen Vermögen.

Ansatzpunkt dieser Untersuchung soll im Rahmen des Art. 138 WRV zunächst der Abs. 1 sein, da er im Verhältnis zum Abs. 2, wenn es um sog. „Staatsleistungen" geht, die speziellere Norm ist[240]. Ein Schutz durch Art. 138 Abs. 1 WRV kann jedoch erst in Betracht kommen, wenn nicht die vorrangige Norm des Art. 137 Abs. 5 WRV die Steuerbefreiung für Hoheitsbetriebe schützt[241]. Dann würde die Steuerbefreiung nach dem KStG unter die Garantie des Art. 137 Abs. 5 WRV fallen und sich gleichsam als Körperschaftsrecht darstellen.

---

237 *H. Weber*, Die Religionsgemeinschaften als Körperschaften des öffentlichen Rechts im System des Grundgesetzes, S. 100; *ders.*, in: ZevKR 34 (1989), S. 337, Fn. 145 auf S. 362f.

238 Es sei darauf hingewiesen, dass dem Art. 140 GG i. V. m. Art. 138 Abs. 1 WRV gleichende Bestimmungen in zahlreiche Kirchenverträge und Konkordate Eingang gefunden haben. Vgl. dazu *Hesse*, in: JöR NF 10 (1961), S. 3, 57.

239 Vgl. zur Möglichkeit der Ungültigkeit von Verfassungsrecht, das nicht mehr realisiert werden kann, *H. A. Wolff*, in: FS Badura (2004), S. 839, 843f, der eine Derogation des Art. 140 GG i. V. m. Art. 138 Abs. 1 S. 2 WRV jedoch ablehnt.

240 *Axer*, in: ArchkathKirchR 156 (1987), S. 460, 464; *A. v. Campenhausen*, Staatskirchenrecht[3], S. 325; *ders.*, in: v. Mangoldt/Friedrich Klein/Starck, Bonner Grundgesetz, Band 3[4], Art. 138 WRV, Rn. 2; *Korioth*, in: Maunz/Dürig, Kommentar zum Grundgesetz, Art. 140/Art. 138 WRV, Rn. 1; *Morlok*, in: Dreier, Grundgesetz-Kommentar, Band III, Art. 140/Art. 138 WRV, Rn. 12.

241 Vgl. zu diesem Verständnis des Verhältnisses von Art. 137 Abs. 5 und Art. 138 Abs. 1 WRV *Axer*, in: ArchkathKirchR 156 (1987), S. 460, 475; *Hollerbach*, in: JZ 1965, S. 612, 614; *Isensee*, in: HdbStKirchR, 2. Band[1], S. 51, 64; *ders.*, in: HdbStKirchR, 1. Band[2], S. 1009, 1025; *Weides*, in: FS Universität Köln (1988), S. 885, 888.

1. Steuerfreistellung für Hoheitsbetriebe – nicht durch den Körperschaftsstatus geschützt

Art. 137 Abs. 5 WRV statuiert nicht nur das Angebot des öffentlich-rechtlichen Körperschaftsstatus an die Kirchen und Religions-gemeinschaften, sondern bietet auch Anhaltspunkte für dessen Umfang und Reichweite. Wäre eine Steuerbefreiung ein Element des Körperschaftsstatus, müsste Art. 138 Abs. 1 WRV als in diesem Zusammenhang allgemeine Norm zurückstehen und Art. 137 Abs. 5 WRV als die „Körperschaftsnorm" Anwendung finden. Eine derart weite Auslegung entspricht jedoch nicht dem Körperschaftsbegriff des Art. 137 Abs. 5 WRV. Das Bild einer öffentlich-rechtlichen Körperschaft zeichnet sich nicht notwendigerweise durch Abgaben- und Steuerbefreiungen aus[242], sondern ist zuallererst Ausdruck einer bestimmten Rechts- und Organisationsstruktur. So soll der öffentlich-rechtliche Status die Eigenständigkeit und Unabhängigkeit der Kirche vom Staat sowie die Möglichkeit, öffentlich-rechtlich handeln zu können, bekräftigen[243].
Dem steht nicht entgegen, dass, wie im Fall des § 4 Abs. 5 KStG, der Gesetzgeber in Einzelsteuergesetzen Steuerbefreiungen an den Körperschaftsstatus knüpft, um die besondere Struktur und Rolle der jeweiligen Körperschaft zu unterstützen. D. h. erst in einem „zweiten Schritt" können die öffentlich-rechtlich organisierten Kirchen und Religionsgemeinschaften bestimmte weitere Rechte und Befugnisse vom Staat ableiten oder erhalten[244]. Aus Art. 137 Abs. 5 WRV kann daher kein verfassungsrechtlicher Schutz für die Figur des steuerbefreiten Hoheitsbetriebes hergeleitet werden; es bleibt die Frage, ob Art. 138 Abs. 1 WRV dies leisten kann.

2. Kein verfassungsrechtlicher Schutz der Figur des kirchlichen Hoheitsbetriebs nach Art. 140 GG i. V. m. Art. 138 Abs. 1 WRV

Dem Wortlaut nach fordert Art. 138 Abs. 1 WRV die Ablösung der „auf Gesetz, Vertrag oder besonderen Rechtstiteln beruhenden Staatsleistungen an die Religionsgesellschaften". Eine ersatzlose Aufhebung der Staatsleistungen ist dabei ausgeschlossen. Vielmehr meint Ablösung die Aufhebung des Rechtsgrundes

---

242 *Axer*, in: ArchkathKirchR 156 (1987), S. 460, 475; *Isensee*, in: HdbStKirchR, 2. Band[1], S. 51, 64; *ders.*, in: HdbStKirchR, 1. Band[2], S. 1009, 1025; *Weides*, in: FS Universität Köln (1988), S. 885, 888. Vgl. auch generell zu den Staatsleistungen und ihrem Verhältnis zu Art. 137 Abs. 5 WRV *Brauns*, Staatsleistungen an die Kirchen und ihre Ablösung, S. 80.
243 Vgl. B. V. 2.
244 Vgl. *A. v. Campenhausen*, Staatskirchenrecht[3], S. 307.

der jeweiligen Leistung gegen eine Entschädigung[245]. Zwar will Art. 138 Abs. 1 WRV im traditionellen vermögensrechtlichen Bereich eine Scheidung zwischen Staat und Kirche herbeiführen – anknüpfend an die allgemeine Aussage des Art. 137 Abs. 1 WRV, der die Trennung von Staat und Kirche statuiert. Doch soll dadurch die wirtschaftliche Existenz der Kirchen und Religionsgemeinschaften nicht zerstört, noch nicht einmal gefährdet werden[246]. Vielmehr ist Normziel die Umstrukturierung der finanziellen Basis und der Einnahmequellen, wobei die Kirchen, Religionsgemeinschaften und ihre Organisationen weiterhin in der Lage sein sollen, ihre Aufgaben in der bisherigen Weise auszuführen. Bis zum Zeitpunkt der entschädigungspflichtigen Ablösung gilt der Zweck, „die vermögensrechtliche Stellung der Kirche [...] aufrecht zu erhalten“[247].

Die vorgesehene Ablösung wird zudem durch das Ineinandergreifen von Art. 138 Abs. 1 S. 1 und S. 2 WRV erschwert, da die beiden Sätze ein Zusammenwirken der Länder, früher mit dem Reich, heute mit dem Bund, vorsehen. So soll der Bund die Regelungsgrundsätze für die nachfolgende Landesgesetzgebung aufstellen[248]. Des Weiteren können die Grundsätze des Bundes nur im Einvernehmen mit den Kirchen entwickelt werden. Das sieht Art. 18 Abs. 1 des

---

245 *Axer*, in: ArchkathKirchR 156 (1987), S. 460, 467; *A. v. Campenhausen*, Staatskirchenrecht³, S. 325; *ders.*, in: v. Mangoldt/Friedrich Klein/Starck, Bonner Grundgesetz, Band 3⁴, Art. 138 WRV, Rn. 15; *Droege*, Staatsleistungen an Religionsgemeinschaften im säkularen Kultur- und Sozialstaat, S. 207; *Hemmrich*, in: v. Münch/Kunig, Grundgesetz-Kommentar, Band 3⁵, Art. 140, Rn. 37f; *Hofmann*, in: Evangelisches Staatslexikon², Sp. 2514f; *Hollerbach*, in: HdbStaatsR, Band VI², § 139, Rn. 59; *Huber*, Die Garantie der kirchlichen Vermögensrechte in der Weimarer Verfassung, S. 59f; *Isensee*, in: HdbStKirchR, 2. Band¹, S. 51, 57; *ders.*, in: HdbStKirchR, 1. Band², 1009, 1016; *Kern*, Staat und Kirche in der Gegenwart, S. 119; *Korioth*, in: Maunz/Dürig, Kommentar zum Grundgesetz, Art. 140/Art. 138 WRV, Rn. 11; *Mikat*, in: Bettermann/Nipperdey/Scheuner, Die Grundrechte, 4. Band/1. Halbband, S. 111, 228; *ders.*, in: HdbVerfR², § 29, Rn. 28; *Morlok*, in: Dreier, Grundgesetz-Kommentar, Band III, Art. 140/Art. 138 WRV, Rn. 13, 20; *Ott*, Christliche Aspekte unserer Rechtsordnung, S. 127; *Preuß*, in: Denninger/Hoffmann-Riem/Schneider/Stein, Alternativkommentar zum Grundgesetz³, Art. 140, Rn. 61; *Scheuner*, in: Mikat, Kirche und Staat in der neueren Entwicklung, S. 267, 271; *W. Weber*, Die Ablösung der Staatsleistungen an die Religionsgesellschaften, S. 37; *Wehdeking*, Die Kirchengutsgarantien, S. 120; *H. A. Wolff*, in: FS Badura (2004), S. 839, 840; *ders.*, in: ZRP 2003, S. 12, 13; *Zündorf*, Die Ablösung der Staatsleistungen an die Religionsgesellschaften unter dem Grundgesetz, S. 12f, 15f.

246 *A. v. Campenhausen*, Staatskirchenrecht³, S. 333; *Isensee*, in: HdbStKirchR, 2. Band¹, S. 51, 57; *ders.*, in: HdbStKirchR, 1. Band², S. 1009, 1016; *Scheuner*, in: Mikat, Kirche und Staat in der neueren Entwicklung, S. 267, 271; *Zündorf*, Die Ablösung der Staatsleistungen an die Religionsgesellschaften unter dem Grundgesetz, S. 114.

247 RG, Beschluss vom 20. Juni 1925, IV Tgb. 83/25, in: RGZ 111, 134, 138; Beschluss vom 10. Oktober 1927, IV Tgb. 94/27, in: Lammers/Simons, Die Rechtsprechung des Staatsgerichtshofs für das Deutsche Reich und des Reichsgerichts auf Grund Artikel 13 Absatz 2 der Reichsverfassung, Band I, S. 538, 540.

248 Vgl. dazu *H. A. Wolff*, in: FS Badura (2004), S. 839ff.

Reichskonkordates für die Ablösung der Staatsleistungen an die katholische Kirche vor. Gründe der Parität sprechen dafür, dass der Inhalt des Art. 18 Abs. 1 Reichskonkordat auf die evangelische Kirche auszudehnen ist[249].
Schon dieser vorgeschriebene Weg, der an verschiedene Modalitäten geknüpft ist, erschwert die Ablösung nicht nur unwesentlich. Die Schwierigkeiten vergrößern sich, wenn der Blick auf die Höhe der Entschädigungssumme und die Frage ihrer Ermittlung gelenkt wird[250]. Im Hinblick auf die Ablösungssumme ist insbesondere strittig, ob die Höhe der Entschädigung hinsichtlich der bestehenden Staatsleistungen „gleichwertig" oder bloß „angemessen" sein soll[251]. Eine etwaige Minderung der Ablösungssumme könnte im Zusammenhang mit der Neuregelung der Kirchensteuer erwogen werden. Dagegen ist die Behauptung, die Kirche habe Teile ihres Vermögens in einer Art und Weise erworben, die mit rechtsstaatlichen Grundsätze unvereinbar sei, so dass sie redlicherweise keinen Ausgleich verlangen könne[252], zu pauschal, um die Höhe der Ablösungssumme zu verringern.
Das alles verdeutlicht, dass Art. 138 Abs. 1 WRV neben dem Ablösungsauftrag als zweites wesentliches Element eine Bestandsgarantie der Staatsleistungen enthält[253], die sowohl die Entschädigung der Kirchen und Religionsgemein-

---

[249] *Axer*, in: ArchkathKirchR 156 (1987), S. 460, 468; *A. v. Campenhausen*, in: v. Mangoldt/Friedrich Klein/Starck, Bonner Grundgesetz, Band 3[4], Art. 138 WRV, Rn. 8; *Isensee*, in: HdbStKirchR, 1. Band[2], S. 1009, 1042; *Kern*, Staat und Kirche in der Gegenwart, S. 118; *Morlok*, in: Dreier, Grundgesetz-Kommentar, Band III, Art. 140/Art. 138 WRV, Rn. 21; *Scheuner*, in: Mikat, Kirche und Staat in der neueren Entwicklung, S. 267, 277.

[250] Siehe dazu *A. v. Campenhausen*, Staatskirchenrecht[3], S. 334; *ders.*, in: v. Mangoldt/Friedrich Klein/Starck, Bonner Grundgesetz, Band 3[4], Art. 138 WRV, Rn. 17; *Häberle*, in: AöR 97 (1972), S.325; *F. Hammer*, in: ZRP 2003, S. 298; *Hollerbach*, in: HdbStaatsR, Band VI[2], § 139, Rn. 59; *Isensee*, in: HdbStKirchR, 2. Band[1], S. 51, 74; *Kern*, Staat und Kirche in der Gegenwart, S. 119; *Morlok*, in: Dreier, Grundgesetz-Kommentar, Band III, Art. 140/Art. 138 WRV, Rn. 23; *Zündorf*, Die Ablösung der Staatsleistungen an die Religionsgesellschaften unter dem Grundgesetz, S. 148. Zur Berechnung der Ablösungssumme in den 1920er Jahren für Preußen siehe *Breitfeld*, Die vermögensrechtliche Auseinandersetzung zwischen Kirche und Staat in Preußen auf Grundlage der Reichsverfassung, insbes. S. 343ff. Für die heutige Zeit haben *Czermak*, in: DÖV 2004, S. 110, 114, und *Frerk*, Finanzen und Vermögen der Kirchen in Deutschland, S. 101ff, die Höhe der Staatsleistungen berechnet.

[251] Vgl. zum Umfang der Ablösungsabfindung *Droege*, Staatsleistungen an Religionsgemeinschaften im säkularen Kultur- und Sozialstaat, S. 208ff.

[252] So jedoch *Czermak*, in: DÖV 2004, S. 110, 115.

[253] BVerfG, Beschluss vom 28. April 1965, 1 BvR 346/61, in: BVerfGE 19, S. 1, 13; BVerwG, Beschluss vom 14. Februar 1996, 11 VR 40.95, in: NVwZ 1996, S. 786; Beschluss vom 22. März 1996, 7 KSt 5.96, in: NVwZ 1996, S. 787; *Axer*, in: ArchkathKirchR 156 (1987), S. 460, 464, 467; *A. v. Campenhausen*, Staatskirchenrecht[3], S. 329; *ders.*, in. v. Mangoldt/Friedrich Klein/Starck, Bonner Grundgesetz, Band 3[4], Art. 138 WRV, Rn. 7, 15; *Hemmrich*, in: v. Münch/Kunig, Grundgesetz-Kommentar, Band 3[5], Art. 140, Rn. 37; *Hesse*, in: JöR NF 10 (1961), S. 3, 58; *Hofmann*, in: Evangelisches Staatslexikon[2], Sp. 2514; *Holler-*

schaften bei der endgültigen Aufhebung von Staatsleistungen festlegt, als auch den vorläufigen status quo sicherstellt, bis die Ablösung nach dem Programm des Art. 138 Abs. 1 S. 1 und 2 WRV durchgeführt worden ist. Die Garantie erwächst aus dem Sinn und Zweck des Art. 138 Abs. 1 WRV; die Nichtübernahme des Art. 173 WRV in das Grundgesetz, der die Garantie ausdrücklich festgestellt hat, bleibt ohne Bedeutung. Staatsleistungen, die unter die in Art. 138 Abs. 1 WRV zum Ausdruck gebrachte verfassungsrechtliche Bestandsgarantie fallen, dürfen demnach vom Landesgesetzgeber nicht ohne Weiteres aufgehoben werden, vielmehr ist zunächst ein Grundsätzegesetz des Bundes i. S. von Art. 140 GG i. V. m. Art. 138 Abs. 1 S. 2 WRV notwendig[254]. Die Zulässigkeit einer Aufhebung von Staatsleistungen durch vertragliche Vereinbarungen des Staates mit den Kirchen ist nicht berührt[255]. Es sind jedoch die durch Art. 138

---

bach, in: HdbStaatsR, Band VI², § 139, Rn. 58; *Isensee*, in: HdbStKirchR, 2. Band¹, S. 51, 58f; *ders.*, in: JuS 1980, S. 94, 97; *ders.*, in: HdbStKirchR, 1. Band², S. 1009, 1017; *Kern*, Staat und Kirche in der Gegenwart, S. 60; *Mikat*, in: Bettermann/Nipperdey/Scheuner, Die Grundrechte, 4. Band/1. Halbband, S. 111, 227; *ders.*, in: HdbVerfR², § 29, Rn. 28; *Morlok*, in: Dreier, Grundgesetz-Kommentar, Band III, Art. 140/Art. 138 WRV, Rn. 2, 13; *Preuß*, in: Denninger/Hoffmann-Riem/Schneider/Stein, Alternativkommentar zum Grundgesetz³, Art. 140, Rn. 65; *Scheuner*, in: Mikat, Kirche und Staat in der neueren Entwicklung, S. 267, Fn. 12 auf S. 271; *Schlief*, in: Staatslexikon, 5. Band⁷, Sp. 201; *Wehdeking*, Die Kirchengutsgarantien, S. 126ff, der allerdings Art. 173 WRV mitlesen will; *Zündorf*, Die Ablösung der Staatsleistungen an die Religionsgesellschaften unter dem Grundgesetz, S. 114ff. Kritisch gegenüber „einer dauerhaften Bestandsgarantie" sind *Sailer*, in: ZRP 2001, S. 80, 83, 87, und *H. A. Wolff*, in: ZRP 2003, S. 12, 13. Für den Vorrang der Ablösung spricht sich *Renck*, in: DÖV 2002, S. 56, Fn. 78 auf S. 62f, und in: DÖV 2003, S. 526, 533, aus.

[254] Vgl. *Brauns*, Staatsleistungen an die Kirchen und ihre Ablösung, S. 12; *H. A. Wolff*, in: ZRP 2003, S. 12, 13. Aufgrund eines von ihm behaupteten „erstaunlichen und fortwährenden Verfassungsverstoßes" vertritt *Czermak*, in: DÖV 2004, S. 110, 113, die Ansicht, die Länder könnten Staatsleistungen eigenständig durch gesetzliche Regelungen ablösen.

[255] Zur Zulässigkeit der vertraglichen Ablösung siehe *Axer*, in: ArchkathKirchR 156 (1987), S. 460, 468; *Badura*, Staatsrecht², L Rn. 52; *Brauns*, Staatsleistungen an die Kirchen und ihre Ablösung, S. 129; *A. v. Campenhausen*, Staatskirchenrecht³, S. 334f; *ders.*, in: v. Mangoldt/Friedrich Klein/Starck, Bonner Grundgesetz, Band 3⁴, Art. 138 WRV, Rn. 9; *Hemmrich*, in: v. Münch/Kunig, Grundgesetz-Kommentar, Band 3⁵, Art. 140, Rn. 38; *Hesse*, in: JöR NF 10 (1961), S. 3, 59; *Hofmann*, Evangelisches Staatslexikon², Sp. 2514; *Isensee*, in: HdbStKirchR, 2. Band¹, S. 51, 80ff; *ders.*, in: JuS 1980, S. 94, 97f; *ders.*, in: HdbStKirchR, 1. Band², 1009, 1043, 1048ff, der jedoch einen besonderen Schutz negativer Staatsleistungen – z. B. von Steuerbefreiungen – anmahnt; *Kern*, Staat und Kirche in der Gegenwart, S. 118; *Korioth*, in: Maunz/Dürig, Kommentar zum Grundgesetz, Art. 140/Art. 138 WRV, Rn. 12; *Scheuner*, in: Mikat, Kirche und Staat in der neueren Entwicklung, S. 267, 276; *Schlief*, in: Staatslexikon, 5. Band⁷, Sp. 201; *W. Weber*, Die Ablösung der Staatsleistungen an die Religionsgesellschaften, S. 4f; *H. A. Wolff*, in: ZRP 2003, S. 12, 14. A. A. *Huber*, Die Garantie der kirchlichen Vermögensrechte in der Weimarer Verfassung, S. 99f; *Zündorf*, Die Ablösung der Staatsleistungen an die Religionsgesellschaften unter dem Grundgesetz, S. 78ff, 118. Kritisch gegenüber einer vertraglichen Ablösung sind *Preuß*, in: Denninger/Hoffmann-

Abs. 1 WRV geschützten staatlichen und kirchlichen Interessen zu berücksichtigen, insbesondere die Einheitlichkeit der Aufhebung der jeweiligen Staatsleistungen, auch im Vergleich zu den betroffenen Religionsgemeinschaften.
Die Steuerbefreiung für Hoheitsbetriebe nach § 4 Abs. 5 KStG kann diesem Schutz auf der Ebene des Verfassungsrechts nur unterstellt werden, wenn es sich bei ihr um eine Staatsleistung handelt. Trotz des sich aus der Bestandsgarantie ergebenden Schutzaspektes ist der Begriff der Staatsleistung „als Objekt der Ablösung [...] in das geltende Verfassungsrecht eingetreten“[256] und aus dieser Richtung her zu bestimmen. Die Ablösung i. S. des Art. 138 Abs. 1 WRV will eine Bereinigung der vermögensrechtlichen Beziehungen zwischen den Kirchen und dem Staat herbeiführen. Demnach muss der vermögensrechtliche Aspekt der entscheidende Anknüpfungspunkt sein.
Vor diesem Hintergrund ist der Begriff der Staatsleistungen weit zu fassen. Unter ihn fallen alle vermögenswerten Vorteile und geldwerten Leistungen, soweit sie der Erfüllung kirchlicher und nicht staatlicher Zwecke, soweit sie also dem kirchlichen Kultusaufwand dienen[257]. Staatsleistungen sind nur wiederkehrende Leistungen, nicht einmalige[258]; ein subjektiver Rechtsanspruch der Kirche ist

---

Riem/Schneider/Stein, Alternativkommentar zum Grundgesetz[3], Art. 140, Rn. 64, und *Wehdeking*, Die Kirchengutsgarantien, S. 122ff.

[256] *Isensee*, in: HdbStKirchR, 2. Band[1], S. 51, 59. Vgl. auch *Brauns*, Staatsleistungen an die Kirchen und ihre Ablösung, S. 48.

[257] *Axer*, in: ArchkathKirchR 156 (1987), S. 460, 476; *Droege*, Staatsleistungen an Religionsgemeinschaften im säkularen Kultur- und Sozialstaat, S. 178, 189; *Hofmann*, Evangelisches Staatslexikon[2], Sp. 2513; *Huber*, Die Garantie der kirchlichen Vermögensrechte in der Weimarer Verfassung, S. 62; *Isensee*, in: HdbStKirchR, 2. Band[1], S. 51, 52; *ders.*, in: HdbStKirchR, 1. Band[2], S. 1009 u. 1018; *Mikat*, in: Bettermann/Nipperdey/Scheuner, Die Grundrechte, 4. Band/1. Halbband, S. 111, 227; *ders.*, in: HdbVerfR[2], § 29, Rn. 29; *Morlok*, in: Dreier, Grundgesetz-Kommentar, Band III, Art. 140/Art. 138 WRV, Rn. 15; *Schlief*, in: Staatslexikon, 5. Band[7], Sp. 199; *Wehdeking*, Die Kirchengutsgarantien, S. 113; *H. A. Wolff*, in: ZRP 2003, S. 12; *Zündorf*, Die Ablösung der Staatsleistungen an die Religionsgesellschaften unter dem Grundgesetz, S. 34, 145. Teilweise a. A. sind *Brauns*, Staatsleistungen an die Kirchen und ihre Ablösung, S. 60; *Breitfeld*, Die vermögensrechtliche Auseinandersetzung zwischen Kirche und Staat in Preußen auf Grundlage der Reichsverfassung, S. 36. Für eine enge Auslegung des Staatsleistungsbegriffs spricht sich *Renck*, in: DÖV 2002, S. 56, 63f, und in: DÖV 2003, S. 526, 530, aus.

[258] BVerwG, Beschluss vom 14. Februar 1996, 11 VR 40.95, in: NVwZ 1996, S. 786; *Axer*, in: ArchkathKirchR 156 (1987), S. 460, 469; *Huber*, Die Garantie der kirchlichen Vermögensrechte in der Weimarer Verfassung, S. 59, 83f, 103; *ders.*, in: AöR 57 (1930), S. 147, 150; *Isensee*, in: HdbStKirchR, 1. Band[2], S. 1009, 1019; *Morlok*, in: Dreier, Grundgesetz-Kommentar, Band III, Art. 140/Art. 138 WRV, Rn. 15; *W. Weber*, Die Ablösung der Staatsleistungen an die Religionsgesellschaften, S. 50; *H. A. Wolff*, in: FS Badura (2004), S. 839. Kritisch ist *Renck*, in: DÖV 2003, S. 526, 530, der sich dagegen wendet, „prinzipienwidrige Zuwendungen aus vorkonstitutionell institutionalisierten Dauerschuldverhältnissen zu kapitalisieren.“

nicht begriffsnotwendig[259]. Art. 138 Abs. 1 WRV könnte den Eindruck erwecken, dass nur die Länder als Leistende in Betracht kommen. Aufgrund der veränderten Kompetenzen von Bund und Ländern nach dem Grundgesetz im Gegensatz zur früheren Kompetenzverteilung ist jedoch ebenso der Bund als Leistungsträger erfasst[260].

Nach herrschender Ansicht können auch Steuerbefreiungen Staatsleistungen sein[261], d. h. neben den positiven gehören die sog. „negativen" Staatsleistungen in den Regelungsbereich des Art. 138 Abs. 1 WRV. Dies gilt jedoch nur unter den weiteren Voraussetzungen, dass die Befreiung einen wesentlichen Teil derjenigen Unterstützung bildet, die der Staat der Kirche zur Bestreitung ihrer Bedürfnisse gewährt, und dass eine entsprechende positive Leistung zu erbringen

---

259 *A. v. Campenhausen*, Staatskirchenrecht³, S. 328; *ders.*, in: v. Mangoldt/Friedrich Klein/Starck, Bonner Grundgesetz, Band 3⁴, Art. 138 WRV, Rn. 4; *Huber*, Die Garantie der kirchlichen Vermögensrechte in der Weimarer Verfassung, S. 93.

260 *Axer*, in: ArchkathKirchR 156 (1987), S. 460, 469; *Isensee*, in: HdbStKirchR, 2. Band¹, S. 51, 68f; *ders.*, in: HdbStKirchR, 1. Band², S. 1009, 1030; *Lipphardt*, in: DVBl. 1975, S. 410, 415; *Morlok*, in: Dreier, Grundgesetz-Kommentar, Band III, Art. 140/Art. 138 WRV, Rn. 18; *Zündorf*, Die Ablösung der Staatsleistungen an die Religionsgesellschaften unter dem Grundgesetz, S. 44f. *Brauns*, Staatsleistungen an die Kirchen und ihre Ablösung, Fn. 30 auf S. 49, bezweifelt dies. A. A zur h. L.: BVerwG, Beschluss vom 22. März 1996, 7 KSt 5.96, in: NVwZ 1996, S. 787.

261 BVerfG, Beschluss vom 28. April 1965, 1 BvR 346/61, in: BVerfGE 19, S. 1, 13f; BFH, Urteil vom 9. Juli 1971, III R 19/69, in: BStBl. II 1971, S. 781, 784; BVerwG, Beschluss vom 14. Februar 1996, 11 VR 40.95, in: NVwZ 1996, S. 786; Beschluss vom 22. März 1996, 7 KSt 5.96, in: NVwZ 1996, S. 787; *Axer*, in: ArchkathKirchR 156 (1987), S. 460, 469ff, insbes. S. 472ff; *A. v. Campenhausen*, Staatskirchenrecht³, S. 332; *ders.*, in: v. Mangoldt/Friedrich Klein/Starck, Bonner Grundgesetz, Band 3⁴, Art. 138 WRV, Rn. 13; *Droege*, Staatsleistungen an Religionsgemeinschaften im säkularen Kultur- und Sozialstaat, S. 201; *G. Hammer*, in: HdbStKirchR, 1. Band², S. 1065, 1096; *P. Fischer*, in: Hübschmann/Hepp/Spitaler, AO und FGO, § 54 AO, Rn. 11; *Hemmrich*, in: v. Münch/Kunig, Grundgesetz-Kommentar, Band 3⁵, Art. 140, Rn. 37; *Hesse*, in: JöR NF 10 (1961), S. 3, 61; *Hollerbach*, in: HdbStaatsR, Band VI², § 139, Rn. 60; *Isensee*, in: HdbStKirchR, 2. Band¹, S. 51, 64; *ders.*, in: HdbStKirchR, 1. Band², 1009, 1025f; *Kern*, Staat und Kirche in der Gegenwart, S. 60, 115ff; *Kewenig*, in: Mikat, Kirche und Staat in der neueren Entwicklung, S. 139, 140; *Korioth*, in: Maunz/Dürig, Kommentar zum Grundgesetz, Art. 140/Art. 138 WRV, Rn. 5; *Lipphardt*, in: DVBl. 1975, S. 410ff; *Mikat*, in: Bettermann/Nipperdey/Scheuner, Die Grundrechte, 4. Band/1. Halbband, S. 111, 222f, 227; *Morlok*, in: Dreier, Grundgesetz-Kommentar, Band III, Art. 140/Art. 138 WRV, Rn. 17; *Preuß*, in: Denninger/Hoffmann-Riem/Schneider/Stein, Alternativkommentar zum Grundgesetz³, Art. 140, Rn. 60; *Schlief*, in: Staatslexikon, 5. Band⁷, Sp. 200; *W. Weber*, Die Ablösung der Staatsleistungen an die Religionsgesellschaften, S. 51, 53; *Wehdeking*, Die Kirchengutsgarantien, S. 113f; *Weides*, in: FS Universität Köln (1988), S. 885, 915f; *Zündorf*, Die Ablösung der Staatsleistungen an die Religionsgesellschaften unter dem Grundgesetz, S. 47. A. A. *Brauns*, Staatsleistungen an die Kirchen und ihre Ablösung, S. 52ff, 63; *Breitfeld*, Die vermögensrechtliche Auseinandersetzung zwischen Kirche und Staat in Preußen auf Grundlage der Reichsverfassung, S. 39f; *Huber*, in: AöR 57 (1930), S. 147, 150. Kritisch auch *Czermak*, in: DÖV 2004, S. 110, 112f.

wäre, wenn die negative nicht bestünde[262]. Die Befreiung muss also „einen organischen Bestandteil der zwischen Staat und Kirche bestehenden vermögensrechtlichen Beziehungen“[263] darstellen. Trotz dieser einschränkenden Formulierung hat zuerst das RG die Vermutung ausgesprochen, bei Steuerbefreiungen zugunsten der Kirchen handele es sich generell um Staatsleistungen[264].
Spricht die durch die Rechtsprechung entwickelte Vermutung zunächst für eine Einbeziehung der Steuerbefreiung für Hoheitsbetriebe nach § 4 Abs. 5 KStG in den verfassungsrechtlich geschützten Bereich, erscheint dieses Vorgehen alsbald zweifelhaft. Die Zweifel treten auf, wenn das Augenmerk auf den „Stichtag“ gelenkt wird, zu dem Staatsleistungen bestanden haben müssen, um von Art. 138 Abs. 1 WRV erfasst zu werden. Die herrschende Ansicht geht auch unter der Geltung des Grundgesetzes von dem Tag des Inkrafttretens der Weimarer Reichsverfassung als dem entscheidenden Datum aus[265]. Gem. Art. 181 S. 2 WRV ist die Verfassung mit dem Tag ihrer Verkündung in Kraft getreten. Nachdem der Reichspräsident die WRV am 11. August 1919 ausgefertigt hat, wurde sie am 14. August im Reichsgesetzblatt ausgegeben, so dass sie an diesem Tag in Kraft getreten ist[266]. Daher muss die Leistung bzw. ihre Rechtsgrundlage am 14. August 1919 bestanden haben. Ansonsten wird sie nicht von der Garantie des Art. 138 Abs. 1 WRV erfasst und handelt es sich bei ihr nicht um eine „Staatsleistung“ i. S. des Art. 138 Abs. 1 WRV.

---

262 BVerfG, Beschluss vom 28. April 1965, 1 BvR 346/61, in: BVerfGE 19, S. 1, 13.

263 RG, Beschluss vom 20. Juni 1925, IV Tgb. 83/25, in: RGZ 111, S. 134, 140. Vgl. auch RG, Beschluss vom 10. Oktober 1927, IV Tgb. 94/27, in: Lammers/Simons, Die Rechtsprechung des Staatsgerichtshofs für das Deutsche Reich und des Reichsgerichts auf Grund Artikel 13 Absatz 2 der Reichsverfassung, Band I, S. 538, 540.

264 RG, Beschluss vom 10. Oktober 1927, IV Tgb. 94/27, in: Lammers/Simons, Die Rechtsprechung des Staatsgerichtshofs für das Deutsche Reich und des Reichsgerichts auf Grund Artikel 13 Absatz 2 der Reichsverfassung, Band I, S. 538, 545; Beschluss vom 13. Juli 1931, in: Lammers/Simons, Die Rechtsprechung des Staatsgerichtshofs für das Deutsche Reich und des Reichsgerichts auf Grund Artikel 13 Absatz 2 der Reichsverfassung, Band IV, S. 306. Vgl. jedoch *Isensee*, in: HdbStKirchR, 2. Band[1], S. 51, 65, der dennoch eine Einzelprüfung fordert.

265 *Axer*, in: ArchkathKirchR 156 (1987), S. 460, 478f; *Huber*, Die Garantie der kirchlichen Vermögensrechte in der Weimarer Verfassung, S. 96f; *ders.*, in: AöR 57 (1930), S. 147, 150; *Isensee*, in: HdbStKirchR, 2. Band[1], S. 51, 72; *ders.*, in: HdbStKirchR, 1. Band[2], S. 1009, 1034; *Korioth*, in: Maunz/Dürig, Kommentar zum Grundgesetz, Art. 140/Art. 138 WRV, Rn. 3; *Mahrenholz*, in: ZevKR 20 (1975), S. 43, 68; *Ott*, Christliche Aspekte unserer Rechtsordnung, S. 128; *Scheuner*, in: Mikat, Kirche und Staat in der neueren Entwicklung, S. 267, 276f; *Schlief*, in: Staatslexikon, 5. Band[7], Sp. 200; *Wehdeking*, Die Kirchengutsgarantien, S. 116. A. A. *Lipphardt*, in: DVBl. 1975, S. 410, 414ff; *Zündorf*, Die Ablösung der Staatsleistungen an die Religionsgesellschaften unter dem Grundgesetz, S. 49, 114ff, 131ff.

266 *Anschütz*, Die Verfassung des Deutschen Reichs[14], Art. 181, S. 767f.

Das erste reichseinheitliche KStG wurde 1920[267] eingeführt. Bis dahin war die Besteuerung der juristischen Personen in den Einkommensteuergesetzen der deutschen Einzelstaaten geregelt[268]. Das KStG 1925[269] sah u. a. eine Steuerbefreiung für Betriebe von Körperschaften des öffentlichen Rechts vor, die der Ausübung der öffentlichen Gewalt oder kirchlichen Zwecken dienten[270]. § 4 KStG in seiner heutigen Form entstand erst, als die §§ 1 bis 6 KStDV 1968 in das Gesetz übernommen wurden[271]. § 4 Abs. 5 KStG verfehlt somit den 14. August 1919 als Stichtag. Der gesamte Regelungszusammenhang dieser Norm ist das Produkt einer Zeit, die erst nach dem Ende des Kaiserreichs und nach der Verabschiedung der Weimarer Reichverfassung beginnt. Daher kann auch kein Zusammenhang mit Vorschriften der Einkommensteuergesetze der früheren deutschen Einzelstaaten herbeigeführt werden. Diese sahen neben einer Besteuerung der juristischen Personen durchaus auch Befreiungen vor, jedoch mit gemeinnützigkeitsrechtlichen und nicht strikt hoheitlichen Anknüpfungspunkten[272].

Abhelfen könnte, wenn Art. 138 Abs. 1 WRV auch auf „neuere" Steuerbefreiungen Anwendung findet, der Stichtag also verschoben wird. Nach *Zündorf* soll die Garantiewirkung mit Inkrafttreten des Grundgesetzes beginnen und sich zudem auf später entstandene „Staatsleistungen" beziehen[273]. Art. 138 Abs. 1 WRV sei wegen der Inkorporierung durch Art. 140 GG eine Norm des Grundgesetzes geworden und könne daher erst mit dessen Verkündung Wirksamkeit entfalten. Die Norm wolle die Ablösung aller Staatsleistungen zu einem – zukünftigen – Zeitpunkt und müsse daher auch die nach dem 23. Mai 1949 entstandenen „Staatsleistungen" mit einbeziehen[274].

Dieser Argumentation kann nicht zugestimmt werden. Auf den ersten Blick mag es seltsam erscheinen, dass eine Garantie des Grundgesetzes sich auf einen

---

[267] Vom 30. März 1920, RGBl. I, S. 393.

[268] *Gottstein*, in: Dötsch/Cattelaens/Gottstein/Stegmüller/Zenthöfer, Körperschaftsteuer[13], Rn. 2; *Graffe*, in: Dötsch/Eversberg/Jost/Pung/Witt, Körperschaftsteuer, § 1 KStG, Rn. 6. Zur Entwicklung der einzelnen Einkommensteuergesetze siehe bei *P. Kirchhof*, in: P. Kirchhof/Söhn/Mellinghoff, Einkommensteuergesetz, § 2, Rn. A 240ff, insbes. A 415.

[269] Vom 10. August 1925, RGBl. I, S. 208.

[270] *Altehoefer*, in: FS L. Schmidt (1993), S. 677, 678.

[271] Vgl. nur *Streck*, in: Streck, KStG[6], § 4, Nr. 1.

[272] *Axer*, in: ArchkathKirchR 156 (1987), S. 460, 475; *Mikat*, in: Bettermann/Nipperdey/Scheuner, Die Grundrechte, 4. Band/1. Halbband, S. 111, 222f. Siehe für die „erste Einkommensteuer in Deutschland" bei *Mathiak*, in: StuW 1995, S. 352, 360.

[273] *Zündorf*, Die Ablösung der Staatsleistungen an die Religionsgesellschaften unter dem Grundgesetz, S. 114, 117.

[274] Vgl. auch *Sailer*, in: ZRP 2001, S. 80, 84, der neben der Ablösung der althergebrachten Staatsleistungen die Neubegründung von Dauerschuldverhältnissen ausschließen will.

Zeitpunkt beziehen soll, der 30 Jahre vor Inkrafttreten der Verfassung liegt. Doch ist dies kein Einzelfall. So ist im Hinblick auf die Institution des Berufsbeamtentums der „Kernbestand von Strukturprinzipien […], die allgemein oder doch ganz überwiegend und während eines längeren, Tradition bildenden Zeitraums, mindestens unter der Reichsverfassung von Weimar, als verbindlich anerkannt und gewahrt worden sind" durch die institutionelle Garantie des Art. 33 Abs. 5 GG geschützt[275]. Art. 33 Abs. 5 GG orientiert sich somit an einer Tradition, die in den Verhältnissen der Weimarer Republik, aber auch in denen des Kaiserreichs, einen Anknüpfungspunkt findet. Letztlich bezieht sich diese institutionelle Garantie auf einen mindestens ebenso langen Zeitraum wie die Gewährleistung des Art. 138 Abs. 1 WRV. Daneben verdeutlichen der Sinn und Zweck des Art. 138 Abs. 1 WRV, warum der 14. August 1919 der maßgebliche Stichtag für die Entstehung von Staatsleistungen ist. Die Regelung wollte, als sie 1919 in die Weimarer Reichsverfassung aufgenommen wurde, die vermögensrechtlichen Beziehungen zwischen Staat und Kirche neu ordnen, die alte Situation sollte bereinigt werden. Mit diesem Inhalt wurde Art. 138 Abs. 1 WRV durch dessen Art. 140 in das Grundgesetz inkorporiert. Der entscheidende Bruch im herkömmlichen Staat-Kirche-Verhältnis fand 1918/19 und nicht in der Zeit von 1945 bis 1949 statt. Der „historische" Zustand, der 1918 bestand, sollte beendet werden. Eventuelle Neuregelungen der Weimarer Republik sollten nicht aufgehoben werden. Bei ihnen handelt es sich also nicht um Staatsleistungen im Normsinn, sondern um neuartige Zuwendungen, die sich auf ein neues Staat-Kirche-Verhältnis bezogen. Den Stichtag 1949 zu setzen, bedeutete, den Zeitraum von 1919 bis 1949 in das herkömmliche Staat-Kirche-System der Kaiserzeit einzubeziehen. Das entspricht jedoch nicht der tatsächlichen Entwicklung.

Die angedeuteten Zweifel vergrößern sich, wenn man das „historische" Element des Staatsleistungsbegriffs näher betrachtet und dieses vor allem im Zusammenhang mit dem „organischen" Element berücksichtigt. Um Staatsleistungen handelt es sich nur dann, wenn sie „in das historisch ausgebildete System der staatskirchenrechtlichen Beziehungen"[276] hineingehören. Es ist also eine zeitli-

---

[275] BVerfG, Beschluss vom 2. Dezember 1958, 1 BvL 27/55, in: BVerfGE 8, S. 332, 343. So auch BVerfG, Beschluss vom 11. Dezember 1962, 2 BvL 2, 3, 21, 24/60, 4, 17/61, in: BVerfGE 15, S. 167, 195f; Beschluss vom 11. Oktober 1977, 2 BvR 407/76, in: BVerfGE 46, S. 97, 117; Beschluss vom 23. Juni 1981, 2 BvR 1067/80, in: BVerfGE 58, S. 68, 76f; Beschluss vom 29. Juni 1983, 2 BvR 720, 725, 742, 1579, 1482 und 826, 1168/80, in: BVerfGE 64, S. 323, 351; Beschluss vom 15. Mai 1985, 2 BvL 19/82, in: BVerfGE 70, S. 69, 79.

[276] *W. Weber*, Die Ablösung der Staatsleistungen an die Religionsgesellschaften, S. 47. Vgl. auch BVerwG, Beschluss vom 14. Februar 1996, 11 VR 40.95, in: NVwZ 1996, S. 786; *Axer*, in: ArchkathKirchR 156 (1987), S. 460, 468; *A. v. Campenhausen*, Staatskirchenrecht³, S.

che Verflechtung nötig. Diese historische Bezugnahme verweist auf die Beziehungen zwischen Staat und Kirche in der Zeit vor der Revolution von 1918. Ursprüngliche Legitimationsgründe für zahlreiche Staatsleistungen sind demnach die Säkularisationen[277], im Bereich der katholischen Kirche insbesondere diejenige nach dem Reichsdeputationshauptschluss von 1803. Im Bereich der evangelischen Kirche liegen die Ursachen für Staatsleistungen in den Säkularisationen im Zuge der Reformation und daneben auch im Gewohnheitsrecht[278]. Nach Vereinnahmung kirchlicher Vermögenswerte durch die weltlichen Herrscher sollten finanzielle Zuwendungen der Tilgung der so entstandenen „Staatsschulden“ gegenüber den Kirchen dienen. Da das erste reichseinheitliche KStG erst 1920, § 4 Abs. 5 KStG noch später entstanden ist, fällt eine historische Verbindung vor dem Hintergrund eines Entschädigungsgedankens schwer.

Die säkularisationsbezogene historische Verknüpfung als notwendiges Element des Staatsleistungsbegriffs zu verstehen, geht jedoch zu weit. Es ist mit *Isensee* eher von einem typischen „Motiv“[279] auszugehen, das Platz lässt für anders gelagerte Einzelfälle und den Blick nicht verschließt vor dem heterogenen Gesamtsystem der vermögensrechtlichen Staat-Kirche-Beziehungen der Vor-Weimarer Zeit. Trotzdem ist die historische Bezugnahme ein Aspekt, der weiterführt, jedoch in das „organische“ Kriterium einzuordnen ist.

§ 4 Abs. 5 KStG ist als Steuerbefreiung nur dann eine Staatsleistung, wenn es sich bei der Norm um einen organischen Bestandteil der vermögensrechtlichen Staat-Kirche-Beziehungen handelt und sie ihrem Wesen nach einer der Kirche zur Aufgabenerfüllung gewährten positiven Staatsleistung gleichzustellen ist[280].

325; *ders.*, in: v. Mangoldt/Friedrich Klein/Starck, Bonner Grundgesetz, Band 3^4, Art. 138 WRV, Rn. 3; *Mikat*, in: Bettermann/Nipperdey/Scheuner, Die Grundrechte, 4. Band/1. Halbband, S. 111, 224; *ders.*, in: HdbVerfR^2, § 29, Rn. 29.

[277] BVerwG, Beschluss vom 14. Februar 1996, 11 VR 40.95, in: NVwZ 1996, S. 786; *A. v. Campenhausen*, Staatskirchenrecht^3, S. 326; *Czermak*, in: DÖV 2004, S. 110, 111; *Droege*, Staatsleistungen an Religionsgemeinschaften im säkularen Kultur- und Sozialstaat, S. 156ff; *Hofmann*, in: Evangelisches Staatslexikon^2, Sp. 2514; *Hollerbach*, in: JZ 1965, S. 612, 614; *ders.*, in: HdbStaatsR, Band VI^2, § 139, Rn. 57; *Isensee*, in: HdbStKirchR, 2. Band^1, S. 51, 52f, 62; *ders.*, in: JuS 1980, S. 94, 97; *ders.*, in: HdbStKirchR, 1. Band^2, S. 1009, 1010ff; *Mikat*, in: Bettermann/Nipperdey/Scheuner, Die Grundrechte, 4. Band/1. Halbband, S. 111, 226; *ders.*, in: HdbVerfR^2, § 29, Rn. 29; *Renck*, in: DÖV 2002, S. 56, 63; *Schlief*, in: Staatslexikon, 5. Band^7, Sp. 199f; *Schmidt-Eichstaedt*, Kirchen als Körperschaften des öffentlichen Rechts?, S. 90; *H. A. Wolff*, in: ZRP 2003, S. 12.

[278] *Hofmann*, in: Evangelisches Staatslexikon^2, Sp. 2514; *Mikat*, in: Bettermann/Nipperdey/Scheuner, Die Grundrechte, 4. Band/1. Halbband, S. 111, 226.

[279] *Isensee*, in: HdbStKirchR, 1. Band^2, S. 1009, 1012. Kritisch gegenüber dem Rechtfertigungsgrund der Säkularisation ist *Sailer*, in: ZRP 2001, S. 80, 83.

[280] BVerfG, Beschluss vom 28. April 1965, 1 BvR 346/61, in: BVerfGE 19, S. 1, 13; RG, Beschluss vom 20. Juni 1925, IV Tgb. 83/25, in: RGZ 111, S. 134, 139f; Beschluss vom 10.

§ 4 Abs. 5 KStG will jedoch nicht Element eines Systems sein, das bloß gemeinnützige oder kultische Zwecke fördert oder den Unterhaltsbedarf der Kirchen und Religionsgemeinschaften abdeckt. Das wird schon dadurch deutlich, dass weder Kirchen noch Religionsgemeinschaften im Normtext erwähnt werden. § 4 Abs. 5 KStG will Hoheitlichkeit von der Körperschaftssteuer befreien. Dies zielt allgemein auf die Struktur und Zielsetzung öffentlich-rechtlich organisierter juristischer Personen und bezieht aufgrund der speziellen öffentlichen Kompetenz und des Stiftungscharakters die als öffentlich-rechtliche Körperschaften wirkenden Kirchen und Religionsgemeinschaften mit ein.
Trotz der postulierten weiten Auslegung des Art. 138 Abs. 1 WRV, die der geforderten Ablösung der Staatsleistungen gerecht werden will, kann § 4 Abs. 5 KStG nicht unter diese Verfassungsnorm fallen. Neben dem fehlenden historischen Ansatzpunkt mangelt es § 4 Abs. 5 KStG an materieller Verbundenheit zu den vermögensrechtlichen Staat-Kirche-Beziehungen. Es geht eben nicht um ein traditionelles System finanzieller Unterstützung kultischer Tätigkeiten, sondern um eine gegenwartsbezogene „Alimentation", die den speziellen Charakter der öffentlich-rechtlich strukturierten Kirchen und Religionsgemeinschaften beachtet und ihre öffentliche Bedeutung und Funktion würdigt. § 4 Abs. 5 KStG ist daher kein „Zufallsprodukt"[281], kann vielmehr als Element einer Neuformierung der Steuerbefreiungen[282] gelten. Nicht Ablösung nach Art. 138 Abs. 1 WRV ist das Ziel einer solchen Neuformierung, sondern Ausweitung auf alle öffentlich-rechtlich organisierten Kirchen und Religionsgemeinschaften, um ihr Wirken im Geltungssystem des Grundgesetzes generell zu unterstützen. § 4 Abs. 5 KStG ist keine Norm, die abgelöst werden müsste, sondern eine Norm eines gegenwartsbezogenen Systems. Das bedeutet zugleich, dass Art. 138 Abs.

Oktober 1927, IV Tgb. 94/27, in: Lammers/Simons, Die Rechtsprechung des Staatsgerichtshofs für das Deutsche Reich und des Reichsgerichts auf Grund Artikel 13 Absatz 2 der Reichsverfassung, Band I, S. 538, 540; Beschluss vom 13. Juli 1931, in: Lammers/Simons, Die Rechtsprechung des Staatsgerichtshofs für das Deutsche Reich und des Reichsgerichts auf Grund Artikel 13 Absatz 2 der Reichsverfassung, Band IV, S. 306, 308; BVerwG, Beschluss vom 14. Februar 1996, 11 VR 40.95, in: NVwZ 1996, S. 786; *Axer*, in: ArchkathKirchR 156 (1987), S. 460, 472; *Hollerbach*, in: JZ 1965, S. 612, 614; *ders.*, in: HdbStaatsR, Band VI², § 139, Rn. 60; *Isensee*, in: HdbStKirchR, 2. Band¹, S. 51, 64f; *ders.*, in: HdbStKirchR, 1. Band², S. 1009, 1025; *Lipphardt*, in: DVBl. 1975, S. 410, 411; *Schlief*, in: Staatslexikon, 5. Band⁷, Sp. 200; *W. Weber*, Die Ablösung der Staatsleistungen an die Religionsgesellschaften, S. 51, 53; *Weides*, in: FS Universität Köln (1988), S. 885, 915f; *Zündorf*, Die Ablösung der Staatsleistungen an die Religionsgesellschaften unter dem Grundgesetz, S. 49.

281 Vgl. zu dieser Problematik *Axer*, in: ArchkathKirchR 156 (1987), S. 460, 474.

282 Vgl. allgemein *Isensee*, in: HdbStKirchR, 2. Band¹, S. 51, 75; *ders.*, in: HdbStKirchR, 1. Band², S. 1009, 1019.

1 WRV keinen verfassungsrechtlichen Schutz darstellen kann und eine Garantie für die Hoheitsbetriebe nach dieser Verfassungsvorschrift nicht besteht.

3. Kein verfassungsrechtlicher Schutz der Figur des kirchlichen Hoheitsbetriebs nach Art. 140 GG i. V. m. Art. 138 Abs. 2 WRV

Kann Art. 138 Abs. 1 WRV keine verfassungsrechtliche Garantie herbeiführen, könnte eventuell Art. 138 Abs. 2 WRV den § 4 Abs. 5 KStG vor Maßnahmen des Steuergesetzgebers bewahren. Die Kirchengutsgarantie des Art. 138 Abs. 2 WRV schützt die „öffentliche kirchliche Funktion des Kirchenguts“[283]. Diese spezielle Eigentumsgarantie zeichnet sich im Gegensatz zu Art. 14 GG, der sich auf das privatrechtliche Verhältnis der Kirchen und Religionsgemeinschaften zu ihrem Vermögen bezieht, insbesondere durch den Schutz der religiösen Funktion der betreffenden Objekte und Werte aus[284]. Auch wenn Art. 14 GG und Art. 138 Abs. 2 WRV verschiedene Ziele verfolgen, stimmen die Eigentumsbegriffe der beiden Eigentumsgarantien überein[285].

Der Schutzbereich dieser Eigentumsgarantien kann durch die Erhebung von Steuern oder Abgaben berührt werden[286]. Ein Steuergesetz – auch eine Aufhebung oder Änderung von Steuerbefreiungen – ist verfassungsgemäß, wenn „für einen einsichtigen und vernünftig wirtschaftenden Eigentümer die Eigentumsnutzung trotz der Steuerlast unter normalen Verhältnissen ihre verfassungsrechtlich verbürgte Privatnützigkeit noch bewahren kann“[287]. Für den Bereich des Art. 138 Abs. 2 WRV kommt hinzu, dass die besondere religiöse Funktion des Eigentums bzw. der Eigentumsnutzung gewährleistet sein muss.

Die Steuerbefreiung nach § 4 Abs. 5 KStG ist nur ein Teilbereich steuerpolitischer Verschonung des Wirkens von Kirchen und Religionsgemeinschaften. Daneben stehen u. a. die Steuervergünstigungen des Gemeinnützigkeitsrechts. Veränderungen allein in diesem abgegrenzten Bereich wirken nicht so

---

283 *J. Heckel*, in: FS Smend (1952), S. 103, 130.

284 Grundlegend *J. Heckel*, in: FS Smend (1952), S. 103, 130f, 141. Siehe zudem BVerfG, Beschluss vom 13. Oktober 1998, 2 BvR 1275/96, in: BVerfGE 99, S. 100, 120; BVerwG, Urteil vom 15. November 1990, 7 C 9.89, in: BVerwGE 87, S. 115, 122; *A. v. Campenhausen*, in: v. Mangoldt/Friedrich Klein/Starck, Bonner Grundgesetz, Band 3[4], Art. 138 WRV, Rn. 30; *Hesse*, in: ZevKR 5 (1956), S. 62, 69; *Kästner*, in: JuS 1995, S. 784, 785; *W. Weber*, in: ZevKR 11 (1964/65), S. 111, 122.

285 BVerfG, Beschluss vom 3. März 1965, 1 BvR 208/59, in: BVerfGE 18, S. 392, 398; *Kästner*, in: JuS 1995, S. 784, 785.

286 *Badura*, in: HdbVerfR[2], § 10, Rn. 42; *Bryde*, in: v. Münch/Kunig, Grundgesetz-Kommentar, Band 1[5], Art. 14, Rn. 23; *P. Kirchhof*, in: VVDStRL 39 (1981), S. 213, 242ff; *Papier*, in: Maunz/Dürig, Kommentar zum Grundgesetz, Art. 14, Rn. 165ff.

287 *Papier*, in: Maunz/Dürig, Kommentar zum Grundgesetz, Art. 14, Rn. 174.

wesentlich, dass eine Eigentumsnutzung unmöglich oder erheblich erschwert ist oder dass die religiöse Funktion beeinträchtigt wird. Eine Veränderung oder gar Aufhebung des § 4 Abs. 5 KStG würde sich in dem speziellen steuerrechtlichen Gesamtsystem, das sich auf die Kirchen und Religionsgemeinschaften bezieht, nur unerheblich auswirken. Somit kann Art. 138 Abs. 2 WRV für § 4 Abs. 5 KStG keine Veränderungen oder Dispositionen verhindern.
Es ist festzuhalten, dass weder Art. 138 Abs. 1 WRV noch Art. 138 Abs. 2 WRV einen verfassungsrechtlichen Schutz für die Steuerbefreiung für Hoheitsbetriebe nach § 4 Abs. 5 KStG bieten können. Zudem stellt sich § 4 Abs. 5 KStG nicht als „Körperschaftsrecht" i. S. des Art. 137 Abs. 5 WRV dar.

IX. Zwischenergebnis

Dieser erste Teil der Arbeit hat verdeutlicht, dass der öffentlich-rechtliche Körperschaftsstatus nach Art. 140 GG i. V. m. Art. 137 Abs. 5 WRV sowohl verfassungsgemäß als auch legitim ist. Der Körperschaftsstatus ist nicht bloß eine formelle Bezeichnung, sondern gewährt ein umfassendes öffentlich-rechtliches Handlungsrecht. Insbesondere bei den beiden großen Kirchen steht der Körperschaftsstatus den Untergliederungen und Zusammenschlüssen zur Verfügung und erstreckt sich auch auf neue Formen der mittelbaren Kirchenverwaltung. Steuerbefreiungen sind jedoch nicht in den verfassungsrechtlichen Schutz des Körperschaftsstatus einbezogen. Eine Bestandsgarantie besteht nur für Staatsleistungen i. S. des Art. 138 Abs. 1 WRV, unter die § 4 Abs. 5 KStG jedoch nicht fällt.

C. Steuerrechtliche Voraussetzungen der Hoheitsbetriebe von öffentlich-rechtlich verfassten Kirchen und Religionsgemeinschaften

I. Anwendbarkeit und Voraussetzungen der §§ 1 Abs. 1 Nr. 6, 4 KStG

1. Der Begriff der juristische Person des öffentlichen Rechts

a) Öffentlich-rechtlich verfasste Kirchen und Religionsgemeinschaften als juristische Personen des öffentlichen Rechts i. S. der §§ 1 Abs. 1 Nr. 6, 4 KStG

Nach § 4 Abs. 5 S. 1 KStG gehören zu den steuerpflichtigen Betrieben gewerblicher Art nicht die Hoheitsbetriebe von juristischen Personen des öffentlichen Rechts. Kirchen und Religionsgemeinschaften können aufgrund ihres durch Art. 140 GG i. V. m. Art. 137 Abs. 5 WRV vermittelten Körperschaftsstatus zu den juristischen Personen des öffentlichen Rechts i. S. der §§ 1 Abs. 1 Nr. 6, 4 KStG zählen. Doch sind nicht alle Normen, die sich auf öffentlich-rechtliche Körperschaften oder generell auf juristische Personen des öffentlichen Rechts beziehen, auf öffentlich-rechtlich verfasste Kirchen und Religionsgemeinschaften anwendbar[288]. Dies entspricht der besonderen Rolle, die öffentlich-rechtlich organisierte Kirchen und Religionsgemeinschaften spielen. Ihr Körperschaftsbegriff ist nicht der des Verwaltungsrechts, sondern einer sui generis, des Verfassungsrechts. Die öffentlich-rechtlichen Religionsgemeinschaften stehen nicht unter der Hoheit oder der Aufsicht des Staates, sie sind kein Teil der (mittelbaren) Staatsverwaltung. Sie sind zwar öffentlich-rechtlich organisiert, genießen aber aufgrund ihrer Rechte aus Art. 140 GG i. V. m. Art. 137 Abs. 1 bis 4 WRV Freiheit vom Staat und seinen Institutionen.

Trotz dieser Unterscheidung von verfassungs- und verwaltungsrechtlichen Körperschaften und trotz der – gerade wegen Art. 4 GG – notwendigen Freiheit der

---

[288] *A. v. Campenhausen*, Staatskirchenrecht^3, S. 141; *Friesenhahn*, in: Mikat, Kirche und Staat in der neueren Entwicklung, S. 352, 371; *Meyer-Teschendorf*, in: AöR 103 (1978), S. 289, 295. Vgl. auch *P. Kirchhof*, in: HdbStKirchR, 1. Band^2, S. 651, 675f, der verdeutlicht, dass öffentlich-rechtlich verfasste Kirchen und Religionsgemeinschaften nicht umfassend dem öffentlichen Recht zugewiesen sind und aufgrund der Zuständigkeit der Länder für das Staatskirchenrecht die mit dem Körperschaftsstatus verbundenen Rechte von Bundesland zu Bundesland variieren können.

Religionsgemeinschaften vom Staat und seinen Einrichtungen, ist es die Auffassung der Rechtsprechung, dass das öffentliche Recht des Bundes oder der Länder dafür maßgebend sei, ob eine öffentlich-rechtliche Körperschaft i. S. eines Steuergesetzes vorliege. Öffentlich-rechtliche Körperschaften i. S. der jeweiligen Steuernorm sollen also solche sein, die ihre Körperschaftsstellung nach Bundes- oder Landesrecht erhalten haben[289]. So führt der BFH beispielsweise aus, die entsprechenden steuerrechtlichen Vorschriften ließen „keine Einschränkung in dem Sinne zu, daß darunter nur Körperschaften im eigentlichen, materiellen Sinne zu verstehen seien“[290]. Unter Berücksichtigung der differenzierenden Verwendung des Körperschaftsbegriffs reiche der technische Status der öffentlich-rechtlichen Körperschaft aus, sei auch die im Verfassungsrecht wurzelnde öffentlich-rechtliche Körperschaft eine solche des Steuerrechts[291].
Der Auffassung der Rechtsprechung kann zugestimmt werden. Die Auslegung orientiert sich am Wortlaut der §§ 1 Abs. 1 Nr. 6, 4 KStG. Entscheidend ist danach die tatsächliche Stellung als juristische Person des öffentlichen Rechts. Dass die §§ 1 Abs. 1 Nr. 6, 4 KStG sich nur auf bestimmte juristische Personen des öffentlichen Rechts beziehen sollen, kann dem KStG nicht entnommen werden. Wie im Teil B. dargestellt, sprechen darüber hinaus keine verfassungsrechtlichen Gründe[292] gegen die Anwendbarkeit der §§ 1 Abs. 1 Nr. 6, 4 KStG auf Kirchen und Religionsgemeinschaften. Daher geht zusammen mit der Rechtsprechung auch das Schrifttum davon aus, dass die öffentlich-rechtlich verfassten Kirchen und Religionsgemeinschaften juristische Personen des öffentlichen Rechts i. S. der §§ 1 Abs. 1 Nr. 6, 4 KStG sind[293]. Art. 140 GG i. V. m. Art. 137 Abs. 5 WRV schafft somit die Voraussetzungen, dass die religiösen

---

[289] BFH, Urteil vom 1. März 1951, I 52/50 U, in: BStBl. III 1951, S. 120, 121; Urteil vom 8. Juli 1971, V R 1/68, in: BStBl. II 1972, S. 70, 71, wobei der BFH auf S. 72 in das maßgebliche Bundes- und Landesrecht auch vertragliche Vereinbarungen wie Konkordate und Kirchenverträge einbezieht.

[290] BFH, Urteil vom 8. Juli 1971, V R 1/68, in: BStBl. II 1972, S. 70, 73. Vgl. auch BFH, Urteil vom 13. März 1974, I R 7/71, in: BStBl. II 1974, S. 391, 392.

[291] BFH, Urteil vom 8. Juli 1971, V R 1/68, in: BStBl. II 1972, S. 70, 72f.

[292] Damit ist noch keine Einschätzung zur Verfassungsmäßigkeit des § 4 Abs. 5 KStG zum Ausdruck gebracht. Siehe dazu Gliederungspunkt C. II. 1.

[293] *Erhard*, in: Blümich, EStG/KStG/GewStG, § 4 KStG, Rn. 21; *Felder*, in: Dötsch/Eversberg/Jost/Pung/Witt, Körperschaftsteuer, § 4 KStG nF, Rn. 18; *Frotscher*, in: Frotscher/Maas, KStG und UmwStG, § 4 KStG, Rn. 4; *Gastl*, Betriebe gewerblicher Art im Körperschaftsteuerrecht, S. 11f; *Landwehr*, Betriebe gewerblicher Art von juristischen Personen des öffentlichen Rechts im Körperschaftsteuerrecht, S. 134f; *Lange*, in: DStZ 2000, S. 200; *ders.*, in: UR 2000, S. 1, 3; *Schön*, in: DStZ 1999, S. 701; *Siegel*, Der Begriff des „Betriebs gewerblicher Art“ im Körperschaft- und Umsatzsteuerrecht, Fn. 46 auf S. 29f; *Stadie*, in: Rau/Dürrwächter/Flick/Geist, UStG, § 2 Rn. 824; *Weides*, in: FS Universität Köln (1988), S. 885, 891f; *Widmann*, in: Plückebaum/Malitzky, UStG, § 2 Abs. 3, Rn. 25ff.

Gruppierungen sich als öffentlich-rechtliche Körperschaften und damit als juristische Personen des öffentlichen Rechts organisieren oder organisieren können.

b) Legitimation der subjektiven Steuerpflicht von juristischen Personen des öffentlichen Rechts, speziell von öffentlich-rechtlich verfassten Kirchen und Religionsgemeinschaften

Die Steuerpflicht nach den §§ 1 Abs. 1 Nr. 6, 4 KStG ist vor dem Hintergrund des Verständnisses der Steuer als Kostenfaktor nach ganz überwiegender Ansicht aus Wettbewerbsgesichtspunkten gerechtfertigt[294]. Die Chancengleichheit privater Unternehmen gegenüber öffentlich-rechtlich verfassten Marktteilnehmern soll im Bereich des Steuerrechts hergestellt werden, Steuergerechtigkeit soll verwirklicht werden.

Gegen diesen Legitimationsansatz wendet sich *Bader*[295]. Er bestreitet die Wettbewerbsrelevanz von Steuervorteilen öffentlich-rechtlicher Betriebe im Bereich

[294] BT-Drucksache 7/1470, S. 336; BFH, Urteil vom 17. Februar 1972, V R 55/69, in: BStBl. II 1972, S. 555, 556; Urteil vom 26. Mai 1977, V R 15/74, in: BStBl. II 1977, S. 813, 815; Urteil vom 30. Juni 1988, V R 79/84, in: BStBl. II 1988, S. 910, 911; Urteil vom 14. März 1990, I R 156/87, in: BStBl. II, S. 866, 867; Urteil vom 4. Dezember 1991, I R 74/89, in: BStBl. II 1992, S. 432, 434; Urteil vom 3. Februar 1993, I R 61/91, in· BStBl. II 1993, S. 459, 460; *Altehoefer*, in: FS L. Schmidt (1993), S. 677, 679; *Friauf*, in: Friedrich/Kupsch, Die Besteuerung öffentlicher Unternehmen, S. 57, 61; *Frotscher*, in: Frotscher/Maas, KStG und UmwStG, § 1 KStG, Rn. 38, § 4 KStG, Rn. 1; *Gastl*, Betriebe gewerblicher Art im Körperschaftsteuerrecht, S. 15; *G. Hammer*, in: HdbStKirchR, 1. Band[2], S. 1065, 1068; *Hey*, in: C. Herrmann/Heuer/Raupach, EStG und KStG, Einf. KSt, Rn. 3; *dies.*, in: StuW 2000, S. 467, 468f; *Hüttemann*, Die Besteuerung der öffentlichen Hand, S. 8ff; *Kessler/Fritz/Gastl*, in: BB 2001, S. 961, 962; *Kessler/Gastl*, in: UR 2002, S. 452, 453; *König*, Die subjektive Steuerpflicht der Betriebe gewerblicher Art von Juristischen Personen des öffentlichen Rechts nach dem deutschen Körperschaftsteuerrecht, S. 53; *Landwehr*, Betriebe gewerblicher Art von juristischen Personen des öffentlichen Rechts im Körperschaftsteuerrecht, S. 111; *Lang/Seer*, in: StuW 1993, S. 47, 53; *Laule*, in: DStZ 1988, S. 183; *Pott*, in: StuW 1979, S. 321, 322; *Reich/Helios*, in: BB 2001, S. 1442, 1443; *Schön*, in: DStZ 1999, S. 701; *Seer*, in: DStR 1992, S. 1751, 1752; *Seer/Wendt*, in: DStR 2001, S. 825, 826; *Selmer/L. Schulze-Osterloh*, in: DÖV 1978, S. 381, 388; *Siegel*, Der Begriff des „Betriebs gewerblicher Art" im Körperschaft- und Umsatzsteuerrecht, S. 30; *Steffen*, Der Betrieb gewerblicher Art, S. 50ff; *Strahl*, in: FR 1998, S. 761, 762; *Streck*, in: Streck, KStG[6], § 4, Nr. 1; *Thieme/Dorenkamp*, in: FR 2003, S. 693, 694; *Thouet*, in: DStZ 2002, S. 91; *Weides*, in: FS Universität Köln (1988), S. 885, 891; *Weissenborn/Schaaf*, in: KStZ 1969, S. 65; *Wenk/Stein*, in: FR 1999, S. 573, 577; *Wolf*, in: DB 2003, S. 849, 851. Kritisch *Gastl*, in: DStZ 2003, S. 99, 104f. Zur zusätzlichen Rechtfertigung der Steuerpflicht als Instrument des Finanzausgleichs vgl. *Hüttemann*, Die Besteuerung der öffentlichen Hand, S. 13ff; *Steffen*, Der Betrieb gewerblicher Art, S. 50ff; *Wenk/Stein*, in: FR 1999, S. 573, Fn. 41 auf S. 577.

[295] *Bader*, Hoheitsbetrieb und Betrieb gewerblicher Art im Umsatz- und Körperschaftsteuerrecht, S. 49ff.

der Gewinnsteuern, zu denen die Körperschaftsteuer zählt. Sein entscheidender Ansatzpunkt ist das typische Marktverhalten der steuerbegünstigten öffentlichen Unternehmen bzw. öffentlich-rechtlichen Rechtsträger[296]. Unter der Maßgabe des idealtypischen Verhaltens gelangt *Bader* zu der Auffassung, ein öffentlicher Betrieb könne durch einen Gewinnsteuervorteil keine neuen Marktanteile zu Lasten der privaten Konkurrenzunternehmen gewinnen. Die Herabsenkung der Preise oder die Durchführung von Investitionen als Maßnahmen zur Vergrößerung des Marktanteils führten zu einem geringeren Gewinn; die private Konkurrenz könne zudem in gleicher Art und Weise nachziehen. Im idealtypischen Grenzfall betrage der Gewinn jeweils „null“, so dass der Steuervorteil aufgebraucht sei. Daher bestehe kein Anreiz zur Weitergabe eines Gewinnsteuervorteils am Markt, sondern vielmehr zu einer Ausschüttung an den Träger des Betriebes.

Zwar gesteht *Bader* zu, dass eine idealtypische Betrachtung zahlreiche Fallkonstellationen nicht berücksichtige[297] – so nennt er die Liquiditätsverluste durch Abschreibungen und die Notwendigkeit der Privaten, zur Existenzsicherung einen Ertrag zu erwirtschaften. Trotzdem sei ein idealtypisches und „ökonomisch vernünftiges Verhalten“ maßgebend, da „im Interesse eines praktikablen Steuerrechts“ eine Einzelfallbetrachtung zu unterbleiben habe[298].

Bader mag den Bereich des Idealtypischen mit seinen Ausführungen erschließen. Doch werden die Einzel- und Ausnahmefälle nicht hinreichend berücksichtigt. *Baders* Modell hinsichtlich der Reinvestition von Gewinnen am Markt durch öffentliche Betriebe und das diesbezügliche „Nachziehen“ privater Konkurrenz überzeugt nicht[299], da es die zeitliche Verschiebung von Informationen über die Konkurrenz, die Periodenabhängigkeit des Steuerrechts, die starke Abhängigkeit der privaten Unternehmen von ihren Kapitalgebern – die eine Dividende und damit eine Ausschüttung wollen – und die Problematik von nicht vorhandener Liquidität und des Liquiditätsentzugs nicht berücksichtigt. Diese aufgeführten praktischen Aspekte unternehmerischer Betätigung verdeutlichen unter Verdrängung der bloßen Idealtypik die Wettbewerbsrelevanz im Feld der

---

[296] *Bader*, Hoheitsbetrieb und Betrieb gewerblicher Art im Umsatz- und Körperschaftsteuerrecht, S. 56. Vgl. auch *Hüttemann*, Wirtschaftliche Betätigung und steuerliche Gemeinnützigkeit, S. 151.

[297] *Bader*, Hoheitsbetrieb und Betrieb gewerblicher Art im Umsatz- und Körperschaftsteuerrecht, S. 58.

[298] *Bader*, Hoheitsbetrieb und Betrieb gewerblicher Art im Umsatz- und Körperschaftsteuerrecht, S. 59.

[299] Vgl. *Hüttemann*, Die Besteuerung der öffentlichen Hand, S. 10; *Steffen*, Der Betrieb gewerblicher Art, S. 62f.

Gewinnsteuern[300]. Gegen die Besteuerung öffentlicher Betriebe spricht zudem nicht die Forderung nach einem praktikablen Steuerrecht, da alle Einzelfälle nach einheitlicher Vorgabe beurteilt werden und es dazu keines umfangreichen Normapparates bedarf. Die Heranziehung öffentlicher Betriebe bzw. des öffentlich-rechtlichen Rechtsträgers ist, wie *Bader* selbst ausführt[301], auch vor dem Hintergrund der Selbstbesteuerung der öffentlichen Hand unproblematisch.
Unabhängig von der generellen Betrachtung spielt die Selbstbesteuerung bei Betrieben von öffentlich-rechtlich organisierten Kirchen und Religionsgemeinschaften keine Rolle, da Kirchen und Religionsgemeinschaften nicht in den Staatsapparat eingegliedert sind. Entgegen den Ausführungen von *Bader* muss mehr noch als bei den staatlichen Betrieben der Gedanke der Wettbewerbsrelevanz bei den kirchlichen Betrieben zur Anwendung kommen, da sie der privaten Konkurrenz noch näher stehen als der Staat. Zudem kann die Ausschüttung der Erträge an den kirchlichen Rechtsträger nicht als einziges Unternehmensziel vorausgesetzt werden; eine Verbesserung der Marktposition durch Investitionen ist nicht auszuschließen. Damit trägt die Gewinnausschüttungspolitik, die *Bader* als maßgebliches Kriterium heranziehen will, bei Betrieben i. S. der §§ 1 Abs. 1 Nr. 6 und 4 KStG von Kirchen und Religionsgemeinschaften noch mehr als bei staatlichen Betrieben zu einer Bejahung der Marktrelevanz durch Verwendung von Gewinnsteuervorteilen bei.
Im Ergebnis ist die Anknüpfung der subjektiven Steuerpflicht nach §§ 1 Abs. 1 Nr. 6, 4 KStG an Wettbewerbsgesichtspunkte mit der h. M. entgegen den Ausführungen von *Bader* vor allem aufgrund praktischer Erwägungen zu rechtfertigen und kann eine weitreichende steuerliche Verschonung öffentlich-rechtlich organisierter Kirchen und Religionsgemeinschaften schon aufgrund ihrer Unabhängigkeit vom Staat nicht in Frage kommen. Darüber hinaus verdeutlicht der gesamte Abs. 1 des § 1 KStG die umfassende Heranziehung von „Körperschaften, Personenvereinigungen und Vermögensmassen" zur unbeschränkten Körperschaftsteuerpflicht. Mit dieser begrifflichen Bezugnahme auf die nichtphysischen Personen[302] soll nicht nur Wettbewerbsgleichheit hergestellt, sondern auch die rechtliche Selbstständigkeit der juristischen Personen im Rahmen der Besteuerung anerkannt und das einkommensteuerliche Zuflussprinzip auch im

---

[300] *Steffen*, Der Betrieb gewerblicher Art, S. 60ff, nimmt umfassend zur Wettbewerbsrelevanz von Gewinnsteuern Stellung. Siehe zudem *Leisner*, in: BB 1970, S. 405, 409.
[301] *Bader*, Hoheitsbetrieb und Betrieb gewerblicher Art im Umsatz- und Körperschaftsteuerrecht, S. 30ff, 70.
[302] Vgl. *Stüdemann*, in: StuW 1985, S. 141, 152f.

Bereich der nichtphysischen Personen verwirklicht werden[303]. Sind die privatrechtlichen Religionsgemeinschaften entweder von § 1 Abs. 1 Nr. 4 oder 5 KStG erfasst[304], bleibt für die öffentlich-rechtlichen Religionsgemeinschaften § 1 Abs. 1 Nr. 6 KStG, um eine gleichmäßige Besteuerung nach der Leistungsfähigkeit und damit Steuergerechtigkeit zu gewährleisten.
Dass § 1 Abs. 1 Nr. 6 KStG keine fiskalische Intention besitzt – die Besteuerung öffentlicher Unternehmen bereitet wegen des Aufwandes der Steuererhebung sogar mehr Kosten als Einnahmen[305] – ändert an der Einbeziehung von Religionsgemeinschaften, die keine öffentlichen Unternehmen im eigentlichen Sinne betreiben, nichts. Führt die Besteuerung im Fall von Kirchen und Religionsgemeinschaften zu höheren Einnahmen als Ausgaben bei der öffentlichen Hand, bleibt doch Hauptgrund der Besteuerung die zuvor dargestellte Wettbewerbsrelevanz.
Klarzustellen ist nur noch, dass die Betonung der Wettbewerbsrelevanz nur für die wirtschaftliche Tätigkeit der Betriebe gewerblicher Art und die daran anknüpfende subjektive Steuerpflicht gilt. Damit ist noch nicht gesagt, inwieweit der Grundsatz der Wettbewerbsrelevanz die Steuerfreistellung der Hoheitsbetriebe berührt[306].

2. Steuersubjekt der §§ 1 Abs. 1 Nr. 6, 4 KStG

Der Wortlaut des § 1 Abs. 1 Nr. 6 KStG legt die Auffassung nahe, Körperschaftsteuersubjekt sei der einzelne Betrieb gewerblicher Art und nicht die Trägerkörperschaft. Trotzdem sieht der BFH seit seinem Urteil vom 13. März 1974[307] die Trägerkörperschaft wegen jedes einzelnen Betriebs gewerblicher Art unter Beachtung des Sonderfalls des § 4 Abs. 2 KStG als Steuersubjekt an. Diese Rechtsprechung, die der BFH in den folgenden Jahren bestätigt hat[308], ist

---

[303] *Hey*, in: C. Herrmann/Heuer/Raupach, EStG und KStG, Einf. KSt, Rn. 17; *Stüdemann*, in: StuW 1985, S. 141, 152ff, 155ff. Zur Frage der grundsätzlichen Rechtfertigung der Körperschaftsteuer vgl. die Darstellung bei *Hey*, in: C. Herrmann/Heuer/Raupach, EStG und KStG, Einf. KSt, Rn. 16ff m. w. N.

[304] Vgl. *Streck*, in: Streck, KStG[6], § 1, Nr. 15f.

[305] *Altehoefer*, in: FS L. Schmidt (1993), S. 677, 681; *Hüttemann*, Die Besteuerung der öffentlichen Hand, S. 5; *Laule*, in: DStZ 1988, S. 183, 184; *Seer*, in: DStR 1992, S. 1751, 1752; *Seer/Wendt*, in: DStR 2001, S. 825, 826; *Thouet*, in: DStZ 2002, S. 91.

[306] Vgl. dazu C. II. 2. d) cc) (3).

[307] I R 7/71, in: BStBl. II 1974, S. 391, 392f.

[308] BFH, Urteil vom 6. Oktober 1976, I R 115/75, in: BStBl. II 1977, S. 94, 96; Urteil vom 12. Oktober 1978, I R 149/75, in: BStBl. II 1979, S. 192, 193; Urteil vom 1. August 1979, I R 106/76, in: BStBl. II 1979, S. 716, 717; Urteil vom 1. September 1982, I R 44/78, in: BStBl. II 1982, S. 783, 784; Urteil vom 1. September 1982, I R 52/78, in: BStBl. II 1983, S. 147, 148;

von der Finanzverwaltung übernommen worden und hat auch zahlreiche Anhänger in der Literatur gefunden[309]. Begründet wird diese Ansicht damit, dass ein Betrieb gewerblicher Art selbst keine Steuersubjekts-Qualität besitze, da er nur ein wirtschaftlich und technisch abzugrenzender und somit unselbstständiger Teil der juristischen Person des öffentlichen Rechts sei. Weder das Steuerrecht noch sonstiges öffentliches oder gar Zivilrecht vermittle dem Betrieb gewerblicher Art eine Organisation, die die notwendige Handlungsfähigkeit im Rechtsverkehr herstellen könne. Er sei nicht fähig, eine Steuerschuld zu erfüllen, und könne nicht Subjekt von Vollstreckungsmaßnahmen sein.
Trotzdem soll nach der Rechtsprechung und der ihr folgenden Literatur für jeden Betrieb gewerblicher Art das Einkommen gesondert ermittelt – solange und soweit nicht mehrere Betriebe zusammengeschlossen sind[310] – und die Körperschaftsteuer gesondert gegen die juristische Person des öffentlichen Rechts festgesetzt werden[311]. Dieses Vorgehen sei notwendig, um den Ausgleich des Gewinns eines Betriebs gewerblicher Art mit dem Verlust eines an-

---

Urteil vom 31. Oktober 1984, I R 21/81, in: BStBl. II 1985, S. 162, 163; Urteil vom 8. November 1989, I R 187/85, in: BStBl. II 1990, S. 242, 243; Urteil vom 14. März 1990, I R 156/87, in: BStBl. II, S. 866, 867; Urteil vom 4. Dezember 1991, I R 74/89, in: BStBl. II 1992, S. 432, 433; Urteil vom 3. Februar 1993, I R 61/91, in: BStBl. II 1993, S. 459, 460; Urteil vom 11. Februar 1997, I R 161/94, in: BFH/NV 1997, S. 625; Urteil vom 17. Mai 2000, I R 50/98, in: BStBl. II 2001, S. 558.

[309] Abschnitt 5 Abs. 1 KStR; *Altehoefer*, in: FS L. Schmidt (1993), S. 677, 679; *Boeker*, in: Hübschmann/Hepp/Spitaler, AO und FGO, § 33 AO, Rn. 36; *Bott*, in: Schauhoff, Handbuch der Gemeinnützigkeit, § 7, Rn. 116; *Buchna*, Gemeinnützigkeit im Steuerrecht[8], S. 30; *Erhard*, in: Blümich, EStG/KStG/GewStG, § 4 KStG, Rn. 12; *Felder*, in: Dötsch/Eversberg/Jost/Pung/Witt, Körperschaftsteuer, § 4 KStG nF, Rn. 14; *Frotscher*, in: Frotscher/Maas, KStG und UmwStG, § 1 KStG, Rn. 38, § 4 KStG, Rn. 7; *C. Herrmann/Klempt*, in: C. Herrmann/Heuer/Raupach, EStG und KStG, § 4 KStG, Rn. 7; *Himmelmann/Gloria*, in: KStZ 2000, S. 121, 124; *Hüttemann*, Die Besteuerung der öffentlichen Hand, S. 27; *Klempt*, in: DStZ 1983, S. 262, 263; *ders.*, in: DStZ 1984, S. 571; *Landwehr*, Betriebe gewerblicher Art von juristischen Personen des öffentlichen Rechts im Körperschaftsteuerrecht, S. 95; *Meßmer*, in: FS v. Wallis (1985), S. 341, 346; *Pott*, in: StuW 1979, S. 321; *Reich/Helios*, in: BB 2001, S. 1442, 1443; *Seer*, in: DStR 1992, S. 1790; *Seer/Wendt*, in: DStR 2001, S. 825, 835; *Steffen*, Der Betrieb gewerblicher Art, S. 19ff; *Thieme*, in: FR 2000, S. 1074; *Thouet*, in: DStZ 2002, S. 91, 93f; *Wenk/Stein*, in: FR 1999, S. 573, 575; *Zenthöfer*, in: Dötsch/Cattelaens/Gottstein/Stegmüller/Zenthöfer, Körperschaftsteuer[13], Rn. 74.

[310] Vgl. zur Zusammenfassung von Betrieben gewerblicher Art u. a.: *Felder*, in: Dötsch/Eversberg/Jost/Pung/Witt, Körperschaftsteuer, § 4 KStG nF, Rn. 50ff; *Gastl*, in: DStZ 2003, S. 99, 103f; *Hofmeister*, in: FS L. Schmidt (1993), S. 691, 694ff; *Hüttemann*, Die Besteuerung der öffentlichen Hand, S. 105ff; *Streck*, in: Streck, KStG[6], § 4, Nr. 15, 38.

[311] Siehe nur BFH, Urteil vom 17. Mai 2000, I R 50/98, in: BStBl. II 2001, S. 558, 559; Urteil vom 24. April 2002, I R 20/01, in: FR 2002, S. 1222, 1223; *Bott*, in: Schauhoff, Handbuch der Gemeinnützigkeit, § 7, Rn. 116; *Felder*, in: Dötsch/Eversberg/Jost/Pung/Witt, Körperschaftsteuer, § 4 KStG nF, Rn. 14.

deren Betriebs derselben juristischen Person des öffentlichen Rechts zu verhindern, da nur auf diese Art und Weise dem Gedanken der Wettbewerbsrelevanz Rechnung getragen werden könne. Letztlich sei das Einkommen so zu ermitteln, als ob der Betrieb ein selbstständiges Steuersubjekt in der Rechtsform einer Kapitalgesellschaft und die Trägerkörperschaft Alleingesellschafterin sei.
Dieser Kurs der Rechtsprechung wird selbst von Anhängern der h. M., aber auch von anderer Seite als inkonsequent kritisiert[312]. Wenn schon die juristische Person des öffentlichen Rechts als Steuersubjekt angesehen werde, dann müsste sie aus ihrer wirtschaftlichen Betätigung mit ihrem gesamten, also *einem* Einkommen zur Körperschaftsteuer herangezogen werden, wie es auch bei anderen Steuerpflichtigen üblich sei. Eine Verselbstständigung der Betriebe gewerblicher Art im Rahmen der Einkommensermittlung habe keine Rechtsgrundlage[313]. Entgegen den §§ 2 Abs. 4 EStG, 7 Abs. 2 i. V. m. 8 Abs. 2 KStG komme es zu mehreren, eventuell teilweise positiven und teilweise negativen Einkommen nebeneinander bei demselben Steuersubjekt, was, so stellt *Rader* fest, „undenkbar“ sei[314].
Eine Reihe von Autoren lehnt die h. M. unter Führung der Rechtsprechung jedoch nicht nur wegen ihres inkonsequenten Vorgehens im Bereich der Einkommensermittlung ab. Nach dieser Gegenansicht soll nicht die juristische Person des öffentlichen Rechts Steuersubjekt sein, sondern der jeweilige Betrieb gewerblicher Art selbst[315]. *Bader* und *Siegel* führen für diese Ansicht zunächst

---

[312] *Bader*, Hoheitsbetrieb und Betrieb gewerblicher Art im Umsatz- und Körperschaftsteuerrecht, S. 82; *Bauschatz/Strahl*, in: DStR 2004, S. 489, 490; *Felder*, in: Dötsch/Eversberg/Jost/Pung/Witt, Körperschaftsteuer, § 4 KStG nF, Rn. 15; *Hüttemann*, Die Besteuerung der öffentlichen Hand, S. 28, 112ff; *Pezzer*, in: Tipke/Lang, Steuerrecht[17], § 11, Rn. 12; *Rader*, in: BB 1977, S. 1441, 1444; *Seer/Wendt*, in: DStR 2001, S. 825, 835; *Streck*, in: Streck, KStG[6], § 4, Nr. 3; *Wenk/Stein*, in: FR 1999, S. 573, 575ff. Vgl. auch den kritischen Ansatz von *Landwehr*, Betriebe gewerblicher Art von juristischen Personen des öffentlichen Rechts im Körperschaftsteuerrecht, S. 95f, der in dieser Frage jedoch letztlich dem BFH folgt.
[313] *Bauschatz/Strahl*, in: DStR 2004, S. 489, 490; *Hüttemann*, Die Besteuerung der öffentlichen Hand, S. 28, 113ff, 137; *Wenk/Stein*, in: FR 1999, S. 573, 575ff.
[314] *Rader*, in: BB 1977, S. 1441, 1444.
[315] *Bader*, Hoheitsbetrieb und Betrieb gewerblicher Art im Umsatz- und Körperschaftsteuerrecht, S. 82; *Janssen*, in: DStZ 2001, S. 160; *Kruse/Drüen*, in: Tipke/Kruse, AO und FGO, § 33 AO, Rn. 65; *Pezzer*, in: Tipke/Lang, Steuerrecht[17], § 11, Rn. 12; *Ramme*, Betriebe gewerblicher Art von Körperschaften öffentlichen Rechts und die Ausübung öffentlicher Gewalt im Umsatzsteuerrecht, S. 12; *Siegel*, Der Begriff des „Betriebs gewerblicher Art“ im Körperschaft- und Umsatzsteuerrecht, S. 54. Nicht ganz eindeutig: *Gastl*, Betriebe gewerblicher Art im Körperschaftsteuerrecht, S. 7f; *Louis*, Die Besteuerung der öffentlichen Unternehmen und Einrichtungen der Daseinsvorsorge, S. 76ff; *Rader*, in: BB 1977, S. 1441, 1444.

systematische Gründe an[316]. Das von der Rechtsprechung entwickelte Modell stelle einen Fall der beschränkten Steuerpflicht dar, da die juristische Person des öffentlichen Rechts nur mit den Einkünften ihrer jeweiligen Betriebe gewerblicher Art steuerpflichtig sein solle. Daher müsste § 2 KStG der entsprechende Regelungsort sein und nicht der die unbeschränkte Steuerpflicht normierende § 1 KStG. Die systematische Kritik deckt eine Schwachstelle in den Überlegungen des BFH auf, überwindet den Ansatz der Rechtsprechung aber nicht gänzlich. Zwar ist systematische Klarheit in gesetzlichen Regelungen ein erstrebenswertes Ziel, sie darf jedoch nicht Selbstzweck sein und dem Sinn und Zweck der Norm widersprechen.

Neben die systematischen Bedenken müssen somit weitere Argumente treten. Die entscheidende Kritik setzt an den Ausführungen des BFH zur Ablehnung der Steuerrechtsfähigkeit des Betriebs gewerblicher Art an. Nach der Rechtsprechung soll steuerrechtsfähig nur sein, wer handlungsfähig ist. Das ist eine Auslegung, die dem materiellen Steuerrecht nicht gerecht wird[317]. Die steuerrechtliche Rechtsfähigkeit deckt sich nicht mit der zivilrechtlichen, da sie den Besonderheiten des Steuerrechts und insbesondere der Berücksichtigung der wirtschaftlichen Leistungsfähigkeit gerecht werden muss[318]. Steuerrechtfähig ist jedes Subjekt, das sich dazu eignet, steuerliche Rechte und Pflichten im Steuerrechtsverhältnis zu übernehmen[319]. Die Eignung, Träger von Rechten und Pflichten im Steuerrechtsverhältnis zu sein, ist eine Frage, die das jeweilige Einzelsteuergesetz beantwortet[320]. Das verdeutlicht auch § 43 AO. Für das

---

316 *Bader*, Hoheitsbetrieb und Betrieb gewerblicher Art im Umsatz- und Körperschaftsteuerrecht, S. 81; *Siegel*, Der Begriff des „Betriebs gewerblicher Art“ im Körperschaft- und Umsatzsteuerrecht, S. 52f.

317 *Boeker*, in: Hübschmann/Hepp/Spitaler, AO und FGO, § 34 AO, Rn. 5; *Gastl*, Betriebe gewerblicher Art im Körperschaftsteuerrecht, S. 7f; *ders.*, in: DStZ 2003, S. 99, 101f; *Kruse/Drüen*, in: Tipke/Kruse, AO und FGO, § 33 AO, Rn. 33ff, 65; *Pezzer*, in: Tipke/Lang, Steuerrecht[17], § 11 Rn. 12; *Rader*, in: BB 1977, S. 1441, 1444; *Siegel*, Der Begriff des „Betriebs gewerblicher Art“ im Körperschaft- und Umsatzsteuerrecht, S. 54.

318 *Gastl*, Betriebe gewerblicher Art im Körperschaftsteuerrecht, S. 7; *ders.*, in: DStZ 2003, S. 99, 101f; *Lang*, in: Tipke/Lang, Steuerrecht[17], § 6, Rn. 12; *Rüsken*, in: Franz Klein, AO[8], § 33, Rn. 3.

319 BFH, Urteil vom 20. November 1979, VII R 97/77, in: BStBl. II 1980, S. 301, 302; *Bader*, Hoheitsbetrieb und Betrieb gewerblicher Art im Umsatz- und Körperschaftsteuerrecht, S. 81; *Gastl*, Betriebe gewerblicher Art im Körperschaftsteuerrecht, S. 7; *ders.*, in: DStZ 2003, S. 99, 102; *Kruse/Drüen*, in: Tipke/Kruse, AO und FGO, § 33 AO, Rn. 33; *Lang*, in: Tipke/Lang, Steuerrecht[17], § 6, Rn. 11; *Siegel*, Der Begriff des „Betriebs gewerblicher Art“ im Körperschaft- und Umsatzsteuerrecht, S. 53.

320 *Boeker*, in: Hübschmann/Hepp/Spitaler, AO, § 33, Rn. 28; *Gastl*, Betriebe gewerblicher Art im Körperschaftsteuerrecht, S. 8; *Kruse/Drüen*, in: Tipke/Kruse, AO und FGO, § 33 AO, Rn. 35; *Lang*, in: Tipke/Lang, Steuerrecht[17], § 6, Rn. 13; *Rader*, in: BB 1977, S. 1441, 1444;

KStG und seinen § 1 Abs. 1 Nr. 6 bedeutet dies, dass der Betrieb gewerblicher Art das Steuersubjekt sein soll, weil in dieser wirtschaftlichen Einheit die wirtschaftliche Leistungsfähigkeit, die besteuert werden soll, verortet wird. Diese Auslegung entspricht auch der Besteuerung der nichtrechtsfähigen Gebilde nach § 1 Abs. 1 Nr. 5 KStG, für die § 34 Abs. 1 und 2 AO die natürlichen Personen bestimmt, die für das Steuersubjekt die steuerlichen Pflichten erfüllen müssen[321]. Im Rahmen der Besteuerung des Betriebs gewerblicher Art ist es daher ausreichend, wenn zur Wahrnehmung und Erfüllung steuerlicher Rechte und Pflichten die Organisationsstruktur der Trägerkörperschaft herangezogen wird[322]. Erst im Bereich des Verfahrensrechts ist also die Handlungsfähigkeit notwendig, nicht schon im Bereich des materiellen Rechts.
Für die Steuersubjektsqualität des Betriebs gewerblicher Art selbst spricht zudem § 4 Abs. 2 KStG. Danach ist ein Betrieb gewerblicher Art *auch* unbeschränkt steuerpflichtig, wenn er selbst eine juristische Person des öffentlichen Rechts ist. Der Wortlaut des § 4 Abs. 2 KStG zeigt also, dass der Betrieb gewerblicher Art nicht nur Steuersubjekt ist, wenn er selbst eine juristische Person des öffentlichen Rechts ist, sondern auch, wenn er als Betrieb einer Trägerkörperschaft tätig wird.
In der praktischen Anwendung unterscheiden sich die BFH-Rechtsprechung und die Gegenansicht letztlich wenig. Jeweils wird das Einkommen eines jeden Betriebs gewerblicher Art gesondert ermittelt und festgesetzt. Beide Auffassungen werden dem Gesetzeszweck gerecht, da sie den Ausgleich von Gewinnen und Verlusten verschiedener Betriebe derselben juristischen Person verhindern. Der von der Rechtsprechung angeführten Ansicht gelingt dies durch die fiktive Verselbstständigung der Betriebe gewerblicher Art für die Zwecke der Einkommensermittlung, der Gegenauffassung schon durch die alleinige Bezugnahme auf die jeweiligen Betriebe gewerblicher Art ohne Rücksicht auf deren Trägerkörperschaften. Die Ansicht, die in dem Betrieb gewerblicher Art das Steuersubjekt sieht, bietet jedoch eine Lösung, die im Gegensatz zur Rechtsprechung eindeutig zwischen steuerrechtlicher Rechts- und Handlungsfähigkeit differenziert und damit der steuerrechtlichen Systematik entspricht. Sie vermeidet auch die künstlich wirkende Konstruktion einer beschränkten bzw. partiellen Steuerpflicht im Rahmen des § 1 KStG. So ist mit dieser Auffassung gegen

---

Siegel, Der Begriff des „Betriebs gewerblicher Art“ im Körperschaft- und Umsatzsteuerrecht, S. 54.
[321] *Louis*, Die Besteuerung der öffentlichen Unternehmen und Einrichtungen der Daseinsvorsorge, S. 77.

den BFH der Betrieb gewerblicher Art selbst als Steuersubjekt anzusehen. Vor diesem Hintergrund erweist sich § 4 Abs. 2 KStG, wonach ein Betrieb gewerblicher Art auch unbeschränkt steuerpflichtig ist, wenn er selbst eine juristische Person des öffentlichen Rechts ist, als bloße Klarstellung[323].

Welche Merkmale gegeben sein müssen, damit ein Gebilde innerhalb einer juristischen Person des öffentlichen Rechts und somit innerhalb einer öffentlich-rechtlich verfassten Kirche oder Religionsgemeinschaft als Betrieb gewerblicher Art der Steuerpflicht unterfällt, bestimmen die Abs. 1, 3 und 4 des § 4 KStG. Die gesetzliche Regelung der Betriebe gewerblicher Art, insbesondere der § 4 Abs. 1 KStG, soll zunächst erörtert werden. Die Behandlung dieser „Vorfrage" hilft dann später bei der Entwicklung und Präzisierung der Figur des in § 4 Abs. 5 KStG normierten und von der Steuer befreiten Hoheitsbetriebs.

3. Der Begriff des Betriebs gewerblicher Art

§ 4 Abs. 1 KStG enthält seit der Körperschaftsteuernovelle 1977[324] durch die weitgehende Übernahme der §§ 1 bis 5 der früheren Durchführungsverordnung zum KStG 1968 sechs Kriterien, die den Betrieb gewerblicher Art ausmachen[325]. Es muss sich um eine wirtschaftlich bedeutsame Einrichtung zur Erzielung von Einnahmen außerhalb der Land- und Forstwirtschaft handeln, die einer nachhaltigen wirtschaftlichen Tätigkeit dient.

Vorausgeschickt sei, dass die Figur des Betriebs gewerblicher Art bei Kirchen und Religionsgemeinschaften vor allem dann in Betracht kommt, wenn sie Unternehmen zur wirtschaftlichen Betätigung verwenden, die nicht rechtlich verselbstständigt und nicht privatrechtlich organisiert sind. Eine „kirchliche" AG ist zumeist schon nach § 1 Abs. 1 Nr. 1 KStG unbeschränkt körperschaftsteuerpflichtig. Ist jedoch eine Kapitalbeteiligung an einem verselbstständigten Unternehmen nicht nur auf eine renditeorientierte Vermögensverwaltung gerichtet, sondern stellt sie sich wegen der tatsächlichen oder faktischen Einflussnahme des Anteilseigners auf die Geschäftsführung als unternehmerische dar, ist bei der Beteiligung von einem Betrieb gewerblicher Art auszugehen[326]. Dagegen ist

---

322 *Bader*, Hoheitsbetrieb und Betrieb gewerblicher Art im Umsatz- und Körperschaftsteuerrecht, S. 81; *Siegel*, Der Begriff des „Betriebs gewerblicher Art" im Körperschaft- und Umsatzsteuerrecht, S. 54.

323 *Streck*, in: Streck, KStG[6], § 4, Nr. 17.

324 Vgl. zur Entstehungsgeschichte *Meßmer*, in: FS v. Wallis (1985), S. 342ff.

325 Die Abs. 2 bis 4 des § 4 KStG behandeln weitere Einzelfragen zum Betrieb gewerblicher Art.

326 *Felder*, in: Dötsch/Eversberg/Jost/Pung/Witt, Körperschaftsteuer, § 4, Rn. 34; *Frotscher*, in: Frotscher/Maas, KStG und UmwStG, § 4 KStG, Rn. 13; *C. Herrmann/Klempt*, in: C.

die Geltung der §§ 1 Abs. 1 Nr. 6, 4 KStG im Hinblick auf die nicht privatrechtlich organisierten und nicht verselbstständigten Gebilde ohne weiteres zu untersuchen.

a) Der Betrieb gewerblicher Art als Typusbegriff?

Die Merkmale, die den Betrieb gewerblicher Art ausmachen, sind weit gefasst und teilweise wenig bestimmt[327]. Um dennoch zu praktikablen Lösungen zu gelangen, wird vorgeschlagen, den Betrieb gewerblicher Art als Typusbegriff zu verstehen[328], nicht bei „rein formallogischer Subsumtion"[329] zu verharren und je nach Fallgestaltung nicht alle Merkmale des Betriebs gewerblicher Art anzuwenden[330].

Die Anwendung von Typusbegriffen im Steuerrecht erfährt in genereller Hinsicht Kritik[331]. Im Vordergrund der Gesetzesanwendung dürfe nicht eine typologische Betrachtungsweise, sondern müssten der gesetzliche Tatbestand und die einzelnen Tatbestandsmerkmale stehen[332]. Insbesondere die Verwendung von sog. offenen – also inhaltlich nicht ausgefüllten – Typusbegriffen führe dazu, dass der Rechtsanwender diese Begriffe mit wechselnden Merkmalen und seinen subjektiven Vorstellungen versehen könne[333]. Der Inhalt von Tatbeständen müsse im demokratischen Rechtsstaat aber nach Voraussetzungen und Rechtsfolge bestimmbar sein. Könne ein Begriff nicht definiert werden, sei er grenzenlos und daher rechtswidrig[334]. Da ein Bild oder Typus nicht geeignet sei,

---

Herrmann/Heuer/Raupach, EStG und KStG, § 4 KStG, Rn. 20; *Steffen*, in: DStR 2000, S. 2025; *Streck*, in: Streck, KStG[6], § 4, Nr. 12; *Thieme*, in: FR 2000, S. 1074, 1075.

[327] *Gastl*, Betriebe gewerblicher Art im Körperschaftsteuerrecht, S. 17; *Kessler/Gastl*, in: UR 2002, S. 452.

[328] *Bader*, Hoheitsbetrieb und Betrieb gewerblicher Art im Umsatz- und Körperschaftsteuerrecht, S. 82f; *P. Fischer*, in: Hübschmann/Hepp/Spitaler, AO und FGO, § 14 Rn. 49; *Seer*, in: DStR 1992, S. 1751, 1752f; *Selmer/L. Schulze-Osterloh*, in: DÖV 1978, S. 381, 385ff; *Streck*, in: Streck, KStG[6], § 4, Nr. 5. Ähnlich auch BFH, Urteil vom 22. September 1976, I R 102/74, in: BStBl. II 1976, S. 793, 794; Urteil vom 11. Januar 1979, V R 26/74, in: BStBl. II 1979, S. 746, 748.

[329] *Seer*, in: DStR 1992, S. 1751, 1752.

[330] *Gastl*, Betriebe gewerblicher Art im Körperschaftsteuerrecht, S. 17.

[331] *Landwehr*, Betriebe gewerblicher Art von juristischen Personen des öffentlichen Rechts im Körperschaftsteuerrecht, S. 135ff; *Weber-Grellet*, in: FS Beisse (1997), S. 551, 568f; *ders.*, in: FR 1998, S. 313; *ders.*, in: L. Schmidt, EStG[23], § 15, Rn. 8. Gegen eine Anwendung von Typusbegriffen in Bereichen, in denen es in besonderem Maße auf Rechtssicherheit und Berechenbarkeit ankommt, wendet sich auch *Tipke*, in: Tipke/Kruse, AO und FGO, § 14 AO, Rn. 3.

[332] *Weber-Grellet*, in: FR 1998, S. 313.

[333] *Weber-Grellet*, in: FS Beisse (1997), S. 551, 568.

[334] *Weber-Grellet*, in: FS Beisse (1997), S. 551, 569.

den gesetzlichen Tatbestand zu verdrängen, so könne dieses Bild oder dieser Typus höchstens zu einer Verdeutlichung der gesetzlichen Regelung beitragen[335].

Zuzugeben ist der Kritik die prinzipielle Feststellung, dass Rechtsbegriffe rechtsstaatlichen Kriterien standhalten müssen. Im Steuerrecht ist daher die Tatbestandsmäßigkeit der Besteuerung sicherzustellen[336]. Jedoch muss grundsätzlich die Anwendung von Typusbegriffen möglich sein. Die Bestimmtheit einer steuerrechtlichen Rechtsfolge hängt immer von der Bestimmtheit der Tatbestandsmerkmale der jeweiligen Steuernorm ab. Daher kann nie das gleiche Maß an Bestimmtheit erreicht werden. Um dennoch Rechtssicherheit zu gewährleisten, muss auch für problematische und komplizierte Lebenssachverhalte ein Regelungsmodell vorhanden sein. Hier ist der Gesetzgeber auf weite bzw. offene Formulierungen angewiesen, um der vielgestaltigen Lebenswirklichkeit gerecht zu werden. Zur Eingrenzung dienen dann Typusbegriffe. Um schwierige Lebenssachverhalte in Regelungstatbestände einzubeziehen und so die eigentlich problematischen Rand- und Übergangsfälle zu lösen, ist dem Gesetzgeber die Verwendung von Typusbegriffen nicht nur erlaubt, sie ist vielmehr notwendig[337].

Der Typus, der den Rand- und Übergangsfällen der §§ 1 Abs. 1 Nr. 6, 4 KStG gerecht werden und den Regelungsbereich einschränken soll, ist der des Gewerbebetriebs. Maßgeblich soll das äußere Bild eines Gewerbebetriebs sein. Es erscheint jedoch sehr fraglich, ob eine typenmäßige Vorgehensweise im Rahmen der §§ 1 Abs. 1 Nr. 6, 4 KStG sinnvoll ist. Zwar widerspricht die Heranziehung des äußeren Bildes eines Gewerbebetriebs und damit des § 15 Abs. 2 EStG nicht der unterschiedlichen Positionierung der §§ 1 Abs. 1 Nr. 6, 4 KStG und § 15 Abs. 2 EStG[338]. Die §§ 1 Abs. 1 Nr. 6, 4 KStG regeln die subjektive Steuerpflicht, § 15 Abs. 2 EStG betrifft das Steuerobjekt, das Einkommen. Doch schon die Begründung zum KStG 1934[339] – dieses KStG hat die Neugestaltung des § 1 Abs. 1 Nr. 6 in seiner heutigen Fassung bewirkt – hat die Normen miteinander in Verbindung gebracht, da – so die Gesetzesbegründung – mit der Neuregelung die Besteuerung von Betrieben angestrebt wurde, die das äußere Bild eines Gewerbebetriebs zeigten. Die Gesetzessystematik des KStG führt zudem den § 15 Abs. 2 EStG und die §§ 1 Abs. 1 Nr. 6, 4 KStG zueinan-

[335] *Weber-Grellet*, in: FR 1998, S. 313.
[336] *P. Fischer*, in: FR 1995, S. 803.
[337] BVerfG, Beschluss vom 20. Mai 1996, 1 BvR 21/96, in: NJW 1996, S. 2644.
[338] Vgl. jedoch, jeweils in anderem Zusammenhang, *Landwehr*, Betriebe gewerblicher Art von juristischen Personen des öffentlichen Rechts im Körperschaftsteuerrecht, S. 174; *Seer*, in: DStR 1992, S. 1790, 1791f.

der. Über § 8 Abs. 1 und 2 KStG fließt für die Betrachtung des Einkommens § 15 Abs. 2 EStG in den Regelungszusammenhang der §§ 1 Abs. 1 Nr. 6, 4 KStG ein[340].

Prinzipiell könnte man somit das äußere Bild eines Gewerbebetriebs zur Klärung des Begriffs des Betriebs gewerblicher Art heranziehen. Diese Maßnahme zeigt jedoch keine weiterführende Wirkung. Das bloße „Bild" führt nicht zu einer Verdeutlichung des Betriebs gewerblicher Art, da nicht erhellt wird, inwiefern er einem Gewerbebetrieb in all seinen Merkmalen entsprechen muss[341]. Dass einige wesentliche Kriterien des Gewerbebetriebs auszuscheiden wären, zeigt schon § 4 Abs. 1 S. 2 KStG. Danach müssen bei einem Betrieb gewerblicher Art keine Gewinnerzielungsabsicht und keine Teilnahme am allgemeinen wirtschaftlichen Verkehr vorliegen. Der Begriff des Betriebs gewerblicher Art ist damit weiter als der des Gewerbebetriebs[342].

Die Wirkung, die der Typus entfalten soll, ist zudem im Hinblick auf seinen praktischen Anwendungsbereich nicht überzeugend. So benötigt die Auslegung des für den Betrieb gewerblicher Art wesentlichen Merkmals der wirtschaftlichen Tätigkeit keine Bezugnahme auf einen Typusbegriff. Ausreichend sind die üblichen Auslegungsmethoden, die unter Umständen die Heranziehung des Begriffs des Gewerbebetriebs als Vergleichsmaßstab sogar zulassen[343]. Die Auslegungsmethoden gelten im Gegensatz zum Anwendungsbereich des Typus, der von seinen Vertretern selbst eingeschränkt wird, für alle Merkmale.

Für den Betrieb gewerblicher Art und seine Merkmale ist die teleologische Auslegung entscheidend. Die §§ 1 Abs. 1 Nr. 6, 4 KStG stehen unter der Maßgabe, Wettbewerbsverzerrungen – zumindest in steuerrechtlicher Hinsicht – zwischen privaten Unternehmen und unselbstständigen Unternehmen öffentlich-rechtlicher Rechtsträger zu vermeiden. Vor diesem Hintergrund ist der Begriff

---

[339] RStBl. 1935, S. 81, 82.

[340] Zur Frage, ob der Betrieb gewerblicher Art wegen § 8 Abs. 1 und 2 KStG i. V. m. § 15 Abs. 2 EStG eine Gewinnerzielungsabsicht voraussetzt, siehe Gliederungspunkt C. I. 3. c) ff).

[341] Zu unbestimmt sind auch die Ausführungen von *Kohorst*, Die Besteuerung der Gemeindebetriebe, S. 44, wenn er zwar vom Betrieb gewerblicher Art als einer „Modifizierung" des Gewerbebetriebs-Begriffs spricht, dann aber die „Legaldefinition" des Betriebs gewerblicher Art heranzieht.

[342] *C. Herrmann/Klempt*, in: C. Herrmann/Heuer/Raupach, EStG und KStG, § 4 KStG, Rn. 8; *König*, Die subjektive Steuerpflicht der Betriebe gewerblicher Art von Juristischen Personen des öffentlichen Rechts nach dem deutschen Körperschaftsteuerrecht, S. 66; *Kugel*, Die Besteuerung öffentlicher Betriebe, S. 10f.

[343] Vgl. BFH, Urteil vom 27. Juni 1990, I R 166/85, in: BFH/NV 1991, S. 628, 630, wonach das in der Begründung zum KStG 1934 angesprochene äußere Bild des Gewerbebetriebs durch die Tatbestandsmerkmale des § 4 KStG so konkretisiert worden sei, dass die Gesetzes-

des Betriebs gewerblicher Art auszulegen; dieses Ziel ist in die Normanwendung einzubeziehen[344]. Sinn und Zweck der §§ 1 Abs. 1 Nr. 6, 4 KStG versprechen eine stringentere Lösung als das diffuse äußere Bild eines Gewerbebetriebs. Damit ist der Gewerbebetriebs-Typus für die Auslegung nicht entscheidend.

b) Übereinstimmung der Begriffe Betrieb gewerblicher Art und wirtschaftlicher Geschäftsbetrieb?

Wie im Körperschaftsteuerrecht finden auch im Gemeinnützigkeitsrecht die Steuervergünstigungen ihre Grenze im Grundsatz der Wettbewerbsneutralität des Steuerrechts[345]. Deshalb sind gemeinnützige Körperschaften mit ihren wirtschaftlichen Geschäftsbetrieben i. S. der §§ 14 und 64 AO, wie z. B. § 5 Abs. 1 Nr. 9 S. 2 KStG verdeutlicht, steuerpflichtig[346]. Aufgrund der vergleichbaren Geltung des Grundsatzes der Wettbewerbsneutralität der Besteuerung wird die Auffassung vertreten, dass die Auslegung des § 4 Abs. 1 S. 1 KStG über eine Heranziehung des § 14 AO, der bestimmt, was ein wirtschaftlicher Geschäftsbetrieb ist, durchzuführen sei[347].

Abgesehen von einzelnen Kriterien kann die Figur des wirtschaftlichen Geschäftsbetriebs als solche nicht zur Bestimmung des Betriebs gewerblicher Art herangezogen werden. Zwar bestehen zwischen § 14 AO und § 4 Abs. 1 KStG Gemeinsamkeiten, beide Vorschriften stimmen jedoch nicht überein[348]. Vielmehr ist der Begriff des wirtschaftlichen Geschäftsbetriebs weiter als der des Betriebs gewerblicher Art, da letzterer die zusätzlichen Tatbestandsmerkmale

---

begründung und damit das genannte äußere Bild allenfalls als Auslegungshilfen in Betracht kämen.

344 Vgl. dazu *Selmer/L. Schulze-Osterloh*, in: DÖV 1978, S. 381, 388ff, die zwar den Typusbegriff verwenden, jedoch vorrangig auf den Gedanken der Wettbewerbsneutralität abstellen.

345 *P. Fischer*, in: Hübschmann/Hepp/Spitaler, AO und FGO, § 14 Rn. 49, § 64 Rn. 9; *Hey*, in: StuW 2000, S. 467, 468; *Hüttemann*, Wirtschaftliche Betätigung und steuerliche Gemeinnützigkeit, S. 116ff; *Thieme/Dorenkamp*, in: FR 2003, S. 693, 694; *Tipke*, in: Tipke/Kruse, AO und FGO, § 14 AO Rn. 2. Kritisch *Trzaskalik*, in: StuW 1986, S. 219, 225ff.

346 Vgl. dazu BFH, Urteil vom 30. November 1989, I R 19/87, in: BStBl. II 1990, S. 246, 248; *Bader*, Hoheitsbetrieb und Betrieb gewerblicher Art im Umsatz- und Körperschaftsteuerrecht, S. 83; *P. Fischer*, in: Hübschmann/Hepp/Spitaler, AO und FGO, § 64 Rn. 9; *Strahl*, in: FR 1998, S. 761.

347 *Bader*, Hoheitsbetrieb und Betrieb gewerblicher Art im Umsatz- und Körperschaftsteuerrecht, S. 83; *Seer*, in: DStR 1992, S. 1751, 1753; *Strahl*, in: FR 1998, S. 761. Vgl. auch *Hüttemann*, Die Besteuerung der öffentlichen Hand, S. 24f, 35, wonach der Begriff des Betriebs gewerblicher Art eine „gewisse Parallele" zum wirtschaftlichen Geschäftsbetrieb i. S. des § 14 AO aufweisen soll.

348 *Hey*, in: StuW 2000, S. 467, 469.

„Einrichtung“ und „wirtschaftlich herausheben“ aufweist. Darüber hinaus schließt § 4 Abs. 1 S. 1 KStG im Unterschied zu § 14 AO die Land- und Forstwirtschaft aus dem steuerpflichtigen Bereich aus[349]. Daher kann nur im Rahmen der Prüfung gleich lautender Merkmale an eine Heranziehung der § 14 AO gedacht werden.

c) Merkmale des Betriebs gewerblicher Art

aa) Einrichtung

Wie § 4 Abs. 1 S. 1 KStG verdeutlicht, setzt der Betrieb gewerblicher Art eine Einrichtung voraus. Die Versuche, den Einrichtungsbegriff näher zu bestimmen, sind, beginnend mit dem Urteil des RFH vom 22. Oktober 1929[350], zahlreich. Es müsse sich um einen „Inbegriff fortdauernder wirtschaftlicher Verrichtungen“ handeln, „die unter einem einheitlichen Willen auf ein bestimmtes sachliches Ziel gerichtet sind, dadurch in sich wirtschaftlich zusammenhängen und eine funktionelle Einheit bilden“[351].
Die „funktionelle Einheit“ ist der Dreh- und Angelpunkt der weiteren Annäherung an den Begriff der Einrichtung durch die Rechtsprechung. Eine verselbstständigte organisatorische Einheit innerhalb der juristischen Person des öffentlichen Rechts sei nicht notwendig[352]. Ausreichend seien Maßnahmen zur Trennung der wirtschaftlichen Tätigkeit von den anderen Tätigkeitsfeldern der juristischen Person des öffentlichen Rechts[353]. Diese Vorkehrungen könnten in einer besonderen Leitung, einem geschlossenen Geschäftskreis, einer besonderen Buchführung oder in einem ähnlichen, auf eine Einheit hindeutenden Merkmal liegen. Zudem könnten eine funktionelle Einheit und damit eine Einrichtung auch dann gegeben sein, wenn die wirtschaftliche Tätigkeit zwar im Organisati-

---

[349] Vgl. dazu jedoch Gliederungspunkt C. I. 3. c) ee).
[350] I A a 644/29, in: RStBl. 1929, S. 666f.
[351] RFH, Urteil vom 22. Oktober 1929, I A a 644/29, in: RStBl. 1929, S. 666, 667. Vgl. auch BFH, Urteil vom 13. März 1974, I R 7/71, in: BStBl. II 1974, S. 391, 394; Urteil vom 22. September 1976, I R 102/74, in: BStBl. II 1976, S. 793, 794; Urteil vom 11. Januar 1979, V R 26/74, in: BStBl. II 1979, S. 746, 748; Urteil vom 14. April 1983, V R 3/79, in: BStBl. II 1983, S. 491, 494.
[352] BFH, Urteil vom 27. Juni 1990, I R 166/85, in: BFH/NV 1991, S. 628, 629.
[353] BFH, Urteil vom 20. März 1956, I 317/55 U, in: BStBl. III 1956, S. 166, 167; Urteil vom 26. Mai 1977, V R 15/74, in: BStBl. II 1977, S. 813, 814; Urteil vom 11. Januar 1979, V R 26/74, in: BStBl. II 1979, S. 746, 748.

onsrahmen anderer Tätigkeitsbereiche der juristischen Person des öffentlichen Rechts stattfinde, sich aber zeitlich abgrenzen lasse[354].

Teile der Literatur greifen die Ausführungen der Rechtsprechung zur Bestimmung des Einrichtungsbegriffs auf[355], stützen sich also vor allem auf die Figur der funktionellen Einheit. In Weiterentwicklung der Ausführungen der Rechtsprechung wird eine Einrichtung als jeder Funktionszusammenhang und jede wirtschaftliche Einheit definiert[356]. Uneinig ist man sich, ob der Einrichtungsbegriff weit[357] oder eng[358] ausgelegt werden soll.

Die Versuche, die Einrichtung i. S. des § 4 Abs. 1 S. 1 KStG auf diese umschreibende Art und Weise näher zu bestimmen, führen zu keinem sinnvollen Ergebnis[359]. Die entwickelten Formeln und Begriffsfiguren sind zu allgemein und unbestimmt. Problem- und Randfälle können so nicht erfasst und gelöst werden; etwaige Lösungen vor diesem Hintergrund sind Produkte, die aus Zufälligkeiten und subjektiven Einschätzungen entstehen.

Die Finanzverwaltung tritt diesen Schwierigkeiten mit der Heranziehung von bestimmten Umsatzwerten entgegen. Überschreite der Jahresumsatz einer wirtschaftlichen Tätigkeit den Betrag von 127.823 €, sei das ein wichtiges Indiz für die Selbstständigkeit der Tätigkeit[360]. Der Verwaltung mag mit der von der Überschreitung bestimmter Umsatzgrenzen ausgehenden Indizwirkung bei der problematischen Umsetzung der offenen und flexiblen Rechtsprechungskriterien in der Rechtsanwendungspraxis geholfen sein. Letztlich verhilft diese Vorgehensweise dem Begriff der Einrichtung jedoch nicht zu deutlichen Konturen, sondern führt zu einem Widerspruch. Soll das Überschreiten einer Umsatzgrenze das entscheidende Kriterium sein, muss eine Abgrenzung stattfinden, welche Umsätze einzubeziehen sind. Daher setzt eine derartige Umsatzgrenze, die die

---

[354] BFH, Urteil vom 26. Mai 1977, V R 15/74, in: BStBl. II 1977, S. 813, 815. Vgl. auch Abschnitt 5 Abs. 4 S. 1 bis 5 KStR.

[355] *Berkenheide*, Die kommunale Abfallentsorgung – ein Betrieb gewerblicher Art, S. 35f; *Birkenfeld*, in: UR 1989, S. 1, 2; *Erhard*, in: Blümich, EStG/KStG/GewStG, § 4 KStG, Rn. 26f; *Heidner*, in: Bunjes/Geist, UStG[6], § 2, Rn. 136; *C. Herrmann/Klempt*, in: C. Herrmann/Heuer/Raupach, EStG und KStG, § 4 KStG, Rn. 14; *Knop*, in: UR 1970, S. 348, 349; *Reich/Helios*, in: BB 2001, S. 1442, 1446; *Schäfer*, in: UR 2003, S. 526; *Thouet*, in: DStZ 2002, S. 91, 92f; *Weissenborn/Schaaf*, in: KStZ 1969, S. 65f; *Zenthöfer*, in: Cattelaens/Gottstein/Stegmüller/Zenthöfer, Körperschaftsteuer[13], Rn. 76.

[356] *Himmelmann/Gloria*, in: KStZ 2000, S. 121; *Streck*, in: Streck, KStG[6], § 4, Nr. 6.

[357] *Heidner*, in: Bunjes/Geist, UStG[6], § 2, Rn. 136; *Zenthöfer*, in: Cattelaens/Gottstein/Stegmüller/Zenthöfer, Körperschaftsteuer[13], Rn. 76.

[358] *Niebler*, in: DB 1976, S. 218, 219.

[359] Vgl. dazu *Kugel*, Die Besteuerung öffentlicher Betriebe, S. 17; *Seer*, in: DStR 1992, S. 1751, 1753.

[360] Abschnitt 5 Abs. 4 S. 6 bis 8 KStR. Zum Umsatzsteuerrecht vgl. *Leidel*, in: UR 2003, S. 328, 330.

Bestimmung einer Einrichtung erst ermöglichen soll, voraus, dass durch die Abgrenzung der Umsätze oder maßgeblichen Tätigkeiten zuvor bereits der Umfang der Einrichtung geklärt ist[361].

Die Probleme, die bei der Bestimmung des Einrichtungsbegriffs auftauchen, führen bei einigen Autoren zu der Auffassung, dieser Begriff sei nicht mehr anzuwenden[362], ihm sei keine rechtliche Bedeutung mehr zuzumessen[363], er sei daher zu streichen[364]. So will *Siegel* den Begriff der Einrichtung durch präzisere Kriterien ersetzt wissen[365], er nennt jedoch keine solchen Kriterien. Ohne konkrete Vorstellung, durch welche Merkmale der Einrichtungsbegriff ersetzt werden soll, können weder der Gesetzgeber noch Rechtsprechung, Lehre und Praxis tätig werden. Der bloße Ruf nach neuen Kriterien löst die Unklarheiten des Betriebs gewerblicher Art, die einer rechtlichen Lösung bedürfen, nicht auf.

Stadie hält in Anlehnung an den wirtschaftlichen Geschäftsbetrieb des § 14 S. 1 AO das Vorliegen einer „Tätigkeit" für ausreichend. Das Kriterium der Einrichtung sei ohne rechtliche Bedeutung. Es handele sich bei jeder nachhaltigen wirtschaftlichen Tätigkeit zur Erzielung von Einnahmen um eine Einrichtung. Voraussetzung sei dann eine „lediglich funktionelle Einheit personeller und sachlicher Mittel"[366]. *Stadie* löst mit seiner Vorgehensweise nicht die Probleme, die die Konturenlosigkeit des Einrichtungsbegriffs schafft. Es reicht nicht aus, das Merkmal der Einrichtung auf der einen Seite in die Bedeutungslosigkeit zu verweisen, auf der anderen Seite aber auf die – ohne weitere Eingrenzung – substanzlose Formel von der funktionellen Einheit zurückzugreifen.

Auch *Hüttemann* befürwortet eine tätigkeitsbezogene Betrachtung. Das Merkmal der Einrichtung weise keine eigenständige Bedeutung auf, § 4 Abs. 1 S. 1 KStG sei vielmehr so zu verstehen, dass durch „alle nachhaltigen wirtschaftlichen Tätigkeiten zur Erzielung von Einnahmen, die sich innerhalb der Gesamtbetätigung der juristischen Person wirtschaftlich herausheben", ein Betrieb gewerblicher Art begründet werde[367].

---

[361] *Gastl*, in: DStZ 2003, S. 99, 100; *Siegel*, Der Begriff des „Betriebs gewerblicher Art" im Körperschaft- und Umsatzsteuerrecht, S. 74.

[362] *Siegel*, Der Begriff des „Betriebs gewerblicher Art" im Körperschaft- und Umsatzsteuerrecht, S. 76.

[363] *Stadie*, in: Rau/Dürrwächter/Flick/Geist, UStG, § 2, Rn. 849.

[364] *Hüttemann*, Die Besteuerung der öffentlichen Hand, S. 50. Vgl. auch *Lang*, in: Brühler Empfehlungen, BMF-Schriftenreihe Heft 66 (1999), Anhang Nr. 1, S. 1, 35, der die Begriffe des wirtschaftlichen Geschäftsbetriebs i. S. des § 14 AO und des Betriebs gewerblicher Art i. S. der §§ 1 Abs. 1 Nr. 6, 4 KStG vereinheitlichen will.

[365] *Siegel*, Der Begriff des „Betriebs gewerblicher Art" im Körperschaft- und Umsatzsteuerrecht, S. 76.

[366] *Stadie*, in: Rau/Dürrwächter/Flick/Geist, UStG, § 2, Rn. 849.

[367] *Hüttemann*, Die Besteuerung der öffentlichen Hand, S. 50.

Es ist zwar der Ansicht *Hüttemanns* zuzustimmen, dass die Figur der funktionellen Einheit bei der Auslegung des Begriffs der Einrichtung keine Hilfe leisten kann[368], jedoch ermöglichen Sinn und Zweck der §§ 1 Abs. 1 Nr. 6 und 4 KStG durchaus eine inhaltliche Bestimmung des Einrichtungsbegriffs. Das teleologische Verständnis verhilft der Figur des Betriebs gewerblicher Art und damit der Einrichtung i. S. des § 4 Abs. 1 S. 1 KStG zu einer Anwendbarkeit, die nicht an einer Konturenlosigkeit der Kriterien scheitert. Im Vordergrund steht bei dieser Vorgehensweise der Gedanke der Wettbewerbsgleichheit zwischen privaten und öffentlich-rechtlichen Unternehmen und nicht das Bild von der funktionellen Einheit[369]. So ist mit *Seer* „jede von der eigentlichen öffentlichen Aufgabe der juristischen Person des öffentlichen Rechts abtrennbare Tätigkeit eine Einrichtung, wenn sie einen wettbewerbsrelevanten, privatwirtschaftlichen Charakter besitzt“[370]. Eine Verselbstständigung der wirtschaftlichen Tätigkeit muss dann nicht in einem tatsächlichen, organisatorischen oder zeitlichen Sinne festgestellt werden, sondern folgt aus der Wettbewerbsrelevanz und stellt sich vor diesem Hintergrund als Einrichtung i. S. des § 4 Abs. 1 S. 1 KStG dar. Aufgrund dieser teleologischen Herangehensweise behält der Einrichtungsbegriff seinen Anwendungsbereich, der sich vor allem in dem geringen Maß der vorausgesetzten Selbstständigkeit abzeichnet.

bb) Wirtschaftliches Herausheben oder wirtschaftliche Bedeutsamkeit

Um von einem Betrieb gewerblicher Art sprechen zu können, muss sich die Einrichtung gem. § 4 Abs. 1 S. 1 KStG „innerhalb der Gesamtbetätigung der juristischen Person wirtschaftlich herausheben“. Das Kriterium des wirtschaftlichen Heraushebens oder der wirtschaftlichen Bedeutsamkeit wird als schwierig und

[368] *Hüttemann*, Die Besteuerung der öffentlichen Hand, S. 50.

[369] *Bader*, Hoheitsbetrieb und Betrieb gewerblicher Art im Umsatz- und Körperschaftsteuerrecht, S. 122; *Felder*, in: Dötsch/Eversberg/Jost/Pung/Witt, Körperschaftsteuer, § 4 KStG nF, Rn. 26; *Frotscher*, in: Frotscher/Maas, KStG und UmwStG, § 4 KStG, Rn. 9; *Landwehr*, Betriebe gewerblicher Art von juristischen Personen des öffentlichen Rechts im Körperschaftsteuerrecht, S. 145ff; *Lang/Seer*, in: StuW 1993, S. 45, 58ff; *Seer*, in: DStR 1992, S. 1751, 1754; *Schiffers*, in: BB 2001, S. 398, 399. Auch der für die Umsatzsteuer zuständige Fünfte Senat des BFH erschließt den Begriff des Betriebs gewerblicher Art und den der Einrichtung durch teleologische Erwägungen. Vgl. BFH, Urteil vom 13. April 1961, V 120/59 U, in: BStBl. III 1961, S. 298, 299; Urteil vom 18. August 1966, V 21/64, in: BStBl. III 1967, S. 100, 101; Urteil vom 26. Mai 1977, V R 15/74, in: BStBl. II 1977, S. 813, 814; Urteil vom 30. Juni 1988, V R 79/84, in: BStBl. II 1988, S. 910, 911 (jeweils Betonung des Wettbewerbsgedankens).

[370] *Seer*, in: DStR 1992, S. 1751, 1754. So auch *Augsten*, in: Lademann, KStG, § 4, Rn. 8.

problematisch beurteilt[371], seine Relevanz, vor allem in Beziehung auf den Einrichtungsbegriff, ist umstritten. Zum einen wird die Ansicht vertreten, das Kriterium habe im Rahmen des § 4 Abs. 1 S. 1 KStG eine nicht geringe Bedeutung[372], da das Merkmal der Einrichtung zu unscharf sei und zudem der Einrichtungsbegriff und das wirtschaftliche Herausheben kaum trennbar verbunden seien, wobei der Schwerpunkt auf der wirtschaftlichen Bedeutsamkeit liege. Auf der anderen Seite herrscht die Auffassung vor, das Kriterium habe keine eigenständige Bedeutung, sei vollkommen zu vernachlässigen[373]. Generell stellen vor diesem Hintergrund viele Autoren einen engen Zusammenhang zwischen der „Einrichtung" und dem wirtschaftlichen Herausheben her[374].
Eine wirtschaftliche Bedeutsamkeit soll dann gegeben sein, wenn eine Tätigkeit von einigem wirtschaftlichen Gewicht vorliege[375], wenn die Tätigkeit sich von der sonstigen Aufgabenstellung der öffentlich-rechtlichen juristischen Person „in irgendeiner Weise" abhebe[376]. Wirtschaftliches Herausheben wird als wirtschaftliche Selbstständigkeit[377], zum Teil auch als „gesteigerte" wirtschaftliche Selbstständigkeit verstanden[378].

---

[371] *Heidner*, in: Bunjes/Geist, UStG[6], § 2, Rn. 137; *König*, Die subjektive Steuerpflicht der Betriebe gewerblicher Art von Juristischen Personen des öffentlichen Rechts nach dem deutschen Körperschaftsteuerrecht, S. 63; *Kohorst*, Die Besteuerung der Gemeindebetriebe, S. 46f; *Landwehr*, Betriebe gewerblicher Art von juristischen Personen des öffentlichen Rechts im Körperschaftsteuerrecht, S. 163.

[372] *Bader*, Hoheitsbetrieb und Betrieb gewerblicher Art im Umsatz- und Körperschaftsteuerrecht, S. 123; *Himmelmann/Gloria*, in: KStZ 2000, S. 121, 122; *Siegel*, Der Begriff des „Betriebs gewerblicher Art" im Körperschaft- und Umsatzsteuerrecht, S. 216ff, 223ff; *Streck*, in: Streck, KStG[6], § 4, Nr. 7.

[373] *Kohorst*, Die Besteuerung der Gemeindebetriebe, S. 46; *Landwehr*, Betriebe gewerblicher Art von juristischen Personen des öffentlichen Rechts im Körperschaftsteuerrecht, S. 161, 164.

[374] *Bader*, Hoheitsbetrieb und Betrieb gewerblicher Art im Umsatz- und Körperschaftsteuerrecht, S. 123; *Gastl*, Betriebe gewerblicher Art im Körperschaftsteuerrecht, S. 32; *C. Herrmann/Klempt*, in: C. Herrmann/Heuer/Raupach, EStG und KStG, § 4 KStG, Rn. 14; *Hüttemann*, Die Besteuerung der öffentlichen Hand, S. 44ff; *Landwehr*, Betriebe gewerblicher Art von juristischen Personen des öffentlichen Rechts im Körperschaftsteuerrecht, S. 157f; *Louis*, Die Besteuerung der öffentlichen Unternehmen und Einrichtungen der Daseinsvorsorge, S. 79f; *Siegel*, Der Begriff des „Betriebs gewerblicher Art" im Körperschaft- und Umsatzsteuerrecht, S. 216; *Thouet*, in: DStZ 2002, S. 91, 93.

[375] *Augsten*, in: Lademann, KStG, § 4, Rn. 10; *Felder*, in: Dötsch/Eversberg/Jost/Pung/Witt, Körperschaftsteuer, § 4 KStG nF, Rn. 37; *Knop*, in: UR 1970, S. 348, 349; *Kohorst*, Die Besteuerung der Gemeindebetriebe, S. 47; *Thouet*, in: DStZ 2002, S. 91, 92.

[376] *Louis*, Die Besteuerung der öffentlichen Unternehmen und Einrichtungen der Daseinsvorsorge, S. 79.

[377] *Erhard*, in: Blümich, EStG/KStG/GewStG, § 4 KStG, Rn. 41; *C. Herrmann/Klempt*, in: C. Herrmann/Heuer/Raupach, EStG und KStG, § 4 KStG, Rn. 14; *Kohorst*, Die Besteuerung der Gemeindebetriebe, S. 46f; *König*, Die subjektive Steuerpflicht der Betriebe gewerblicher Art

Die Verwaltung begegnet der Unsicherheit, die bei dem Umgang mit dem Merkmal des wirtschaftlichen Heraushebens besteht, wie bei der Frage, ab wann man von einer Einrichtung sprechen kann, mit der Heranziehung von Umsatzgrößen. Bei einem Jahresumsatz i. S. des § 1 Abs. 1 Nr. 1 UStG, der 30.678 € nachhaltig übersteige, bestehe ein wichtiger Anhaltspunkt, dass die Tätigkeit von einigem wirtschaftlichen Gewicht und damit wirtschaftlich bedeutsam sei[379]. Bei einem geringeren Umsatz sei nur dann ein Betrieb gewerblicher Art anzunehmen, wenn gewichtige Gründe dafür sprächen, z. B. das Vorhandensein eines unmittelbaren Wettbewerbs zwischen dem öffentlich-rechtlichen Unternehmen und privaten Unternehmen[380].

Die von der Finanzverwaltung in den Vordergrund gestellte Umsatzgröße ist zu unbeweglich, um das Merkmal der wirtschaftlichen Bedeutsamkeit klären zu können[381]. Auch wenn dem Betrag zunächst nur eine Indizwirkung zugesprochen werden sollte, wäre er doch in der praktischen Anwendung ein wesentliches Entscheidungsmerkmal. Als ein Kriterium, das die Körperschaftsteuerpflicht begründet, müsste es sich aus dem Gesetz ergeben. Dies ist jedoch nicht der Fall, da das KStG keine entsprechende Regelung enthält. Mangels einer Verweisung auf das UStG geht auch eine Bezugnahme auf § 19 Abs. 1 UStG a. F.[382], wonach bei einem Überschreiten eines jährlichen Nettoumsatzes von 60.000 DM – dieser Betrag entspricht 30.678 € – der Bereich der Kleinunternehmerschaft verlassen wird, fehl. Schließlich kann § 64 Abs. 3 AO, der eine Gewichtigkeitsgrenze von 30.678 € für wirtschaftliche Geschäftsbetriebe gemeinnütziger Körperschaften aufstellt, keine Begründung für die Geltung einer Umsatzgrenze liefern, da eine inhaltliche Verknüpfung mit dem KStG fehlt und § 4 KStG im Gegensatz zu § 64 Abs. 3 AO gerade auf eine Gewichtigkeitsgren-

---

von Juristischen Personen des öffentlichen Rechts nach dem deutschen Körperschaftsteuerrecht, S. 62f; *Reich/Helios*, in: BB 2001, S. 1442, 1447; *Streck*, in: Streck, KStG[6], § 4, Nr. 7; *Zenthöfer*, in: Cattelaens/Gottstein/Stegmüller/Zenthöfer, Körperschaftsteuer[13], Rn. 81.

[378] *Landwehr*, Betriebe gewerblicher Art von juristischen Personen des öffentlichen Rechts im Körperschaftsteuerrecht, S. 157f.

[379] Abschnitt 5 Abs. 5 S. 3 und 4 KStR. Vgl. auch OFD Erfurt, Verfügung vom 25. Februar 2000, S 7168 A – 08 – St 343, in: DStZ 2000, S. 728, 729; OFD Hannover, Verfügung vom 6. September 2002, S 2706 – 196 – StO 214, S 2706 – 238 – StH 231, in: DStZ 2002, S. 799; OFD München, Verfügung vom 3. Dezember 2003, S 0171 – 155 St 42, in: DStZ 2004, S. 168, 169. Zum Umsatzsteuerrecht siehe *Kessler/Gastl*, in: UR 2002, S. 452, 453ff; *Leidel*, in: UR 2003, S. 328, 329f.

[380] Abschnitt 5 Abs. 5 S. 6 und 7 KStR.

[381] *Erhard*, in: Blümich, EStG/KStG/GewStG, § 4 KStG, Rn. 42. A. A. *Strahl*, in: FR 1998, S. 761, 762, der jedoch den Betrag von 250.000 DM (127.823 €) für die maßgebliche Grenze hält; *Zenthöfer*, in: Cattelaens/Gottstein/Stegmüller/Zenthöfer, Körperschaftsteuer[13], Rn. 81. Vgl. auch die differenzierende Darstellung bei *Heidner*, in: Bunjes/Geist, UStG[6], § 2, Rn. 137.

[382] Umsatzsteuergesetz vom 29. Mai 1967, BGBl. I 1967, S. 545ff.

ze verzichtet[383]. Darüber hinaus wirkt der Betrag von 30.678 € im Verhältnis zur Umsatzgröße von 127.823 €, die die Verwaltung für das Einrichtungsmerkmal fordert, willkürlich[384]. Im Zusammenspiel dieser beiden Beträge kann zudem der niedrigere keine eigene Bedeutung mehr haben[385]. Die Deutung des Betrags von 30.678 € als Aufgriffsgrenze[386], ab der erst ein Betrieb gewerblicher Art geprüft werde, trägt zu einem klaren Verständnis des Kriteriums des wirtschaftlichen Heraushebens nichts bei[387]. Will man die wirtschaftliche Bedeutsamkeit neben dem Einrichtungsmerkmal besonders betonen und auf die Heranziehung von Umsatzgrößen nicht verzichten, würde demnach nur der höhere Betrag von 127.823 € einen Sinn ergeben[388].

Die Rechtsprechung hat die Schwächen des Vorgehens der Finanzverwaltung erkannt und lehnt ihrerseits die Bezugnahme auf feste Umsatzgrößen ab[389]. Ähnlich wie die Literatur fordert sie, die wirtschaftliche Betätigung müsse von einigem Gewicht sein[390]. Umsatzgrößen seien nicht maßgebend. Auch das von der Rechtsprechung zunächst aufgestellte Kriterium des durchschnittlichen Jahresgewinns wird wieder zurückgenommen[391]. Anhaltspunkte, um die wirtschaftliche Selbstständigkeit zu bestimmen, sollen Betrachtungen des Verhältnisses von Einnahmen aus der wirtschaftlichen Tätigkeit zum Gesamthaushalt bzw. zu Teilbereichen des Haushalts der juristischen Person des öffentlichen Rechts bieten[392]. Zudem treten in den Entscheidungen des BFH Wettbewerbsgesichts-

---

383 *Hüttemann*, Die Besteuerung der öffentlichen Hand, S. 54.

384 *Berkenheide*, Die kommunale Abfallentsorgung – ein Betrieb gewerblicher Art, S. 39.

385 *Lang/Seer*, in: StuW 1993, S. 45, 57f.

386 *Bott*, in: Schauhoff, Handbuch der Gemeinnützigkeit, § 7, Rn. 52; *Landwehr*, Betriebe gewerblicher Art von juristischen Personen des öffentlichen Rechts im Körperschaftsteuerrecht, S. 161; *Louis*, Die Besteuerung der öffentlichen Unternehmen und Einrichtungen der Daseinsvorsorge, S. 81; *Seer*, in: DStR 1992, S. 1751, 1754; *Thouet*, in: DStZ 2002, S. 91, 93. Vgl. auch die Darstellung bei *Siegel*, Der Begriff der „Betriebs gewerblicher Art" im Körperschaft- und Umsatzsteuerrecht, S. 216ff.

387 Vgl. *Seer*, in: DStR 1992, S. 1751, 1754.

388 *Landwehr*, Betriebe gewerblicher Art von juristischen Personen des öffentlichen Rechts im Körperschaftsteuerrecht, S. 160f; *Strahl*, in: FR 1998, S. 761, 768f.

389 BFH, Urteil vom 11. Januar 1979, V R 26/74, in: BStBl. II 1979, S. 746, 749; Urteil vom 2. März 1983, I R 100/79, in: BStBl. II 1983, S. 386, 389; Urteil vom 25. Oktober 1989, V R 111/85, in: BStBl. II 1990, S. 868, 870.

390 RFH, Urteil vom 22. Oktober 1929, I A a 644/29, in: RStBl. 1929, S. 666, 667; Urteil vom 9. Dezember 1932, I A 294/32, in: RStBl. 1933, S. 53; BFH, Urteil vom 20. März 1956, I 317/55 U, in: BStBl. III 1956, S. 166, 167; Urteil vom 26. Februar 1957, I 327/56 U, in: BStBl. III 1957, S. 146, 147; Urteil vom 24. Oktober 1961, I 105/60 U, in: BStBl. III 1961, S. 552; Urteil vom 2. März 1983, I R 100/79, in: BStBl. II 1983, S. 386, 389.

391 BFH, Urteil vom 11. Januar 1979, V R 26/74, in: BStBl. II 1979, S. 746.

392 BFH, Urteil vom 11. Januar 1979, V R 26/74, in: BStBl. II 1979, S. 746, 749; Urteil vom 14. April 1983, V R 3/79, in: BStBl. II 1983, S. 491, 494.

punkte, sogar solche potentieller Art, in den Vordergrund[393]. Entscheidend sei eine mögliche Wettbewerbsbeziehung zwischen Unternehmen der juristischen Personen des öffentlichen Rechts und privaten Unternehmen.
Die Heranziehung des Verhältnisses von Einnahmen aus der wirtschaftlichen Tätigkeit zu Teilen des Haushaltes bzw. zum Gesamthaushalt hat Kritik[394] hervorgerufen, aber auch Unterstützung[395]. Bemängelt wird, dass von der Rechtsprechung kein festes Relationsverhältnis genannt werde, dass eine Verhältnisrechnung zudem dem Gesetzeszweck, der in der Vermeidung von Wettbewerbsverzerrungen bestehe, nicht weiterhelfe.
In der Tat ist die Verhältnisrechnung keine ratsame Methode. Es fehlt zunächst – wie eben schon angedeutet – ein Anhaltspunkt, welche Relation der Maßstab sein soll. Um nicht die eigene Kritik an festen Umsatz- und Gewinngrenzen in Frage zu stellen, kann der BFH jedoch keine Bezugsgrößen nennen. Darüber hinaus ist es unmöglich, dass eine bestimmte Bezugsgröße allen Einzelfällen gerecht wird. Sie lässt sich – wie die schon angesprochenen Umsatzgrößen – aus dem Gesetz auch nicht herleiten. Eine nur vage Vorstellung von bestimmten Relationen wiederum ist so ungenau, dass auf sie verzichtet werden muss.
Weder Rechtsprechung noch Verwaltung stellen also plausible Lösungsmöglichkeiten zur Verfügung. Einen eventuellen Ansatzpunkt bietet die von der Rechtsprechung erwähnte Wettbewerbsrelevanz. Jedoch stellt sich dann das Kriterium des wirtschaftlichen Heraushebens als Verdoppelung des Einrichtungsbegriffs dar und steuert keinen eigenständigen Lösungsanteil bei. Fraglich ist auch, ob durch dieses Vorgehen dem Gesetzeswortlaut entsprochen wird, da das wirtschaftliche Herausheben sich nicht auf den Wettbewerbsgedanken, also den Vergleich zur privaten Seite, reduzieren lässt[396], sondern sich in Beziehung zum Innenbereich der juristischen Person des öffentlichen Rechts setzt.

---

393 BFH, Urteil vom 30. Juni 1988, V R 79/84, in: BStBl. II 1988, S. 910, 911; Urteil vom 25. Oktober 1989, V R 111/85, in: BStBl. II 1990, S. 868, 871; BFH, Urteil vom 24. Februar 1994, V R 25/92, in: BFH/NV 1995, S. 353, 354.

394 Abschnitt 5 Abs. 5 S. 5 KStR; *Erhard*, in: Blümich, EStG/KStG/GewStG, § 4 KStG, Rn. 42; *Himmelmann/Gloria*, in: KStZ 2000, S. 121, 122; *Landwehr*, Betriebe gewerblicher Art von juristischen Personen des öffentlichen Rechts im Körperschaftsteuerrecht, S. 162f; *Zenthöfer*, in: Cattelaens/Gottstein/Stegmüller/Zenthöfer, Körperschaftsteuer[13], Rn. 81. Vor dem Hintergrund praktischer Erwägungen äußern sich kritisch *C. Herrmann/Klempt*, in: C. Herrmann/Heuer/Raupach, EStG und KStG, § 4 KStG, Rn. 14.

395 *Heidner*, in: Bunjes/Geist, UStG[6], § 2, Rn. 137, der jedoch neben dieser relativen Betrachtung bestimmte Obergrenzen setzen will, da Einnahmen ab einer gewissen Größe so beträchtlich seien, dass sie sich heraushöben.

396 *Siegel*, Der Begriff des „Betriebs gewerblicher Art“ im Körperschaft- und Umsatzsteuerrecht, S. 230f.

In der Literatur bieten *Hüttemann*, *Kohorst* und *Siegel*[397] einen eigenständigen Lösungsansatz an. *Kohorst* setzt am Außenverhältnis an, indem er nur solche Tätigkeiten als wirtschaftlich herausgehoben erfasst wissen will, die die Erwerbsmöglichkeiten der Privatwirtschaft beträchtlich einschränken[398]. Dieser „erweiterte Wettbewerbsgedanke" beachtet – wie schon oben dargestellt – nicht ausreichend die Binnenstruktur des § 4 Abs. 1 S. 1 KStG. Der äußere Bereich des Wettbewerbs ist nicht der entscheidende Anknüpfungspunkt; die wirtschaftliche Bedeutsamkeit bezieht sich vielmehr auf das „innere" Merkmal der Einrichtung.

Deshalb setzt *Siegel* auch am Innenbereich der juristischen Person des öffentlichen Rechts an. Er geht davon aus, dass die Weite des Einrichtungsbegriffs zur Aufspaltung der Gesamttätigkeit der juristischen Person des öffentlichen Rechts in kleinste Tätigkeitsfelder führe, also eine „Betriebsatomisierung" nach sich ziehe[399]. Deshalb greife das Merkmal der wirtschaftlichen Bedeutsamkeit regulierend ein und verhindere die genannte Atomisierung. Wirtschaftliches Herausheben sei gegeben, wenn es sich nicht um einen unselbstständigen Teil einer hoheitlichen Tätigkeit handele, sondern um eine wirtschaftlich selbstständige Tätigkeit[400]. Unselbstständig sei eine Tätigkeit dann, wenn sie nach der Verkehrsauffassung mit einem bestimmten Bereich untrennbar verbunden sei. Da das nur für ganz wenige Tätigkeiten zutreffe, müsse entscheidend sein, ob eine Trennung sinnvoll sei oder künstlich wirke. Als Kriterium könne die „Üblichkeit" der Verlagerung einer Tätigkeit auf Private in Betracht kommen, da nur das auf Private übertragen werde, was nicht üblicherweise mit dem hoheitlichen Bereich verbunden sei[401]. *Hüttemann* knüpft an die Auffassung von *Siegel* an und bejaht ein wirtschaftliches Herausheben, wenn eine wirtschaftliche Tätigkeit sachlich vom hoheitlichen Bereich abgegrenzt werden könne, also sachlich selbstständig sei[402]. Entscheidend sei, ob die wirtschaftliche Tätigkeit als unselbstständige Hilfstätigkeit der hoheitlichen Betätigung anzusehen sei oder ob sie „neben" dem hoheitlichen Bereich ausgeübt werde. Maßstab der Selbststän-

---

[397] *Hüttemann*, Die Besteuerung der öffentlichen Hand, S. 55ff; *Kohorst*, Die Besteuerung der Gemeindebetriebe, S. 46f; *Siegel*, Der Begriff des „Betriebs gewerblicher Art" im Körperschaft- und Umsatzsteuerrecht, S. 223ff.

[398] *Kohorst*, Die Besteuerung der Gemeindebetriebe, S. 47.

[399] *Siegel*, Der Begriff des „Betriebs gewerblicher Art" im Körperschaft- und Umsatzsteuerrecht, S. 223ff, 225.

[400] *Siegel*, Der Begriff des „Betriebs gewerblicher Art" im Körperschaft- und Umsatzsteuerrecht, S. 227f.

[401] *Siegel*, Der Begriff des „Betriebs gewerblicher Art" im Körperschaft- und Umsatzsteuerrecht, S. 233ff, 237.

[402] *Hüttemann*, Die Besteuerung der öffentlichen Hand, S. 55.

digkeit sollten organisatorische Maßnahmen sein. Fehle es an organisatorischen Maßnahmen, sei zu prüfen, ob die Tätigkeit ihrer Art nach sinnvoll abtrennbar sei[403].
Die Bezugnahme auf den Innenbereich der juristischen Person des öffentlichen Rechts entspricht dem Normzweck. Daher kann der Begriff des wirtschaftlichen Heraushebens mit „wirtschaftlicher" oder „sachlicher" Selbstständigkeit übersetzt werden. Die „Üblichkeit" der Trennung einer Aufgabe vom hoheitlichen Bereich als weiterführenden Maßstab zu nehmen, wirkt jedoch konstruiert und vernachlässigt den wirtschaftlichen Aspekt des Heraushebens. Unter welchen Bedingungen die Selbstständigkeit einer Tätigkeit sinnvoll ist, wann ein Aufspaltung künstlich wirkt oder eine Verlagerung auf Private üblich ist, ist begrifflich schwer zu fassen und entzieht sich einer rechtlichen Wertung. Auch die Anknüpfung an die Hoheitlichkeit als Maßstab ist nicht recht überzeugend, da sich das Verhältnis zwischen Abs. 1 und 5 des § 4 KStG nicht dadurch kennzeichnen lässt, dass der Betrieb gewerblicher Art als bloßes Anhängsel des Hoheitsbetriebs anzusehen ist.
Trotz dieser Einschätzung ist der Weg, den *Hüttemann*, *Kohorst* und *Siegel* eingeschlagen haben, weiter zu gehen. Eine tragfähige Lösung kann nur gefunden werden, wenn man die Kriterien der Einrichtung und des wirtschaftlichen Heraushebens miteinander in Beziehung setzt und das wirtschaftliche Herausheben als eingrenzendes Merkmal ansieht. Ob sich eine Einrichtung wirtschaftlich heraushebt, kann nur eine Einzelfallbetrachtung verdeutlichen. Ein wesentlicher Anhaltspunkt bei diesem Vorgang ist die Verhinderung einer „Betriebsatomisierung". Fast jede juristische Person des öffentlichen Rechts ist auf eine eigene Art und Weise strukturiert, hat ihre eigenen Tätigkeitsfelder, auch in Umfang und Bedeutung. Das Gesamtbild ist heranzuziehen, um zu entscheiden, ob eine Tätigkeit wirtschaftlich selbstständig ist und somit als Betrieb gewerblicher Art anzusehen ist[404].

cc) Nachhaltigkeit

Die Tätigkeit der Einrichtung muss nachhaltig sein, um einen Betrieb gewerblicher Art begründen zu können. Die Nachhaltigkeit ist ein Merkmal, das sich im gesamten Steuerrecht wieder findet und in den verschiedenen gesetzlichen Re-

---

403 *Hüttemann*, Die Besteuerung der öffentlichen Hand, S. 56.
404 So auch *Berkenheide*, Die kommunale Abfallentsorgung – ein Betrieb gewerblicher Art, S. 39f.

gelungen einheitlich verstanden wird[405]. Wird eine Tätigkeit mehrmals ausgeübt, ist sie nachhaltig[406]. Ausreichend ist darüber hinaus schon, die Tätigkeit mit der bloßen Absicht der Wiederholung durchzuführen[407]. Besteht von Anfang an eine Wiederholungsabsicht, genügt bereits das erstmalige Tätigwerden, um das Merkmal der Nachhaltigkeit zu erfüllen[408]. Mehrere Handlungen deuten dann nicht auf Nachhaltigkeit hin, wenn eine einzelne Handlung nur weitere Handlungen auslöst, die sich als unbedeutende gewerbliche Betätigungen darstel-

---

[405] BFH, Urteil vom 21. August 1985, I R 60/80, in: BStBl. II 1986, S. 88, 89; *Bader*, Hoheitsbetrieb und Betrieb gewerblicher Art im Umsatz- und Körperschaftsteuerrecht, S. 118; *Buciek*, in: Beermann, Steuerliches Verfahrensrecht, § 14 AO, Rn. 30; *Gastl*, Betriebe gewerblicher Art im Körperschaftsteuerrecht, Fn. 96 auf S. 20; *Hüttemann*, Wirtschaftliche Betätigung und steuerliche Gemeinnützigkeit, S. 138; *König*, Die subjektive Steuerpflicht der Betriebe gewerblicher Art von Juristischen Personen des öffentlichen Rechts nach dem deutschen Körperschaftsteuerrecht, Fn. 154 auf S. 61; *Kugel*, Die Besteuerung öffentlicher Betriebe, Fn. 44 auf S. 21; *Landwehr*, Betriebe gewerblicher Art von juristischen Personen des öffentlichen Rechts im Körperschaftsteuerrecht, S. 222; *Streck*, in: Streck, KStG[6], § 4, Nr. 6; *Weissenborn/Schaaf*, in: KStZ 1969, S. 65, 66. Vgl. auch weitere Entscheidungen der Rechtsprechung, die verdeutlichen, dass der Begriff der Nachhaltigkeit einheitlich verstanden wird: RFH, Urteil vom 19. November 1941, VI 389/41, in: RStBl. 1942, S. 38, 39; BFH, Urteil vom 14. November 1963, IV 6/60 U, in: BStBl. III 1964, S. 139; Urteil vom 15. Dezember 1971, I R 49/70, in: BStBl. II 1972, S. 291f; Urteil vom 26. April 1976, V R 46/72, in: BStBl. II 1979, S. 530, 532; Urteil vom 30. November 1989, I R 19/87, in: BStBl. II 1990, S. 246, 248.

[406] BFH, Urteil vom 14. November 1963, IV 6/60 U, in: BStBl. III 1964, S. 139; Urteil vom 8. August 1979, I R 186/78, in: BStBl. II 1980, S. 106, 107; Urteil vom 21. August 1985, I R 60/80, in: BStBl. II 1986, S. 88, 90; Urteil vom 23. Oktober 1987, III R 275/83, in: BStBl. II 1988, S. 293, 295; Urteil vom 12. Juli 1991, III R 47/88, in: BStBl. II 1992, S. 143, 146; *Augsten*, in: Lademann, KStG, § 4, Rn. 9; *Berkenheide*, Die kommunale Abfallentsorgung – ein Betrieb gewerblicher Art, S. 37; *Buciek*, in: Beermann, Steuerliches Verfahrensrecht, § 14 AO, Rn. 31.

[407] BFH, Urteil vom 14. November 1963, IV 6/60 U, in: BStBl. III 1964, S. 139; Urteil vom 21. August 1985, I R 60/80, in: BStBl. II 1986, S. 88, 90; Urteil vom 23. Oktober 1987, III R 275/83, in: BStBl. II 1988, S. 293, 295; *Erhard*, in: Blümich, EStG/KStG/GewStG, § 4 KStG, Rn. 29; *Felder*, in: Dötsch/Eversberg/Jost/Pung/Witt, Körperschaftsteuer, § 4 KStG nF, Rn. 31; *Frotscher*, in: Frotscher/Maas, KStG und UmwStG, § 4 KStG, Rn. 11; *Gastl*, Betriebe gewerblicher Art im Körperschaftsteuerrecht, S. 21; *Himmelmann/Gloria*, in: KStZ 2000, S. 121, 122; *Thouet*, in: DStZ 2002, S. 91, 93; *Weissenborn/Schaaf*, in: KStZ 1969, S. 65, 66.

[408] RFH, Urteil vom 19. November 1941, VI 389/41, in: RStBl. 1942, S. 38, 39; BFH, Urteil vom 14. November 1963, IV 6/60 U, in: BStBl. III 1964, S. 139; Urteil vom 21. August 1985, I R 60/80, in: BStBl. II 1986, S. 88, 90; *Berkenheide*, Die kommunale Abfallentsorgung – ein Betrieb gewerblicher Art, S. 37; *Felder*, in: Dötsch/Eversberg/Jost/Pung/Witt, Körperschaftsteuer, § 4 KStG nF, Rn. 31; *Frotscher*, in: Frotscher/Maas, KStG und UmwStG, § 4 KStG, Rn. 11; *C. Herrmann/Klempt*, in: C. Herrmann/Heuer/Raupach, EStG und KStG, § 4 KStG, Rn. 13; *Hüttemann*, Die Besteuerung der öffentlichen Hand, S. 58; *ders.*, Wirtschaftliche Betätigung und steuerliche Gemeinnützigkeit, S. 138; *Seer*, in: DStR 1992, S. 1751, 1753; *Thouet*, in: DStZ 2002, S. 91, 93; *Weissenborn/Schaaf*, in: KStZ 1969, S. 65, 66.

len[409]. Nachhaltigkeit liegt ebenfalls nicht vor, wenn durch eine einmalige Handlung lediglich ein Dauerzustand geschaffen wird, in dessen Bestehen für längere Zeit Vergütungen anfallen[410]. Für die subjektive Komponente reicht ein allgemeiner Wille aus, ein zäsurartiger Entschluss ist nicht erforderlich[411]. Um dieses subjektive Element in die Rechtswirklichkeit zu übertragen, bedarf es objektiver Anhaltspunkte oder äußerer Merkmale[412].

Zwar soll das Merkmal der Nachhaltigkeit den Begriff des Betriebs gewerblicher Art eingrenzen, sein Gewicht bleibt in dieser Hinsicht jedoch gering[413]. In der Praxis beruht dies vor allem auf dem schwierigen Nachweis einer bestehenden oder fehlenden Wiederholungsabsicht[414]. Dennoch kann das Merkmal der Nachhaltigkeit als eine Art „Bagatellegrenze"[415] angesehen werden, die hilft, die steuerliche Erfassung vereinzelter Tätigkeiten zu verhindern[416]. Vor dem Hintergrund der Gleichmäßigkeit der Besteuerung und aufgrund seiner Anwendung im gesamten Steuerrecht ist dieses Kriterium auch für die Zwecke des Betriebs gewerblicher Art letztlich nicht verzichtbar.

dd) Wirtschaftliche Tätigkeit

(1) Allgemeines

Gem. § 4 Abs. 1 S. 1 KStG besteht die unbeschränkte Körperschaftsteuerpflicht nur für solche Einrichtungen von juristischen Personen des öffentlichen Rechts,

---

409 *Weissenborn/Schaaf*, in: KStZ 1969, S. 65, 66.

410 BFH, Urteil vom 14. November 1963, IV 6/60 U, in: BStBl. III 1964, S. 139; *Berkenheide*, Die kommunale Abfallentsorgung – ein Betrieb gewerblicher Art, S. 37; *Felder*, in: Dötsch/Eversberg/Jost/Pung/Witt, Körperschaftsteuer, § 4 KStG nF, Rn. 31; *Himmelmann/Gloria*, in: KStZ 2000, S. 121, 122.

411 BFH, Urteil vom 21. August 1985, I R 60/80, in: BStBl. II 1986, S. 88, 90; *Buciek*, in: Beermann, Steuerliches Verfahrensrecht, § 14 AO, Rn. 33ff; *Hüttemann*, Wirtschaftliche Betätigung und steuerliche Gemeinnützigkeit, S. 137.

412 BFH, Urteil vom 21. August 1985, I R 60/80, in: BStBl. II 1986, S. 88, 90; Urteil vom 12. Juli 1991, III R 47/88, in: BStBl. II 1992, S. 143, 146.

413 *Landwehr*, Betriebe gewerblicher Art von juristischen Personen des öffentlichen Rechts im Körperschaftsteuerrecht, S. 225f.

414 *Gastl*, Betriebe gewerblicher Art im Körperschaftsteuerrecht, S. 21.

415 *Gastl*, Betriebe gewerblicher Art im Körperschaftsteuerrecht, S. 22.

416 *Bader*, Hoheitsbetrieb und Betrieb gewerblicher Art im Umsatz- und Körperschaftsteuerrecht, S. 118; *Gastl*, Betriebe gewerblicher Art im Körperschaftsteuerrecht, S. 22; *König*, Die subjektive Steuerpflicht der Betriebe gewerblicher Art von Juristischen Personen des öffentlichen Rechts nach dem deutschen Körperschaftsteuerrecht, S. 61; *Landwehr*, Betriebe gewerblicher Art von juristischen Personen des öffentlichen Rechts im Körperschaftsteuerrecht, S. 225f.

die einer wirtschaftlichen Tätigkeit dienen. Der Begriff der wirtschaftlichen Tätigkeit ist ein Kernmerkmal des Betriebs gewerblicher Art. Dieses Merkmal kann jedoch nicht isoliert im Rahmen des § 4 Abs. 1 S. 1 KStG behandelt werden, da im Zusammenhang mit dem in § 4 Abs. 5 S. 1 KStG normierten Hoheitsbetrieb umstritten ist, auf welche Art und Weise der Begriff der wirtschaftlichen Tätigkeit zu bestimmen ist, unter welchen Voraussetzungen er vorliegt und ob er in erster Linie in Abgrenzung zum aus § 4 Abs. 5 S. 1 KStG folgenden Begriff der Ausübung öffentlicher Gewalt zu bestimmen ist[417]. Daher soll die Frage nach der wirtschaftlichen Tätigkeit erst im Zusammenhang mit der Erörterung des für den Hoheitsbetrieb maßgeblichen Begriffs der Ausübung der öffentlichen Gewalt umfassend geklärt werden, um der Problematik der Hoheitlichkeit nicht vorzugreifen.

(2) Vermögensverwaltung als wirtschaftliche Tätigkeit i. S. des § 4 Abs. 1 S. 1 KStG

Bereits an dieser Stelle soll untersucht werden, ob die private Vermögensverwaltung in den Bereich der wirtschaftlichen Tätigkeit eingeordnet werden kann, da diese Fragestellung nicht von der Erörterung des Hoheitsbetriebs des § 4 Abs. 5 KStG abhängig ist. In überwiegender Zahl wird die Ansicht vertreten, die reine Vermögensverwaltung sei aus dem Bereich der wirtschaftlichen Tätigkeit auszuschließen[418], da sie nicht die Schwelle zum Betrieb gewerblicher Art

---

[417] Vgl. *Bader*, Hoheitsbetrieb und Betrieb gewerblicher Art im Umsatz- und Körperschaftsteuerrecht, S.86ff; *Kohorst*, Die Besteuerung der Gemeindebetriebe, S. 45; *Kugel*, Die Besteuerung öffentlicher Betriebe, S. 22f; *Landwehr*, Betriebe gewerblicher Art von juristischen Personen des öffentlichen Rechts, S. 165ff; *Siegel*, Der Begriff des „Betriebs gewerblicher Art" im Körperschaft- und Umsatzsteuerrecht, S. 94ff.

[418] RFH, Urteil vom 29. März 1938, I 53/38, in: RStBl. 1938, S. 471; Urteil vom 28. Oktober 1939, I 414/38, in: RStBl. 1940, S. 60, 61; Urteil vom 14. Oktober 1941, I 21/41, in: RStBl. 1942, S. 609, 610; Urteil vom 20. Januar 1942, I 77/41, in: RStBl. 1942, S. 405; OFH, Urteil vom 17. Juli 1947, AZ I 6/46, in: FR 1948, S. 132; BFH, Urteil vom 13. März 1974, I R 7/71, in: BStBl. II 1974, S. 391, 394; *Altehoefer*, in: FS L. Schmidt (1993), S. 677, 680; *Augsten*, in: Lademann, KStG, § 4, Rn. 9; *Berkenheide*, Die kommunale Abfallentsorgung – ein Betrieb gewerblicher Art, S. 37f; *Birkenfeld*, in: UR 1989, S. 1, 2, 7; *Erhard*, in: Blümich, EStG/KStG/GewStG, § 4 KStG, Rn. 33; *Felder*, in: Dötsch/Eversberg/Jost/Pung/Witt, Körperschaftsteuer, § 4 KStG nF, Rn. 34; *Frotscher*, in: Frotscher/Maas, KStG und UmwStG, § 4 KStG, Rn. 13; *Gastl*, Betriebe gewerblicher Art im Körperschaftsteuerrecht, S. 34ff; *ders.*, in: DStZ 2003, S. 99, 100; *Heidner*, in: Bunjes/Geist, UStG[6], § 2, Rn. 139; *C. Herrmann/Klempt*, in: C. Herrmann/Heuer/Raupach, EStG und KStG, § 4 KStG, Rn. 20; *Hey*, in: StuW 2000, S. 467, 469; *Kessler/Fritz/Gastl*, in: BB 2001, S. 961; *König*, Die subjektive Steuerpflicht der Betriebe gewerblicher Art von Juristischen Personen des öffentlichen Rechts nach dem deutschen Körperschaftsteuerrecht, S. 73; *Piltz*, in: FR 1980, S. 34; *Reich/Helios*, in: BB 2001, S. 1442, 1446; *Schäfer*, in: UR 2003, S. 526, 527; *Seer*, in: DStR 1992, S. 1751, 1752f; *Stadie*,

überschreite. Die weitergehende Begründung für den Ausschluss liegt im Wesentlichen in einer vorgeblichen Parallelität des Betriebs gewerblicher Art zum Gewerbebetrieb des § 15 Abs. 2 EStG und dem damit verbundenen Rückgriff auf die Begriffsbestimmung der Vermögensverwaltung in § 14 S. 3 AO.
Dieser Ansatzpunkt überzeugt jedoch nicht. Wenn auch ursprünglich, wie in der Gesetzesbegründung zum KStG 1934[419] zum Ausdruck kommt, für die Figur des Betriebs gewerblicher Art das äußere Bild eines Gewerbebetriebs maßgeblich sein sollte, so stehen doch die Regelungen der §§ 1 Abs. 1 Nr. 6, 4 KStG und § 15 Abs. 2 EStG nicht parallel nebeneinander. § 15 Abs. 2 EStG betrifft die Einkommenssphäre und damit die objektive Steuerpflicht; die §§ 1 Abs. 1 Nr. 6, 4 KStG widmen sich der subjektiven Steuerpflicht. Diese unterschiedliche Zweckrichtung verbietet es, aus dem Gewerbebetriebsbegriff Folgerungen für die Figur des Betriebs gewerblicher Art zu ziehen und ein negatives Kriterium – den Ausschluss der Vermögensverwaltung – auf den Betrieb gewerblicher Art zu übertragen. Zudem stellt sich das Problem, aufgrund der weit formulierten unbeschränkten Steuerpflicht nach § 15 Abs. 1 und 2 EStG klassische Kapitalanleger und Vermieter (§§ 20 und 21 EStG) ausscheiden zu müssen[420], für die §§ 1 Abs. 1 Nr. 6, 4 KStG nicht. Im KStG sind nur juristischen Personen des öffentlichen Rechts und ihre Betriebe gewerblicher Art betroffen und nicht natürliche Personen, bei denen § 15 EStG nur gewerbliche Einkünfte erfassen will. Darüber hinaus unterscheiden sich der Gewerbebetrieb und der Betrieb gewerblicher Art in einigen Merkmalen, wie ein Vergleich von § 15 Abs. 2 EStG und § 4 Abs. 1 S. 2 KStG zeigt. Dass diese Differenzierung über § 8 Abs. 1 KStG wieder eingeebnet wird, betrifft nur die Einkommensermittlung und nicht die subjektive Steuerpflicht.
Die Schwächen einer parallelen Anwendung der Regeln des § 15 Abs. 2 EStG auf die §§ 1 Abs. 1 Nr. 6, 4 KStG haben bei einigen Autoren dazu geführt, den Wettbewerbsgedanken als ratio legis in den Vordergrund zu stellen[421]. Er soll

---

in: Rau/Dürrwächter/Flick/Geist, UStG, § 2, Rn. 860f; *Steffen*, in: DStR 2000, S. 2025; *Strahl*, in: FR 1998, S. 761f; *ders.*, in: UR 2001, S. 277; *Streck*, in: Streck, KStG[6], § 4, Nr. 12; *Weissenborn/Schaaf*, in: KStZ 1969, S. 87, 90; *Zenthöfer*, in: Cattelaens/Gottstein/Stegmüller/Zenthöfer, Körperschaftsteuer[13], Rn. 77f. De lege lata auch *Siegel*, Der Begriff des „Betriebs gewerblicher Art“ im Körperschaft- und Umsatzsteuerrecht, S. 238ff, der jedoch die Steuerfreistellung der vermögensverwaltenden Tätigkeit der öffentlichen Hand aus verfassungsrechtlicher Sicht bezweifelt.

419 RStBl. 1935, S. 81, 82.

420 Vgl. die ständige Rechtsprechung: BFH, Urteil vom 11. Juli 1968, IV 139/63, in: BStBl. II 1968, S. 775, 776; Beschluss vom 25. Juni 1984, GrS 4/82, in: BStBl. II 1984, S. 751, 763; Urteil vom 24. Januar 1996, X R 255/93, in: BStBl. II, S. 303, 304ff.

421 *Bader*, Hoheitsbetrieb und Betrieb gewerblicher Art im Umsatz- und Körperschaftsteuerrecht, S. 107ff; *Hüttemann*, Die Besteuerung der öffentlichen Hand, S. 67ff; *ders.*, Wirtschaft-

der Maßstab bei der Frage sein, ob die reine Vermögensverwaltung aus dem Feld der wirtschaftlichen Tätigkeit auszugrenzen ist. Dieser Ansatz überzeugt. Es wäre eine Bevorzugung der Betriebe von juristischen Personen des öffentlichen Rechts, wenn bei ihnen ohne Berücksichtigung der Auswirkungen auf den Markt und nur wegen einer vermeintlichen Parallelität zum Gewerbebetrieb bestimmte Tätigkeitselemente aus dem Bereich der wirtschaftlichen Betätigung ausgenommen wären. Sinn und Zweck der §§ 1 Abs. 1 Nr. 6, 4 KStG ist es, Wettbewerbsverzerrungen zu verhindern. Dazu tragen kategorische Anwendungen der Regeln des § 15 Abs. 2 EStG nichts bei, sie verfälschen vielmehr das Bild. Für den Betrieb gewerblicher Art ist daher jeweils zu untersuchen, ob eine vermögensverwaltende Tätigkeit wettbewerbsrelevant in den Markt eingreift[422]. Zuletzt ist noch auf die Sonderregelung des § 4 Abs. 4 KStG hinzuweisen. Danach gilt die Verpachtung eines Betriebs gewerblicher Art durch eine juristische Person des öffentlichen Rechts selbst als Betrieb gewerblicher Art. Aufgrund dieser allgemeinen Steuerpflicht der Betriebsverpachtung ist eine Abgrenzung gegenüber der bloßen, nichtsteuerbaren Vermögensverwaltung nach wettbewerbsrelevanten Gesichtspunkten nicht erforderlich[423].

ee) Keine Land- und Forstwirtschaft

Keine steuerbare wirtschaftliche Tätigkeit im Rahmen des Betriebs gewerblicher Art soll nach § 4 Abs. 1 S. 1 KStG die Land- und Forstwirtschaft sein. Diese Privilegierung der juristischen Personen des öffentlichen Rechts knüpft an das äußere Bild des Gewerbebetriebs an, das für die Bestimmung von Betrieben gewerblicher Art immer wieder herangezogen wird. Denn im EStG wird klar zwischen gewerblichen Einkünften und solchen aus Land- und Forstwirtschaft getrennt. Doch wie schon oben erläutert[424], ist der Typusbegriff des äußeren Bildes des Gewerbebetriebs nicht aussagekräftig und kann somit keine besondere Rolle bei Begriffsbestimmungen im Rahmen der §§ 1 Abs. 1 Nr. 6, 4 KStG

---

liche Betätigung und steuerliche Gemeinnützigkeit, S. 148ff; *Landwehr*, Betriebe gewerblicher Art von juristischen Personen des öffentlichen Rechts im Körperschaftsteuerrecht, S. 190ff.

[422] Auf einzelne Segmente des Bereichs der „reinen Vermögensverwaltung" soll nicht weiter eingegangen werden. Vgl. dazu *Hüttemann*, Wirtschaftliche Betätigung und steuerliche Gemeinnützigkeit, S. 148ff, 153ff; *Landwehr*, Betriebe gewerblicher Art von juristischen Personen des öffentlichen Rechts im Körperschaftsteuerrecht, S. 199ff.

[423] *Hüttemann*, Die Besteuerung der öffentlichen Hand, S. 71f, hält die Sonderregelung des § 4 Abs. 4 KStG für „überzogen" und plädiert für eine Abschaffung dieser Regelung. Zweifel hegt auch *Bader*, Hoheitsbetrieb und Betrieb gewerblicher Art im Umsatz- und Körperschaftsteuerrecht, S. 115.

[424] Siehe C. I. 3. a).

spielen. Zudem stimmen der Gewerbebetriebsbegriff und der Begriff des Betriebs gewerblicher Art schon im bloßen Wortlaut nicht überein[425], so dass die Unterscheidung im EStG zwischen Land- und Forstwirtschaft auf der einen Seite und Gewerbebetrieb auf der anderen für Zwecke der Auslegung des KStG nicht herangezogen werden kann.

Der Ausschluss der Land- und Forstwirtschaft aus der steuerbaren wirtschaftlichen Tätigkeit hat vor allem historische Gründe, wie *Landwehr* darstellt[426]. Die in der Vergangenheit eventuell noch überzeugende Argumentation, nach der die Agrarwirtschaft für die Grundversorgung der Bevölkerung aufkommen müsse und eine Steuerbelastung zudem die Einnahmen der Länder und Gemeinden – für die die Land- und Forstwirtschaft früher eine Haupteinnahmequelle war – schmälere, ist heute überholt. In der Gegenwart kann die Land- und Forstwirtschaft nicht mehr auf eine bloß nationale Existenzsicherung im Bereich von Lebensmitteln und anderen Naturgütern reduziert werden, wie vor allem die europäische Agrarpolitik deutlich macht. Darüber hinaus sind auf der Ebene der nationalen öffentlich-rechtlichen (Gebiets-)Körperschaften andere und neue Einnahmequellen entstanden, die die historischen stark zurückgedrängt haben. Es sei noch angemerkt, dass auch bei einer Einbeziehung der land- und forstwirtschaftlichen Betriebe in die §§ 1 Abs. 1 Nr. 6, 4 KStG eine Steuerbefreiung möglich wäre. Hoheitliche Betriebe sind nach § 4 Abs. 5 KStG steuerfrei, so dass – wenn die Voraussetzungen für einen Hoheitsbetriebs erfüllt wären – das Tätigwerden für die Grundversorgung der Bevölkerung mit Lebensmitteln steuerlich begünstigt werden könnte.

Die steuerliche Nichtberücksichtigung der land- und forstwirtschaftlichen Betriebe juristischer Personen des öffentlichen Rechts ist eine zweifelhafte Privilegierung der öffentlichen Hand[427] und erweist sich somit als Anachronismus, der mit dem Wettbewerbsgedanken nicht zu vereinbaren ist[428]. Daher ist eine

---

[425] Vgl. auch *Landwehr*, Betriebe gewerblicher Art von juristischen Personen des öffentlichen Rechts im Körperschaftsteuerrecht, Fn. 649 auf S. 227, der sich zu Recht gegen *H. Klein*, NWB, Nr. 13, Fach 4, 1997, S. 4145, 4149, wendet, da dieser nur darauf abstellt, dass eine land- und forstwirtschaftliche Tätigkeit sich nicht mit dem Merkmal der gewerblichen Art vertrage. Auch die Auffassung von *König*, Die subjektive Steuerpflicht der Betriebe gewerblicher Art von Juristischen Personen des öffentlichen Rechts nach dem deutschen Körperschaftsteuerrecht, S. 67ff, ist abzulehnen. Denn *König* will allein aufgrund des Begriffs des Betriebs gewerblicher Art die Land- und Forstwirtschaft ausschließen, da der Betrieb gewerblicher Art nur eine Modifizierung des Gewerbebetriebs darstelle.

[426] *Landwehr*, Betriebe gewerblicher Art von juristischen Personen des öffentlichen Rechts im Körperschaftsteuerrecht, 226f m. w. N.

[427] *Pezzer*, in: Tipke/Lang, Steuerrecht[17], § 11, Rn. 11; *Streck*, in: Streck, KStG[6], § 4, Nr. 11.

[428] *Gastl*, Betriebe gewerblicher Art im Körperschaftsteuerrecht, S. 33; *Landwehr*, Betriebe gewerblicher Art von juristischen Personen des öffentlichen Rechts im Körperschaftsteuer-

Änderung des § 4 Abs. 1 S. 1 KStG zu fordern[429], der Ausschluss der Land- und Forstwirtschaft aus dem Regelungsbereich der Betriebe gewerblicher Art ist aufzuheben.
Nach Durchführung einer solchen Gesetzesänderung müssten dann – bei Vorliegen der weiteren Voraussetzungen des § 4 Abs. 1 KStG – die land- und forstwirtschaftlichen Unternehmen der juristischen Personen des öffentlichen Rechts mitsamt ihrer Nebenbetriebe und verpachteten Betriebe als Betriebe gewerblicher Art angesehen werden. Dies könnte zudem die Abgrenzung gegenüber den schon nach allgemeiner Ansicht steuerpflichtigen Betrieben, die keine land- und forstwirtschaftlichen sind, in denen jedoch land- und forstwirtschaftliche Einkünfte anfallen[430], vermeiden. Darüber hinaus erreichte der Gesetzgeber eine steuerliche Gleichstellung zwischen privatrechtlich organisierten land- und forstwirtschaftlichen Unternehmen und solchen nach § 1 Abs. 1 Nr. 6, 4 KStG[431].

ff) Einnahmeerzielungsabsicht

Nach § 4 Abs. 1 S. 1 KStG muss der Betrieb gewerblicher Art zur Erzielung von Einnahmen tätig werden. Mit diesem Kriterium erhält der Begriff des Betriebs gewerblicher Art auch ein subjektives Element. Unter Bezugnahme auf den Einnahmebegriff des § 8 Abs. 1 EStG umfasst die Einnahmeerzielungsabsicht neben den Einnahmen alle geldwerten, damit wirtschaftlichen Vorteile, die im Zuge der wirtschaftlichen Betätigung der juristischen Person des öffentlichen Rechts zugute kommen[432]. Aufgrund des weiten Verständnisses des Ein-

---

recht, S. 226ff, insbes. S. 228. A. A.: *Bader*, Hoheitsbetrieb und Betrieb gewerblicher Art im Umsatz- und Körperschaftsteuerrecht, S. 117. Zur Rechtslage im Bereich der Umsatzsteuer vgl. *Bader*, Hoheitsbetrieb und Betrieb gewerblicher Art im Umsatz- und Körperschaftsteuerrecht, S. 117f; *Kugel*, Die Besteuerung öffentlicher Betriebe, S. 28. Nach § 2 Abs. 3 S. 1 UStG sind im ausdrücklichen Gegensatz zum Wortlaut des § 4 Abs. 1 S. 1 KStG land- und forstwirtschaftliche Betriebe juristischer Personen des öffentlichen Rechts steuerpflichtig.

429 *Gastl*, Betriebe gewerblicher Art im Körperschaftsteuerrecht, S. 33; *Landwehr*, Betriebe gewerblicher Art von juristischen Personen des öffentlichen Rechts im Körperschaftsteuerrecht, S. 228.

430 Vgl. *C. Herrmann/Klempt*, in: C. Herrmann/Heuer/Raupach, EStG und KStG, § 4 KStG, Rn. 19; *Kugel*, Die Besteuerung öffentlicher Betriebe, S. 28; *Streck*, in: Streck, KStG[6], § 4, Nr. 11.

431 *Landwehr*, Betriebe gewerblicher Art von juristischen Personen des öffentlichen Rechts im Körperschaftsteuerrecht, S. 228. Vgl. zur unterschiedlichen Behandlung nach der derzeitigen Gesetzeslage *C. Herrmann/Klempt*, in: C. Herrmann/Heuer/Raupach, EStG und KStG, § 4 KStG, Rn. 19.

432 *Berkenheide*, Die kommunale Abfallentsorgung – ein Betrieb gewerblicher Art, S. 38; *Felder*, in: Dötsch/Eversberg/Jost/Pung/Witt, Körperschaftsteuer, § 4 KStG nF, Rn. 32; *Frot-*

nahmebegriffs hat es keine Auswirkungen, dass § 4 Abs. 1 S. 1 KStG entgegen § 1 Abs. 1 KStDV 1968 die wirtschaftlichen Vorteile nicht mehr explizit erwähnt. Entscheidend ist somit die Absicht, wirtschaftliche Vorteile jeglicher Art zu erlangen[433], wobei dies nicht Hauptzweck der Betätigung sein muss[434]. Zwar hat der BFH ausgeführt, dass, wenn die Erzielung von Einnahmen lediglich Nebenzweck sei, die Erfüllung öffentlicher Aufgaben im Vordergrund stehe und kein Betrieb gewerblicher Art vorliege[435]. Diese Aussage ist jedoch in qualitativer Hinsicht dahingehend zu verstehen, dass entscheidend ist, wie wichtig die Einnahmeerzielungsabsicht ist[436].

Das innere Merkmal der Absicht ist wegen seiner Subjektivität schwer nachzuweisen. Als maßgebliche Entscheidungshilfen können daher objektive, äußere Kriterien dienen[437]. Aus dieser objektiven Sicht heraus definiert z. B. *Kugel* eine Tätigkeit zur Erzielung von Einnahmen als Ausführung von Leistungen gegen ein Entgelt[438]. *Heidner* und *Himmelmann* und *Gloria* stellen darauf ab, ob finanzielle oder sonstige Gegenleistungen verlangt und erzielt werden[439]. *Siegel* erfasst alle Gegenleistungen in Geld oder Geldeswert, die durch eine wirtschaftliche Tätigkeit, also eine Leistung der juristischen Person des öffentlichen

scher, in: Frotscher/Maas, KStG und UmwStG, § 4 KStG, Rn. 4; *Gastl*, Betriebe gewerblicher Art im Körperschaftsteuerrecht, S. 28; *C. Herrmann/Klempt*, in C. Herrmann/Heuer/Raupach, EStG und KStG, § 4 KStG, Rn. 8; *Hüttemann*, Die Besteuerung der öffentlichen Hand, S. 58; *Landwehr*, Betriebe gewerblicher Art von juristischen Personen des öffentlichen Rechts im Körperschaftsteuerrecht, S. 231; *Louis*, Die Besteuerung der öffentlichen Unternehmen und Einrichtungen der Daseinsvorsorge, S. 82; *Strahl*, in: FR 1998, S. 761, 762; *Streck*, in: Streck, KStG[6], § 4, Nr. 6.

[433] *Bader*, Hoheitsbetrieb und Betrieb gewerblicher Art im Umsatz- und Körperschaftsteuerrecht, S. 119.

[434] *Himmelmann/Gloria*, in: KStZ 2000, S. 121, 122; *Landwehr*, Betriebe gewerblicher Art von juristischen Personen des öffentlichen Rechts im Körperschaftsteuerrecht, S. 232; *Ramme*, Betriebe gewerblicher Art von Körperschaften öffentlichen Rechts und die Ausübung öffentlicher Gewalt im Umsatzsteuerrecht, S. 54.

[435] BFH, Urteil vom 23. Oktober 1996, I R 1-2/94, in: BStBl. II 1997, S. 139, 142.

[436] So auch *Thouet*, in: DStZ 2002, S. 91, 93.

[437] Siehe auch allgemein zum Nachweis subjektiver Merkmale bei: BFH, Beschluss vom 25. Juni 1984, GrS 4/82, in: BStBl. II 1984, S. 751, 767; Urteil vom 21. August 1985, I R 60/80, in: BStBl. II 1986, S. 88, 90f; Urteil vom 12. Juli 1991, III R 47/88, in: BStBl. II 1992, S. 143, 146; *Bader*, Hoheitsbetrieb und Betrieb gewerblicher Art im Umsatz- und Körperschaftsteuerrecht, S. 120; *Landwehr*, Betriebe gewerblicher Art von juristischen Personen des öffentlichen Rechts im Körperschaftsteuerrecht, S. 230. *Matheja*, in: UR 1978, S. 221, 223, ist jedoch hinsichtlich der Unternehmereigenschaft in § 2 Abs. 1 S. 3 UStG der Ansicht, dass eine Betätigung, die sich als das „bloße Einsammeln von Erträgnissen" erweise, keine Tätigkeit zur Erzielung von Einnahmen sei.

[438] *Kugel*, Die Besteuerung öffentlicher Betriebe, S. 23f.

[439] *Heidner*, in: Bunjes/Geist, UStG[6], § 2, Rn. 61; *Himmelmann/Gloria*, in: KStZ 2000, S. 121, 122.

Rechts ausgelöst werden, als Einnahmen[440], denn nur bei Einnahmen für Leistungen sei eine Wettbewerbssituation überhaupt denkbar. Nach *Landwehr* ist das Moment der Aufnahme der Tätigkeit maßgeblich. Sei zu diesem Zeitpunkt der Wille erkennbar, keine finanzielle Gegenleistung zu fordern, liege keine Einnahmeerzielungsabsicht vor[441].
Die verschiedenen Annäherungen an den Begriff der Einnahmen erhellen die Verknüpfung mit dem Leistungsaspekt. Ein objektives Leistungsverhältnis, das auf der Seite des Betriebs gewerblicher Art bzw. der juristischen Person des öffentlichen Rechts die Einnahme eines Entgelts zur Folge hat, ist ausschlaggebend. Das weite Verständnis des Einnahmebegriffs führt zur grundsätzlichen Einbeziehung öffentlich-rechtlich geschuldeter Gegenleistungen für wirtschaftliche Leistungen der juristischen Person des öffentlichen Rechts[442]. Dieser Aspekt spielt beim Staat und den unterstaatlichen juristischen Personen des öffentlichen Rechts insbesondere hinsichtlich von Beiträgen und Gebühren eine nicht unwesentliche Rolle[443]. Im Bereich der öffentlich-rechtlich organisierten Kirchen und Religionsgemeinschaften ist dieses Begriffsverständnis vor dem Hintergrund sinnvoll, dass nicht entscheidend sein kann, wie eine Entgeltforderung benannt wird. Sollten hier Gegenleistungen als „Gebühren“ oder „Beiträge“ verlangt werden, schützt diese Bezeichnung allein nicht vor einer eventuellen Feststellung von Einnahmen i. S. des § 4 Abs. 1 S. 1 KStG.
Der wesentliche Streitpunkt im Rahmen des Merkmals der Einnahmeerzielungsabsicht ist die Frage, ob neben der Einnahme- auch Gewinnerzielungsabsicht vorliegen muss. § 4 Abs. 1 S. 2 KStG stellt fest, dass für einen Betrieb gewerblicher Art die Absicht, Gewinn zu erzielen, nicht erforderlich ist. Dieser Satz kann jedoch aufgrund der Verknüpfung von KStG und EStG nicht isoliert betrachtet werden. Normieren die §§ 1 Abs. 1 Nr. 6, 4 KStG zunächst die sub-

---

440 *Siegel*, Der Begriff des „Betriebs gewerblicher Art“ im Körperschaft- und Umsatzsteuerrecht, S. 102.

441 *Landwehr*, Betriebe gewerblicher Art von juristischen Personen des öffentlichen Rechts im Körperschaftsteuerrecht, S. 230f.

442 BFH, Urteil vom 26. Mai 1977, V R 15/74, in: BStBl. II 1977, S. 813, 815; Urteil vom 28. Januar 1988, V R 112/86, in: BStBl. II 1988, S. 473, 476; Urteil vom 18. August 1988, V R 18/83, in: BStBl. II 1988, S. 971, 973; Urteil vom 21. September 1989, V R 89/85, in: 1990 II, S. 95, 97; Urteil vom 23. Oktober 1996, I R 1-2/94, in: BStBl. II 1997, S. 139, 141; *Felder*, in: Dötsch/Eversberg/Jost/Pung/Witt, Körperschaftsteuer, § 4 KStG nF, Rn. 32; *Lang/Seer*, in: StuW 1993, S. 47, 51; *Piltz*, in: FR 1980, S. 34; *Siegel*, Der Begriff des „Betriebs gewerblicher Art“ im Körperschaft- und Umsatzsteuerrecht, S. 102.

443 Vgl. *F. Kirchhof*, Grundriß des Steuer- und Abgabenrechts[2], Rn. 233ff; *Lang*, in: Tipke/Lang, Steuerrecht[17], § 3, Rn. 18ff; *Siegel*, Der Begriff des „Betriebs gewerblicher Art“ im Körperschaft- und Umsatzsteuerrecht, S. 103.

jektive Körperschaftsteuerpflicht[444], regeln § 8 Abs. 1 KStG und § 15 Abs. 2 EStG die objektive Steuerpflicht. Über die Definition des Gewerbebetriebs in § 15 Abs. 2 EStG taucht dann auf der objektiven Ebene der Steuerpflicht doch das Merkmal der Gewinnerzielungsabsicht auf. Bei dieser Wortlautbetrachtung stehen § 4 Abs. 1 S. 2 KStG und § 8 Abs. 1 KStG, § 15 Abs. 2 EStG im Widerspruch zueinander. Sollen die Regelungen nicht jeweils ins Leere laufen, muss dieser Widerspruch aufgehoben werden. Hierfür bestehen zwei Lösungswege. Entweder nimmt man über § 8 Abs. 1 KStG das Merkmal der Gewinnerzielungsabsicht in den Begriff des Betriebs gewerblicher Art auf oder die Anwendung des § 15 Abs. 2 EStG wird über § 8 Abs. 1 KStG für die Frage des Betriebs gewerblicher Art dahin gehend modifiziert, dass eine Gewinnerzielungsabsicht – wie § 4 Abs. 1 S. 2 KStG es zulässt – zwar vorliegen kann und darf, sie aber – unter Zurückstellung des § 15 Abs. 2 EStG – nicht vorliegen muss.
Eine Reihe von Autoren fordert dann auch trotz der gegenteiligen Aussage des § 4 Abs. 1 S. 2 KStG für den Betrieb gewerblicher Art eine Gewinnerzielungsabsicht[445]. Durch die Verknüpfung des KStG mit dem EStG werde § 4 Abs. 1 KStG modifiziert. Die für den objektiven Steuertatbestand geltende Norm des § 15 Abs. 2 EStG wirke sich für den Betrieb gewerblicher Art letztlich auch im Hinblick auf die subjektiven Voraussetzungen aus. Im subjektiven Steuertatbestand keine Gewinnerzielungsabsicht zu fordern, dies aber auf der Einkünfteebene nachzuholen, sei in sich nicht schlüssig und daher widersprüchlich. Allein die Geltung des Merkmals der Gewinnerzielungsabsicht füge sich in das Gesamtkonzept von EStG und KStG, das für die Besteuerung von Einkünften allgemein eine Einkünfteerzielungsabsicht voraussetze[446], ein. Ein solches Vorgehen entspreche auch dem Wettbewerbsgedanken der §§ 1 Abs. 1 Nr. 6 und 4 KStG. Liebhaberei eines privaten Unternehmens sei kein Besteuerungsgegenstand. Daher müsse auch der Liebhabereibereich eines Betriebs gewerblicher Art

---

[444] *Seer*, in: DStR 1992, S. 1790, 1791, verdeutlicht jedoch, dass die §§ 1 Abs. 1 Nr. 6, 4 KStG in ihrer Bedeutung über die Festlegung der subjektiven Steuerpflicht hinausgehen.

[445] *Gastl*, in: DStZ 2003, S. 99, 105; *Hüttemann*, Die Besteuerung der öffentlichen Hand, S. 34ff, 37f; *Lang/Seer*, in: StuW 1993, S. 47, 50f; *Seer*, in: DStR 1992, S. 1790, 1791; *Seer/Wendt*, in: DStR 2001, S. 825, 836; *Wenk/Stein*, in: FR 1999, S. 573, 578f. *Stadie*, in: Rau/Dürrwächter/Flick/Geist, UStG, § 2, Rn. 869, erkennt zwar an, dass § 4 Abs. 1 S. 2 KStG keine Gewinnerzielungsabsicht fordert, eine Besteuerung dauernd verlustbringender Tätigkeiten komme aber nicht in Betracht.

[446] *Lang/Seer*, in: StuW 1993, S. 47, 50; *Seer*, in: DStR 1992, S. 1790, 1791; *Stadie*, in: Rau/Dürrwächter/Flick/Geist, UStG, § 2, Rn. 869. Zur Einkünfteerzielungsabsicht vgl. *Jakob*, Einkommensteuer[3], Rn. 56, 85ff; *Lang*, in: Tipke/Lang, Steuerrecht[17], § 9, Rn. 124ff, 128; *Seeger*, in: L. Schmidt, EStG[23], § 2, Rn. 22f. Vgl. auch *Hüttemann*, Wirtschaftliche Betätigung und steuerliche Gemeinnützigkeit, S. 122ff, der das Erfordernis der Gewinnerzielungsabsicht für den wirtschaftlichen Geschäftsbetrieb des § 14 AO begründet.

steuerfrei bleiben, da sich dort keine Wettbewerbssituation ergeben könne[447]. Nur auf diese Weise könne die Leistungsfähigkeit der Steuersubjekte, die diese erst in die Lage versetze, aus erzielten Überschüssen Steuern zu zahlen, erfasst werden[448]. Zudem sei es nicht Aufgabe des Gesetzgebers, durch die Ermöglichung der steuerlichen Verrechnung von Gewinn- und Verlustbetrieben an einer „Subventionierung der öffentlichen Hand" teilzunehmen[449] und der „uneingeschränkten Berücksichtigung von Verlusten" eine Grundlage zu geben[450].

Die herrschende Ansicht stellt sich gegen diese Auffassung, wobei mit der bloßen Feststellung, im Rahmen eines Betriebs gewerblicher Art müsse keine Gewinnerzielungsabsicht vorliegen[451] und auch dauernd verlustbringende Tätigkeiten seien umfasst[452], nicht viel geholfen ist. Ein erstes Argument gegen das Merkmal der Gewinnerzielungsabsicht ist maßgeblich von *König* entwickelt[453] und von anderen aufgegriffen[454] worden. Es sei bei bestimmten Einrichtungen von juristischen Personen des öffentlichen Rechts oft zweifelhaft und schwer nachprüfbar, ob sie Gewinne anstrebten oder dies zumindest ihr Zweck sei. Um sich eine komplizierte Überprüfung der jeweiligen Sachverhalte und die Auseinandersetzung mit der Behauptung, die Tätigkeit diene dem öffentlichen Interesse, zu ersparen, habe der Gesetzgeber auf das Merkmal der Gewinnerzielungsabsicht verzichtet. Bloße Schwierigkeiten bei der Sachverhaltsermittlung könnten zwar keinen Verstoß gegen materielles Recht rechtfertigen[455], jedoch entspreche die Einschätzung, eine Gewinnerzielungsabsicht sei schwer nachzuweisen, dem den §§ 1 Abs. 1 Nr. 6, 4 KStG zugrunde liegenden Wettbewerbs-

---

[447] *Seer*, in: DStR 1992, S. 1790, 1791.

[448] *Stadie*, in: Rau/Dürrwächter/Flick/Geist, UStG, § 2, Rn. 869.

[449] *Stadie*, in: Rau/Dürrwächter/Flick/Geist, UStG, § 2, Rn. 869.

[450] *Hüttemann*, Die Besteuerung der öffentlichen Hand, S. 36.

[451] *Erhard*, in: Blümich, EStG/KStG/GewStG, § 4 KStG, Rn. 36; *Felder*, in: Dötsch/Eversberg/Jost/Pung/Witt, Körperschaftsteuer, § 4, Rn. 32; *Frotscher*, in: Frotscher/Maas, KStG und UmwStG, § 4 KStG, Rn. 11; *C. Herrmann/Klempt*, in C. Herrmann/Heuer/Raupach, EStG und KStG, § 4 KStG, Rn. 8; *Himmelmann/Gloria*, in: KStZ 2000, S. 121, 122; *Hofmeister*, in: FS L. Schmidt (1993), S. 691, 701; *Kohorst*, Die Besteuerung der Gemeindebetriebe, S. 46; *Steffen*, in: DStR 2000, S. 2025; *Streck*, in: Streck, KStG[6], § 4, Nr. 9; *Widmann*, in: UR 1987, S. 221, 222; *Zenthöfer*, in: Cattelaens/Gottstein/Stegmüller/Zenthöfer, Körperschaftsteuer[13], Rn. 80.

[452] *Kugel*, Die Besteuerung öffentlicher Betriebe, S. 24; *Louis*, Die Besteuerung der öffentlichen Unternehmen und Einrichtungen der Daseinsvorsorge, S. 82.

[453] *König*, Die subjektive Steuerpflicht der Betriebe gewerblicher Art von Juristischen Personen des öffentlichen Rechts nach dem deutschen Körperschaftsteuerrecht, S. 61f.

[454] *Gastl*, Betriebe gewerblicher Art im Körperschaftsteuerrecht, S. 29; *Kugel*, Die Besteuerung öffentlicher Betriebe, S. 24f; *Landwehr*, Betriebe gewerblicher Art von juristischen Personen des öffentlichen Rechts im Körperschaftsteuerrecht, S. 234; *Siegel*, Der Begriff des „Betriebs gewerblicher Art" im Körperschaft- und Umsatzsteuerrecht, S. 100.

[455] *Hüttemann*, Die Besteuerung der öffentlichen Hand, S. 36.

gedanken[456]. Die Motivation der öffentlichen Unternehmen könne nicht maßgebend für die Annahme sein, ob in objektiver Hinsicht ein Wettbewerb zu privaten Unternehmen bestehe. Auch wenn ein öffentliches Interesse im Vordergrund stehe, könne Konkurrenz entstehen[457]. Das Problem einer möglichen „Subventionierung" von juristischen Personen des öffentlichen Rechts stelle sich nicht, da die Möglichkeit der Verrechnung von Gewinnen und Verlusten verschiedener Betriebe gewerblicher Art wegen ihrer steuerrechtlichen Verselbstständigung nicht bestehe[458].

Weiter wird festgestellt, der Gesetzgeber hätte „sinnlos gehandelt", wenn die laut § 4 Abs. 1 S. 2 KStG für Betriebe gewerblicher Art nicht vorgesehene Gewinnerzielungsabsicht über § 8 Abs.1 KStG i. V. m. § 15 Abs. 2 EStG quasi „durch die Hintertür" doch eingeführt werde[459]. Eine andere Einschätzung könne auch nicht das UStG ermöglichen, welches auf § 15 Abs. 2 EStG keinen Bezug nehme, da ansonsten der Begriff des Betriebs gewerblicher Art im UStG zu dem des KStG im Widerspruch stünde. Dieses Argument überzeugt jedoch nicht völlig. In gleicher Weise könnte man vertreten, der Gesetzgeber hätte sinnwidrig gehandelt, wenn über § 8 Abs. 1 KStG der § 15 Abs. 2 EStG nicht in den § 4 Abs. 1 KStG einbezogen werden könnte, da anderenfalls die Verknüpfung zwischen § 8 Abs. 1 KStG und § 15 Abs. 2 EStG kein wirkliches Gewicht hätte. Man kommt daher in diesem Fall durch das Einfordern systematischer Sinnhaftigkeit nicht weiter.

Das wesentliche Argument, das gegen das zwingende Vorhandensein einer Gewinnerzielungsabsicht spricht, ist die fehlende Liebhaberei-Sphäre eines Betriebs gewerblicher Art. Der auch für den Betrieb gewerblicher Art geltende Vermögensbegriff des § 8 Abs. 2 KStG ist weit auszulegen[460], er umfasst das gesamte Vermögen der Einrichtung. Wie eine Kapitalgesellschaft hat diese Ein-

---

[456] *Landwehr*, Betriebe gewerblicher Art von juristischen Personen des öffentlichen Rechts im Körperschaftsteuerrecht, S. 234; *Siegel*, Der Begriff des „Betriebs gewerblicher Art" im Körperschaft- und Umsatzsteuerrecht, S. 100.

[457] *Landwehr*, Betriebe gewerblicher Art von juristischen Personen des öffentlichen Rechts im Körperschaftsteuerrecht, S. 234f.

[458] *Hüttemann*, Wirtschaftliche Betätigung und steuerliche Gemeinnützigkeit, Fn. 29 auf S. 130f; *König*, Die subjektive Steuerpflicht der Betriebe gewerblicher Art von Juristischen Personen des öffentlichen Rechts nach dem deutschen Körperschaftsteuerrecht, S. 57; *Landwehr*, Betriebe gewerblicher Art von juristischen Personen des öffentlichen Rechts im Körperschaftsteuerrecht, S. 237.

[459] *Siegel*, Der Begriff des „Betriebs gewerblicher Art" im Körperschaft- und Umsatzsteuerrecht, S. 100f.

[460] BFH, Urteil vom 4. Dezember 1996, I R 54/95, in: GmbHR 1997, S. 317, 319. Vgl. auch *Augsten*, in: Lademann, KStG, § 4, Rn. 9.

richtung nur einen innerbetrieblichen und keinen außerbetrieblichen Bereich[461]. Es bedarf somit nicht des Kriteriums der Gewinnerzielungsabsicht. Denn es ist nicht notwendig, die Verrechnung von Gewinnen mit Verlusten innerhalb eines Betriebs gewerblicher Art zu verhindern, da die Verluste nicht aus einer Liebhaberei-Betätigung stammen können. Aus diesem Grund kommt es auch nicht zu einer widersprüchlichen Rechtsanwendung[462], da nicht einerseits auf die Gewinnerzielungsabsicht als Besteuerungsmerkmal verzichtet und andererseits bei einer Verlustverrechnung die Liebhaberei-Sphäre ausgeklammert wird. Ausführungen der BFH-Rechtsprechung bestätigen diesen Ansatz. So sei die Erzielung gewerblicher Einkünfte durch eine Kapitalgesellschaft auch möglich, ohne dass die zu beurteilende Tätigkeit unter eine der sieben Einkunftsarten des § 2 Abs. 1 EStG falle[463]. Eine Gewinnerzielungsabsicht wird damit nicht vorausgesetzt. Dies gilt auch für den Betrieb gewerblicher Art[464]. Bei einer Betrachtung des Normgefüges, das den Betrieb gewerblicher Art regelt, zeigt sich, dass § 4 Abs. 1 KStG die speziellere Vorschrift gegenüber den §§ 8 Abs. 1 KStG, 15 Abs. 2 EStG ist[465]. Es gilt daher der Satz 2 des § 4 Abs. 1 KStG; die Aussage des § 15 Abs. 2 EStG hinsichtlich des zwingenden Erfordernisses einer Gewinnerzielungsabsicht ist aufgrund ihrer Nachrangigkeit im Hinblick auf die steuerliche Beurteilung des Betriebs gewerblicher Art zu vernachlässigen.

gg) Keine Notwendigkeit einer Beteiligung am allgemeinen wirtschaftlichen Verkehr

Neben dem Verzicht auf das zwingende Erfordernis einer Gewinnerzielungsabsicht schließt § 4 Abs. 1 S. 2 KStG auch das Kriterium der Beteiligung am allgemeinen wirtschaftlichen Verkehr aus dem Tatbestand des Betriebs gewerblicher Art aus. Dieses negative Merkmal wurde in § 4 KStG aufgenommen, um die sog. Eigen- oder Selbstversorgungsbetriebe der juristischen Personen des öffentlichen Rechts erfassen zu können[466]. Bei ihnen bestanden wegen ihres al-

---

[461] A. A. *Hoffmann*, in: INF 1997, S. 362, 363; *Pezzer*, in: FR 1998, S. 1093; *Wenk/Stein*, in: FR 1999, S. 573, 578. Vgl. zur Situation bei den Kapitalgesellschaften BFH, Urteil vom 22. Januar 1997, I R 64/96, in: BStBl. 1997 II, S. 548, 549; Urteil vom 4. Dezember 1996, I R 54/95, in: GmbHR 1997, S. 317, 318.

[462] Vgl. die Kritik von *Hüttemann*, Die Besteuerung der öffentlichen Hand, S. 37.

[463] BFH, Urteil vom 4. Dezember 1996, I R 54/95, in: GmbHR 1997, S. 317, 319.

[464] *Siegel*, Der Begriff des „Betriebs gewerblicher Art" im Körperschaft- und Umsatzsteuerrecht, S. 101.

[465] BFH, in: BFH/NV 1991, Urteil vom 27. Juni 1990, I R 166/85, S. 628, 630.

[466] BT-Drucksache 7/1470, S. 336. Vgl. auch *Felder*, in: Dötsch/Eversberg/Jost/Pung/Witt, Körperschaftsteuer, § 4, Rn. 32a; *Frotscher*, in: Frotscher/Maas, KStG und UmwStG, § 4 KStG, Rn. 11; *C. Herrmann/Klempt*, in: C. Herrmann/Heuer/Raupach, EStG und KStG, § 4

leinigen Tätigwerdens gegenüber den Trägerkörperschaften Zweifel hinsichtlich der Beteiligung am *allgemeinen* wirtschaftlichen Verkehr und damit an ihrer steuerlichen Erfassung. Trotz der gesetzlichen Regelung in § 4 Abs. 1 S. 2 KStG wird zumindest für den Bereich der Umsatzsteuer die Auffassung vertreten, bei Eigen- und Selbstversorgungsbetrieben handele es sich prinzipiell nicht um Betriebe gewerblicher Art[467]. Bei der Bezugnahme auf den Einkünftebegriff des EStG zeige sich, dass die Erbringung von Leistungen gegen Entgelt am Markt entscheidend sei. Eine solche Leistung könne ein Eigen- oder Selbstversorgungsbetrieb gegenüber seinem öffentlich-rechtlichen Träger nicht erbringen, da dieser keine andere Marktperson sei. Dieser Einschätzung ist jedoch nicht zuzustimmen, da der Eigen- oder Selbstversorgungsbetrieb gegenüber seinem öffentlich-rechtlichen Träger in steuerrechtlicher und zumeist wohl auch in organisatorischer Hinsicht verselbstständigt ist und beide auf diese Weise einen „Markt" bilden können. Somit fallen Eigen- und Selbstversorgungsbetriebe unter die §§ 1 Abs. 1 Nr. 6, 4 KStG und sind als Betriebe gewerblicher Art anzusehen[468].

Damit ist aber das Verhältnis von § 4 Abs. 1 S. 2 KStG und § 15 Abs. 2 EStG noch nicht geklärt, denn das Merkmal „keine Beteiligung am wirtschaftlichen Verkehr" steht im Widerspruch zum Wortlaut des § 15 Abs. 2 EStG. Nach *Lang* und *Seer* soll, wie im Hinblick auf das Kriterium der Gewinnerzielungsabsicht, § 15 Abs. 2 EStG Vorrang vor § 4 Abs. 1 S. 2 KStG genießen und zumindest auf der objektiven Ebene der Einkünfteermittlung eine Beteiligung am allgemeinen wirtschaftlichen Verkehr notwendig sein[469]. Eine Reihe von Autoren schließt sich dieser kategorischen Lösung zwar nicht an, vermeidet jedoch klare Festlegungen, indem die geringe Relevanz des Beteiligungsmerkmals in den Vordergrund gestellt wird[470]. Dort, wo das Kriterium der Beteiligung am allgemeinen wirtschaftlichen Verkehr Anwendung finde, werde es weit ausgelegt und habe daher nur eine geringe Aussagekraft und Bedeutung, da nach der h. M. es insbesondere bei typischen gewerblichen Tätigkeiten schon ausreichend

---

KStG, Rn. 8; *Hüttemann*, Die Besteuerung der öffentlichen Hand, S. 33; *H. H. Klein*, in: StuW 1967, Sp. 657, 659f; *Streck*, in: Streck, KStG^6, § 4, Nr. 10.

[467] *Stadie*, in: Rau/Dürrwächter/Flick/Geist, UStG, § 2, Rn. 878.

[468] Zu der wohl nur geringen praktischen Relevanz der Besteuerung von Eigen- oder Selbstversorgungsbetrieben siehe *Hüttemann*, Die Besteuerung der öffentlichen Hand, S. 39f.

[469] *Lang/Seer*, in: StuW 1993, S. 47, 51.

[470] *Bader*, Hoheitsbetrieb und Betrieb gewerblicher Art im Umsatz- und Körperschaftsteuerrecht, S. 97f; *Landwehr*, Betriebe gewerblicher Art von juristischen Personen des öffentlichen Rechts im Körperschaftsteuerrecht, S. 71f; *Seer*, in: DStR 1992, S. 1790, S. 1792. Vgl. für den wirtschaftlichen Geschäftsbetrieb gem. § 14 AO *Hüttemann*, Wirtschaftliche Betätigung und steuerliche Gemeinnützigkeit, S. 136f.

sei, wenn die Leistung einer einzigen anderen Person am Markt angeboten werde; eine Mehrzahl an Personen sei nicht erforderlich[471]. Da der Betrieb gewerblicher Art innerhalb der juristischen Person des öffentlichen Rechts eine verselbstständigte Einheit sei, sei die andere Marktperson die den Betrieb gewerblicher Art tragende juristische Person des öffentlichen Rechts[472]. Eine wirtschaftliche Beziehung zwischen diesen beiden „Marktsubjekten" erspare die Hinwendung der juristischen Person zu privaten Anbietern und den Betrieb vor privater Konkurrenz. Daher sei auch dieses interne Verhältnis eine Marktbeziehung i. S. der Beteiligung am allgemeinen wirtschaftlichen Verkehr und sei kein Angebot an eine externe Person notwendig[473].

Auf diese Weise wird eine klare Entscheidung hinsichtlich der Beziehung zwischen § 15 Abs. 2 EStG und § 4 Abs. 1 S. 2 KStG für das Kriterium der Beteiligung am allgemeinen wirtschaftlichen Verkehr vermieden. Wie bei dem Merkmal der Gewinnerzielungsabsicht ist jedoch auch hier eine Spezialität des § 4 Abs. 1 S. 2 KStG gegenüber § 15 Abs. 2 EStG anzunehmen, da nur § 4 Abs. 1 S. 2 KStG der besonderen Rolle des Betriebs gewerblicher Art Rechnung trägt. Für diesen Ansatz spricht schon, dass das Kriterium der Beteiligung am allgemeinen wirtschaftlichen Verkehr gerade im Hinblick auf den Bestandteil „allgemein" zu unpräzise ist, um eine regelnde Funktion in einem steuerrechtlichen Tatbestand zu übernehmen[474]. Oftmals werden Betriebe gewerblicher Art gegründet, damit sie nur zu der sie tragenden juristischen Person des öffentlichen Rechts und nicht zu externen Marktteilnehmern eine wirtschaftliche Beziehung aufbauen oder damit der Betrieb gewerblicher Art die Nachfrage der Trägerkörperschaft befriedigen kann. Ein solcher tatsächlicher Ausschluss privaten Wettbewerbs verhindert den Marktzutritt privater Anbieter. Die Besteuerung eines solchen Betriebes, der die juristische Person des öffentlichen Rechts vom Markt

---

[471] BFH, Urteil vom 8. März 1989, X R 108/87, in: BStBl. II 1989, S. 572, 576; Urteil vom 16. Mai 2002, IV R 94/99, in: BStBl. II 2002, S. 565, 566; *Weber-Grellet*, in: L. Schmidt, EStG[23], § 15, Rn. 20. Die Rechtsprechung hat für die Eigen- und Selbstversorgungsbetriebe schon seit Jahrzehnten und weit vor der Neuregelung des § 4 Abs. 1 S. 2 KStG und der Aufnahme des negativen Beteiligungsmerkmals eine Steuerpflicht angenommen: RFH, Urteil vom 6. Mai 1930, I A 24/30 S, in: RStBl. 1930, S. 637, 638; Urteil vom 30. April 1940, I 185/39, in: RStBl. 1940, S. 625, 626; Urteil vom 25. März 1941, I 442/40, in: RStBl. 1941, S. 421, 422; Urteil vom 30. August 1941, VI a 41/41, in: RStBl. 1941, S. 744. Vgl. dazu auch *Siegel*, Der Begriff des „Betriebs gewerblicher Art" im Körperschaft- und Umsatzsteuerrecht, S. 118f.

[472] *Landwehr*, Betriebe gewerblicher Art von juristischen Personen des öffentlichen Rechts im Körperschaftsteuerrecht, S. 72; *Seer*, in: DStR 1992, S. 1790, S. 1792.

[473] *Landwehr*, Betriebe gewerblicher Art von juristischen Personen des öffentlichen Rechts im Körperschaftsteuerrecht, S. 72; *Seer*, in: DStR 1992, S. 1790, S. 1792.

[474] *Schmidt-Liebig*, „Gewerbe" im Steuerrecht, S. 24ff; *Seer*, in: DStR 1992, S. 1790, 1792.

fernhält, zu unterlassen, verstieße daher gegen das Prinzip der Wettbewerbsgerechtigkeit[475]. Dieser Gedanke spielt auch bei der oben dargestellten Ansicht eine tragende Rolle und begründet dort, warum eine Beziehung zwischen der juristischen Person des öffentlichen Rechts und dem Betrieb gewerblicher Art schon als Beteiligung am allgemeinen wirtschaftlichen Verkehr gelten könne. Weitergehend und in Verbindung mit der besonderen Struktur eines Betriebs gewerblicher Art, seiner engen Beziehung zu seinem öffentlich-rechtlichen Träger und der Untauglichkeit des Beteiligungsmerkmals wird deutlich, dass § 15 Abs. 2 EStG bezüglich des Betriebs gewerblicher Art zu modifizieren ist. § 4 Abs. 1 S. 2 KStG setzt damit zu Recht eine Beteiligung am allgemeinen wirtschaftlichen Verkehr nicht voraus.

II. Der Hoheitsbetrieb nach § 4 Abs. 5 KStG

Nach § 4 Abs. 5 S. 1 KStG gehören zu den Betrieben gewerblicher Art nicht solche Betriebe, die überwiegend der Ausübung der öffentlichen Gewalt dienen (Hoheitsbetriebe). Diese Vorschrift kann auf zwei unterschiedliche Weisen verstanden werden. Entweder könnte sie sich als bloße „Überwiegensregel" darstellen, wonach eine Einrichtung dann nicht mehr als Betrieb gewerblicher Art anzusehen wäre, wenn sich in dieser Einrichtung Elemente eines Betriebs gewerblicher Art und eines Hoheitsbetriebs unter der Voraussetzung eines Überwiegens der Ausübung öffentlicher Gewalt vereinten. Oder § 4 Abs. 5 S. 1 KStG könnte als Abgrenzungsbestimmung verstanden werden, die eine Trennlinie zwischen den Betrieben gewerblicher Art und den Hoheitsbetrieben zieht und mit dem Merkmal „Ausübung der öffentlichen Gewalt" das entscheidende Abgrenzungskriterium bereithält.
Das jeweilige Normverständnis des § 4 Abs. 5 S. 1 KStG wirkt sich auf den gesamten § 4 KStG aus. Erkennt man in § 4 Abs. 5 S. 1 KStG nur eine „Überwiegensregel", wären vor allem die Merkmale des Betriebs gewerblicher Art maßgeblich. Lägen diese Merkmale vor, handelte es sich bei der betreffenden Einrichtung um einen Betrieb gewerblicher Art, wenn dieser Betrieb nicht überwiegend öffentliche Gewalt ausübte. Vor dem Hintergrund eines Verständnisses als Abgrenzungsnorm stünden sich der Betrieb gewerblicher Art und der Hoheitsbetrieb gegenüber und stellten Alternativmodelle dar. Bevor die Frage geklärt wird, welchen Anwendungsbereich § 4 Abs. 5 S. 1 KStG umfasst und wel-

---

[475] Anders *Hüttemann*, Die Besteuerung der öffentlichen Hand, S. 38.

che Rolle diese Vorschrift im Gesamtkontext des § 4 KStG spielt[476], soll zunächst der Begriff der Ausübung öffentlicher Gewalt definiert werden. Daran anschließend geht es um das Ob und Wie der Anwendung der zu § 4 Abs. 5 S. 1 KStG entwickelten Definition auf Betriebe von öffentlich-rechtlich verfassten Kirchen und Religionsgemeinschaften[477].

1. Verfassungsmäßigkeit des § 4 Abs. 5 KStG

Die vorgenannten Fragestellungen und Prüfungspunkte bedürften keiner Erörterung, wenn § 4 Abs. 5 KStG eine verfassungswidrige Vorschrift wäre. Wie die sonstigen steuerrechtlichen Regelungen muss auch die Steuerfreistellung für Hoheitsbetriebe der Verfassungsordnung entsprechen und darf nicht im Widerspruch zu den Grundrechten stehen[478].

Zumindest aus kompetenzrechtlicher Sicht ist es dem Bundesgesetzgeber nicht verwehrt, eine steuerrechtliche Privilegierung der Ausübung öffentlicher Gewalt, wie sie § 4 Abs. 5 S. 1 KStG normiert, zu gewähren. Art. 105 Abs. 2 GG verleiht insoweit eine weitgehende Gestaltungsermächtigung[479]. Jedoch wird § 4 Abs. 5 KStG dahingehend kritisiert, dass die Vorschrift der öffentlichen Hand einen weiten Spielraum lasse, ihre juristischen Personen des öffentlichen Rechts willkürlich von der Steuerpflicht auszunehmen. Im Hinblick auf den Grundsatz der Wettbewerbsneutralität als Konkretisierung von Art. 3 Abs. 1 GG sei die Norm daher verfassungswidrig[480].

Der allgemeine Gleichheitssatz des Art. 3 Abs. 1 GG verbietet seinem Wortlaut nach die Ungleichbehandlung von Menschen oder Menschengruppen, nicht lediglich von Sachverhalten[481]. Daran knüpft auch die sog. „neue Formel" des

---

[476] Vgl. C. II. 2. d) cc).

[477] Vgl. C. II. 3.

[478] Vgl. *Friauf*, in: Friedrich/Kupsch, Die Besteuerung öffentlicher Unternehmen, S. 57, 65ff, der umfassend die Verfassungsmäßigkeit steuerrechtlicher Privilegierungen öffentlicher Unternehmen erörtert.

[479] *Friauf*, in: Friedrich/Kupsch, Die Besteuerung öffentlicher Unternehmen, S. 57, 67f; *Heintzen*, in: v. Münch/Kunig, Grundgesetz-Kommentar, Band 3[5], Art. 105, Rn. 46; *Maunz*, in: Maunz/Dürig, Kommentar zum Grundgesetz, Art. 105, Rn. 24f. Vgl. zur Gestaltungsfreiheit des Gesetzgebers, Steuergesetze zu ändern, u. a. BVerfG, Beschluss vom 28. Januar 1970, 1 BvL 4/67, in: BVerfGE 27, S. 375, 383; Beschluss vom 1. April 1971, 1 BvL 22/67, in: BVerfGE 31, S. 8, 19.

[480] *Wolf*, in: DB 2003, S. 849, 852, und *Friauf*, in: Friedrich/Kupsch, Die Besteuerung öffentlicher Unternehmen, S. 57, 89f, bezweifeln, dass § 4 Abs. 5 S. 1 KStG verfassungsgemäß ist.

[481] Vgl. *Bader*, Hoheitsbetrieb und Betrieb gewerblicher Art im Umsatz- und Körperschaftsteuerrecht, S. 162; *P. Kirchhof*, in: HdbStaatsR, Band V[2], § 124, Rn. 196. Trotz der Formulierung „alle Menschen", genießen unstr. die juristischen Personen des Privatrechts gem. Art. 19 Abs. 3 GG ebenfalls grundsätzlich den Schutz des allgemeinen Gleichheitssatzes, so

BVerfG an, wonach der Gleichheitssatz dann als verletzt gilt, „wenn eine Gruppe von Normadressaten im Vergleich zu anderen Normadressaten anders behandelt wird, obwohl zwischen beiden Gruppen keine Unterschiede von solcher Art und solchem Gewicht bestehen, daß sie die ungleiche Behandlung rechtfertigen könnten“[482]. Im Unterschied zur „neuen Formel“ steht das herkömmliche Verständnis des BVerfG vom Gleichheitssatz als bloßem Willkürverbot, das eine weniger strenge Bindung des Grundrechtsverpflichteten bewirkt[483]. Das Willkürverbot ist verletzt, „wenn sich ein vernünftiger, sich aus der Natur der Sache ergebender oder sonstwie sachlich einleuchtender Grund für die gesetzliche Differenzierung oder Gleichbehandlung nicht finden läßt“[484], die zu beurteilende Maßnahme also als willkürlich bezeichnet werden muss[485]. Nach diesem herkömmlichen Ansatz reicht somit schon irgendein sachlicher Grund für eine unterschiedliche Behandlung aus[486].

Wie bereits dargestellt[487], ist das Verhältnis des Willkürverbots und der „neuen Formel“ anhand verschiedener Kriterien, die das BVerfG entwickelt hat, zu beurteilen[488]. So soll die strengere Bindung der „neuen Formel“ u. a. dann eingreifen, wenn eine Ungleichbehandlung von Personen oder Personengruppen sich auf die Ausübung grundrechtlich geschützter Freiheiten nachteilig auswirken

---

BVerfG, Urteil vom 20. Juli 1954, 1 BvR 459, 484, 548, 555, 623, 651, 748, 783, 801/52, 5, 9/53, 96, 114/54, in: BVerfGE 4, S. 7, 12; Beschluss vom 13. Januar 1976, 1 BvR 631/69 und 24/70, in: BVerfGE 41, S. 126, 149; *Gubelt*, in: v. Münch/Kunig, Grundgesetz-Kommentar, Band 1[5], Art. 3 Rn. 6; *Starck*, in: v. Mangoldt/Friedrich Klein/Starck, Bonner Grundgesetz, Band 1[4], Art. 3 Abs. 1, Rn. 219.

[482] BVerfG, Beschluss vom 7. Oktober 1980, 1 BvL 50, 89/79, 1 BvR 240/79, in: BVerfGE 55, S. 72, 88. Siehe auch BVerfG, Beschluss vom 29. Mai 1990, 1 BvL 20, 26, 184 und 4/86, in: BVerfGE 82, S. 60, 86; Beschluss vom 8. Oktober 1996, 1 BvL 15/91, in: BVerfGE 95, S. 39, 45.

[483] *P. Kirchhof*, in: HdbStaatsR, Band V[2], § 124, Rn. 217; *Wernsmann*, Das gleichheitswidrige Steuergesetz – Rechtsfolgen und Rechtsschutz, S. 205.

[484] BVerfG, Beschluss vom 12. Oktober 1951, 1 BvR 201/51, in: BVerfGE 1, S. 13, 52. Vgl. auch BVerfG, Beschluss vom 15. Dezember 1959, 1 BvL 10/55, in: BVerfGE 10, S. 234, 246; Beschluss vom 15. Januar 1969, 1 BvR 723/65, in: BVerfGE 25, S. 101, 105; Beschluss vom 9. März 1994, 2 BvL 43, 51, 63, 64, 70, 80/92, 2 BvR 2031/92, in: BVerfGE 90, S. 145, 196.

[485] BVerfG, Beschluss vom 12. Oktober 1951, 1 BvR 201/51, in: BVerfGE 1, S. 13, 52; Beschluss vom 15. Dezember 1959, 1 BvL 10/55, in: BVerfGE 10, S. 234, 246; Beschluss vom 15. Januar 1969, 1 BvR 723/65, in: BVerfGE 25, S. 101, 105; Beschluss vom 28. Juni 1994, 1 BvL 14, 15/88, in: BVerfGE 91, S. 118, 123; *Gubelt*, in: v. Münch/Kunig, Grundgesetz-Kommentar, Band 1[5], Art. 3 Rn. 11; *P. Kirchhof*, in: HdbStaatsR, Band V[2], § 124, Rn. 216.

[486] *Gubelt*, in: v. Münch/Kunig, Grundgesetz-Kommentar, Band 1[5], Art. 3 Rn. 14.

[487] Vgl. B. IV. 1. a).

[488] Vgl. die Darstellung bei *Wernsmann*, Das gleichheitswidrige Steuergesetz – Rechtsfolgen und Rechtsschutz, S. 205f.

kann[489]. Als betroffene grundrechtliche Freiheit kommt die wirtschaftliche Betätigung in Betracht. Das in Art. 2 Abs. 1 GG normierte Grundrecht auf freie Entfaltung der Persönlichkeit schützt die allgemeine Handlungsfreiheit auf wirtschaftlichem Gebiet und die Freiheit im wirtschaftlichen Verkehr[490]. Normen des Steuerrechts haben grundsätzlich wirtschaftliche Auswirkungen, da Mittel, die für die Steuerzahlung verwendet werden müssen, nicht zum Konsum, zur Investition und zum Sparen zur Verfügung stehen[491]. In diesem Zusammenhang garantiert Art. 2 Abs. 1 GG auch die wirtschaftliche Wettbewerbsfreiheit und stellt das Prinzip der Wettbewerbsneutralität der Besteuerung auf[492]. Letztlich konkretisiert das Prinzip der Wettbewerbsneutralität der Besteuerung, das in allen konkurrenzbeherrschten Lebensbereichen gilt, den Art. 3

---

[489] BVerfG, Beschluss vom 26. Januar 1993, 1 BvL 38, 40, 43/92, in: BVerfGE 88, S. 87, 96f; Beschluss vom 8. Juni 1993, 1 BvL 20/85, in: BVerfGE 89, S. 15, 22f.

[490] BVerfG, Beschluss vom 12. November 1958, 2 BvL 4, 26, 40/56, 1, 7/57, in: BVerfGE 8, S. 274, 328; Beschluss vom 3. Dezember 1958, 1 BvR 488/57, in: BVerfGE 9, S. 3, 11; Urteil vom 29. Juli 1959, 1 BvR 394/58, in: BVerfGE 10, S. 89, 99; Beschluss vom 16. Mai 1961, 2 BvF 1/60, in: BVerfGE 12, S. 341, 347; Urteil vom 7. Mai 1969, 2 BvL 15/67, in: BVerfGE 25, S. 371, 407; Beschluss vom 28. Januar 1970, 1 BvL 4/67, in: BVerfGE 27, S. 375, 384; Urteil vom 1. März 1979, 1 BvR 532, 533/77, 419/78 und 1 BvL 21/78, in: BVerfGE 50, S. 290, 366; Beschluss vom 23. April 1986, 2 BvR 487/80, in: BVerfGE 73, S. 261, 270; Beschluss vom 14. Januar 1987, 1 BvR 1052/79, in: BVerfGE 74, S. 129, 151f; Beschluss vom 8. April 1987, 2 BvR 909, 934, 935, 936, 938, 941, 942, 947/82, 64/83 und 142/84, in: BVerfGE 75, S. 108, 154; Beschluss vom 6. Oktober 1987, in: BVerfGE 77, S. 84, 114; Beschluss vom 31. Mai 1988, 1 BvL 22/85, in: BVerfGE 78, S. 232, 244; Beschluss vom 23. Juni 1993, 1 BvR 133/89, in: BVerfGE 89, S. 48, 61; Beschluss vom 12. Oktober 1994, 1 BvL 19/90, in: BVerfGE 91, S. 207, 221; Urteil vom 8. April 1997, 1 BvR 48/94, in: BVerfGE 95, S. 267, 303; Urteil vom 14. Juli 1998, 1 BvR 1640/97, in: BVerfGE 98, S. 218, 259; *Di Fabio*, in: Maunz/Dürig, Kommentar zum Grundgesetz, Art. 2 Abs. 1, Rn. 78; *Friauf*, in: Friedrich/Kupsch, Die Besteuerung öffentlicher Unternehmen, S. 57, 83; *Kunig*, in: v. Münch/Kunig, Grundgesetz-Kommentar, Band 1[5], Art. 2 Rn. 16; *Ronellenfitsch*, in: HdbStaatsR, Band III[2], § 84 Rn. 37; *R. Schmidt*, in: HdbStaatsR, Band III[2], § 83 Rn. 25.

[491] *Tipke*, Steuergerechtigkeit in Theorie und Praxis, S. 57.

[492] BVerwG, Urteil vom 19. Dezember 1963, I C 77.60, in: BVerwGE 17, S. 306, 309; Urteil vom 30. August 1968, VII C 122.66, in: BVerwGE 30, S. 191, 198; Urteil vom 22. Mai 1980, 3 C 2.80, in: BVerwGE 60, S. 154, 159; Urteil vom 23. März 1982, 1 C 157.79, in: BVerwGE 65, S. 167, 174; Urteil vom 17. Mai 1988, 1 A 42.84, in: BVerwGE 79, S. 326, 329; *Friauf*, in: Friedrich/Kupsch, Die Besteuerung öffentlicher Unternehmen, S. 57, 83f; *Kunig*, in: v. Münch/Kunig, Grundgesetz-Kommentar, Band 1[5], Art. 2 Rn. 29; *Ranft*, in: StuW 1967, Sp. 331, 342, 346; *Tipke*, Die Steuerprivilegien der Sparkassen, S. 46. A. A. BVerfG, Beschluss vom 8. Februar 1972, 1 BvR 170/71, in: BVerfGE 32, S. 311, 316; Beschluss vom 12. Oktober 1977, 1 BvR 217, 216/75, in: BVerfGE 46, S. 120, 137; *Hüttemann*, Die Besteuerung der öffentlichen Hand, S. 9, die das Gebot der Wettbewerbsfreiheit aus den Art. 12 und 14 GG herleiten. Vgl. *Di Fabio*, in: Maunz/Dürig, Kommentar zum Grundgesetz, Art. 2 Abs. 1, Rn. 116, zum Streitstand und zur Abgrenzung von Art. 2 Abs. 1 GG und den Art. 12 und 14 GG.

Abs. 1 GG[493]. Daher ist das Prinzip der Wettbewerbsneutralität der Besteuerung als Gebot der Gleichbehandlung aller öffentlichen und privaten Unternehmen, die in einem Wettbewerbsverhältnis stehen, zu beachten. Im Hinblick auf § 4 Abs. 5 KStG ist festzustellen, dass diese Vorschrift nur die Ausübung der öffentlichen Gewalt von der Körperschaftsteuer befreit, nicht jedoch wirtschaftliche Tätigkeiten. Die Steuerfreistellung für Hoheitsbetriebe bewirkt somit einen Nachteil für wirtschaftliche Betätigungen und wirkt sich daher wettbewerbsrelevant aus.

Insofern ist § 4 Abs. 5 KStG am Maßstab der „neuen Formel" zu prüfen. Als zu vergleichende Gruppen von Normadressaten i. S. der „neuen Formel" kommen auf der einen Seite die nach § 1 Abs. 1 Nr. 1 bis 5 KStG unbeschränkt körperschaftsteuerpflichtigen Körperschaften, Personenvereinigungen und Vermögensmassen, auf der anderen Seite die juristischen Personen des öffentlichen Rechts in Betracht. Das KStG behandelt diese beiden Gruppen unterschiedlich, da die in § 1 Abs. 1 Nr. 1 bis 5 KStG genannten Körperschaftsteuersubjekte umfassend unbeschränkt steuerpflichtig sind, die juristischen Personen des öffentlichen Rechts nach den §§ 1 Abs. 1 Nr. 6 und 4 KStG dagegen nur mit ihren Betrieben gewerblicher Art, nicht aber mit ihren öffentliche Gewalt ausübenden Hoheitsbetrieben. Diese durch das KStG vorgenommene unterschiedliche Behandlung muss sich „auf einen vernünftigen oder sonstwie einleuchtenden Grund zurückführen" lassen können[494], erforderlich ist eine in der geregelten Sachmaterie angelegte oder ihr entsprechende Vorgabe für eine rechtserhebliche Ähnlichkeit oder Verschiedenheit[495]. Eine solche rechtserhebliche Verschiedenheit besteht zwischen den beiden, einerseits durch § 1 Abs. 1 Nr. 1 bis 5 KStG, andererseits durch § 1 Abs. 1 Nr. 6 KStG dargestellten Gruppen.

Der „vernünftige Grund", der die rechtserhebliche Verschiedenheit zur Folge hat, ergibt sich aus dem Zweck der Besteuerung. Die Besteuerung stellt sich als Teilhabe am Privateigentum, am privaten Wirtschaften dar, um auf diese Weise den staatlichen Finanzbedarf zu decken[496]. Im Gegensatz zur Privatnützigkeit des Eigentums und der Wirtschaft, die durch die Institution der Besteuerung

---

[493] *Bader*, Hoheitsbetrieb und Betrieb gewerblicher Art im Umsatz- und Körperschaftsteuerrecht, S. 66; *Friauf*, in: Friedrich/Kupsch, Die Besteuerung öffentlicher Unternehmen, S. 57, 83f.

[494] BVerfG, Beschluss vom 8. April 1987, 2 BvR 909, 934, 935, 936, 938, 941, 942, 947/82, 64/83 und 142/84, in: BVerfGE 75, S. 108, 157. Siehe auch BVerfG, Beschluss vom 30. September 1987, 2 BvR 933/82, in: BVerfGE 76, S. 256, 329; *Hüttemann*, Die Besteuerung der öffentlichen Hand, S. 9.

[495] *P. Kirchhof*, in: HdbStaatsR, Band V², § 124, Rn. 217.

[496] *P. Kirchhof*, in: HdbStaatsR, Band V², § 124, Rn. 220; *Lang*, in: Tipke/Lang, Steuerrecht¹⁷, § 1 Rn. 5.

bestätigt wird[497], steht die Ausübung der öffentlichen Gewalt, durch die die Hoheitsbetriebe gekennzeichnet sind. Öffentliche Gewalt wird nicht im privaten, sondern im öffentlichen Interesse ausgeübt. Öffentliche Gewalt wird nicht ausgeübt, um private Mittel im Rahmen der privaten Wirtschaft einzusetzen, sondern um öffentliche Zwecke im öffentlichen Bereich zu erfüllen[498]. Im Gegensatz zur Privatwirtschaft ist die hoheitliche Tätigkeit in besonderem Maße an das „allgemeine Wohl" gebunden[499]. Diese rechtserhebliche Verschiedenheit findet ihre einfachgesetzliche Ausprägung im § 4 Abs. 5 KStG, der sich an die in § 1 Abs. 1 Nr. 6 KStG genannte Gruppe der juristischen Personen des öffentlichen Rechts wendet. Diese Erwägungen zeigen, dass die Steuerfreistellung für Hoheitsbetriebe gem. § 4 Abs. 5 KStG der „neuen Formel" des BVerfG, die im Verhältnis zum Willkürverbot eine „strengere Gleichheit"[500] abbildet, gerecht wird. Unter Bezugnahme auf diese allgemeinen Grundsätze muss ein Verstoß des § 4 Abs. 5 KStG gegen Art. 3 Abs. 1 GG verneint werden[501]. § 4 Abs. 5 KStG ist damit keine verfassungswidrige Regelung[502].

2. Allgemeine Kennzeichnung des Begriffs der Ausübung der öffentlichen Gewalt

Ist die Verfassungsmäßigkeit des § 4 Abs. 5 KStG festgestellt, bedarf es einer Erörterung, was unter dem Begriff der Ausübung der öffentlichen Gewalt zu verstehen ist, um den Anwendungsbereich des § 4 Abs. 5 KStG – zunächst generell, dann speziell in Bezug auf öffentlich-rechtlich verfasste Kirchen und Religionsgemeinschaften – bestimmen zu können. In Rechtsprechung, Verwaltung und Teilen der Literatur gibt es zwar eine übereinstimmende Auslegung des Kriteriums der Ausübung öffentlicher Gewalt. Daneben stehen jedoch weitere unterschiedliche Ansätze in der Diskussion, wobei eine Annäherung an ein gemeinsames Modell nicht abzusehen ist[503].

---

[497] *Lang*, in: Tipke/Lang, Steuerrecht[17], § 1 Rn. 5.
[498] *Ranft*, in: StuW 1967, Sp. 331, 336.
[499] Vgl. dazu *Tipke*, Die Steuerprivilegien der Sparkassen, S. 30.
[500] *P. Kirchhof*, in: HdbStaatsR, Band V^2, § 124, Rn. 217.
[501] Vgl. auch *Bader*, Hoheitsbetrieb und Betrieb gewerblicher Art im Umsatz- und Körperschaftsteuerrecht, S. 154ff, 173f, der die Steuerbefreiung für Hoheitsbetriebe im Umsatzsteuerrecht zwar für system-, aber nicht für verfassungswidrig hält.
[502] Zur Verfassungsmäßigkeit steuerrechtlicher Privilegien juristischer Personen des öffentlichen Rechts bei erwerbswirtschaftlicher Tätigkeit siehe *Leisner*, in: BB 1970, S. 405ff.
[503] *V. d. Heyden*, Zulässigkeit und Notwendigkeit der Einbeziehung der Deutschen Bundespost in die Mehrwertsteuerpflicht, S. 18; *Kugel*, Die Besteuerung öffentlicher Betriebe, S. 39f; *Pflaumer*, Der Begriff „Ausübung öffentlicher Gewalt" im Steuerrecht, S. 151f, 175ff; *Siegel*, Der Begriff des „Betriebs gewerblicher Art" im Körperschaft- und Umsatzsteuerrecht, S. 121.

a) Rechtsprechung

Im Bereich der Rechtsprechung bieten das BVerfG und vor allem die Finanzgerichtsbarkeit umfangreiche Lösungsansätze.

aa) Bundesverfassungsgericht

Nach der Rechtsprechung des BVerfG stellt sich die Ausübung öffentlicher Gewalt als Erfüllung öffentlich-rechtlicher Aufgaben dar. Diese Auslegung hat das Verfassungsgericht im sog. „Rundfunkurteil", das sich mit der Anwendung des UStG auf die Rundfunkanstalten beschäftigt, gewonnen[504]. Das Urteil erging in einer Zeit, als in Deutschland noch ein Sendemonopol für die öffentlich-rechtlichen Rundfunkanstalten bestand und private Rundfunkveranstalter nicht zugelassen waren. Das „Rundfunkurteil" beruht daher auf Vorgaben, die heute so nicht mehr existieren. Denn ab Beginn der 1980er Jahre entwickelten sich in der Bundesrepublik der private Rundfunk und damit das „duale System"[505]. Zwar fällt den öffentlich-rechtlichen Anstalten auch im „dualen System" die Aufgabe der Grundversorgung und die Erfüllung des klassischen Auftrags des Rundfunks zu, also u. a. die Unterstützung der Meinungs- und politischen Willensbildung[506]. Nach neuerer Rechtsprechung des BVerfG ist es in einem „dualen System" dem Gesetzgeber jedoch aufgegeben, sicherzustellen, dass die Meinungsvielfalt sowohl von den öffentlich-rechtlichen als auch von den privaten Rundfunkanstalten erfüllt wird[507]. Die Feststellung des BVerfG im „Rundfunkurteil", in der Mitwirkung der Rundfunkanstalten bei der öffentlichen Meinungsbildung „in voller Unabhängigkeit"[508] sei eine öffentlich-rechtliche Aufgabe zu sehen, bezöge – bei Anwendung auf die gegenwärtige Situation – auch die privaten Rundfunkanbieter, zumindest hinsichtlich eines Teilaspekts ihrer Tätigkeit, in den Bereich der öffentlichen Aufgaben mit ein. Eine unmittelbare Heranziehung des „Rundfunkurteils" zur Auslegung des in § 4 Abs. 5 S. 1 KStG genannten Begriffs der Ausübung der öffentlichen Gewalt ist nicht mög-

---

504 BVerfG, Urteil vom 27. Juli 1971, 2 BvF 1/68, 2 BvR 702/68, in: BVerfGE 31, S. 314ff.

505 *Bremer/Esser/Hoffmann*, Der Rundfunk in der Verfassungs- und Wirtschaftsordnung in Deutschland, S. 21ff; *G. Herrmann*, Rundfunkrecht, § 4 Rn. 83ff, 95ff.

506 BVerfG, Urteil vom 4. November 1986, 1 BvF 1/84, in: BVerfGE 73, S. 118, 158; *Bremer/Esser/Hoffmann*, Der Rundfunk in der Verfassungs- und Wirtschaftordnung in Deutschland, S. 36ff.

507 BVerfG, Urteil vom 16. Juni 1981, 1 BvL 89/78, in: BVerfGE 57, S. 295, 319ff; Urteil vom 5. Februar 1991, 1 BvF 1/85, 1/88, in: BVerfGE 83, S. 238, 295ff.

508 BVerfG, Urteil vom 27. Juli 1971, 2 BvF 1/68, 2 BvR 702/68, in: BVerfGE 31, S. 314, 327.

lich, da § 4 Abs. 5 S. 1 KStG eine Einrichtung einer juristischen Person des öffentlichen Rechts voraussetzt. Hinsichtlich der Organisationsform unterscheiden sich die öffentlich-rechtlichen Rundfunkanstalten als Anstalten des öffentlichen Rechts jedoch von den privatrechtlich organisierten Rundfunkanbietern.
Wenn die Rechtsprechung des BVerfG zur Beantwortung der Frage, was im Rahmen des § 4 Abs. 5 S. 1 KStG als Ausübung öffentlicher Gewalt zu verstehen ist, nicht unmittelbar herangezogen werden kann, können die Ausführungen im „Rundfunkurteil“ zumindest als abstrakte Feststellungen Berücksichtigung finden. Aus dem Urteil ergibt sich, dass das BVerfG die Auffassung vertritt, der Begriff der Ausübung der öffentlichen Gewalt sei inhaltlich zu bestimmen. Vor diesem Hintergrund sei von einer Ausübung öffentlicher Gewalt auszugehen, wenn eine Organisation, die sich gegen die Verfolgung von Sonderinteressen richte, eine öffentlich-rechtliche oder bloß im Sinne der Allgemeinheit liegende Aufgabe erfülle[509].
Das abweichende Sondervotum zum „Rundfunkurteil“ des BVerfG[510] bringt zum Ausdruck, dass trotz privatrechtlicher Organisationsform eine öffentliche Aufgabe wahrgenommen werden könne, was z. B. im Anbieten von Rundfunksendungen durch private Sender unter Berücksichtigung der Intention des Art. 5 GG zu sehen sei. Die öffentliche Aufgabe des Rundfunks habe „ihrer Natur nach nichts Hoheitliches“[511], sei vielmehr eine staatsfremde Aufgabe[512]. Eine öffentliche Aufgabe reiche nicht aus, um die Ausübung öffentlicher Gewalt festzustellen. Notwendig sei eine staatliche Aufgabe, „ein hoheitliches Handeln unter Einsatz von obrigkeitlichem Zwang“[513]. Berücksichtigt man den konkreten Sachverhalt, der dem Sondervotum zum „Rundfunkurteil“ zugrunde lag, können diese Ausführungen für die Auslegung des § 4 Abs. 5 S. 1 KStG herangezogen werden. Denn Hoheitlichkeit wird hier als staatliche Aufgabe öffentlich-rechtlicher Subjekte und nicht bloß öffentliche Aufgabe eines privat- oder öffentlich-rechtlich organisierten Rechtsträgers verstanden. Vor diesem Hintergrund legt das Sondervotum den Begriff der Ausübung öffentlicher Gewalt eng

---

[509] BVerfG, Urteil vom 27. Juli 1971, 2 BvF 1/68, 2 BvR 702/68, in: BVerfGE 31, S. 314, 325ff, 329.
[510] BVerfG, Urteil vom 27. Juli 1971, 2 BvF 1/68, 2 BvR 702/68, in: BVerfGE 31, S. 314, 337ff.
[511] BVerfG, Urteil vom 27. Juli 1971, 2 BvF 1/68, 2 BvR 702/68, in: BVerfGE 31, S. 314, 337, 343 (Sondervotum).
[512] BVerfG, Urteil vom 27. Juli 1971, 2 BvF 1/68, 2 BvR 702/68, in: BVerfGE 31, S. 314, 337, 340f (Sondervotum).
[513] BVerfG, Urteil vom 27. Juli 1971, 2 BvF 1/68, 2 BvR 702/68, in: BVerfGE 31, S. 314, 337, 348f (Sondervotum).

aus und betont die (Möglichkeit der) Anwendung staatlicher Zwangsmittel als maßgebliche Grenzlinie.

bb) Finanzgerichte

In der Finanzgerichtsbarkeit ist im Hinblick auf die Auslegung des Begriffs der Ausübung der öffentlichen Gewalt keine eindeutige Linie festzustellen. Zwar formuliert der BFH in seiner auf den RFH zurückgehenden ständigen Rechtsprechung, öffentliche Gewalt werde durch Tätigkeiten ausgeübt, die den juristischen Personen des öffentlichen Rechts als Trägern öffentlicher Gewalt eigentümlich und vorbehalten seien[514], diese Aussage bildet für den BFH jedoch nur den Ausgangspunkt für die weitere Annäherung an den Begriff der Ausübung der öffentlichen Gewalt. So hat der BFH für Einzel- und Grenzfälle weitere Kriterien entwickelt, die unter Berücksichtigung des Gesamtbildes aller Umstände für das Vorliegen eines Hoheitsbetriebs maßgeblich sein sollen[515]. Vor diesem Hintergrund vertritt der BFH die Ansicht, dass die Grenzen zwischen einem

[514] RFH, Gutachten vom 9. Juli 1937, V D 1/37, in: RStBl. 1937, S. 1306, 1307; Gutachten vom 2. Juli 1938, Gr. S. D 5/38, in: RStBl. 1938, S. 743f; BFH, Urteil vom 12. Dezember 1951, I 95/51 S, in: BStBl. III 1952, S. 41, 42; Urteil vom 9. Februar 1953, V 84/52 U, in: BStBl. III 1953, S. 86; Urteil vom 13. April 1961, V 120/59 U, in: BStBl. III 1961, S. 298, 299; Urteil vom 1. April 1965, V 131/62 U, in: BStBl. III 1965, S. 339, 340; Urteil vom 7. Dezember 1965, I 319/62 U, in: BStBl. III 1966, S. 150, 151; Urteil vom 18. August 1966, V 21/64, in: BStBl. III 1967, S. 100, 101; Urteil vom 6. Juli 1967, V 76/64, in: BStBl. III 1967, S. 582, 583; Urteil vom 21. November 1967, I 274/64, in: BStBl. II 1968, S. 218, 219; Urteil vom 25. April 1968, V 120/64, in: BStBl. II 1969, S. 94, 97; Urteil vom 18. Februar 1970, I R 157/67, in: BStBl. II 1970, S. 519, 520; Urteil vom 15. März 1972, I R 232/71, in: BStBl. II 1972, S. 500, 501; Urteil vom 4. Februar 1976, I R 200/73, in: BStBl. II 1976, S. 355, 356; Urteil vom 22. September 1976, I R 102/74, in: BStBl. II 1976, S. 793, 794; Urteil vom 26. Mai 1977, V R 15/74, in: BStBl. II 1977, S. 813, 815; Urteil vom 14. April 1983, V R 3/79, in: BStBl. II 1983, S. 491, 492; Urteil vom 30. Juni 1988, V R 79/84, in: BStBl. II 1988, S. 910, 911; Urteil vom 21. September 1989, V R 89/85, in: BStBl. II 1990, S. 95, 97; Urteil vom 14. März 1990, I R 156/87, in: BStBl. II, S. 866, 867; Urteil vom 27. Juni 1990, I R 166/85, in: BFH/NV 1991, S. 628, 629; Urteil vom 23. Oktober 1996, I R 1-2/94, in: BStBl. II 1997, S. 139, 140; Urteil vom 23. Oktober 1996, I R 1-2/94, in: BStBl. II 1997, S. 139, 140; Urteil vom 8. Januar 1998, V R 32/97, in: BStBl. II 1998, S. 410, 411; Beschluss vom 7. Dezember 1999, I B 136/98, in: BFH/NV 2000, S. 894; Urteil vom 4. September 2002, I R 42/01, in: BFH/NV 2003, S. 511, 512.

[515] BFH, Urteil vom 7. Dezember 1965, I 319/62 U, in: BStBl. III 1966, S. 150, 151; Urteil vom 21. November 1967, I 274/64, in: BStBl. II 1968, S. 218, 219.

Hoheitsbetrieb und einem Betrieb gewerblicher Art fließend seien[516], der Begriff des Hoheitsbetriebs dabei jedoch eher eng als weit auszulegen sei[517].
Zunächst geht der BFH von einer eigenständigen Auslegung des Begriffs der Ausübung öffentlicher Gewalt im Steuerrecht aus. Die Ausübung öffentlicher Gewalt sei im Steuerrecht im Vergleich zum allgemeinen Verwaltungsrecht enger zu fassen, so dass nicht jede Einrichtung, die im verwaltungsrechtlichen Sinne öffentliche Gewalt ausübe, als steuerrechtlicher Hoheitsbetrieb qualifiziert werden könne[518]. Insbesondere umfasse der steuerrechtliche Begriff der Ausübung öffentlicher Gewalt nicht notwendigerweise den Bereich der Daseinsvorsorge[519].
Kennzeichnend für eine hoheitliche Tätigkeit im Gegensatz zu einer privatwirtschaftlichen Betätigung einer juristischen Person des öffentlichen Rechts sei die Erfüllung aus der Staatsgewalt abgeleiteter und staatlichen Zwecken dienender öffentlich-rechtlicher Aufgaben[520]. Durch die gesetzliche oder behördliche Zuweisung von Pflichtaufgaben werde der Begriff der Ausübung öffentlicher Gewalt nicht erfüllt, wenn es sich nicht um die Zuweisung einer hoheitlichen Tätigkeit handele, sondern die Leistung zur Aufgabenerfüllung ihrer Art nach privatunternehmerisch sei[521].
Uneinheitlich ist die Rechtsprechung zu der Frage, ob die äußere Gestaltung maßgeblich sein soll. Einige Entscheidungen verdeutlichen, dass es nicht notwendig sei, dass die Ausübung öffentlicher Gewalt sich in hoheitlichen Formen

---

[516] BFH, Urteil vom 12. Dezember 1951, I 95/51 S, in: BStBl. III 1952, S. 41, 42. Vgl. auch schon RFH, Urteil vom 2. Juli 1940, I 298/39, in: RStBl. 1940, S. 797.
[517] BFH, Urteil vom 13. April 1961, V 120/59 U, in: BStBl. III 1961, S. 298, 300; Urteil vom 15. März 1972, I R 232/71, in: BStBl. II 1972, S. 500, 501; Urteil vom 22. September 1976, I R 102/74, in: BStBl. II 1976, S. 793, 794; Urteil vom 27. Juni 1990, I R 166/85, in: BFH/NV 1991, S. 628, 629.
[518] BFH, Beschluss vom 17. April 1969, V B 53/68, in: BStBl. II 1969, S. 415, 416; Urteil vom 15. März 1972, I R 232/71, in: BStBl. II 1972, S. 500; Urteil vom 22. September 1976, I R 102/74, in: BStBl. II 1976, S. 793, 794; Urteil vom 28. Januar 1988, V R 112/86, in: BStBl. II 1988, S. 473, 476; Urteil vom 14. März 1990, I R 156/87, in: BStBl. II 1990, S. 866, 868.
[519] BFH, Beschluss vom 17. April 1969, V B 53/68, in: BStBl. II 1969, S. 415, 416; Urteil vom 15. März 1972, I R 232/71, in: BStBl. II 1972, S. 500f; Urteil vom 11. Januar 1979, V R 26/74, in: BStBl. II 1979, S. 746, 748; Urteil vom 28. Januar 1988, V R 112/86, in: BStBl. II 1988, S. 473, 476; Urteil vom 8. November 1989, I R 187/85, in: BStBl. II 1990, S. 242, 243; Urteil vom 27. Juni 2001, I R 82-85/00, in: BFH/NV 2001, S. 1675f. Siehe auch schon RFH, Urteil vom 22. November 1938, I 305/38, in: RStBl. 1939, S. 477, 478.
[520] BFH, Urteil vom 6. Juli 1967, V 76/64, in: BStBl. III 1967, S. 582, 583; Urteil vom 21. November 1967, I 274/64, in: BStBl. II 1968, S. 218, 219; Urteil vom 30. Juni 1988, V R 79/84, in: BStBl. II 1988, S. 910, 912.
[521] BFH, Urteil vom 30. Juni 1988, V R 79/84, in: BStBl. II 1988, S. 910, 912; Urteil vom 21. September 1989, V R 89/85, in: BStBl. II 1990, S. 95, 97; Urteil vom 14. März 1990, I R 156/87, in: BStBl. II 1990, S. 866, 867f.

vollziehe. Nicht die äußere Gestaltung sei maßgebend, sondern der „Wesensgehalt des mit der Tätigkeit verfolgten Zwecks“. Bei einem hoheitlichen Zweck liege ein Hoheitsbetrieb vor[522]. Aus anderen Entscheidungen ergibt sich jedoch, dass auch die öffentlich-rechtliche Gestaltung einer Tätigkeit auf einen Hoheitsbetrieb hindeuten könne[523]. So prüft der BFH im Einzelfall, ob eine gesetzlich zugewiesene Aufgabe „nach dem Charakter der einzelnen Tätigkeiten [...] durch hoheitliche oder privatwirtschaftliche Mittel verwirklicht“ werde[524]. Bestehe ein Annahmezwang für die Leistung einer Einrichtung, sei dies zwar ein bedeutsames, aber kein ausreichendes Merkmal für die Feststellung, dass es sich bei der Einrichtung um einen Hoheitsbetrieb handele[525]. Darüber hinaus sei nicht maßgeblich, ob ein Entgelt als Beitrag oder Gebühr erhoben werde[526].

Eine Tätigkeit ist nach der Auffassung des BFH dann nicht einer juristischen Person des öffentlichen Rechts eigentümlich und vorbehalten und damit keine Ausübung öffentlicher Gewalt, wenn die juristische Person des öffentlichen Rechts durch Einschaltung ihrer Einrichtungen in den wirtschaftlichen Verkehr eine Tätigkeit entfalte, die sich ihrem Inhalt nach von der Tätigkeit eines privaten gewerblichen Unternehmens nicht wesentlich unterscheide, d. h. wenn sie oder ihre Einrichtungen in einem größeren Umfang Aufgaben ausführten, wie

---

522 BFH, Urteil vom 21. November 1967, I 274/64, in: BStBl. II 1968, S. 218, 219; Urteil vom 18. Februar 1970, I R 157/67, in: BStBl. II 1970, S. 519, 520f.

523 BFH, Urteil vom 17. Mai 2000, I R 50/98, in: BStBl. II 2001, S. 558f. Auch der RFH, Urteil vom 22. November 1938, I 305/38, in: RStBl. 1939, S. 477, 478, stellte nicht in erster Linie auf den Zweck ab, den eine Einrichtung einer juristischen Person des öffentlichen Rechts verfolgte.

524 BFH, Urteil vom 30. Juni 1988, V R 79/84, in: BStBl. II 1988, S. 910, 912. Vgl. auch BFH, Urteil vom 13. April 1961, V 120/59 U, in: BStBl. III 1961, S. 298, 299f; Urteil vom 18. August 1966, V 21/64, in: BStBl. III 1967, S. 100, 101.

525 BFH, Urteil vom 12. Dezember 1951, I 95/51 S, in: BStBl. III 1952, S. 41, 42; Urteil vom 13. April 1961, V 120/59 U, in: BStBl. III 1961, S. 298, 299; Urteil vom 1. April 1965, V 131/62 U, in: BStBl. III 1965, S. 339, 340; Urteil vom 7. Dezember 1965, I 319/62 U, in: BStBl. III 1966, S. 150, 151; Urteil vom 18. Februar 1970, I R 157/67, in: BStBl. II 1970, S. 519, 520; Urteil vom 15. März 1972, I R 232/71, in: BStBl. II 1972, S. 500, 501; Urteil vom 22. September 1976, I R 102/74, in: BStBl. II 1976, S. 793, 794. Vgl. jedoch BFH, Urteil vom 25. April 1968, V 120/64, in: BStBl. II 1969, S. 94, 97, wonach eine Ausübung öffentlicher Gewalt anzunehmen sei, wenn eine öffentlich-rechtliche Aufgabe auf Leistungen gerichtet sei, zu deren Annahme der Leistungsempfänger auf Grund gesetzlicher oder behördlicher Anordnung verpflichtet sei.

526 BFH, Urteil vom 26. Mai 1977, V R 15/74, in: BStBl. II 1977, S. 813, 815; Urteil vom 28. Januar 1988, V R 112/86, in: BStBl. II 1988, S. 473, 476f; Urteil vom 18. August 1988, V R 18/83, in: BStBl. II 1988, S. 971, 973; Urteil vom 21. September 1989, V R 89/85, in: BStBl. II 1990, S. 95, 97; Urteil vom 23. Oktober 1996, I R 1-2/94, in: BStBl. II 1997, S. 139, 141; Urteil vom 8. Januar 1998, V R 32/97, in: BStBl. II 1998, S. 410, 412.

sie auch Private ausübten[527]. Denn dadurch trete die juristische Person des öffentlichen Rechts mit ihren Einrichtungen tatsächlich oder potentiell in Wettbewerb zu privaten Unternehmen[528].
Die Aufzählung dieser Kriterien verdeutlicht die Schwierigkeiten der Rechtsprechung, allein mit der Formel der eigentümlichen und vorbehaltenen Tätigkeiten die Hoheitsbetriebe zu erfassen. Insofern verwendet der BFH das Begriffspaar „eigentümlich und vorbehalten" nur als Ausgangspunkt für die weitere Auslegung des Begriffs der Ausübung öffentlicher Gewalt. Vor allem in den neueren Entscheidungen des BFH erweist sich die mögliche Wettbewerbsrelevanz der Tätigkeit der juristischen Person des öffentlichen Rechts als wichtiges Entscheidungskriterium. Danach verneint die Rechtsprechung eine hoheitliche Aufgabenerfüllung, wenn die juristische Person des öffentlichen Rechts in einem größeren Umfang Aufgaben wie ein Privater übernehme und dadurch eine Wettbewerbsbeziehung zu den privaten Unternehmen entstehe.

cc) Exkurs: Der Begriff der Ausübung der öffentlichen Gewalt im UStG nach der Rechtsprechung des EuGH

Auch wenn diese Arbeit die Figur des Hoheitsbetriebs vor dem Hintergrund des Körperschaftsteuerrechts behandelt, soll hier kurz die Rechtsprechung im Hinblick auf das Umsatzsteuerrecht untersucht werden. Anders als das nicht harmonisierte Körperschaftsteuerrecht unterliegt die Umsatzsteuer im Zuge des europäischen Integrationsprozesses den zur Vereinheitlichung geschaffenen

---

[527] BFH, Urteil vom 13. April 1961, V 120/59 U, in: BStBl. III 1961, S. 298, 299; Urteil vom 7. Dezember 1965, I 319/62 U, in: BStBl. III 1966, S. 150, 151; Urteil vom 18. August 1966, V 21/64, in: BStBl. III 1967, S. 100, 101; Urteil vom 21. November 1967, I 274/64, in: BStBl. II 1968, S. 218, 219; Urteil vom 18. Februar 1970, I R 157/67, in: BStBl. II 1970, S. 519, 520; Urteil vom 30. Juni 1988, V R 79/84, in: BStBl. II 1988, S. 910, 911; Urteil vom 14. März 1990, I R 156/87, in: BStBl. II 1990, S. 866, 867; Urteil vom 27. Juni 1990, I R 166/85, in: BFH/NV 1991, S. 628, 629; Urteil vom 23. Oktober 1996, I R 1-2/94, in: BStBl. II 1997, S. 139, 141; Urteil vom 8. Januar 1998, V R 32/97, in: BStBl. II 1998, S. 410, 411; Beschluss vom 7. Dezember 1999, I B 136/98, in: BFH/NV 2000, S. 894; Urteil vom 4. September 2002, I R 42/01, in: BFH/NV 2003, S. 511, 512.

[528] BFH, Urteil vom 13. April 1961, V 120/59 U, in: BStBl. III 1961, S. 298, 299; Urteil vom 18. August 1966, V 21/64, in: BStBl. III 1967, S. 100, 101; Urteil vom 30. Juni 1988, V R 79/84, in: BStBl. II 1988, S. 910, 911; Urteil vom 21. September 1989, V R 89/85, in: BStBl. II 1990, S. 95, 97; Urteil vom 14. März 1990, I R 156/87, in: BStBl. II 1990, S. 866, 867; Urteil vom 23. Oktober 1996, I R 1-2/94, in: BStBl. II 1997, S. 139, 141; Urteil vom 8. Januar 1998, V R 32/97, in: BStBl. II 1998, S. 410, 411; Beschluss vom 7. Dezember 1999, I B 136/98, in: BFH/NV 2000, S. 894; Urteil vom 4. September 2002, I R 42/01, in: BFH/NV 2003, S. 511, 512; Urteil vom 27. Februar 2003, V R 78/01, in: BFH/NV 2003, S. 1018, 1020

gemeinschaftsrechtlichen Bestimmungen[529]. So sind gem. Art. 4 Abs. 5 der Sechsten Richtlinie 77/388/EWG des Rates zur Harmonisierung der Rechtsvorschriften der Mitgliedstaaten über die Umsatzsteuern (6. EG-Richtlinie)[530] juristische Personen des öffentlichen Rechts nicht umsatzsteuerpflichtig, soweit sie Aufgaben ausführen, die ihnen im Rahmen der öffentlichen Gewalt obliegen, und es insofern nicht zu größeren Wettbewerbsverzerrungen kommt[531]. Nach Ansicht des EuGH wird eine juristische Person des öffentlichen Rechts dann hoheitlich tätig, wenn sie aufgrund einer öffentlich-rechtlichen Sonderregelung und nicht nach Maßgabe der für alle Wirtschaftsteilnehmer geltenden Regelungen handelt[532]. Im Hinblick auf das deutsche Umsatzsteuerrecht hat diese Auffassung Zustimmung in der Literatur erfahren[533]. Auch die Rechtsprechung der Finanzgerichte, insbesondere die des BFH, rückt von dem bisherigen Kriterium, wonach maßgeblich sein soll, ob eine Tätigkeit einer juristischen Person des öffentlichen Rechts eigentümlich und vorbehalten ist, um von Ausübung öffentlicher Gewalt sprechen zu können, ab[534].

Entscheidend ist nach den gemeinschaftsrechtlichen Vorgaben die Form, nicht der Inhalt des Handelns; abgestellt wird auf die Rechtsnormen, aufgrund derer die juristische Person des öffentlichen Rechts tätig wird. Nach Art. 4 Abs. 5 UAbs. 4 der 6. EG-Richtlinie i. V. m. Art. 13 bzw. 28 der 6. EG-Richtlinie steht es im Belieben des jeweiligen nationalen Gesetzgebers, den Geltungsumfang der Rechtsnormen, die zu einer öffentlich-rechtlichen Tätigkeit führen, festzulegen.

---

529 Vgl. dazu *Seer/Wendt*, in: DStR 2001, S. 825, 829ff.

530 ABl. EG 1977 Nr. L 145, S. 1.

531 Vgl. dazu *Stadie*, in: UR 1997, S. 262f.

532 EuGH, Urteil vom 17. Oktober 1989, Rs. 231/87 und 129/88, in: EuGHE 1989, S. 3233, 3276; Urteil vom 15. Mai 1990, Rs. C-4/89, in: EuGHE 1990, S. I-1869, 1886; Urteil vom 6. Februar 1997, Rs. C-247/95, in: UR 1997, S. 261, 262; Urteil vom 14. Dezember 2000, Rs. C-446/98, in: EuGHE 2000, I-11435, 11470.

533 *Forster*, in: UR 1997, S. 211, 213; *Lange*, in: DStZ 2000, S. 200, 201; *ders.*, in: UR 2000, S. 1, 7ff; *Thieme*, in: UR 2003, S. 369, 373. Vgl. auch *Strahl*, in: FR 2002, S. 916 m. w. N. *David*, in: UR 2000, S. 357, 362f, berücksichtigt zwar die Rechtsprechung des EuGH, hält aber das Kriterium des BFH, wonach eine hoheitlichen Tätigkeit dann vorliege, wenn die wahrgenommene Aufgabe dem Träger der öffentlichen Gewalt eigentümlich und vorbehalten sei, weiterhin für „aussagekräftig".

534 BFH, Beschluss vom 21. März 1995, XI R 33/94, in: DStR 1995, S. 1266f; Urteil vom 11. Juni 1997, XI R 33/94, in: DStR 1997, S. 1400, 1401; Urteil vom 27. Februar 2003, V R 78/01, in: UR 2003, S. 396, 398f; FG München, Urteil vom 1. März 2001, 14 K 541/01 (nrkr), in: UR 2001, S. 343, 344. Siehe auch BFH, Beschluss vom 16. Dezember 1992, V B 74/92, in: BFH/NV 1992, S. 696, zum nichthoheitlichen Charakter von Tätigkeiten, die dem Zivilrecht unterliegen. Zu den Ungereimtheiten bei der Anwendung des § 2 Abs. 3 UStG im Hinblick auf die gemeinschaftsrechtlichen Vorgaben, insbesondere durch die Rechtsprechung des BFH, vgl. jedoch *Forster*, in: UR 1997, S. 211, 212f.

Zwar gibt es in der Literatur Überlegungen, die durch das Gemeinschaftsrecht geprägten Abgrenzungskriterien des Umsatzsteuerrechts auf das Körperschaftsteuerrecht zu übertragen[535]. Jedoch ist eine solche „Maßgeblichkeit" trotz des Vorteils der Angleichung von Umsatz- und Körperschaftsteuerrecht abzulehnen, da anderenfalls die Auslegung des § 4 Abs. 5 KStG von gemeinschaftsrechtlichen Entwicklungen des Umsatzsteuerrechts abhängig wäre[536].

b) Finanzverwaltung

Die Finanzverwaltung greift im Rahmen ihrer Beurteilung des Begriffs der Ausübung öffentlicher Gewalt auf die Rechtsprechung des BFH zurück. Nach Abschnitt 5 Abs. 13 S. 2 KStR ist die Ausübung öffentlicher Gewalt eine Tätigkeit, die der öffentlich-rechtlichen Körperschaft eigentümlich und vorbehalten ist. In den nachfolgenden Sätzen des Abs. 13 und in Abschnitt 5 Abs. 14 KStR wird diese grundlegende Definition durch einen inhaltlichen Rückgriff auf die Rechtsprechung konkretisiert und näher erläutert[537].

c) Literatur

Die Literatur zeigt sich bei der Auslegung des Begriffs der Ausübung öffentlicher Gewalt und der Beurteilung der einschlägigen Rechtsprechung uneinheitlich.

aa) Orientierung an den Kriterien der BFH-Rechtsprechung

Eine Vielzahl von Autoren orientiert sich, trotz teilweise eingeräumter Skepsis, eine zufrieden stellende Definition sei noch nicht gefunden[538], hinsichtlich der Auslegung des Begriffs der Ausübung öffentlicher Gewalt an den Ausführungen der BFH-Rechtsprechung[539]. So stützt sich beispielsweise *Strahl* auf das

---

[535] Vgl. *Lange*, in: DStZ 2000, S. 200, 201.

[536] So auch *Seer/Wendt*, in: DStR 2001, S. 825, 834.

[537] Vgl. zudem die Ausführungen – auch zu BMF-Schreiben, Erlassen und Verfügungen – bei *Siegel*, Der Begriff des „Betriebs gewerblicher Art" im Körperschaft- und Umsatzsteuerrecht, S. 127ff.

[538] *Gastl*, Betriebe gewerblicher Art im Körperschaftsteuerrecht, S. 27; *Louis*, Die Besteuerung der öffentlichen Unternehmen und Einrichtungen der Daseinsvorsorge, S. 88f, 215, 219f; *Streck*, in: Streck, KStG[6], § 4, Nr. 21.

[539] *Augsten*, in: Lademann, KStG, § 4, Rn. 33f; *Berkenheide*, Die kommunale Abfallentsorgung – ein Betrieb gewerblicher Art, S. 30f; *Birkenfeld*, in: UR 1989, S. 1, 5f; *Czempiel*, in: UR 1992, S. 285, 290; *Erhard*, in: Blümich, EStG/KStG/GewStG, § 4 KStG, Rn. 92; *Felder*, in: Dötsch/Eversberg/Jost/Pung/Witt, Körperschaftsteuer, § 4 KStG nF, Rn. 69; *Frotscher*, in:

Begriffspaar „eigentümlich und vorbehalten“ und führt aus, dass eine Tätigkeit für eine Körperschaft des öffentlichen Rechts eigentümlich sei, wenn sie ihr im Rahmen eines Gesetzes, einer Verordnung oder einer Satzung zugewiesen sei und die Körperschaft insoweit nicht im potentiellen Wettbewerb mit Privatanbietern stehe. Eine Aufgabe sei vorbehalten, wenn sie kraft Gesetzes, Verordnung oder Satzung ausschließliche Aufgabe der betreffenden Körperschaft des öffentlichen Rechts sei[540].

Neben der Anknüpfung an die Auffassung des BFH werden einige der von der Rechtsprechung verwendeten Kriterien modifiziert und zudem andere Schwerpunkte gesetzt. Im Mittelpunkt steht dabei zumeist nicht die Formel, nach der von einer Ausübung öffentlicher Gewalt auszugehen sei, wenn die juristische Person des öffentlichen Rechts eine Aufgabe erfülle, die ihr eigentümlich und vorbehalten sei. In den Vordergrund rückt vielmehr die Betonung der Wettbewerbsneutralität der Betätigungen von Einrichtungen juristischer Personen des öffentlichen Rechts, wobei dieses Gebot als maßgeblicher Gesetzeszweck der §§ 1 Abs. 1 Nr. 6, 4 KStG herausgestellt wird. Es seien nur solche Tätigkeiten als Ausübung öffentlicher Gewalt anzusehen, bei denen nicht eine Wettbewerbssituation zu privatwirtschaftlichen Unternehmen bestehe[541]. Anderenfalls sei ein Betrieb gewerblicher Art gegeben.

bb) Eigenständiges steuerrechtliches Verständnis des Begriffs der Ausübung öffentlicher Gewalt

Einige Autoren folgen zwar der Rechtsprechung in der Ansicht, dass der Begriff der Ausübung öffentlicher Gewalt im Steuerrecht eigenständig und enger als im allgemeinen Staats- und Verwaltungsrecht zu verstehen sei[542]. Im Übrigen set-

---

Frotscher/Maas, KStG und UmwStG, § 4 KStG, Rn. 15; *Himmelmann/Gloria*, in: KStZ 2000, S. 121, 122f; *Kessler/Fritz/Gastl*, in: BB 2001, S. 961; *Louis*, Die Besteuerung der öffentlichen Unternehmen und Einrichtungen der Daseinsvorsorge, S. 88f, 215ff; *Mohl/Dicken*, in: KStZ 1994, S. 164, 165; *Reich/Helios*, in: BB 2001, S. 1442, 1447; *Steffen*, in: DStR 2000, S. 2025; *Strahl*, in: FR 1998, S. 761, 764f; *ders.*, in: FR 2002, S. 916; *Streck*, in: Streck, KStG⁶, § 4, Nr. 21; *Thouet*, in: DStZ 2002, S. 91f.

540 *Strahl*, in: FR 1998, S. 761, 764f; *ders.*, in: FR 2002, S. 916.

541 *Czempiel*, in: UR 1992, S. 285, 290; *Felder*, in: Dötsch/Eversberg/Jost/Pung/Witt, Körperschaftsteuer, § 4 KStG nF, Rn. 69; *Frotscher*, in: Frotscher/Maas, KStG und UmwStG, § 4 KStG, Rn. 15; *Himmelmann/Gloria*, in: KStZ 2000, S. 121, 123; *Streck*, in: Streck, KStG⁶, § 4, Nr. 22. Vgl. auch die Ausführungen zum Grundsatz der Wettbewerbsneutralität bei *Thode*, in: DB 1996, S. 2098, 2099f.

542 *Kohorst*, Die Besteuerung der Gemeindebetriebe, S. 30; *Hüttemann*, Die Besteuerung der öffentlichen Hand, S. 90; *Laule*, in: DStZ 1988, S. 183, 187ff; *Siegel*, Der Begriff des „Betriebs gewerblicher Art“ im Körperschaft- und Umsatzsteuerrecht, S. 141ff. So auch *Bader*,

zen sie jedoch – vor dem Hintergrund der Auslegung nach Sinn und Zweck der §§ 1 Abs. 1 Nr. 6, 4 KStG – andere Schwerpunkte und knüpfen nicht an die Formel der Rechtsprechung an, eine Tätigkeit müsse einer juristischen Person des öffentlichen Rechts eigentümlich und vorbehalten sein, um als Ausübung öffentlicher Gewalt gelten zu können.

Kohorst lehnt die Formel der Rechtsprechung ab, da ihre konsequente Anwendung nicht zu Lösungen führe, die die Gleichmäßigkeit der Besteuerung beachteten[543]. Entscheidend sei der wirtschaftliche Vorgang und nicht die Rechtsform der Betätigung[544]. Dies entspreche auch dem Sinn und Zweck der gesetzlichen Regelung, die nicht nur die Einhaltung von Wettbewerbsneutralität, sondern auch die Gleichmäßigkeit der Besteuerung zum Ausdruck bringen wolle[545]. Letztlich handele es sich um Ausübung öffentlicher Gewalt, mithin um einen Hoheitsbetrieb und nicht um einen Betrieb gewerblicher Art, wenn die fragliche Einrichtung überwiegend Leistungen anbiete, deren Erbringung Privaten im Gegensatz zu Hoheitsträgern nicht unbeschränkt freigestellt sei[546].

Laule will die Abgrenzung des Hoheitsbetriebs vom Betrieb gewerblicher Art und die Auslegung des Begriffs der Ausübung öffentlicher Gewalt anhand mehrerer Merkmale, die ein Gesamtbild formen sollen, vornehmen, wobei der Gesetzeszweck des § 4 Abs. 5 KStG – Wahrung der Wettbewerbsneutralität staatlichen Handelns – an erster Stelle zu beachten sei[547]. Vor diesem Hintergrund solle das „Merkmal des marktoffenbaren Erzielens von Einnahmen zentrale Bedeutung" erlangen[548]. Eine Tätigkeit könne nur dann (körperschaft-)steuerpflichtig sein, wenn sie die Merkmale des ertragsteuerlichen Einkommensbegriffs verwirkliche. Eine hoheitliche Betätigung sei keine Teilnahme am Marktgeschehen und falle nicht unter die Steuerpflicht, da die juristische Person des öffentlichen Rechts sich bei Ausübung ihrer hoheitlichen Tätigkeit nicht freiwillig zu einem Angebot an die Öffentlichkeit, genauer gesagt zu einem Angebot am Markt, entscheide[549]. Wie Laule stützen sich auch *Lang* und *Seer* maßgeblich auf den Grundsatz der Wettbewerbsneutralität[550]. Es seien nur sol-

---

Hoheitsbetrieb und Betrieb gewerblicher Art im Umsatz- und Körperschaftsteuerrecht, S. 90ff, der jedoch die Auffassung vertritt, § 4 Abs. 5 S. 1 KStG könne nur als Ausnahmeregelung verstanden werden.

[543] *Kohorst*, Die Besteuerung der Gemeindebetriebe, S. 34.

[544] *Kohorst*, Die Besteuerung der Gemeindebetriebe, S. 36.

[545] *Kohorst*, Die Besteuerung der Gemeindebetriebe, S. 32.

[546] *Kohorst*, Die Besteuerung der Gemeindebetriebe, S. 38.

[547] *Laule*, in: DStZ 1988, S. 183, 191.

[548] *Laule*, in: DStZ 1988, S. 183, 190.

[549] *Laule*, in: DStZ 1988, S. 183, 190.

[550] *Lang/Seer*, in: StuW 1993, S. 47, 55ff; *Seer*, in: DStR 1992, S. 1751, 1755.

che Tätigkeiten der juristischen Personen des öffentlichen Rechts als hoheitlich zu beurteilen, bei denen keine Wettbewerbslage zu privaten Unternehmen bestehe[551].

Siegel unterscheidet im Rahmen der Auslegung des Begriffs der Ausübung öffentlicher Gewalt zunächst zwischen dem „Hauptnormzweck" der Besteuerung von Betätigungen der Einrichtungen juristischer Personen des öffentlichen Rechts und dem „Zweck" der Steuerfreistellung der Ausübung öffentlicher Gewalt[552]. Aufgrund des Leistungsfähigkeitsprinzips und des Grundsatzes der wirtschaftlichen Betrachtungsweise sei die Wettbewerbsneutralität des Handelns der juristischen Personen des öffentlichen Rechts als „Hauptnormzweck" maßgebliches Auslegungskriterium[553]. Der „Zweck" der Steuerfreistellung der Ausübung öffentlicher Gewalt, die „eigentlichen Lebenszwecke" einer juristischen Person des öffentlichen Rechts von der Besteuerung freizuhalten, helfe dagegen im Rahmen der Auslegung nicht weiter. Denn der Begriff der „eigentlichen Lebenszwecke" sei zu unbestimmt und letztlich nicht mit dem Leistungsfähigkeitsprinzip und dem Grundsatz der wirtschaftlichen Betrachtungsweise vereinbar[554]. Ausübung öffentlicher Gewalt könne daher nur sein, was den Wettbewerb nicht störe[555].

Vor dem Hintergrund dieser Auffassung widmet sich *Siegel* dann der Bestimmung des Begriffs der Ausübung öffentlicher Gewalt. Öffentliche Gewalt sei ein Recht, das nur einer juristischen Person des öffentlichen Rechts zur Verfügung stehe und Ausdruck ihrer öffentlich-rechtlichen Stellung sei[556]. Ein wichtiges Auslegungskriterium sei die Frage, ob die juristische Person des öffentlichen Rechts berechtigt sei, Sonderrechte in Anspruch zu nehmen, die Privaten nicht zur Verfügung stünden[557]. Für den Fall, dass ein Sonderrecht nicht unbedingt notwendig, aber üblich sei, müsse man darauf abstellen, ob nach der Ver-

---

551 *Lang/Seer*, in: StuW 1993, S. 47, 55ff; *Seer*, in: DStR 1992, S. 1751, 1755.

552 *Siegel*, Der Begriff des „Betriebs gewerblicher Art" im Körperschaft- und Umsatzsteuerrecht, S. 140ff, 214.

553 *Siegel*, Der Begriff des „Betriebs gewerblicher Art" im Körperschaft- und Umsatzsteuerrecht, S. 204, 214.

554 *Siegel*, Der Begriff des „Betriebs gewerblicher Art" im Körperschaft- und Umsatzsteuerrecht, S. 204, 214.

555 *Siegel*, Der Begriff des „Betriebs gewerblicher Art" im Körperschaft- und Umsatzsteuerrecht, S. 204.

556 *Siegel*, Der Begriff des „Betriebs gewerblicher Art" im Körperschaft- und Umsatzsteuerrecht, S. 211.

557 *Siegel*, Der Begriff des „Betriebs gewerblicher Art" im Körperschaft- und Umsatzsteuerrecht, S. 211, 215.

kehrsauffassung gerade dieses Sonderrecht der Tätigkeit das Gepräge verleihe[558].

Wie diese Darstellung zeigt, orientiert sich *Siegel* im Rahmen der Auslegung vor allem an dem von ihm so bezeichneten „Hauptnormzweck" der Wettbewerbsneutralität. Für die an diesem Zweck orientierte Bestimmung des Begriffs der Ausübung öffentlicher Gewalt zieht er in einem zweiten Schritt den Wortlaut heran und fragt, ob die juristische Person des öffentlichen Rechts Sonderrechte ausüben könne. Damit knüpft *Siegel* die Verbindung zu den Vertretern der Literatur, die für den Zweck der Bestimmung des Begriffs der Ausübung öffentlicher Gewalt primär den Wortlaut heranziehen und diesen vor dem Hintergrund des allgemeinen Staats- und Verwaltungsrechts auslegen.

cc) Bezugnahme auf das allgemeine Staats- und Verwaltungsrecht und Orientierung am Wortlaut des Begriffs der Ausübung der öffentlichen Gewalt

Anders als die Rechtsprechung und die wohl herrschende Meinung in der Literatur knüpfen einige Autoren in erster Linie an den Wortlaut des Be-griffs der Ausübung öffentlicher Gewalt an oder wollen eine Lösung unter Berücksichtigung des allgemeinen Staats- und Verwaltungsrechts[559] – und nicht bloß des Steuerrechts – herbeiführen. Zwar bestehen im Einzelnen Unterschiede zwischen den Wortlaut-Vertretern und den Anhängern einer Heranziehung des allgemeinen Staats- und Verwaltungsrechts, jedoch ist beiden Ansichten gemein, dass sie im Rahmen der Begriffsbestimmung den Begriffsteil „öffentlich" bzw. „öffentliche Gewalt" in den Vordergrund stellen und diesen Begriffsteil im Steuerrecht nicht einschränkend auslegen, ihn also im Steuerrecht nicht „enger" verstehen als im allgemeinen Staats- und Verwaltungsrecht.

(1) Orientierung am Wortlaut des Begriffs der Ausübung der öffentlichen Gewalt

Paulick kritisiert zunächst die Formel der Rechtsprechung, wonach von einer Ausübung öffentlicher Gewalt dann auszugehen sei, wenn die Aufgabe ihrem

---

[558] *Siegel*, Der Begriff des „Betriebs gewerblicher Art" im Körperschaft- und Umsatzsteuerrecht, S. 212, 215.

[559] Der Begriff des allgemeinen Staats- und Verwaltungsrechts wird in Abgrenzung zum Begriff des Steuerrechts verwendet, das als besonderes Verwaltungsrecht oder eigenständiges rechtliches Subsystem innerhalb des Verwaltungsrechts bezeichnet werden kann. Vgl. dazu *Lang*, in: Tipke/Lang, Steuerrecht[17], § 1, Rn. 10ff.

Gegenstand nach einer privaten Tätigkeit entzogen und insoweit der juristischen Person des öffentlichen Rechts eigentümlich und vorbehalten sei[560]. Der Gegenstand der Betätigung könne nicht das entscheidende Merkmal sein, da es keinen abgeschlossenen Kreis öffentlich-rechtlicher Aufgaben gebe[561]. Zudem sei das Merkmal „vorbehalten" in diesem Zusammenhang zu unbestimmt, da nicht deutlich werde, ob eine Aufgabe generell-abstrakt oder nur im Einzelfall der juristischen Person des öffentlichen Rechts vorbehalten sein müsse[562]. Daher setzt *Paulick* am Wortlaut des Begriffs der Ausübung öffentlicher Gewalt an und nennt als maßgebliches Abgrenzungskriterium zwischen hoheitlicher und nichthoheitlicher Betätigung die Art und nicht den Gegenstand der Betätigung, also die öffentlich-rechtliche oder privatrechtliche Gestaltung[563]. Es komme darauf an, ob die Tätigkeit „nach der bestehenden staatsrechtlichen Auffassung" als eine dem Staat eigentümliche und vorbehaltene Tätigkeit anzusehen sei, was der Staat bzw. die unterstaatliche juristische Person des öffentlichen Rechts eigenständig bestimmen könne[564]. Das sei dann stets der Fall, wenn eine Tätigkeit, werde sie auch bisher von einem Privaten wahrgenommen, durch eine juristische Person des öffentlichen Rechts „im allgemeinwirtschaftlichen Interesse" besser wahrgenommen werden könne[565]. Voraussetzung sei allerdings, dass die juristische Person des öffentlichen Rechts sich öffentlich-rechtlich betätige, innerhalb ihres Zuständigkeitsbereiches als Hoheitsträgerin handele und dieses Handeln auf einer öffentlich-rechtlichen Grundlage beruhe[566]. Werde eine solche Tätigkeit auch von einem Privaten ausgeübt, führe dies zu keiner anderen Betrachtung, da der Gegenstand der Betätigung gerade nicht maßgebend sei. Insofern könne sich die gleiche Betätigung entweder als steuerfreie Ausübung öffentlicher Gewalt darstellen – wenn sie von einer juristischen Person des öffentlichen Rechts wahrgenommen werde – oder steuerpflichtig sein, wenn sie von einem Privaten ausgeübt werde[567].

C. Herrmann und *Klempt* knüpfen an den Wortlaut des Begriffs der Ausübung öffentlicher Gewalt und an *Paulicks* These an, dass im Hinblick auf die Frage, ob Ausübung öffentlicher Gewalt vorliege, die Art und nicht der Gegenstand

---

560 *Paulick*, in: StuW 1952, Sp. 679, 683.
561 *Paulick*, in: StuW 1952, Sp. 679, 686f.
562 *Paulick*, in: StuW 1952, Sp. 679, 684f.
563 *Paulick*, in: StuW 1952, Sp. 679, 686.
564 *Paulick*, in: StuW 1952, Sp. 679, 693.
565 *Paulick*, in: StuW 1952, Sp. 679, 693f.
566 *Paulick*, in: StuW 1952, Sp. 679, 687, 694.
567 *Paulick*, in: StuW 1952, Sp. 679, 686.

der Betätigung maßgeblich sei[568]. Im Einzelfall sei die gesetzliche Grundlage der Tätigkeit der juristischen Person des öffentlichen Rechts zu prüfen, wobei entscheidend sei, ob eine öffentlich-rechtliche Rechtsgrundlage die Erfüllung öffentlicher Aufgaben fordere und ermögliche[569].
Auch *Kugel* orientiert sich am Wortlaut der Ausübung öffentlicher Gewalt. Zwar stellt sie fest, dass eine zweifelsfreie Abgrenzung problematisch und schwierig sei[570], doch ist sie letztlich der Ansicht, dass im Fall der Ausübung öffentlicher Zwecke durch eine Einrichtung einer juristischen Person des öffentlichen Rechts eine Besteuerung unterbleiben solle[571]. Auf diese Weise stellt *Kugel* eine Verbindung zwischen der Ausübung öffentlicher Gewalt und der Verfolgung öffentlicher Zwecke und Ziele durch die juristische Person des öffentlichen Rechts her.

(2) Bezugnahme auf das allgemeine Staats- und Verwaltungsrecht

Wie oben schon dargelegt, wollen andere Vertreter der Literatur im Rahmen der Auslegung des Begriffs der Ausübung öffentlicher Gewalt vorrangig auf das allgemeine Staats- und Verwaltungsrecht zurückgreifen[572]. *Ramme* zieht zu diesem Zweck den Begriff der Staatsgewalt heran[573]. Öffentliche Gewalt sei öffentlich-rechtliche Gewalt, so dass der Begriffsteil „öffentlich" sich nicht auf den Zweck der Ausübung beziehe, sondern auf die öffentlich-rechtliche Rechtsform der Betätigung[574]. Die Ausübung öffentlicher Gewalt folge also dem öffentli-

---

568 *C. Herrmann/Klempt*, in: C. Herrmann/Heuer/Raupach, EStG und KStG, § 4 KStG, Rn. 62.
569 *C. Herrmann/Klempt*, in: C. Herrmann/Heuer/Raupach, EStG und KStG, § 4 KStG, Rn. 62.
570 *Kugel*, Die Besteuerung öffentlicher Betriebe, S. 58f.
571 *Kugel*, Die Besteuerung öffentlicher Betriebe, S. 57.
572 *Lange*, in: DStZ 2000, S. 200, 201ff; *Ramme*, Betriebe gewerblicher Art von Körperschaften öffentlichen Rechts und die Ausübung öffentlicher Gewalt im Umsatzsteuerrecht, S. 101. So auch *Altehoefer*, in: FS L. Schmidt (1993), S. 677, 687ff, der seine Auffassung anhand der geltenden Formulierung des § 4 Abs. 5 KStG entwickelt hat, jedoch vorschlägt, den Abs. 5 des § 4 KStG zu streichen und das Merkmal „Betriebe, die *überwiegend* der Ausübung öffentlicher Gewalt dienen" in den Abs. 1 des § 4 KStG einzufügen. Auch *Gern*, in: KStZ 1997, S. 167, 168f, will auf das allgemeine Staats- und Verwaltungsrecht zurückgreifen, regt jedoch zugleich eine Neufassung des § 4 Abs. 5 KStG an, die die Wettbewerbsneutralität des Steuerrechts berücksichtigen soll. Siehe zu den Ausführungen *Altehoefers* und *Gerns* Gliederungspunkt C. II. 2. c) gg). Vgl. zum Umsatzsteuerrecht *Lange*, in: UR 2000, S. 1, 9.
573 *Ramme*, Betriebe gewerblicher Art von Körperschaften öffentlichen Rechts und die Ausübung öffentlicher Gewalt im Umsatzsteuerrecht, S. 79f.
574 *Ramme*, Betriebe gewerblicher Art von Körperschaften öffentlichen Rechts und die Ausübung öffentlicher Gewalt im Umsatzsteuerrecht, S. 83.

chen Recht. Welche Betätigung als öffentlich-rechtlich zu qualifizieren sei, sei eine Frage des allgemeinen Staats- und Verwaltungsrechts[575]. Letztlich hänge die Beantwortung dieser Frage von der Art und Weise der Vornahme einer Handlung ab; auf den Inhalt der Tätigkeit und deren Ziel komme es grundsätzlich nicht an[576].

Gern orientiert seine Darstellung an der Formel der Rechtsprechung, wonach von einer Ausübung öffentlicher Gewalt dann auszugehen sei, wenn die Tätigkeit der juristischen Person des öffentlichen Rechts eigentümlich und vorbehalten sei. Ein Rückgriff auf diese Formel sei im Hinblick auf das Merkmal „eigentümlich" jedoch nicht nötig, da der Gehalt dieses Merkmals bereits in dem Kriterium „vorbehalten" enthalten sei[577]. Man könne im Steuerrecht dann von einer Ausübung öffentlicher Gewalt und einer der juristischen Person des öffentlichen Rechts vorbehaltenen Tätigkeit ausgehen, wenn diese Tätigkeit kraft Sonderrechts nach Maßgabe der verwaltungsrechtlichen Sonderrechtstheorie wahrgenommen werde[578].

dd) Sonderproblem: Heranziehung des Gemeinnützigkeitsrechts für den Bereich der Forschung?

Für den Bereich der Forschung als Teil der Wissenschaft nehmen *Lang* und *Seer* eine hoheitliche Betätigung dann an, wenn die Forschungstätigkeit den Bedingungen der aus Art. 5 Abs. 3 S. 1 GG folgenden Wissenschaftsfreiheit entspreche[579]. Auf diese Weise beziehen sich *Lang* und *Seer* auf die gemeinnützigen Tätigkeiten i. S. des § 52 Abs. 2 Nr. 1 AO[580]. In diesen Fällen bestehe keine Wettbewerbsrelevanz und sei keine Konkurrenz zu privaten Unternehmern festzustellen, so dass von einer hoheitlichen Betätigung auszugehen sei[581].

---

[575] *Ramme*, Betriebe gewerblicher Art von Körperschaften öffentlichen Rechts und die Ausübung öffentlicher Gewalt im Umsatzsteuerrecht, S. 84ff.

[576] *Ramme*, Betriebe gewerblicher Art von Körperschaften öffentlichen Rechts und die Ausübung öffentlicher Gewalt im Umsatzsteuerrecht, S. 87.

[577] *Gern*, in: KStZ 1997, S. 167, 168.

[578] *Gern*, in: KStZ 1997, S. 167, 168.

[579] *Lang/Seer*, in: StuW 1993, S. 47, 60.

[580] Für die Frage, wie der Begriff der Ausübung der öffentlichen Gewalt im Hinblick auf öffentlich-rechtlich verfasste Kirchen und Religionsgemeinschaften auszulegen ist, bezieht sich auch *Schön*, in: DStZ 1999, S. 701, 703, auf das Gemeinnützigkeitsrecht. Diese Auffassung soll jedoch erst behandelt werden, wenn der in diesem Gliederungspunkt generell erörterte Begriff der Ausübung der öffentlichen Gewalt konkret auf Kirchen und Religionsgemeinschaften angewendet wird. Siehe dazu Gliederungspunkt C. II. 3.

[581] *Lang/Seer*, in: StuW 1993, S. 47, 60.

Da sich *Lang* und *Seer* nur auf die Forschung beziehen und sich aus ihren Aussagen keine allgemeine Definition herleiten lässt, soll schon an dieser Stelle dargestellt werden, dass der von *Lang* und *Seer* vertretenen Auffassung, für den Bereich der Forschung von einer hoheitlichen Tätigkeit auszugehen, wenn die Tätigkeit ihrer Art nach gemeinnützig ist, nicht gefolgt werden kann. § 52 Abs. 2 Nr. 1 i. V. m. § 51 S. 2 AO verdeutlicht, dass „die Förderung von Wissenschaft und Forschung" nicht nur von juristischen Personen des öffentlichen Rechts vorgenommen werden kann, sondern auch von privaten Dritten. § 52 Abs. 2 Nr. 1 AO unterscheidet nicht zwischen juristischen Personen des öffentlichen Rechts und privaten Einrichtungen, so dass der Begriff der Ausübung der öffentlichen Gewalt für den Bereich der Forschung nicht aus dem Gemeinnützigkeitsrecht entwickelt werden kann[582].

ee) Positive Bestimmung des Begriffs des Betriebs gewerblicher Art – Entbehrlichkeit des Begriffs der Ausübung öffentlicher Gewalt

Nicht wenige Vertreter der Literatur prüfen im Rahmen des § 4 KStG primär das Merkmal der wirtschaftlichen Tätigkeit und wollen § 4 Abs. 5 KStG nur als eine Ausnahmeregelung verstanden wissen[583].
Selmer und *L. Schulze-Osterloh* halten einen Rückgriff auf die Frage, welche Betätigung als Ausübung öffentlicher Gewalt steuerfrei bleibe, für entbehrlich. Der Gesetzgeber habe mit seiner Entscheidung für das Gebot der Wettbewerbsneutralität, woraus die Besteuerung der Betriebe gewerblicher Art von juristischen Personen des öffentlichen Rechts folge, das maßgebliche Abgrenzungskriterium für die Besteuerung juristischer Personen des öffentlichen Rechts geschaffen[584]. Diese „positive Tatbestandsformulierung stellt zugleich eine Entscheidung von systemprägendem Rang dar, deren konsequente Durchführung bei Interpretation und Anwendung des Gesetzes auch ein verfassungskräftiges Gebot der Systemgerechtigkeit darstellt"[585]. Aus diesem Grund seien die Merkmale des Betriebs gewerblicher Art zu prüfen. Die Bedeutung des § 4 Abs. 5 S. 1 KStG reduziere sich auf die Fälle, in denen sich eine wirtschaftliche Betätigung mit der Ausübung öffentlicher Gewalt mische, wobei die Ausübung öf-

---

[582] So auch *Hüttemann*, Die Besteuerung der öffentlichen Hand, S. 100.

[583] *Bader*, Hoheitsbetrieb und Betrieb gewerblicher Art im Umsatz- und Körperschaftsteuerrecht, S. 94, 124; *Jong-Su Park*, Die Steuerpflicht von Daseinsvorsorgeeinrichtungen der öffentlichen Hand, S. 165f; *Landwehr*, Betriebe gewerblicher Art von juristischen Personen des öffentlichen Rechts im Körperschaftsteuerrecht, S. 172f; *Selmer/L. Schulze-Osterloh*, in: DÖV 1978, S. 381, 385; *Wenk/Stein*, in: FR 1999, S. 573, 577f.

[584] *Selmer/L. Schulze-Osterloh*, in: DÖV 1978, S. 381, 385, 388.

[585] *Selmer/L. Schulze-Osterloh*, in: DÖV 1978, S. 381, 385.

fentlicher Gewalt überwiege[586]. Somit nenne § 4 KStG positiv die Voraussetzungen, nach denen Einrichtungen von juristischen Personen des öffentlichen Rechts als Betriebe gewerblicher Art besteuert werden, wolle jedoch nicht mit Hilfe „zweifelhafter Staatsaufgabenlehren" Tätigkeiten vor dem Hintergrund der „Unterscheidung Staat/Wirtschaft" beurteilen[587]. Der Begriff der (Ausübung der) öffentlichen Gewalt sei definitionsgemäß Gegenstand des öffentlichen Rechts, außerhalb des allgemeinen öffentlichen Rechts fehle es ihm an jeglicher Informationsfunktion[588].

So wie *Selmer* und *L. Schulze-Osterloh* will auch *Landwehr* § 4 Abs. 5 S. 1 KStG nur heranziehen, wenn es um ein Überwiegen der hoheitlichen Tätigkeit im Rahmen einer gemischten Betätigung geht. Allein die Figur des Betriebs gewerblicher Art sei positiv zu bestimmen, wobei insbesondere die Wettbewerbsrelevanz öffentlichen Handelns zu berücksichtigen sei[589]. Eine positiv zu bestimmende wirtschaftliche Tätigkeit liege bei einer Handlung vor, die zumindest einen potentiell wettbewerbsrelevanten Charakter aufweise. Dies sei nicht der Fall, wenn eine Leistung „zwangsbedingt" nur von öffentlicher Seite zu beziehen sei[590]. Nehme man eine Abgrenzung anhand des Begriffs der Ausübung öffentlicher Gewalt vor, führe dies in den Bereich der „Staatsaufgabenlehre", der zu weitläufig und nur schwer zu bestimmen sei[591].

Wagner sieht – vor dem Hintergrund des UStG – in allen Definitionsversuchen zu dem Begriff der Ausübung öffentlicher Gewalt keine haltbaren Kriterien[592]. Die Erfassung des Steuerpflichtigen müsse positiv von der Prüfung seiner unternehmerischen Tätigkeit ausgehen und nicht umgekehrt von der Prüfung eines nichtunternehmerischen hoheitlichen Tätigkeitsbereichs[593]. Ähnlich wollen auch *Wenk* und *Stein* vorgehen, die bei der Prüfung der wirtschaftlichen Tätigkeit ansetzen und einen Hoheitsbetrieb schon dann verneinen, wenn „Hauptzweck" der Betätigung die Erzielung von Einnahmen sei[594].

Auch *Bader* sieht in der Besteuerung der wirtschaftlichen Tätigkeit die zentrale Bedeutung des § 4 KStG. Schon aus dem bloßen Umkehrschluss ergebe sich die

---

[586] *Selmer/L. Schulze-Osterloh*, in: DÖV 1978, S. 381, 385.
[587] *Selmer/L. Schulze-Osterloh*, in: DÖV 1978, S. 381, 387.
[588] *Selmer/L. Schulze-Osterloh*, in: DÖV 1978, S. 381, 387.
[589] *Landwehr*, Betriebe gewerblicher Art von juristischen Personen des öffentlichen Rechts im Körperschaftsteuerrecht, S. 172f.
[590] *Landwehr*, Betriebe gewerblicher Art von juristischen Personen des öffentlichen Rechts im Körperschaftsteuerrecht, S. 173.
[591] *Landwehr*, Betriebe gewerblicher Art von juristischen Personen des öffentlichen Rechts im Körperschaftsteuerrecht, S. 167.
[592] *Wagner*, in: DStJG 13 (1990), S. 59, 74.
[593] *Wagner*, in: DStJG 13 (1990), S. 59, 74ff.
[594] *Wenk/Stein*, in: FR 1999, S. 573, 577f.

Steuerfreiheit hoheitlicher Betätigung[595], so dass aus diesem Grund und wegen der praktischen Schwierigkeiten bei der Auslegung des Begriffs des Hoheitsbetriebs nicht auf § 4 Abs. 5 S. 1 KStG zurückgegriffen werden müsse[596]. Schließlich erfordere die unmittelbare Erfassung steuerbarer wirtschaftlicher Tätigkeiten keine Beschäftigung mit der Frage der „Staatsaufgaben“, wie von *Selmer* und *L. Schulze-Osterloh* schon festgestellt worden sei[597]. Eine andere Vorgehensweise bedeute Rechtsunsicherheit, Verzicht auf objektive Kriterien und eine ständige Anpassung der Abgrenzungsergebnisse an den „Zeitgeist“[598]. Die Abgrenzung zwischen Betrieben gewerblicher Art und Hoheitsbetrieben habe also unmittelbar über die wirtschaftliche Tätigkeit der juristischen Person des öffentlichen Rechts zu erfolgen.

In dieser Weise geht auch *Hüttemann* vor. Das Merkmal der wirtschaftlichen Tätigkeit sei leichter festzustellen als die Einordnung einer Tätigkeit in den Bereich staatlicher Aufgabenerfüllung. Neben dieser praktischen Erleichterung entspreche ein solches Vorgehen zudem dem Gebot der Wettbewerbsneutralität[599].

Seer und *Wendt* wollen den Begriff des Hoheitsbetriebs aufgrund seiner Konturenlosigkeit nicht zur Abgrenzung zwischen wirtschaftlichem und hoheitlichem Tätigkeitsbereich heranziehen. Eine positive Begriffsbestimmung des Hoheitsbetriebs i. S. von § 4 Abs. 5 S. 1 KStG sei aufgrund der Vagheit und Bedeutungsvielfalt des Staatsaufgabenbegriffs von vornherein zum Scheitern verurteilt. Daher könne nur der Umfang des Betriebs gewerblicher Art unter konsequenter Einbeziehung des Wettbewerbsgedankens positiv ermittelt werden[600]. Dem hoheitlichen Bereich seien daher nur solche Tätigkeiten zuzurechnen, die keine Wettbewerbsrelevanz aufweisen[601].

Boetius bestimmt zwar den Anwendungsbereich des § 4 Abs. 5 S. 1 KStG positiv und beschränkt ihn auf solche Aufgaben, die einen zwingenden Teil der unmittelbaren Staatsgewalt darstellten und ohne deren Erfüllung ein Staatswesen nicht bestehen könne, bewertet § 4 Abs. 5 S. 1 KStG letztlich jedoch als Aus-

---

[595] *Bader*, Hoheitsbetrieb und Betrieb gewerblicher Art im Umsatz- und Körperschaftsteuerrecht, S. 86.

[596] *Bader*, Hoheitsbetrieb und Betrieb gewerblicher Art im Umsatz- und Körperschaftsteuerrecht, S. 95.

[597] *Bader*, Hoheitsbetrieb und Betrieb gewerblicher Art im Umsatz- und Körperschaftsteuerrecht, S. 97.

[598] *Bader*, Hoheitsbetrieb und Betrieb gewerblicher Art im Umsatz- und Körperschaftsteuerrecht, S. 96.

[599] *Hüttemann*, Die Besteuerung der öffentlichen Hand, S. 94.

[600] *Seer/Wendt*, in: DStR 2001, S. 825, 827.

[601] *Seer/Wendt*, in: DStR 2001, S. 825, 828.

nahmevorschrift[602]. Entscheidend sei vielmehr, dass dem Grundsatz der Gleichmäßigkeit der Besteuerung Geltung verschafft und eine Wettbewerbsvergünstigung staatlichen Handelns verhindert werde[603].

ff) Heranziehung des § 65 AO (Zweckbetrieb)

Unter Bezugnahme auf *Bader* und *Landwehr* ist auch *Jong-Su Park* zunächst der Ansicht, dass das Vorliegen eines Betriebs gewerblicher Art „mittels tätigkeitsbezogener Betrachtungsweise in erster Linie positiv" zu bestimmen sei[604]. Dafür spreche vor allem der Gesetzeszweck des § 4 Abs. 1 KStG, der die Besteuerung eines wettbewerbsrelevanten wirtschaftlichen Verhaltens von Einrichtungen juristischer Personen des öffentlichen Rechts fordere[605]. Es könne nur – wie es das Gesetz in § 4 Abs. 1 KStG festlege – das Vorliegen einer wirtschaftlichen Tätigkeit maßgeblich sein, da eine aufgabenbezogene Betrachtungsweise eine Beschäftigung mit der sog. Staatsaufgabenlehre voraussetze, was durch die Unbestimmtheit und Vielfalt des Begriffs der Staatsaufgaben nur zu Rechtsunsicherheit und nicht zu schlüssigen Lösungen führe[606]. Habe der Rechtsanwender die Voraussetzungen des Betriebs gewerblicher Art gem. § 4 Abs. 1 KStG geprüft und bejaht, könne § 4 Abs. 5 KStG nur noch als Ausnahmevorschrift in Betracht kommen. Obrigkeitlich-hoheitliche Gewalt könne jedenfalls schon vom Wortlaut her keine wirtschaftliche Tätigkeit sein[607]. Die Ausübung öffentlicher Gewalt könne dann allein nach dem allgemeinen Staats- und Verwaltungsrecht bestimmt werden. Eine eigenständige steuerrechtliche Auslegung komme nicht in Betracht, da der Steuergesetzgeber von dem Begriff der Ausübung öffentlicher Gewalt keine genaue Vorstellung gehabt habe[608].
Trotz dieser Auffassung entwickelt *Jong-Su Park* die Beantwortung der Frage, wann ein Hoheitsbetrieb als Ausnahme zum Betrieb gewerblicher Art und damit Ausübung öffentlicher Gewalt vorliege, aus dem Vergleich des in § 4 Abs. 5 S. 1 KStG normierten Hoheitsbetriebs mit dem in § 65 AO genannten Zweckbe-

---

602 *Boetius*, in: DB 1996, Beilage 17, S. 1, 7.
603 *Boetius*, in: DB 1996, Beilage 17, S. 1, 7.
604 *Jong-Su Park*, Die Steuerpflicht von Daseinsvorsorgeeinrichtungen der öffentlichen Hand, S. 156.
605 *Jong-Su Park*, Die Steuerpflicht von Daseinsvorsorgeeinrichtungen der öffentlichen Hand, S. 147ff, 165.
606 *Jong-Su Park*, Die Steuerpflicht von Daseinsvorsorgeeinrichtungen der öffentlichen Hand, S. 154.
607 *Jong-Su Park*, Die Steuerpflicht von Daseinsvorsorgeeinrichtungen der öffentlichen Hand, S. 152f, 157, 165.
608 *Jong-Su Park*, Die Steuerpflicht von Daseinsvorsorgeeinrichtungen der öffentlichen Hand, S. 146f, 165.

trieb[609]. Die Steuerbefreiung des in der AO geregelten Gemeinnützigkeitsrechts und die Steuerbefreiung für Hoheitsbetriebe nach § 4 Abs. 5 S. 1 KStG laufe parallel. Die Verfolgung von Gemeinwohlzwecken sei der Grund für diese beiden Steuervergünstigungen, wobei jedoch jeweils der Wettbewerbsgedanke vorrangig zu beachten sei. Im Hinblick auf die Betätigung des Staates sei die Sicherung des Gemeinwohls sogar der „eigentliche Lebenszweck“[610]. Aus diesen Gründen müsse man von dem Vorliegen eines Hoheitsbetriebs ausgehen, wenn zwar die Voraussetzungen für einen Betrieb gewerblicher Art erfüllt seien, aber die Einrichtung der juristischen Person des öffentlichen Rechts zudem Gemeinwohlinteressen als Verwirklichung der eigentlichen Lebenszwecke verfolge[611], wobei – und das sei die Bedeutung des Überwiegensmerkmals des § 4 Abs. 5 S. 1 KStG – die unentbehrliche Verfolgung der Gemeinwohlzwecke die Wettbewerbsinteressen überwiegen müsse[612].

gg) Neufassung des § 4 KStG

Einige Autoren wollen die bestehende gesetzliche Regelung des § 4 Abs. 5 KStG zugunsten einer Neufassung beseitigen[613]. *König* begründet seine Auffassung, den § 4 KStG neu zu regeln, damit, dass brauchbare Kriterien zur Bestimmung des Begriffs des Hoheitsbetriebs nicht entwickelt worden seien[614]. Ansatzpunkt der Neuregelung müsse die nachhaltige wirtschaftliche Betätigung juristischer Personen des öffentlichen Rechts sein – ohne Berücksichtigung etwaiger öffentlich-rechtlicher oder öffentlicher Zwecke der Tätigkeit[615].
Auch *Gern* spricht sich für einen neu gefassten § 4 KStG aus, der dann vorrangig die Wettbewerbsneutralität des Steuerrechts berücksichtigen solle[616]. Nach dieser Neufassung sollten Betriebe von juristischen Personen des öffentlichen

---

609 *Jong-Su Park*, Die Steuerpflicht von Daseinsvorsorgeeinrichtungen der öffentlichen Hand, S. 158ff.
610 *Jong-Su Park*, Die Steuerpflicht von Daseinsvorsorgeeinrichtungen der öffentlichen Hand, S. 158f.
611 *Jong-Su Park*, Die Steuerpflicht von Daseinsvorsorgeeinrichtungen der öffentlichen Hand, S. 160f.
612 *Jong-Su Park*, Die Steuerpflicht von Daseinsvorsorgeeinrichtungen der öffentlichen Hand, S. 163, 165f.
613 *Altehoefer*, in: FS L. Schmidt (1993), S. 677, 689f; *Gern*, in: KStZ 1997, S. 167, 169; *König*, Die subjektive Steuerpflicht der Betriebe gewerblicher Art von Juristischen Personen des öffentlichen Rechts nach dem deutschen Körperschaftsteuerrecht, S. 175ff.
614 *König*, Die subjektive Steuerpflicht der Betriebe gewerblicher Art von Juristischen Personen des öffentlichen Rechts nach dem deutschen Körperschaftsteuerrecht, S. 175.
615 *König*, Die subjektive Steuerpflicht der Betriebe gewerblicher Art von Juristischen Personen des öffentlichen Rechts nach dem deutschen Körperschaftsteuerrecht, S. 182.

Rechts der Körperschaftsteuerpflicht unterliegen, wenn sie sich im wirtschaftlichen Wettbewerb mit nichtstaatlichen natürlichen oder juristischen Personen des Privatrechts befänden.
Altehoefer plädiert für eine Streichung des Abs. 5 des § 4 KStG und die Einfügung des Überwiegensmerkmals in § 4 Abs. 1 KStG[617]. Er ist der Ansicht, das derzeitige Verhältnis der Abs. 1 und 5 des § 4 KStG stifte mehr Verwirrung als das es Klarheit schaffe, da § 4 KStG mit Abs. 1 (Steuerpflicht des Betriebs gewerblicher Art) und Abs. 5 (Steuerfreiheit bei hoheitlicher Tätigkeit) eine doppelte Abgrenzung enthalte, beide Abgrenzungsbereiche jedoch nicht deckungsgleich seien[618]. Zudem sei nach der gegenwärtigen Gesetzeslage zwar primär das Vorliegen eines Hoheitsbetriebs zu prüfen, im Ergebnis aber das Gesamtbild der wirtschaftlichen Tätigkeit entscheidend. *Altehoefer* betont im Gegensatz zu *König* jedoch, dass auch nach einer Neufassung die Abgrenzungsproblematik bestehen bleibe, da die Frage, ob sich ein Betrieb einer juristischen Person des öffentlichen Rechts überwiegend nachhaltig wirtschaftlich betätige, immer schwer zu beantworten sei[619].

d) Eigene Ansicht

Die von der Rechtsprechung, dem Schrifttum und der Verwaltung vertretenen Auffassungen verbreiten keine Einigkeit, ob im Rahmen des § 4 Abs. 1 und 5 KStG der Begriff der wirtschaftlichen Tätigkeit oder der Begriff der Ausübung der öffentlichen Gewalt die zentrale Bedeutung haben soll, ob „Ausübung der öffentlichen Gewalt" positiv – und wenn ja, anhand welcher Kriterien – oder negativ in Abgrenzung zur wirtschaftlichen Tätigkeit bestimmt werden soll.

aa) Keine Entbehrlichkeit des Begriffs der Ausübung der öffentlichen Gewalt

Zunächst ist die Frage zu klären, ob der Begriff der Ausübung öffentlicher Gewalt überhaupt Anwendung finden soll oder ob er im Rahmen des § 4 KStG entbehrlich ist. Erst wenn diese Vorfrage geklärt ist, kann der Begriffsinhalt bestimmt werden.
In diesen Zusammenhang gehört der zur Diskussion gestellte Vorschlag, den Befreiungstatbestand „Ausübung der öffentlichen Gewalt" des § 4 Abs. 5 S. 1

---

[616] *Gern*, in: KStZ 1997, S. 167, 169.
[617] *Altehoefer*, in: FS L. Schmidt (1993), S. 677, 690.
[618] *Altehoefer*, in: FS L. Schmidt (1993), S. 677, 689.
[619] *Altehoefer*, in: FS L. Schmidt (1993), S. 677, 690.

KStG neu zu formulieren oder zu streichen[620]. Dem gegen diesen Ansatz zu erhebenden Einwand, dass die bloße Streichung des Begriffs der Ausübung öffentlicher Gewalt nicht von der Notwendigkeit der Begrenzung einer Besteuerung juristischer Personen des öffentlichen Rechts befreien würde, begegnet *König*, indem er in der von ihm vorgeschlagenen Neuformulierung der gesetzlichen Regelung auch die Besteuerung von Hoheitsbetrieben normiert wissen will[621]. Dies würde bedeuten, jedes Handeln der öffentlichen Hand der Besteuerung zu unterwerfen. Das verstieße jedoch gegen den Grundsatz der Steuerfreistellung zumindest des obrigkeitlichen Handelns des Staates[622].

Dass, wie *König* es meint, aus praktischen Gründen viele Hoheitsbetriebe mangels tatsächlicher Einkünfte nicht der sachlichen Steuerpflicht unterfallen würden[623], beseitigt nicht die Systemwidrigkeit des Vorschlags. Daran änderte auch der Ansatz *Königs* nichts, der Gesetzgeber könne für bestimmte Betriebe gewerblicher Art, die aus sozialen, kulturellen oder sonstigen Gründen nicht besteuert werden sollen, persönliche Steuerbefreiungen in § 4 Abs. 1 KStG aussprechen[624]. Denn schon die unterschiedlichen und uneinheitlichen Beispiele, die *König* aufzählt – er nennt Schlachthöfe, Friedhöfe, Müllabfuhrbetriebe, Desinfektionsanstalten und die Deutsche Bundesbank in einem Atemzug –, verdeutlichen, dass es dem Gesetzgeber unmöglich wäre, alle relevanten Betriebe gewerblicher Art zu erfassen und eine Auflistung zusammenzustellen, die nicht jedes Jahr aufgrund veränderter Rechtsprechung oder neuer gesetzgeberischer Vorstellungen geändert werden müsste. Zwar will *König* für die Besteuerung an der Notwendigkeit eines wirtschaftlichen Handelns festhalten[625], jedoch wären dann § 4 KStG und die Figur des Betriebs gewerblicher Art verzichtbar, da es letztlich nur auf die Erzielung von Einkünften durch eine Einrichtung einer juristischen Person des öffentlichen Rechts ankäme.

---

[620] *Altehoefer*, in: FS L. Schmidt (1993), S. 677, 689f; *Gern*, in: KStZ 1997, S. 167, 169; *König*, Die subjektive Steuerpflicht der Betriebe gewerblicher Art von Juristischen Personen des öffentlichen Rechts nach dem deutschen Körperschaftsteuerrecht, S. 175ff.

[621] *König*, Die subjektive Steuerpflicht der Betriebe gewerblicher Art von Juristischen Personen des öffentlichen Rechts nach dem deutschen Körperschaftsteuerrecht, S. 182.

[622] *Bader*, Hoheitsbetrieb und Betrieb gewerblicher Art im Umsatz- und Körperschaftsteuerrecht, S. 26; *Jong-Su Park*, Die Steuerpflicht von Daseinsvorsorgeeinrichtungen der öffentlichen Hand, S. 157; *H. H. Klein*, in: StuW 1967, Sp. 658, 666; *Pflaumer*, Der Begriff „Ausübung öffentlicher Gewalt“ im Steuerrecht, S. 57ff.

[623] *König*, Die subjektive Steuerpflicht der Betriebe gewerblicher Art von Juristischen Personen des öffentlichen Rechts nach dem deutschen Körperschaftsteuerrecht, S. 182.

[624] *König*, Die subjektive Steuerpflicht der Betriebe gewerblicher Art von Juristischen Personen des öffentlichen Rechts nach dem deutschen Körperschaftsteuerrecht, S. 183.

[625] *König*, Die subjektive Steuerpflicht der Betriebe gewerblicher Art von Juristischen Personen des öffentlichen Rechts nach dem deutschen Körperschaftsteuerrecht, S. 182.

Daher ist der von *König* vorgeschlagene Weg nicht gangbar und würde eine Streichung des § 4 Abs. 5 KStG das Abgrenzungsproblem zwischen wirtschaftlichen und hoheitlichen Tätigkeiten – wie *Altehoefer* als Vertreter der Auffassung, die eine Streichung des § 4 Abs. 5 KStG vorschlägt, selbst zugesteht[626] – nicht lösen. § 4 Abs. 5 KStG zu streichen oder Elemente des Abs. 5 in Abs. 1 des § 4 KStG zu übernehmen, könnte allenfalls für ein besseres Verständnis der gesetzlichen Regelung sorgen. Doch auch dies wäre zu bezweifeln. Verzichtete man auf eine Übernahme des Begriffs der Ausübung öffentlicher Gewalt, wäre dem Gesetzesanwender die Abgrenzungsproblematik nicht ersichtlich, sondern sie ergäbe sich nur aus der Lektüre weiterführender Literatur. Eine solche Lösung würde also die Handhabbarkeit des § 4 KStG verschlechtern. Vor diesem Hintergrund kann auch das Argument *Altehoefers* nicht durchdringen, dass zumindest „die ausdrückliche gesetzliche Verpflichtung" weggefallen wäre, beantworten zu müssen, was unter dem Begriff der Ausübung öffentlicher Gewalt zu verstehen sei. Denn unabhängig von einer „gesetzlichen Verpflichtung" müsste – wie oben gezeigt – eine Abgrenzung zwischen wirtschaftlicher und hoheitlicher Tätigkeit vorgenommen werden.

Für den Fall, dass der Begriff der Ausübung öffentlicher Gewalt in § 4 Abs. 1 KStG integriert wird, wäre ebenfalls kein Gewinn an Verständlichkeit erzielt. Die Verständlichkeit der Norm würde vielmehr leiden, da statt des Satzteiles „vorbehaltlich des Absatzes 5" in § 4 Abs. 1 S. 1 KStG ein neuer Halbsatz aufgenommen werden müsste, der dem § 4 Abs. 5 KStG entspräche. Damit wäre die klare und verständliche gesetzestechnische Trennung zwischen Abs. 1 und Abs. 5 des § 4 KStG und zwischen der Figur des Betriebs gewerblicher Art und der des Hoheitsbetriebs aufgehoben.

Auch die Forderung, im Zuge einer Neufassung des § 4 KStG oder vor dem Hintergrund der geltenden Rechtslage die Frage, welche Tätigkeit Ausübung öffentlicher Gewalt sei, unbeantwortet zu lassen und allein auf den Begriff der wirtschaftlichen Tätigkeit oder die Figur des Betriebs gewerblicher Art abzustellen, bietet keine überzeugende Lösung. Dieser Ansatz stützt sich vorrangig auf die Gebote der Wettbewerbsneutralität und der Wettbewerbsrelevanz des wirtschaftlichen Handelns von juristischen Personen des öffentlichen Rechts[627] und sieht, wie *Selmer* und *L. Schulze-Osterloh* es ausführen, in der Besteuerung

---

[626] *Altehoefer*, in: FS L. Schmidt (1993), S. 677, 690.

[627] *Jong-Su Park*, Die Steuerpflicht von Daseinsvorsorgeeinrichtungen der öffentlichen Hand, S. 147ff, 165; *Landwehr*, Betriebe gewerblicher Art von juristischen Personen des öffentlichen Rechts im Körperschaftsteuerrecht, S. 172f; *Selmer/L. Schulze-Osterloh*, in: DÖV 1978, S. 381, 385, 388.

der Betriebe gewerblicher Art gem. § 4 Abs. 1 KStG „ein verfassungskräftiges Gebot der Systemgerechtigkeit“[628].

Es ist jedoch nicht ersichtlich, dass der Gedanke der Wettbewerbsneutralität, sei er als steuerrechtliches Prinzip oder als Folge, die sich unmittelbar aus Art. 3 Abs. 1 GG ergibt, verstanden, für den gesamten Bereich der Besteuerung von Betrieben juristischer Personen des öffentlichen Rechts als ein Gebot der Systemgerechtigkeit verstanden werden muss und ein Vorgehen fordert, das den Schwerpunkt auf die wirtschaftliche Tätigkeit der Einrichtungen juristischer Personen des öffentlichen Rechts setzt.

So ist das BVerfG, wie *Selmer* selbst ausführt, generell zurückhaltend, aus gesetzlichen Zusammenhängen ein „System“ oder eine „Sachgesetzlichkeit“ herauszulesen[629]. Speziell für den Bereich der §§ 1 Abs. 1 Nr. 6, 4 KStG hat *Friauf* die Frage der Systemgerechtigkeit untersucht und dargelegt, dass aus diesen Regelungen kein System einer umfassenden Steuerpflicht von Einrichtungen juristischer Personen des öffentlichen Rechts zu entnehmen sei. Daraus folge, dass die Besteuerung öffentlicher und privater Unternehmen kein verfassungskräftiges Gebot der Systemgerechtigkeit vor dem Hintergrund der Wettbewerbsneutralität sei[630]. Der Gesetzgeber habe mit der Festlegung auf die Begriffe des Betriebs gewerblicher Art und des Hoheitsbetriebs die Steuerpflicht für bestimmte Tätigkeiten der juristischen Personen des öffentlichen Rechts normiert und gleichzeitig andere Betätigungen steuerfrei gestellt. Dadurch seien zwei verfolgte Zielsetzungen normativ geregelt, mithin zwei verschiedene Prinzipien verwirklicht worden, wobei der Gedanke der Wettbewerbsneutralität nicht dem Grundsatz der Steuerfreistellung von Hoheitsbetrieben vorrangig sei[631].

Friauf hat die Geltung dieser zwei Prinzipien im Rahmen der §§ 1 Abs. 1 Nr. 6 und 4 Abs. 1 und 5 KStG sowohl anhand des Wortlauts und der Systematik des § 4 KStG als auch anhand der historischen Entwicklung der gesetzlichen Regelung[632] überzeugend entwickelt. So hat der Gesetzgeber in § 2 Nr. 3 KStG 1925[633] die Steuerpflicht des Betriebs gewerblicher Art festgelegt und im Gegensatz dazu die Hoheitsbetriebe von der Steuerpflicht ausgenommen. Er hat

---

628 *Selmer/L. Schulze-Osterloh*, in: DÖV 1978, S. 381, 385.

629 *Selmer*, in: AöR 101 (1976), S. 399, 454, unter Hervorhebung der Rechtsprechung des BVerfG, Beschluss vom 2. Oktober 1969, 1 BvL 12/68, in BVerfGE 27, S. 58, 65; Beschluss vom 7. November 1972, 1 BvR 338/68, in: BVerfGE 34, S. 103, 117; Urteil vom 5. März 1974, 1 BvR 712/68, in: BVerfGE 36, S. 321, 337.

630 *Friauf*, in: Friedrich/Kupsch, Die Besteuerung öffentlicher Unternehmen, S. 57, 77ff, 81f.

631 *Friauf*, in: Friedrich/Kupsch, Die Besteuerung öffentlicher Unternehmen, S. 57, 80.

632 *Friauf*, in: Friedrich/Kupsch, Die Besteuerung öffentlicher Unternehmen, S. 57, 77ff.

633 Vom 10. August 1925, RGBl. I, S. 208ff.

diese Unterscheidung im KStG 1934[634], zwar ohne ausdrückliche Regelung, aber laut der amtlichen Begründung unter Beibehaltung der bisherigen Prinzipien, fortgeführt[635]. Dieser aufgezeigte Regelungsinhalt gilt auch weiterhin und hat in der insoweit klarstellenden Bestimmung[636] des § 4 Abs. 1 und 5 KStG, die nun ausdrücklich das Nebeneinander von wirtschaftlichen und hoheitlichen Tätigkeiten normiert, seinen Niederschlag gefunden.

Dieses Ergebnis stimmt mit den verfassungsrechtlichen Wertungen überein. Auf der einen Seite steht Art. 3 Abs. 1 GG, der auch im Steuerrecht eine folgerichtige, durchgängige Anwendung der gesetzgeberischen Wertungen verlangt[637] und allen Unternehmen die Gleichheit der rechtlichen Möglichkeiten gewährt[638]. Auf der anderen Seite ergibt sich aus dem in Art. 104 a Abs. 1 GG normierten Lastenteilungsgrundsatz, wonach keine staatliche Ebene sich ihre Aufgaben von der anderen Ebene finanzieren lassen darf, dass insoweit eine Besteuerung hoheitlicher Tätigkeiten nicht zulässig ist[639]. Neben dem Prinzip der Wettbewerbsneutralität, das die Steuerpflicht der Betriebe gewerblicher Art von juristischen Personen des öffentlichen Rechts zur Folge hat, gilt gleichrangig das Prinzip der Steuerbefreiung der Ausübung öffentlicher Gewalt. Daraus folgt, dass im Mittelpunkt der Prüfung des § 4 KStG nicht allein die wirtschaftliche Tätigkeit steht. Vielmehr sind die beiden dargestellten Aussagen des Grundgesetzes bei der Anwendung des § 4 KStG in Einklang zu bringen.

Eine verfassungsrechtlich verankerte Systemvorstellung der alleinigen oder vorrangigen Geltung der Wettbewerbsneutralität lässt sich somit nicht feststellen[640]. Neben dem Prinzip der wirtschaftlichen Tätigkeit einer juristischen Person des öffentlichen Rechts steht das Prinzip der Steuerfreistellung der Ausübung der öffentlichen Gewalt, so dass bei Bejahung einer wirtschaftlichen Tätigkeit eine Ausübung öffentlicher Gewalt nicht schon allein aufgrund eines bloßen Umkehrschlusses ausscheiden kann. § 4 KStG beinhaltet somit zwei Schwerpunkte, die wirtschaftliche Tätigkeit und die Ausübung öffentlicher Gewalt.

---

[634] Vom 16. Oktober 1934, RGBl. I, S. 1031ff.

[635] RStBl. 1935, S. 81, 82.

[636] BT-Drucksache 7/1470, S. 323, 336.

[637] *Lang*, in: Tipke/Lang, Steuerrecht[17], § 4 Rn. 29.

[638] Vgl. C. II. 1.

[639] *Maunz*, in: Maunz/Dürig, Kommentar zum Grundgesetz, Art. 105, Rn. 25; *Ruhe*, in: Seifert/Hömig, Grundgesetz[7], Art. 105, Rn. 4. Ähnlich *Hüttemann*, Die Besteuerung der öffentlichen Hand, S. 15, 90. A. A. *Friauf*, in: Friedrich/Kupsch, Die Besteuerung öffentlicher Unternehmen, S. 57, 68f; *Selmer/L. Schulze-Osterloh*, in: DÖV 1978, S. 381, 388.

[640] So auch *Hüttemann*, Die Besteuerung der öffentlichen Hand, S. 17.

Dem widerspricht auch nicht die ansonsten übliche enge Auslegung einer Steuerbefreiung als „Ausnahme vom System“[641]. Denn die Besteuerung von Einrichtungen juristischer Personen des öffentlichen Rechts, wie von den §§ 1 Abs. 1 Nr. 6, 4 KStG normiert, führt zu einer Selbstbesteuerung der öffentlichen Hand und im Ergebnis aufgrund der durch die Steuererhebung und Steuerverwaltung verursachten Kosten zu Mindereinnahmen[642]. Vor diesem Hintergrund kann die Befreiung hoheitlicher Tätigkeit von der Besteuerung, wie sie § 4 Abs. 5 S. 1 KStG vorsieht, nicht als „Ausnahme vom System“ verstanden werden. Vielmehr erweist sich § 4 Abs. 5 S. 1 KStG als Ausdruck des Grundsatzes, eine Selbstbesteuerung des Staates zu vermeiden, von dem jedoch – da der Fiskalzweck nicht der einzige Zweck der Steuererhebung sein muss, sondern Steuern auch einen Lenkungscharakter aufweisen können[643] – Ausnahmen zugunsten der staatlichen Wirtschaftspolitik möglich und erforderlich sind[644].

Insofern kann auch nicht *Siegel* gefolgt werden, der in der generellen Steuerpflicht von Einrichtungen juristischer Personen des öffentlichen Rechts den „Hauptnormzweck“ des § 4 KStG sieht und die Steuerfreistellung der Ausübung öffentlicher Gewalt als Erfüllung der „eigentlichen Lebenszwecke“ nur als „Zweck“ des § 4 Abs. 5 KStG bezeichnet[645]. Wie bereits dargestellt, ist dem Gesetz keine Abstufung zwischen einem „Hauptnormzweck“ und einem einfachen „Zweck“ zu entnehmen. Vielmehr gelten die zwei Prinzipien „Steuerpflicht der Betriebe gewerblicher Art“ bzw. „Wettbewerbsneutralität“ und

---

641 *Wagner*, in: DStJG 13 (1990), S. 59, 74.

642 *Landwehr*, Betriebe gewerblicher Art von juristischen Personen des öffentlichen Rechts im Körperschaftsteuerrecht, S. 99. Vgl. zur Selbstbesteuerung zudem BFH, Beschluss vom 17. April 1969, V B 53/68, in: BStBl. II 1969, S. 415.

643 BVerfG, Rechtsgutachten vom 16. Juni 1954, 1 PBvV 2/52, in: BVerfGE 3, 407, 436; Beschluss vom 17. Januar 1957, 1 BvL 4/54, in: BVerfGE 6, 55, 81; Urteil vom 24. Januar 1962, 1 BvR 845/58, in: BVerfGE 13, 331, 345f; Urteil vom 22. Mai 1963, 1 BvR 78/56, in: BVerfGE 16, 147, 160f; Urteil vom 13. Juli 1965, 1 BvR 771/59, 234, 246, 367/61 und 17/62, in: BVerfGE 19, 101, 114; Beschluss vom 24. September 1965, 1 BvR 228/65, in: BVerfGE 19, 119, 125; Beschluss vom 9. März 1971, 2 BvR 326, 327, 341, 342, 343, 344, 345/69, in: BVerfGE 30, 250, 264; Urteil vom 27. Juni 1991, 2 BvR 1493/89, in: BVerfGE 84, 239, 274; Beschluss vom 22. Juni 1995, 2 BvL 37/91, in: BVerfGE 93, 121, 147; Urteil vom 7. Mai 1998, 2 BvR 1991, 2004/95, in: BVerfGE 98, 106, 117; *Drüen*, in: Tipke/Kruse, AO und FGO, § 3 AO, Rn. 12a; *Landwehr*, Betriebe gewerblicher Art von juristischen Personen des öffentlichen Rechts im Körperschaftsteuerrecht, S. 100; *Lang*, in: Tipke/Lang, Steuerrecht[17], § 3, Rn. 10f.

644 *Birk*, in: Hübschmann/Hepp/Spitaler, AO und FGO, § 3 AO, Rn. 43ff; *Landwehr*, Betriebe gewerblicher Art von juristischen Personen des öffentlichen Rechts im Körperschaftsteuerrecht, S. 100f; *Vogel/Walter*, in: Dolzer/Vogel/Graßhof, Bonner Kommentar, Art. 105, Rn. 47ff.

645 *Siegel*, Der Begriff des „Betriebs gewerblicher Art“ im Körperschaft- und Umsatzsteuerrecht, S. 204, 214.

„Steuerbefreiung der Ausübung öffentlicher Gewalt" nebeneinander. *Siegel* ist zwar beizupflichten, dass eine weite Auslegung des Begriffs der Ausübung öffentlicher Gewalt, die jede Verfolgung öffentlicher Zwecke genügen ließe, konturenlos wäre. Jedoch ist die Klärung der Frage, was unter Ausübung öffentlicher Gewalt zu verstehen ist – auch unter Einbeziehung der Figur der „eigentlichen Lebenszwecke" –, nicht bloß Aufgabe „sachgerechter Politik"[646], sondern anhand der juristischen Auslegungsmethoden durchzuführen.
Die Schwierigkeiten, die sich möglicherweise bei der Auslegung der Begriffe der „Ausübung öffentlicher Gewalt" und der „eigentlichen Lebenszwecke" ergeben, können zu keiner anderen Einschätzung führen. Der Wunsch, im Rahmen einer Beschäftigung mit § 4 Abs. 5 S. 1 KStG einen Rückgriff auf die „zweifelhaften Staatsaufgabenlehren" zu vermeiden, kann nicht den Wortlaut, die Systematik und den Sinn und Zweck des Gesetzes überwinden. § 4 Abs. 5 S. 1 KStG schließt als Ausnahmeregelung zu § 4 Abs. 1 KStG die Steuerpflicht für Hoheitsbetriebe aus. Durch eine bloße Prüfung der Kriterien des Betriebs gewerblicher Art nach § 4 Abs. 1 KStG kann bei einer Bejahung dieser Merkmale nicht schon die Steuerbefreiung nach § 4 Abs. 5 S. 1 KStG verneint werden. Insofern besteht die Notwendigkeit, sich die Frage zu stellen, was unter Ausübung öffentlicher Gewalt zu verstehen ist, um positiv feststellen zu können, dass ein Fall einer Ausnahme von der Besteuerung vorliegt.

bb) Positive Bestimmung des Begriffs der Ausübung öffentlicher Gewalt

Will man die Ausübung der öffentlicher Gewalt i. S. des § 4 Abs. 5 S. 1 KStG positiv bestimmen, stellt sich die Frage, ob die Auslegung dieses Be-griffes anhand des allgemeinen Staats- und Verwaltungsrechts[647] durchgeführt werden soll oder ob einem eigenständigen steuerrechtlichen Verständnis, das enger ist als das staats- bzw. verwaltungsrechtliche, der Vorrang einzuräumen ist.

(1) Kein eigenständiges steuerrechtliches Verständnis des Begriffs der Ausübung der öffentlichen Gewalt

Nach Auffassung des BFH und eines Teils der Literatur soll – wie bereits dargestellt – ein eigenständiges steuerrechtliches Verständnis des Begriffs der Ausübung öffentlicher Gewalt gelten. Die Rechtsprechung des BFH kann jedoch nicht helfen, das Ziel eines eigenständigen steuerrechtlichen Verständnis-

[646] *Siegel*, Der Begriff des „Betriebs gewerblicher Art" im Körperschaft- und Umsatzsteuerrecht, S. 204.
[647] Zu diesem Begriff vgl. Fn. 559 in dieser Arbeit.

ses zu erreichen. Wie die Darstellung der einzelnen Kriterien der Rechtsprechung zeigt[648], sind diese insgesamt zu uneinheitlich; zudem widersprechen sie sich teilweise. Abgesehen von der Formel, öffentliche Gewalt werde durch Tätigkeiten ausgeübt, die der juristischen Person des öffentlichen Rechts als Träger öffentlicher Gewalt eigentümlich und vorbehalten seien[649], findet sich keine Konstante. Allein der Gedanke der Wettbewerbsrelevanz der Tätigkeit der juristischen Person des öffentlichen Rechts wird in den neueren Entscheidungen des BFH in den Vordergrund gestellt und könnte für ein eigenständiges steuerrechtliches Verständnis sprechen[650]. Letztlich deutet jedoch die Formel „eigentümlich und vorbehalten" nicht auf die Geltung eines eigenständigen steuerrechtlichen Begriffsverständnisses, sondern auf eine Heranziehung des allgemeinen Staats- und Verwaltungsrechts hin, da nach dem RFH und ihm nachfolgend dem BFH öffentliche Gewalt durch solche Tätigkeiten ausgeübt werden soll, die den juristischen Personen des öffentlichen Rechts *als Trägern öffentlicher Gewalt* oder als *öffentlich-rechtlichen Körperschaften* eigentümlich und vorbehalten seien[651]. Wenn der BFH im Rahmen seiner Rechtsprechung von Trägern öffentlicher Gewalt spricht, bezieht er sich damit gerade auf das die Fähigkeit zur Ausübung öffentlicher Gewalt vermittelnde allgemeine Staats- und Verwaltungsrecht. Insofern kann auch *Jong-Su Park* gefolgt werden, der verdeutlicht,

---

648 Vgl. C. II. 2. a) bb).

649 Vgl. Fn. 514 in dieser Arbeit.

650 Vgl. C. II. 2. a) bb).

651 RFH, Gutachten vom 9. Juli 1937, V D 1/37, in: RStBl. 1937, S. 1306, 1307; Gutachten vom 2. Juli 1938, Gr. S. D 5/38, in: RStBl. 1938, S. 743f; BFH, Urteil vom 12. Dezember 1951, I 95/51 S, in: BStBl. III 1952, S. 41, 42; Urteil vom 9. Februar 1953, V 84/52 U, in: BStBl. III 1953, S. 86; Urteil vom 13. April 1961, V 120/59 U, in: BStBl. III 1961, S. 298, 299; Urteil vom 1. April 1965, V 131/62 U, in: BStBl. III 1965, S. 339, 340; Urteil vom 7. Dezember 1965, I 319/62 U, in: BStBl. III 1966, S. 150, 151; Urteil vom 18. August 1966, V 21/64, in: BStBl. III 1967, S. 100, 101; Urteil vom 6. Juli 1967, V 76/64, in: BStBl. III 1967, S. 582, 583; Urteil vom 21. November 1967, I 274/64, in: BStBl. II 1968, S. 218, 219; Urteil vom 25. April 1968, V 120/64, in: BStBl. II 1969, S. 94, 97; Urteil vom 18. Februar 1970, I R 157/67, in: BStBl. II 1970, S. 519, 520; Urteil vom 15. März 1972, I R 232/71, in: BStBl. II 1972, S. 500, 501; Urteil vom 4. Februar 1976, I R 200/73, in: BStBl. II 1976, S. 355, 356; Urteil vom 22. September 1976, I R 102/74, in: BStBl. II 1976, S. 793, 794; Urteil vom 26. Mai 1977, V R 15/74, in: BStBl. II 1977, S. 813, 815; Urteil vom 14. April 1983, V R 3/79, in: BStBl. II 1983, S. 491, 492; Urteil vom 30. Juni 1988, V R 79/84, in: BStBl. II 1988, S. 910, 911; Urteil vom 21. September 1989, V R 89/85, in: BStBl. II 1990, S. 95, 97; Urteil vom 14. März 1990, I R 156/87, in: BStBl. II, S. 866, 867; Urteil vom 27. Juni 1990, I R 166/85, in: BFH/NV 1991, S. 628, 629; Urteil vom 23. Oktober 1996, I R 1-2/94, in: BStBl. II 1997, S. 139, 140; Urteil vom 23. Oktober 1996, I R 1-2/94, in: BStBl. II 1997, S. 139, 140; Urteil vom 8. Januar 1998, V R 32/97, in: BStBl. II 1998, S. 410, 411; Beschluss vom 7. Dezember 1999, I B 136/98, in: BFH/NV 2000, S. 894; Urteil vom 4. September 2002, I R 42/01, in: BFH/NV 2003, S. 511, 512.

dass der Steuergesetzgeber von dem Begriff der Ausübung öffentlicher Gewalt keine genaue (steuerrechtliche) Vorstellung habe[652].
Die Vertreter des Schrifttums, die sich für eine eigenständige steuerrechtliche Auslegung des Begriffs der Ausübung öffentlicher Gewalt aussprechen, begründen ihre Auffassung vorrangig mit dem Gebot der Wettbewerbsneutralität des Handelns juristischer Personen des öffentlichen Rechts[653]. Wie bereits dargelegt, findet im Rahmen des § 4 KStG jedoch nicht nur das Gebot der Wettbewerbsneutralität, sondern auch das Prinzip der Steuerbefreiung der Ausübung öffentlicher Gewalt Geltung. Diese beiden Prinzipien sind bei der Anwendung des § 4 KStG in Einklang zu bringen. Eine enge Auslegung des Begriffs der Ausübung öffentlicher Gewalt allein vor dem Hintergrund des Gebots der Wettbewerbsneutralität vornehmen zu wollen, ist daher nicht möglich. Ein solches Vorgehen bedeutete, den zweiten vor dem ersten Schritt zu machen. Vielmehr ist das Prinzip der Wettbewerbsneutralität für die Frage der Steuerpflicht der Tätigkeit eines Betriebs gewerblicher Art einer juristischen Person des öffentlichen Rechts nach §§ 1 Abs. 1 Nr. 6 und 4 Abs. 1 KStG heranzuziehen. In einem zweiten Schritt ist dann der Begriff der Ausübung öffentlicher Gewalt zu klären, um dem Grundsatz der Steuerbefreiung der Ausübung öffentlicher Gewalt Geltung zu verschaffen.

(2) Bestimmung des Begriffs der Ausübung der öffentlichen Gewalt nach dem allgemeinen Staats- und Verwaltungsrecht

Für die Ansicht, die Kriterien des allgemeinen Staats- und Verwaltungsrechts heranziehen will, sprechen die Entstehungsgeschichte, der Wortlaut des Begriffs der Ausübung öffentlicher Gewalt und die Einheit der Rechtsordnung[654]. Der Begriff der (Ausübung) öffentlicher Gewalt entstammt ursprünglich dem

---

[652] *Jong-Su Park*, Die Steuerpflicht von Daseinsvorsorgeeinrichtungen der öffentlichen Hand, S. 146f.
[653] *Kohorst*, Die Besteuerung der Gemeindebetriebe, S. 32; *Laule*, in: DStZ 1988, S. 183, 191; *Siegel*, Der Begriff des „Betriebs gewerblicher Art" im Körperschaft- und Umsatzsteuerrecht, S. 204.
[654] Vgl. *Altehoefer*, in: FS L. Schmidt (1993), S. 677, 687f; *Paulick*, in: StuW 1952, Sp. 679, 686; *Ramme*, Betriebe gewerblicher Art von Körperschaften öffentlichen Rechts und die Ausübung öffentlicher Gewalt im Umsatzsteuerrecht, S. 66ff, 74ff; *Schneider*, Rundfunkanstalten und Mehrwertsteuer, S. 26f. Vgl. in allgemeiner Hinsicht – vor dem Hintergrund des Verhältnisses von Steuerrecht und Zivilrecht – auch *Meincke*, in: StuW 1992, S. 188, 189f.

allgemeinen Staats- und Verwaltungsrecht und hat dort seine inhaltliche Bestimmung erfahren[655].

(a) Einheit und Widerspruchsfreiheit der Rechtsordnung

Es wird jedoch die Auffassung vertreten, dass die Einheit der Rechtsordnung nicht eine einheitliche Interpretation gleicher Rechtsbegriffe, die in verschiedenen Rechtsgebieten verwendet werden, fordere[656]. Auch und gerade für das Steuerrecht gelte, dass in verschiedenen Rechtsgebieten gleich lautende Begriffe innerhalb der Rechtsordnung relativ seien[657]. Bei der Auslegung von Begriffen, die anderen Gebieten des öffentlichen Rechts oder dem Zivilrecht entstammten, müsse „der spezifisch an dem Zweck des Steuergesetzes ausgerichtete Begriffsinhalt" ermittelt werden, da dem Steuerrecht, den anderen Gebieten des öffentlichen Rechts und dem Zivilrecht unterschiedliche Teleologien zugrunde liegen könnten[658].
Dieser Auslegungsgrundsatz gilt jedoch nur so weit, wie in den verschiedenen Rechtsgebieten tatsächlich unterschiedliche Zwecke zu beachten sind[659]. Das zeigt sich auch in der finanzgerichtlichen Rechtsprechung. Verfolgen das Steuerrecht und das andere Rechtsgebiet, dem der jeweils auszulegende Begriff ursprünglich entstammt, gleiche Zwecke, stützt sich der BFH auf die Einheit der Rechtsordnung und untersucht vor diesem Hintergrund den Wortlaut des jeweils zu beurteilenden Rechtsbegriffes. In diesen Entscheidungen verweist der BFH im Rahmen der steuerrechtlichen Auslegung aufgrund der gleichen Zweckrichtung auf die anderen Rechtsgebiete oder greift auf sie zurück[660].

---

[655] *Altehoefer*, in: FS L. Schmidt (1993), S. 677, 687; *Lange*, in: DStZ 2000, S. 200, 201f; *Selmer/L. Schulze-Osterloh*, in: DÖV 1978, S. 381, 387; *Schneider*, Rundfunkanstalten und Mehrwertsteuer, S. 26f, 30.

[656] *Kohorst*, Die Besteuerung der Gemeindebetriebe, S. 30; *Laule*, in: DStZ 1988, S. 183, 187f; *Wank*, Die juristische Begriffsbildung, S. 113ff.

[657] *V. d. Heyden*, Zulässigkeit und Notwendigkeit der Einbeziehung der Deutschen Bundespost in die Mehrwertsteuerpflicht, S. 17; *Lang*, in: Tipke/Lang, Steuerrecht[17], § 5, Rn. 69; *Schneider*, Rundfunkanstalten und Mehrwertsteuer, S. 22.

[658] *Lang*, in: Tipke/Lang, Steuerrecht[17], § 5, Rn. 65. Vgl. auch *Kohorst*, Die Besteuerung der Gemeindebetriebe, S. 30.

[659] *Kugel*, Die Besteuerung öffentlicher Betriebe, Fn. 124 auf S. 40; *Lang*, in: Tipke/Lang, Steuerrecht[17], § 5, Rn. 68.

[660] Vgl. u. a. BFH, Urteil vom 21. Juni 1957, VI 115/55 U, in: BStBl. III 1957, 300 (hier war die Entscheidung von dem Begriff der Ehe abhängig, für den nach Auffassung des BFH allein bürgerlich-rechtliche Grundsätze maßgeblich sein sollten); Urteil vom 17. September 1982, VI R 86/79, in: BStBl. II 1983, 9, 10 (in dieser Entscheidung stellte der BFH auf den Umstand der „polizeilichen Meldung" ab); Urteil vom 13. Dezember 1989, I R 98-99/86, in BStBl. II

Auch für die Auslegung des Begriffs der Ausübung öffentlicher Gewalt ist auf andere Rechtsgebiete zurückzugreifen, nämlich auf das allgemeine Staats- und Verwaltungsrecht, da mit dem Begriff der Ausübung öffentlicher Gewalt im Steuerrecht kein anderer Zweck als im allgemeinen Staats- und Verwaltungsrecht verfolgt wird. Wie bereits dargestellt[661], gilt im Steuerrecht der Grundsatz, Ausübung öffentlicher Gewalt nicht zu besteuern. Eine Einschränkung erfährt dieser Grundsatz allein dadurch, dass aus wirtschaftspolitischen bzw. Wettbewerbsgründen bestimmte Einrichtungen juristischer Personen des öffentlichen Rechts von der Steuerfreiheit ausgenommen werden. Nur hinsichtlich dieser Ausnahmen verfolgen das Steuerrecht und das allgemeine Staats- und Verwaltungsrecht unterschiedliche Teleologien. Diese Ausnahmen betreffen jedoch gerade nicht den Begriff der Ausübung öffentlicher Gewalt, sondern den des Betriebs gewerblicher Art. Wäre also der Begriff des Betriebs gewerblicher Art einem anderen Rechtsgebiet entlehnt, müsste er im Hinblick auf die spezifischen steuerrechtlichen Zwecke ausgelegt werden. Dies zeigt, dass grundsätzlich die Vermutung für die Rechtseinheit spricht, also für den gleichen Sinngehalt gleich lautender Rechtsbegriffe, und dass nur dann ein aus einem anderen Rechtsgebiet stammender Begriff eigenständig auszulegen ist, wenn besondere Umstände vorliegen[662].

Im Hinblick auf den Begriff der Ausübung öffentlicher Gewalt greift selbst die finanzgerichtliche Rechtsprechung, entgegen dem ausdrücklich formulierten Bestreben, ein eigenständiges steuerrechtliches Verständnis zu entwickeln, auf das allgemeine Staats- und Verwaltungsrecht zurück. Wie bereits dargestellt, führt der BFH aus, dass öffentliche Gewalt durch Tätigkeiten ausgeübt werde, die den juristischen Personen des öffentlichen Rechts als *Trägern öffentlicher Gewalt* oder als *öffentlich-rechtlichen Körperschaften* eigentümlich und vorbehalten seien[663]. Insofern wird deutlich, dass der Be-griff der (Ausübung der) öffentlichen Gewalt „definitionsgemäß" Gegenstand des öffentlichen Rechts ist[664]. Daher kann zumindest für den Begriff der Ausübung der öffentlichen Gewalt der Feststellung *Altehoefers* gefolgt werden: „Wenn der Steuer-Gesetzgeber Voraussetzungen oder Begriffe aus anderen Rechtsgebieten be-

---

1990, 468, 469 (Körperschaftsteuersubjektfähigkeit einer GmbH nach § 1 Abs. 1 Nr. 1 KStG ab ihrer zivilrechtlich wirksamen Gründung).

[661] Siehe C. II. 2. d) aa).

[662] *Schneider*, Rundfunkanstalten und Mehrwertsteuer, S. 22.

[663] Vgl. Fn. 651 in dieser Arbeit.

[664] *Selmer/L. Schulze-Osterloh*, in: DÖV 1978, S. 381, 387.

wußt verwendet, so will er sie regelmäßig damit auch für das Steuerrecht angewendet wissen“[665].

(b) Kein einheitliches Verständnis des Begriffs der Ausübung öffentlicher Gewalt im allgemeinen Staats- und Verwaltungsrecht

Der Ansatz, den Begriff der Ausübung öffentlicher Gewalt vor dem Hintergrund des allgemeinen Staats- und Verwaltungsrechts auszulegen, könnte jedoch daran scheitern, dass es im allgemeinen Staats- und Verwaltungsrecht kein einheitliches Verständnis des Begriffs der Ausübung öffentlicher Gewalt gibt. So wird z. B. der in Art. 19 Abs. 4 S. 1 GG[666] normierte Begriff der öffentlichen Gewalt im Hinblick auf den Zweck der Regelung teilweise eng ausgelegt[667], um Rechtsschutz dort zu gewährleisten, wo der Einzelne sich zur Staatsgewalt in einer typischen Abhängigkeit und Unterordnung befinde. Andere hingegen wollen den Begriff der öffentlichen Gewalt in Art. 19 Abs. 4 S. 1 GG unter Verweis auf die Grundrechtsbindung nach Art. 1 Abs. 3 GG weit auslegen[668]. Entscheidend sei gerade nicht eine rechtliche oder faktische spezifische Subordination, sondern die Zurechnung einer Rechtsverletzung zum Staat, die die Schutzgehalte des Art. 19 Abs. 4 GG mobilisiere. Diese Auseinandersetzung zum Inhalt des in Art. 19 Abs. 4 S. 1 GG geregelten Begriffs der öffentlichen Gewalt gibt jedoch keinen Anlass, die Auslegung des in § 4 Abs. 5 S. 1 KStG genannten Begriffs der (Ausübung) öffentlicher Gewalt nicht nach Maßgabe des allgemeinen Staats- und Verwaltungsrechts vorzunehmen, sondern bietet nur ein Beispiel für die Diskussion um die Auslegung und Reichweite gesetzlicher Tatbestände. Eine vergleichbare Diskussion besteht auch unter den Vertretern der Ansicht, die den Begriff der Ausübung öffentlicher Gewalt eigenständig nach steuerrechtlichen Gesichtspunkten klären will. Zwar steht zumeist das Kriterium der Wettbewerbsneutralität im Vordergrund, jedoch werden daneben weitere Kriterien genannt[669]. Schließlich ist auch die Rechtsprechung des BFH, die ebenfalls ein eigenständiges steuerrechtliches Verständnis des Begriffs der Ausübung öffent-

---

665 *Altehoefer*, in: FS L. Schmidt (1993), S. 677, 688.

666 Zur Rechtsschutzgarantie des Art. 19 Abs. 4 GG im Hinblick auf die Ausübung öffentlicher Gewalt durch Kirchen und Religionsgemeinschaften siehe *Kästner*, Staatliche Justizhoheit und religiöse Freiheit, S. 97ff.

667 *Papier*, in: HdbStaatsR, Band VI², § 154, Rn. 22; *Schmidt-Aßmann*, in: Maunz/Dürig, Kommentar zum Grundgesetz, Art. 19 Abs. 4, Rn. 45.

668 *Krebs*, in: v. Münch/Kunig, Grundgesetz-Kommentar, Band 1⁵, Art. 19, Rn. 52; *Wolf*, in: DB 2003, S. 849, 851; *H. J. Wolff/Bachof/Stober*, Verwaltungsrecht, Band 1¹¹, § 23 Rn. 40.

669 Vgl. C. II. 2. c) bb).

licher Gewalt vertritt, nicht einheitlich und setzt unterschiedliche Schwerpunkte[670].

(c) Maßgeblichkeit der Art der Betätigung: Auf eine öffentlich-rechtliche Rechtsgrundlage gestützte öffentlich-rechtliche Handlungsform

Soll der Begriff der Ausübung öffentlicher Gewalt vor dem Hintergrund des allgemeinen Staats- und Verwaltungsrechts ausgelegt werden, fragt sich, inwieweit sich dem – nicht nur allgemeinen – Staats- und Verwaltungsrecht die Grundlage für die Ausübung öffentlicher Gewalt entnehmen lässt. Die Formel der Rechtsprechung des BFH, wonach von einer Ausübung öffentlicher Gewalt dann auszugehen sei, wenn die Aufgabe ihrem Gegenstand nach einer privaten Tätigkeit entzogen und insoweit der juristischen Person des öffentlichen Rechts eigentümlich und vorbehalten sei, kann keine Lösung bieten. Da diese Formel zu unbestimmt ist, stellt sie auch der BFH nur an den Beginn seiner jeweiligen Entscheidung und nimmt dann Konkretisierungen vor, die jedoch – wie oben dargestellt – keine einheitliche Linie erkennen lassen. Mehr als ein Schlagwort bietet die Formel, die Tätigkeit müsse der juristischen Person des öffentlichen Rechts eigentümlich und vorbehalten sein, daher nicht.
Zudem kann nicht der Gegenstand oder der Inhalt der Betätigung das entscheidende Merkmal sein, da es keinen abgeschlossenen Kreis öffentlich-rechtlicher Aufgaben gibt[671] und die Charakterisierung von Aufgaben als öffentlich-rechtlich einer ständigen Entwicklung unterworfen ist. Damit tritt man auch dem Vorwurf entgegen, die Abgrenzung der Ausübung öffentlicher Gewalt von der wirtschaftlichen Tätigkeit mit Hilfe zweifelhafter Staatsaufgabenlehren ohne objektive Grundlage durchführen zu wollen.
Vielmehr ist die Art der Betätigung maßgeblich[672]. Das bedeutet, dass es darauf ankommt, ob die Tätigkeit bzw. Handlungsform öffentlich-rechtlich oder pri-

---

[670] Vgl. C. II. 2. a) bb).

[671] *Bader*, Hoheitsbetrieb und Betrieb gewerblicher Art im Umsatz- und Körperschaftsteuerrecht, S. 95; *Louis*, Die Besteuerung der öffentlichen Unternehmen und Einrichtungen der Daseinsvorsorge, S. 88f; *Paulick*, in: StuW 1952, Sp. 679, 686f; *Selmer/L. Schulze-Osterloh*, in: DÖV 1978, 381, 383; *Wagner*, in: UR 1993, S. 301f. Vgl. auch *Wagner*, in: DStJG 13 (1990), S. 59, 74, wonach – vor dem Hintergrund des UStG – nicht der Begriff der Ausübung der öffentlichen Gewalt, sondern nur der unternehmerische Bereich „definierbar" sei.

[672] *C. Herrmann/Klempt*, in: C. Herrmann/Heuer/Raupach, EStG und KStG, § 4 KStG, Rn. 62; *Paulick*, in: StuW 1952, Sp. 679, 686; *Ramme*, Betriebe gewerblicher Art von Körperschaften öffentlichen Rechts und die Ausübung öffentlicher Gewalt im Umsatzsteuerrecht, S. 87.

vatrechtlich gestaltet ist[673]. Somit können der Staat oder die unterstaatlichen juristischen Personen des öffentlichen Rechts durch die Art der Gestaltung der Tätigkeit darüber entscheiden, ob eine Betätigung hoheitlich durchgeführt werden soll oder nicht[674]. Um von einer öffentlich-rechtlichen Gestaltung einer Betätigung oder von Ausübung öffentlicher Gewalt sprechen zu können, muss sich die Tätigkeit auf eine öffentlich-rechtliche Rechtsgrundlage zurückführen lassen können[675]. Das öffentliche Recht muss also die Befugnis für das Tätigwerden gewähren. Dieses Erfordernis steht dem Vorbehaltsmerkmal nahe, das sich in der Rechtsprechung des RFH und BFH finden lässt und das darauf abstellt, ob einer juristischen Person des öffentlichen Rechts eine Aufgabe durch eine Rechtsvorschrift ausdrücklich zugewiesen ist[676].

Gegen dieses Verständnis der Ausübung der öffentlichen Gewalt soll der Regelungsgehalt des § 4 Abs. 3 KStG sprechen[677]. § 4 Abs. 3 KStG zählt zu den Betrieben gewerblicher Art auch die sog. Versorgungsbetriebe, die sich z. B. mittels eines Gebührenbescheides an den Bürger wenden und insofern öffentlichrechtlich vorgehen können. Um von einer hoheitlichen Betätigung sprechen zu können, reiche es daher nicht aus, dass sich die juristische Person des öffentlichen Rechts innerhalb ihres Zuständigkeitsbereichs und in den Handlungsformen des öffentlichen Rechts betätige[678]. Der im Urteil des BFH vom 15. März 1972[679] geäußerten Ansicht, bei § 4 Abs. 3 KStG handele es sich um eine Aus-

---

[673] *Paulick*, in: StuW 1952, Sp. 679, 686; *Ramme*, Betriebe gewerblicher Art von Körperschaften öffentlichen Rechts und die Ausübung öffentlicher Gewalt im Umsatzsteuerrecht, S. 87ff. Vgl. zur privatrechtlichen Handlungsform, die die Ausübung öffentlicher Gewalt ausschließt, auch *Birkenfeld*, in: UR 1989, S. 1, 6.

[674] *C. Herrmann/Klempt*, in: C. Herrmann/Heuer/Raupach, EStG und KStG, § 4 KStG, Rn. 62.

[675] *Gern*, in: KStZ 1997, S. 167, 168; *C. Herrmann/Klempt*, in: C. Herrmann/Heuer/Raupach, EStG und KStG, § 4 KStG, Rn. 62; *Pflaumer*, Der Begriff „Ausübung öffentlicher Gewalt" im Steuerrecht, S. 254; *Widmann*, in: Plückebaum/Malitzky, UStG, § 2 Abs. 3, Rn. 35.

[676] Vgl. u. a. RFH, Urteil vom 11. Dezember 1931 V A 796/31, in: RStBl. 1932, S. 801; BFH, Urteil vom 12. Dezember 1951, I 95/51 S, in: BStBl. III 1952, S. 41, 43; Urteil vom 18. August 1966, V 21/64, in BStBl. III 1967, S. 100, 101; Urteil vom 6. Juli 1967, V 76/64, in: BStBl. III 1967, S. 582, 583.

[677] *Hüttemann*, Die Besteuerung der öffentlichen Hand, S. 88ff; *Siegel*, Der Begriff des „Betriebs gewerblicher Art" im Körperschaft- und Umsatzsteuerrecht, S. 155ff.

[678] *Hüttemann*, Die Besteuerung der öffentlichen Hand, S. 88f.

[679] I R 232/71, in: BStBl. II 1972, S. 500. Vgl. auch das Urteil vom 27. Juni 2001, I R 82-85/00, in: BStBl. II 2001, S. 773, in dem der BFH ausführt, die Versorgung der Bevölkerung mit Strom, Gas, Fernwärme und Wasser durch die kommunalen Stadtwerke sei kraft ausdrücklicher gesetzlicher Regelung in § 4 Abs. 3 KStG ein Betrieb gewerblicher Art. Anders BFH, Urteil vom 8. November 1989, I R 187/85, in: BStBl. II 1990, S. 242, 243, wonach § 4 Abs. 3 KStG nur klarstelle, dass Versorgungsbetriebe keine Hoheitsbetriebe seien.

nahme zu § 4 Abs. 5 KStG, könne somit nicht zugestimmt werden[680]. Dies zeige sich vor allem in der historischen Entwicklung der Steuerpflicht der Versorgungsbetriebe[681].

Dieser Auffassung kann nicht gefolgt werden. Schon das KStG 1925[682] verdeutlicht, dass die Frage, ob Versorgungsbetriebe steuerpflichtig oder von der Steuer befreit sein sollen, unabhängig davon beantwortet wird, ob die Ausübung der öffentlichen Gewalt von der Steuerpflicht ausgenommen wird. Nach § 2 Nr. 3. a) und b) KStG 1925 sind sowohl Betriebe, die der Ausübung der öffentlichen Gewalt dienen, als auch Versorgungsbetriebe von der Steuer befreit. Das Nebeneinander dieser beiden Regelungen hat jedoch keine dogmatischen Gründe und bedeutet nicht, dass bestimmte Betätigungen der Versorgungsbetriebe nicht als Ausübung der öffentlichen Gewalt verstanden werden können[683]. Eine Abgrenzung zwischen Ausübung der öffentlichen Gewalt und dem Tätigwerden der Versorgungsbetriebe ist nicht Sinn und Zweck der Regelung[684]. Die Rechtsentwicklung zeigt, dass die Besteuerung oder Steuerfreiheit der Versorgungsbetriebe nicht im Hinblick auf eine etwaige Gleichsetzung mit oder Abgrenzung von der Ausübung der öffentlichen Gewalt in der Diskussion stand, sondern dass vielmehr soziale und finanzpolitische Erwägungen in den Vordergrund traten und zunächst für eine eigenständige steuerrechtliche Befreiung sorgten[685]. Auch die spätere Unterwerfung der Versorgungsbetriebe unter die Steuerpflicht durch § 2 Abs. 1 der Ersten KStDV[686] i. V. m. den §§ 1 Abs. 1 Nr. 6, 4 Abs. 1 Nr. 7 und 24 Abs. 2 KStG 1934[687], die gem. § 4 Abs. 3 KStG auch heute noch gilt, resultierte aus finanzpolitischen Erwägungen und Konkurrenzgesichtspunkten. Es sollte nicht der Begriff der Ausübung der öffentlichen Gewalt eingegrenzt werden, sondern die öffentlichen Versorgungsbetriebe sollten den privaten Unternehmen steuerlich gleichgestellt werden, da die jeweiligen wirtschaftlichen Ergebnisse vergleichbar waren[688]. Das aufkommende Verständnis,

---

680 *Hüttemann*, Die Besteuerung der öffentlichen Hand, S. 89; *Siegel*, Der Begriff des „Betriebs gewerblicher Art“ im Körperschaft- und Umsatzsteuerrecht, S. 156.

681 *Hüttemann*, Die Besteuerung der öffentlichen Hand, S. 89; *Siegel*, Der Begriff des „Betriebs gewerblicher Art“ im Körperschaft- und Umsatzsteuerrecht, S. 156ff.

682 Vom 10. August 1925, RGBl. 1925 I, S. 208ff.

683 So aber *Hüttemann*, Die Besteuerung der öffentlichen Hand, S. 89.

684 *Pflaumer*, Der Begriff „Ausübung öffentlicher Gewalt“ im Steuerrecht, S. 105.

685 Vgl. die Ausführungen bei *Siegel*, Der Begriff des „Betriebs gewerblicher Art“ im Körperschaft- und Umsatzsteuerrecht, Fn. 248 auf S. 156; *Schmölder*, in: Ritschl, Die Besteuerung der öffentlichen Unternehmen, S. 69ff.

686 Vom 6. Februar 1935, RGBl. 1935 I, S. 163ff.

687 Vom 16. Oktober 1934, RGBl. I, S. 1031ff.

688 *Pflaumer*, Der Begriff „Ausübung öffentlicher Gewalt“ im Steuerrecht, S. 109f; *Schmölder*, in: Ritschl, Die Besteuerung der öffentlichen Unternehmen, S. 76f.

das die Versorgungsbetriebe als Teil einer Leistungsverwaltung ansah, erklärt die „wechselhafte Geschichte der steuerlichen Behandlung der Versorgungsbetriebe", die sich insbesondere in den Steuerreformen 1925 und 1934 zeigt[689]. Vor diesem Hintergrund ist der Wechsel von der Steuerbefreiung zur Steuerpflicht kein „absurdes Ergebnis"[690].

Daraus folgt, dass die steuerliche Behandlung der Versorgungsbetriebe ein eigenständiger Regelungsbereich ist und nicht nur ein Anhängsel der Regelung, die die Ausübung der öffentlichen Gewalt betrifft. Sollte die Betätigung eines Versorgungsbetriebs dennoch dem Begriff der Ausübung der öffentlichen Gewalt nach § 4 Abs. 5 S. 1 KStG entsprechen, stellt § 4 Abs. 3 KStG insoweit klar, dass dieser Betrieb trotzdem als Betrieb gewerblicher Art steuerpflichtig ist.

Der Auffassung, die sich für die Beantwortung der Frage, wann von Ausübung öffentlicher Gewalt gesprochen werden kann, auf öffentlich-rechtliche Rechtsgrundlagen und öffentlich-rechtliche Handlungsformen stützt, steht schließlich auch nicht § 4 Abs. 5 S. 2 KStG entgegen. Danach reichen für die Annahme eines Hoheitsbetriebs Zwangs- und Monopolrechte nicht aus. Mit diesem Satz 2 ist das Urteil des BFH vom 18. Februar 1970[691] in den § 4 Abs. 5 KStG übernommen worden[692]. In diesem Urteil hat sich der BFH mit der Frage beschäftigt, ob eine öffentlich-rechtliche Versicherungsanstalt, die mit Zwangs- und Monopolrechten ausgestattet ist, als Gewerbebetrieb oder Hoheitsbetrieb anzusehen ist. Im Ergebnis hat der BFH in diesem Fall das Vorliegen eines Hoheitsbetriebes bejaht, hat jedoch nicht schon das Vorhandensein der Zwangs- und Monopolrechte ausreichen lassen, um einen Gewerbebetrieb zu verneinen[693]. Ursache für diese Rechtsprechung war § 2 Abs. 1 S. 2 GewStDV a. F. Darin hieß es, dass Versorgungsbetriebe von Körperschaften des öffentlichen Rechts und öffentlich-rechtliche Versicherungsanstalten auch dann gewerbe*steuerpflichtig* seien, wenn sie mit Zwangs- oder Monopolrechten ausgestattet seien. Der BFH hat also den § 2 Abs. 1 S. 2 GewStDV a. F., der eine Steuerpflicht normierte, gerade nicht zum Anlass genommen, von vornherein einen Hoheitsbetrieb zu verneinen, sondern hat einen Hoheitsbetrieb bejaht, da die öffentlich-rechtliche Versicherungsanstalt eine Aufgabe erfüllte, die ihr eigentümlich und

---

689 *Czempiel*, in: UR 1992, S. 285, 290.

690 So aber *Siegel*, Der Begriff des „Betriebs gewerblicher Art" im Körperschaft- und Umsatzsteuerrecht, S. 158.

691 I R 157/67, in: BStBl. II 1970, S. 519.

692 *Frotscher*, in: Frotscher/Maas, KStG und UmwStG, § 4 KStG, Rn. 16.

693 BFH, Urteil vom 18. Februar 1970, I R 157/67, in: BStBl. II 1970, S. 519, 520.

vorbehalten war[694]. Vor diesem Hintergrund ist der aufgrund der BFH-Rechtsprechung geschaffene § 4 Abs. 5 S. 2 KStG – dem nun auch § 2 Abs. 2 S. 2 GewStDV n. F. entspricht – als allgemeine Klarstellung zu verstehen. Zwangs- und Monopolrechte allein begründen zwar keinen Hoheitsbetrieb, schließen einen solchen aber auch nicht aus und können sogar eine Indizwirkung entfalten[695].

Dieses Ergebnis folgt auch aus der Gesetzbegründung zur Neufassung des § 4 Abs. 5 KStG[696]. Danach soll die Abgrenzung zwischen Hoheitsbetrieben und Gewerbebetrieben nach „allgemeinen Abgrenzungsmerkmalen“ vorgenommen werden[697]. Qualität und Inhalt dieser sog. allgemeinen Abgrenzungskriterien lassen sich der Gesetzesbegründung nicht entnehmen. Über die Anwendung auf öffentlich-rechtliche Versicherungsanstalten hinaus, auf die das BFH-Urteil vom 18. Februar 1970 beschränkt war, soll „im Gesetz klarstellend zum Ausdruck“ gebracht werden, dass „Zwangs- und Monopolrechte für die Annahme eines Hoheitsbetriebs nicht ausreichen. Diesem Zweck dient Satz 2 des Absatzes 5“ des § 4 KStG[698].

(d) Das Kriterium der öffentlich-rechtlichen Rechtsgrundlage

An der Vorgehensweise, Ausübung öffentlicher Gewalt vorrangig auf das Vorhandensein öffentlich-rechtlicher Rechtsgrundlagen zu stützen, wird Kritik geübt[699].

(aa) Kein Verstoß gegen den Gleichheitssatz, das Leistungsfähigkeitsprinzip und die wirtschaftliche Betrachtungsweise

So widerspreche eine Bezugnahme auf das rein formale Kriterium der öffentlich-rechtlichen Rechtsgrundlage dem Prinzip des Besteuerung nach der Leis-

---

694 BFH, Urteil vom 18. Februar 1970, I R 157/67, in: BStBl. II 1970, S. 519, 521.

695 *Hüttemann*, Die Besteuerung der öffentlichen Hand, S. 91f. Gegen eine Indizwirkung wendet sich *Siegel*, Der Begriff des „Betriebs gewerblicher Art“ im Körperschaft- und Umsatzsteuerrecht, S. 164f.

696 Anders *Stadie*, in: Rau/Dürrwächter/Flick/Geist, UStG, § 2, Fn. 3 zu Rn. 910, Rn. 913.

697 BT-Drucksache 7/1470, S. 337.

698 BT-Drucksache 7/1470, S. 337.

699 *Kugel*, Die Besteuerung öffentlicher Betriebe, S. 42f; *Louis*, Die Besteuerung der öffentlichen Unternehmen und Einrichtungen der Daseinsvorsorge, S. 219f; *Siegel*, Der Begriff des „Betriebs gewerblicher Art“ im Körperschaft- und Umsatzsteuerrecht, S. 186ff.

tungsfähigkeit, dem Gleichheitssatz und der wirtschaftlichen Betrachtungsweise des Steuerrechts[700].

Hinsichtlich des Einwandes, der einen Verstoß gegen das Leistungsfähigkeitsprinzip und den Gleichheitssatzes anführt, ist festzustellen, dass das Leistungsfähigkeitsprinzip nur der „fundamentale Vergleichsmaßstab für Fiskalzwecknormen" ist, wohingegen für Regelungen, die Sozialzwecknormen oder keine (reinen) Fiskalzwecknormen sind, Prinzipien gelten, die geeignet sind, Abweichungen vom Leistungsfähigkeitsprinzip zu rechtfertigen[701]. Im Hinblick auf die Fiskalzwecknormen fordert der Gleichheitssatz die Aufteilung der Steuerlasten auf alle Wirtschaftssubjekte[702]. Die Besteuerung der Betriebe gewerblicher Art von juristischen Personen des öffentlichen Rechts dient jedoch – wie aufgezeigt – nicht nur Fiskalzwecken, sondern findet ihre Rechtfertigung auch in Wettbewerbsgesichtspunkten. Private Wettbewerber sollen nicht steuerlich einseitig belastet und im Vergleich zu Einrichtungen juristischer Personen des öffentlichen Rechts, die sich wirtschaftlich betätigen, benachteiligt werden.

Aus diesem Grund stehen das Leistungsfähigkeitsprinzip und mit ihm der Gleichheitssatz nicht dem Kriterium der öffentlich-rechtlichen Rechtsgrundlage als Voraussetzung für die Annahme eines Hoheitsbetriebs entgegen. Auch die sog. wirtschaftliche Betrachtungsweise widerspricht diesem Kriterium nicht. Die wirtschaftliche Betrachtungsweise ist nur eine Methode teleologischer Gesetzesauslegung, die die Rechtsfolge einer Norm nach den spezifischen Regelungszielen und Zwecken des Steuergesetzes bestimmen will[703]. Neben der Verwirklichung von Wettbewerbsgerechtigkeit verfolgen die §§ 1 Abs. 1 Nr. 6, 4 KStG jedoch auch das Ziel, eine Besteuerung der Ausübung öffentlicher Gewalt zu verhindern. Somit entspricht gerade die Beachtung dieses zweiten Zieles im Rahmen der Gesetzesauslegung des § 4 KStG der Auslegungsmethode der wirtschaftlichen Betrachtungsweise.

(bb) Kein Verstoß gegen die Gesetzgebungskompetenz des Bundes

Wird das Kriterium der öffentlich-rechtlichen Rechtsgrundlage zugrunde gelegt, besteht nach der Auffassung von *Kugel*, *Selmer* und *L. Schulze-Osterloh* dar-

---

700 *Siegel*, Der Begriff des „Betriebs gewerblicher Art" im Körperschaft- und Umsatzsteuerrecht, S. 190.

701 *Lang*, in: Tipke/Lang, Steuerrecht[17], § 4, Rn. 85.

702 *Lang*, in: Tipke/Lang, Steuerrecht[17], § 4, Rn. 90.

703 BVerfG, Beschluss vom 27. Dezember 1991, 2 BvR 72/90, in: StuW 1992, S. 186, 187f; *P. Fischer*, in: Hübschmann/Hepp/Spitaler, AO und FGO, § 39, Rn. 3; *Lang*, in: Tipke/Lang, Steuerrecht[17], § 5, Rn. 65.

über hinaus ein kompetenzrechtliches Problem[704]. Art. 105 GG habe die Gesetzgebungskompetenz über die Steuern weitgehend dem Bund übertragen, der Landesgesetzgeber könne somit durch die Gewährung steuerlicher Befreiungen unzulässig in die Entscheidungskompetenz des Bundes als Steuergesetzgeber eingreifen[705].

Ein Verstoß gegen die durch Art. 105 GG dem Bund übertragene Gesetzgebungskompetenz über die Steuern liegt jedoch nicht vor. Wie bereits dargestellt, ist aufgrund des in Art. 104 a Abs. 1 GG normierten Lastenteilungsgrundsatzes die Besteuerung hoheitlicher Tätigkeit unzulässig. Damit beschränkt bereits die Verfassung die Reichweite der Gesetzgebungskompetenz des Bundes auf solche Tatbestände, die sich nicht als Ausübung öffentlicher Gewalt oder hoheitliche Tätigkeiten darstellen. Lässt sich die Ausübung öffentlicher Gewalt auf eine landesrechtliche öffentlich-rechtliche Rechtsgrundlage zurückführen und wird dadurch eine Steuerbefreiung vermittelt, stellt dieser Vorgang das verfassungsrechtliche Prinzip, das eine Besteuerung hoheitlicher Tätigkeiten für unzulässig erklärt, nur wieder her.

(cc) Formelle Anforderungen an das Kriterium der öffentlich-rechtlichen Rechtsgrundlage

Neben dieser grundsätzlichen Kritik wird angemerkt, dass nicht deutlich werde, welche Anforderungen an die öffentlich-rechtliche Rechtsgrundlage zu stellen seien, ob also z. B. ein formelles und materielles Gesetz notwendig sei[706]. Zudem wird darauf hingewiesen, dass zu beachten sei, dass der Staat lediglich in dem Bereich der Eingriffsverwaltung einer gesetzlichen Ermächtigungsgrundlage bedürfe und im Übrigen aufgrund generalklauselartiger Aufgabenzuweisungen oder sogar ohne gesetzliche Ermächtigung handeln könne[707]. Um das Kriterium der öffentlich-rechtlichen Rechtsgrundlage nicht beliebig werden zu lassen und es als Abgrenzungsmerkmal verwenden zu können, muss es daher inhaltlich bestimmt werden.

So wird unter anderem eine ausdrückliche Übertragung der jeweiligen Aufgabe durch ein förmliches Gesetz verlangt, um von Ausübung öffentlicher Gewalt

---

704 *Kugel*, Die Besteuerung öffentlicher Betriebe, S. 43; *Selmer/L. Schulze-Osterloh*, in: DÖV 1978, S. 381, 390f.

705 *Kugel*, Die Besteuerung öffentlicher Betriebe, S. 43; *Selmer/L. Schulze-Osterloh*, in: DÖV 1978, S. 381, 390f.

706 *Kugel*, Die Besteuerung öffentlicher Betriebe, S. 42f.

707 *Siegel*, Der Begriff des „Betriebs gewerblicher Art“ im Körperschaft- und Umsatzsteuerrecht, S. 186f.

sprechen zu können[708]. Dagegen wollen es einige Entscheidungen des BFH ausreichen lassen, wenn die hoheitliche Tätigkeit durch eine Rechtsverordnung zugewiesen ist[709]. Auch *Pflaumer* hält nicht ein förmliches Gesetz für notwendig, sondern lässt eine generalklauselartige Bestimmung des öffentlich-rechtlichen Zuständigkeitsbereichs ausreichen, da anderenfalls der Handlungsspielraum derjenigen juristischen Personen des öffentlichen Rechts, die der Exekutive zugeordnet seien, zu sehr eingeschränkt werde[710]. Teilweise hält es auch der BFH für ausreichend, wenn eine generalklauselartige Ermächtigung die Ausübung öffentlicher Gewalt ermögliche[711], durch einen Verwaltungsakt eine Hoheitsaufgabe übertragen werde[712] oder eine Betätigung „kraft Herkommens oder allgemeiner Übung" als Aufgabe öffentlicher Gewalt vorbehalten sei[713]. Diesen weitergehenden Schritt vollzieht auch *Widmann*, der die Ansicht vertritt, dass Hoheitsaufgaben nicht nur durch förmliches Gesetz oder Rechtsverordnung, sondern ebenso durch Gewohnheitsrecht übertragen werden könnten[714]. Ähnlich kann wohl *Kohorst* verstanden werden, der die Übertragung einer hoheitlichen Aufgabe nicht einer gesetzlichen Zuweisung, sondern den „tatsächlichen Verhältnissen" entnehmen will[715].

Gegen die Auffassung, die für jeden Fall der Ausübung öffentlicher Gewalt eine ausdrückliche Übertragung der hoheitlichen Aufgabe durch ein förmliches Gesetz fordert, spricht zunächst die Schwierigkeit, für jeden Sachverhalt eindeutige gesetzliche Grundlagen aufzufinden[716]. Von größerem Gewicht ist jedoch der Blick auf das Wirken der öffentlichen Verwaltung. Vor diesem Hintergrund kann grundsätzlich den Auffassungen *Pflaumers* und *Widmanns*, wonach auch generalklauselartige Bestimmungen oder sogar nur das Gewohnheitsrecht für

---

708 Vgl. die Nachweise bei *v. d. Heyden*, Zulässigkeit und Notwendigkeit der Einbeziehung der Deutschen Bundespost in die Mehrwertsteuerpflicht, S. 28. Nicht ganz eindeutig *Schneider*, Rundfunkanstalten und Mehrwertsteuer, S. 26f, der als Grundlage für die Ausübung öffentlicher Gewalt Gesetze und Staatsverträge anführt.

709 BFH, Urteil vom 12. Dezember 1951, I 95/51, in: BStBl. III 1952, S. 41, 43; Urteil vom 28. Oktober 1954, V 86/53 S, BStBl. III 1954, S. 378, 380; Urteil vom 1. April 1965, V 131/62 U, in BStBl. III 1965, S. 339, 340; Urteil vom 6. Juli 1967, V 76/64, BStBl. III 1967, S. 582, 583.

710 *Pflaumer*, Der Begriff „Ausübung öffentlicher Gewalt" im Steuerrecht, S. 256.

711 BFH, Urteil vom 14. November 1968, V 217/64, in: BStBl. II 1969, S. 274, 276; Urteil vom 6. Mai 1971 V R 141/68, R 158/69, B 117/69, in: BStBl. II 1971, S. 645, 646.

712 BFH, Urteil vom 25. Oktober 1956, V 79/56 U, in: BStBl. III 1956, S. 353f.

713 BFH, Urteil vom 14. April 1983, V R 3/79, in: BStBl. II 1983, S. 491, 493.

714 *Widmann*, in: Plückebaum/Malitzky, UStG, § 2 Abs. 3, Rn. 35.

715 *Kohorst*, Die Besteuerung der Gemeindebetriebe, S. 38.

716 *Kugel*, Die Besteuerung öffentlicher Betriebe, S. 43; *Landwehr*, Betriebe gewerblicher Art von juristischen Personen des öffentlichen Rechts im Körperschaftsteuerrecht, S. 168; *Selmer/L. Schulze-Osterloh*, in: DÖV 1978, S. 381, 384.

die Übertragung hoheitlicher Tätigkeiten ausreichen können, zugestimmt werden, da die Verwaltung – wie schon vorstehend aufgezeigt – teilweise tätig wird, ohne dass sie besondere gesetzliche Vorschriften dazu verpflichten oder ermächtigen. Verwaltungshandeln ist nicht rechtlich vollständig determiniert und erschöpft sich nicht in der Ausführung des gesetzgeberischen Willens, sondern verwirklicht die Staatszwecke wie die Legislative „eigengestaltend“[717]. Die Fähigkeit zum „eigengestaltenden“ Tätigwerden wird begrenzt durch die Bindung der vollziehenden Gewalt an Gesetz und Recht gem. Art. 20 Abs. 3 GG und die Verpflichtung, nur im öffentlichen Interesse tätig zu werden[718]. Dabei gilt grundsätzlich nur der Vorrang des Gesetzes, im Rahmen von Eingriffen in den Rechtskreis des Bürgers zusätzlich der Gesetzesvorbehalt[719].

(dd) Öffentlich-rechtlicher Charakter der Rechtsgrundlage – Abgrenzung des öffentlichen vom privaten Recht

Wie bereits dargestellt, kommt eine Tätigkeit nur dann als Ausübung öffentlicher Gewalt in Betracht, wenn sie sich auf eine öffentlich-rechtliche Rechtsgrundlage zurückführen lässt. In Zweifelsfällen ist daher zu fragen, ob die maßgebliche Rechtsgrundlage dem öffentlichen oder dem bürgerlichen Recht zuzuordnen ist. Anhaltspunkte geben die verschiedenen Theorien, die zur Abgrenzung von öffentlichem und privatem Recht entwickelt worden sind[720].

Nach der früher herrschenden Subordinations- oder Subjektionstheorie ist das öffentliche Recht durch ein Verhältnis der Über- und Unterordnung, das bürgerliche Recht durch ein Verhältnis der Gleichordnung gekennzeichnet[721]. Diese Abgrenzungskriterien sind jedoch wenig brauchbar, da es einerseits auch im Privatrecht Unterordnungsverhältnisse gibt (elterliche Gewalt oder Direktionsrecht des Arbeitgebers) und andererseits auch das öffentliche Recht Gleichord-

---

717 *Ossenbühl*, in: Erichsen/Ehlers, Allgemeines Verwaltungsrecht[12], § 9, Rn. 2.

718 *Ehlers*, in: Erichsen/Ehlers, Allgemeines Verwaltungsrecht[12], § 1, Rn. 28ff. Siehe dort auch zu den weiteren Bindungen, denen die öffentliche Verwaltung unterliegt.

719 *Ossenbühl*, in: Erichsen/Ehlers, Allgemeines Verwaltungsrecht[12], § 9, Rn. 2ff.

720 Einen Überblick über die Problematik und den Meinungsstand bieten z. B. *Erichsen*, in: Jura 1982, S. 537, 538ff; *Hüttenbrink*, in: Kuhla/Hüttenbrink, Der Verwaltungsprozess[3], S. 22ff; *Ipsen/Koch*, in: JuS 1992, S. 809, 810ff; *Schenke*, Verwaltungsprozessrecht[9], Rn. 99ff; *H. J. Wolff/Bachof/Stober*, Verwaltungsrecht, Band 1[11], § 22, Rn. 8ff.

721 RG, Urteil vom 2. Oktober 1941, V 62/41, in: RGZ 167, S. 281, 284; BGH, Urteil vom 10. Juli 1954, VI ZR 120/53, in: BGHZ 14, S. 222, 227; Beschluss vom 27. Februar 1962, I ZR 118/60, in: BGHZ 37, S. 1, 17f; Beschluss vom 22. März 1976, GSZ 1/75, in: BGHZ 66, S. 229, 235; Beschluss vom 22. März 1976, GSZ 2/75, in: BGHZ 67, S. 81, 86; BVerwG, Urteil vom 1. März 1968, VII C 76.66, in: BVerwGE 29, S. 159, 161f; *Forsthoff*, Verwaltungsrecht[10], S. 113.

nungsverhältnisse kennt (z. B. zwischen Körperschaften des öffentlichen Rechts)[722].

Insbesondere dann, wenn kein Über- und Unterordnungsverhältnis festzustellen ist, könnte die Interessentheorie zur Anwendung gelangen. Diese Auffassung setzt ein (überwiegendes) öffentliches Interesse mit öffentlichem Recht und ein (überwiegendes) privates Interesse mit privatem Recht gleich[723]. Auch diese Theorie kann nicht überzeugen. So handelt beispielsweise die Verwaltung bestimmungsgemäß im öffentlichen Interesse, sie kann sich dabei jedoch auch privatrechtlicher Rechtsformen bedienen[724]. Andererseits können auch Private – man denke nur an das Gemeinnützigkeitsrecht – öffentliche Interessen verfolgen[725]. Schließlich können öffentlich-rechtliche Vorschriften auch privaten Interessen dienen[726].

Aufgrund der Schwächen der Subordinations- und der Interessentheorie folgt die heute herrschende Ansicht richtigerweise der modifizierten Subjekts- oder Sonderrechtstheorie[727]. Die Vertreter dieser Theorie unterscheiden öffentliches und bürgerliches Recht nach den verschiedenen Zuordnungssubjekten der maßgeblichen Rechtsätze. Während als Zuordnungssubjekt des privaten Rechts eine beliebige Person in Betracht komme, bestehe das öffentliche Recht aus den Rechtssätzen, deren Zuordnungssubjekt, sei es als Berechtigter, sei es als Verpflichteter, ausschließlich ein Träger öffentlicher Gewalt sei[728]. Das öffentliche Recht könne als Sonderrecht des Staates und anderer Hoheitsträger verstanden

---

[722] *H. J. Wolff/Bachof/Stober*, Verwaltungsrecht, Band 1[11], § 22, Rn. 20.

[723] BVerwG, Urteil vom 31. August 1961, VIII C 6.60, in: BVerwGE 13, S. 47, 49f; Urteil vom 28. November 1974, V C 30.73, in: BVerwGE 47, S. 229, 230; OLG Koblenz, Urteil vom 5. Oktober 1972, 9 U 552/72, in: JZ 1973, S. 279, 280; *Broß*, in: VerwArch 79 (1988), S. 97, 100; *P. Stelkens/Schmitz*, in: P. Stelkens/Bonk/Sachs, VwVfG[6], § 1, Rn. 76. Vgl. auch die Darstellungen bei *v. Oertzen*, in: Redeker/v. Oertzen, VwGO[13], § 40, Rn. 8; *Rennert*, in: Eyermann, VwGO[11], § 40, Rn. 43

[724] BVerwG, Urteil vom 3. Dezember 1974, I C 30.71, in: BVerwGE 47, S. 247, 250; *Forsthoff*, Verwaltungsrecht[10], S. 114; *Ipsen/Koch*, in: JuS 1992, S. 809, 810; *Maurer*, Allgemeines Verwaltungsrecht[14], § 3, Rn. 6ff.

[725] *Erichsen*, in: Jura 1982, S. 537, 538; *Ipsen/Koch*, in: JuS 1992, S. 809, 810; *H. J. Wolff/Bachof/Stober*, Verwaltungsrecht, Band 1[11], § 22, Rn. 19.

[726] *Ipsen/Koch*, in: JuS 1992, S. 809, 810; *H. J. Wolff/Bachof/Stober*, Verwaltungsrecht, Band 1[11], § 22, Rn. 19.

[727] *Erichsen*, in: Jura 1982, S. 537, 540f; *Hüttenbrink*, in: Kuhla/Hüttenbrink, Der Verwaltungsprozess[3], S. 24; *Ipsen*, Staatsrecht I[14], Rn. 18; *Ipsen/Koch*, in: JuS 1992, S. 809, 812f; *Schenke*, Verwaltungsprozessrecht[9], Rn. 104ff; *H. J. Wolff*, in: AöR 76 (1950/51), S. 205ff; *H. J. Wolff/Bachof/Stober*, Verwaltungsrecht, Band 1[11], § 22, Rn. 24ff.

[728] *Erichsen*, in: Jura 1982, S. 537, 540f; *Hüttenbrink*, in: Kuhla/Hüttenbrink, Der Verwaltungsprozess[3], S. 24; *Ipsen/Koch*, in: JuS 1992, S. 809, 812f; *Schenke*, Verwaltungsprozessrecht[9], Rn. 104; *H. J. Wolff*, in: AöR 76 (1950/51), S. 205, 208f; *H. J. Wolff/Bachof/Stober*, Verwaltungsrecht, Band 1[11], § 22, Rn. 25f.

werden[729]. Da es nicht ausreiche, dass sich der maßgebliche Rechtssatz nur an einen Träger hoheitlicher Gewalt richte, müsse der Träger gerade in dieser Eigenschaft – „als solcher“ – berechtigt oder verpflichtet werden[730].
Zwar steht die modifizierte Subjektstheorie im Mittelpunkt der Prüfung und führt sie zumeist zu einem sachdienlichen Abgrenzungsergebnis. Es wird jedoch im Einzelfall notwendig sein, auf die anderen genannten Theorien zurückzugreifen, da auch die modifizierte Subjektstheorie nicht „die ganze Wahrheit enthält“[731]. Insbesondere bei gesetzlich nicht gebundenen Maßnahmen kann zudem auf den Sachzusammenhang der zu untersuchenden Tätigkeit mit öffentlichem oder privatem Recht abgestellt werden, wobei entscheidend ist, welchem Zweck oder Schutz die Handlung dient[732]. Zwar ist das Kriterium des Sachzusammenhangs recht unbestimmt, doch ermöglicht es in Zweifelsfällen eine angemessene Abgrenzung zwischen öffentlichem und privatem Recht[733].
Dagegen hilft die sog. Vermutungsregel in den Fällen, in denen besondere Rechtssätze fehlen, nicht weiter[734]. Nach dieser Auffassung spricht eine Vermutung für das öffentliche Recht, wenn eine juristische Person des öffentlichen Rechts in ihrem hoheitlichen Kompetenzbereich gehandelt habe[735]. Diese Regel ist jedoch für eine Einzelfallabgrenzung zu pauschal[736]. Hinzu tritt, dass juristische Personen des öffentlichen Rechts öffentliche Aufgaben auch in privatrechtlicher Form erfüllen können.

(e) Das Kriterium der öffentlich-rechtlichen Handlungsform

Neben einer öffentlich-rechtlichen Rechtsgrundlage, auf die sich das Tätigwerden zurückführen lassen muss, ist – wie oben dargestellt – eine öffentlich-rechtliche Handlungsform erforderlich, um von Ausübung öffentlicher Gewalt

---

[729] *Ipsen*, Staatsrecht I[14], Rn. 18; *H. J. Wolff*, in: AöR 76 (1950/51), S. 205, 208; *H. J. Wolff/Bachof/Stober*, Verwaltungsrecht I[11], § 22, Rn. 26.
[730] *Bachof*, in: FS BVerwG (1978), S. 1, 9, 20; *H. J. Wolff/Bachof/Stober*, Verwaltungsrecht I[11], § 22, Rn. 27. Vgl. auch *H. J. Wolff*, in: AöR 76 (1950/51), S. 205, 210.
[731] *Bachof*, in: FS BVerwG (1978), S. 1, 6. Vgl. auch *Hüttenbrink*, in: Kuhla/Hüttenbrink, Der Verwaltungsprozess[3], S. 22.
[732] *Ehlers*, in: Erichsen/Ehlers, Allgemeines Verwaltungsrecht[12], § 2, Rn. 23; *Püttner*, in: DÖV 1975, S. 396; *Schenke*, Verwaltungsprozessrecht[9], Rn. 111a, 119ff; *H. J. Wolff/Bachof/Stober*, Verwaltungsrecht, Band I[11], § 22, Rn. 25f.
[733] *H. J. Wolff/Bachof/Stober*, Verwaltungsrecht, Band I[11], § 22, Rn. 45.
[734] So auch *Bachof*, in: FS BVerwG (1978), S. 1, 11; *H. J. Wolff/Bachof/Stober*, Verwaltungsrecht, Band I[11], § 22, Rn. 42ff.
[735] BGH, Urteil vom 12. Oktober 1971, VI ZR 87/69, in: NJW 1972, S. 210, 211; VGH Baden-Württemberg, Beschluss vom 8. Mai 1978, I 1383/75, in: DÖV 1978, S. 569, 570f; *Bull*, Allgemeines Verwaltungrecht[6], Rn. 109; *Erichsen*, in: Jura 1982, S. 537, 544.

sprechen zu können. Verwirklicht die juristische Person des öffentlichen Rechts die ihr durch eine öffentlich-rechtliche Rechtsgrundlage eröffnete Handlungsmöglichkeit in den Formen des Privatrechts, übt sie keine öffentliche Gewalt aus und wird somit nicht hoheitlich tätig[737].
Zu den öffentlich-rechtlichen Handlungsformen der juristischen Personen des öffentlichen Rechts gehören insbesondere die Rechtsverordnung, die Satzung, die Verwaltungsvorschrift, der Verwaltungsakt, der verwaltungsrechtliche Vertrag, die verwaltungsrechtliche Willenserklärung und im innerorganisatorischen Bereich die Einzelweisung[738]. Hinzu treten sonstige Formen des Handelns und Verhaltens wie z. B. Realakte, die im Einzelfall jedoch als öffentlich-rechtlich charakterisiert werden müssen[739]. Die Aufzählung verdeutlicht, dass es neben Handlungsformen, die an eine bestimmte Form gebunden sind, weitere formlose Verhaltensweisen gibt, die dem öffentlichen Recht zugeschrieben werden können. Bei Beantwortung der Frage nach der Rechtsnatur einer Handlung muss von dem Grundsatz ausgegangen werden, dass maßgeblich ist, wie die juristische Person des öffentlichen Rechts gehandelt hat, nicht wie sie hätte handeln müssen[740]. Kann eine Handlung sowohl als privatrechtlich als auch öffentlich-rechtlich qualifiziert werden, sind – wie bei der Frage nach der öffentlich-rechtlichen Rechtsgrundlage – die oben dargestellten Abgrenzungstheorien heranzuziehen. Auch hier steht die modifizierte Subjektstheorie im Vordergrund, wobei im Zweifel auf den Sachzusammenhang der zu untersuchenden Tätigkeit mit öffentlichem oder privatem Recht abzustellen ist.

(f) Zwischenergebnis

Zusammenfassend bedeutet dies, dass von Ausübung öffentlicher Gewalt nur dann gesprochen werden kann, wenn die juristische Person des öffentlichen Rechts sich einer öffentlich-rechtlichen Handlungsform bedient und sich dieses Handeln auf eine öffentlich-rechtliche Rechtsgrundlage stützen lässt. Das ent-

---

[736] *H. J. Wolff/Bachof/Stober*, Verwaltungsrecht, Band 1[11], § 22, Rn. 44.

[737] BFH, Urteil vom 18. August 1966, in: BStBl. III 1967, S. 100, 101; Urteil vom 30. Juni 1988, V R 79/84, in: BStBl. II 1988, S. 910, 912; *Birkenfeld*, in: UR 1989, S. 1, 6; *Jong-Su Park*, Die Steuerpflicht von Daseinsvorsorgeeinrichtungen der öffentlichen Hand, S. 129; *Paulick*, in: StuW 1952, Sp. 679, 686; *Ramme*, Betriebe gewerblicher Art von Körperschaften öffentlichen Rechts und die Ausübung öffentlicher Gewalt im Umsatzsteuerrecht, S. 90.

[738] *Erichsen*, in: Erichsen/Ehlers, Allgemeines Verwaltungsrecht[12], § 11, Rn. 1.

[739] *Erichsen*, in: Erichsen/Ehlers, Allgemeines Verwaltungsrecht[12], § 11, Rn. 1; *Schenke*, Verwaltungsprozessrecht[9], Rn. 112ff.

[740] *Schenke*, Verwaltungsprozessrecht[9], Rn. 113.

scheidende Kriterium ist das der öffentlich-rechtlichen Rechtsgrundlage, weil es die Basis für die öffentlich-rechtliche Handlungsform bildet.
Die Qualität der öffentlich-rechtlichen Rechtsgrundlage hängt davon ab, ob ein Eingriff in den Rechtskreis des Bürgers stattfindet – dann ist ein förmliches Gesetz erforderlich – oder nicht – dann reicht Gewohnheitsrecht aus. In Anlehnung an *Paulick* kann daher für die Ausübung öffentlicher Gewalt thesenartig gefordert werden, dass die juristische Person des öffentlichen Rechts sich öffentlich-rechtlich betätigen, innerhalb ihres Zuständigkeitsbereichs als Hoheitsträgerin handeln und dieses Handeln auf einer öffentlich-rechtlichen Grundlage beruhen muss[741].

cc) Rekurs: Der Begriff der Ausübung öffentlicher Gewalt gem. § 4 Abs. 5 S. 1 KStG in Abgrenzung zum Begriff der wirtschaftlichen Tätigkeit gem. § 4 Abs. 1 S. 1 KStG

Im Rahmen der Erörterung des Tatbestandes des Betriebs gewerblicher Art ist die sich aus § 4 Abs. 1 S. 1 KStG ergebende Voraussetzung der wirtschaftlichen Tätigkeit mit der Begründung, dass Streit darüber herrsche, ob das Kriterium der wirtschaftlichen Tätigkeit vorrangig in Abgrenzung zum Merkmal der Ausübung öffentlicher Gewalt zu bestimmen sei[742], bisher nicht abschließend geklärt worden[743]. Ohne eine genaue Bestimmung des Begriffs der Ausübung öffentlicher Gewalt konnte diese Streitfrage nicht beantwortet werden. Diese Begriffsbestimmung ist, wie sich aus den vorstehenden Ausführungen ergibt, nun vorgenommen worden. Sie zeigt auf, dass schon im Rahmen der Prüfung des Merkmals der wirtschaftlichen Tätigkeit nach § 4 Abs. 1 S. 1 KStG der Begriff der Ausübung öffentlicher Gewalt heranzuziehen ist[744]. Auf welche Art und Weise dies geschehen muss und welche Folgen sich für das Merkmal der wirtschaftlichen Tätigkeit aus der Definition der Ausübung der öffentlichen Gewalt ergeben, ist nun bei der Erörterung des Begriffs der wirtschaftlichen Tätigkeit zu klären.
Gem. §§ 1 Abs. 1 Nr. 6 und 4 Abs. 1 KStG besteht für Betriebe gewerblicher Art von juristischen Personen des öffentlichen Rechts eine unbeschränkte Kör-

---

[741] *Paulick*, in: StuW 1952, Sp. 679, 687, 694.
[742] Vgl. *Bader*, Hoheitsbetrieb und Betrieb gewerblicher Art im Umsatz- und Körperschaftsteuerrecht, S.86ff; *Kohorst*, Die Besteuerung der Gemeindebetriebe, S. 45; *Kugel*, Die Besteuerung öffentlicher Betriebe, S. 22; *Landwehr*, Betriebe gewerblicher Art von juristischen Personen des öffentlichen Rechts, S. 165ff; *Siegel*, Der Begriff des „Betriebs gewerblicher Art" im Körperschaft- und Umsatzsteuerrecht, S. 94ff.
[743] Vgl. C. I. 3. c) dd).
[744] Vgl. C. II. 2. d).

perschaftsteuerpflicht. Von einem Betrieb gewerblicher Art kann gem. § 4 Abs. 1 S. 1 KStG nur gesprochen werden, wenn eine wirtschaftliche Tätigkeit ausgeübt wird[745].

(1) Eigenständige Bedeutung des Merkmals der wirtschaftlichen Tätigkeit

(a) Rechtsprechung

Der RFH ging zunächst von einer eigenständigen Bedeutung des Merkmals der wirtschaftlichen Tätigkeit und von einer Steuerpflicht der öffentlichen Hand in den Bereichen aus, in denen sie im Wettbewerb mit privaten Unternehmen stand, grenzte jedoch diejenigen Aufgaben aus der Steuerpflicht aus, die in keiner Beziehung zum privatwirtschaftlichen Verkehr standen und der öffentlichen Hand eigentümlich und vorbehalten waren[746]. In der Folgezeit behielt der RFH zwar die Abgrenzung zwischen privatwirtschaftlichen Verkehrshandlungen und eigentümlichen und vorbehaltenen Tätigkeiten bei[747], machte die Steuerpflicht aber nicht mehr von einem Wettbewerbsverhältnis abhängig, sondern ließ es genügen, dass sich der Betrieb der juristischen Person des öffentlichen Rechts privatwirtschaftlich betätigte[748].

Der BFH[749] knüpfte an die Kriterien des RFH an und grenzt auch heute zwischen Betätigungen, die mit denjenigen privater Unternehmer vergleichbar sind, und der juristischen Person des öffentlichen Rechts eigentümlichen und vorbehaltenen Tätigkeiten ab. Die Rechtsprechung versucht dabei zumeist, die steuerfreie hoheitliche Betätigung unmittelbar zu erfassen. Wie bereits ausgeführt, ist der Ausgangspunkt die Frage, ob eine Tätigkeit ausgeübt werde, die den juristischen Personen des öffentlichen Rechts als Träger öffentlicher Gewalt eigentümlich und vorbehalten sei[750]. Kennzeichnend für eine hoheitliche Tätigkeit im Gegensatz zur privatwirtschaftlichen Betätigung soll die Erfüllung öffentlicher Aufgaben sein, die aus der Staatsgewalt abgeleitet seien und staatlichen Zwe-

---

[745] Zum zulässigen Umfang der Wirtschaftstätigkeit öffentlich-rechtlich verfasster Kirchen und Religionsgemeinschaften vgl. *Brauser-Jung*, Religionsgewerbe und Religionsunternehmerfreiheit, S. 257ff.

[746] RFH, Gutachten vom 9. Juli 1937, V D 1/37, in: RStBl. 1937, S. 1306, 1307. Vgl. auch RFH, Urteil vom 22. Juni 1937, I A 391/36, in: RStBl. 1937, S. 982, 983.

[747] RFH, Urteil vom 24. Januar 1939, I 390/38, in: RStBl. 1939, S. 560; Urteil vom 25. April 1939, I 382/38, in: RStBl. 1939, S. 780f; Urteil vom 2. Juli 1940, I 298/39, in: RStBl. 1940, S. 797; Urteil vom 30. Januar 1942, V 78/41, in: RStBl. 1942, S. 576.

[748] RFH, Bescheid vom 6. September 1938, bestätigt durch Urteil vom 25. Oktober 1938, VI a 7/38, in: RStBl. 1938, S. 1189.

[749] Zuerst BFH, Urteil vom 12. Dezember 1951, I 95/51 S, in: BStBl. III 1952, S. 41, 42f.

[750] Vgl. C. II. 2. a) bb).

cken dienten[751]. Allerdings geht der BFH auch davon aus, dass durch die gesetzliche oder behördliche Zuweisung von Pflichtaufgaben der Begriff der Ausübung öffentlicher Gewalt nicht erfüllt werde, wenn es sich nicht um die Zuweisung einer hoheitlichen Tätigkeit handele, sondern die Leistung zur Aufgabenerfüllung ihrer Art nach privatunternehmerisch sei[752]. Damit räumt die Rechtsprechung auch dem Wettbewerbsgedanken eine entscheidende Bedeutung ein, was gerade in den neueren Entscheidungen deutlich wird[753].

(b) Literatur

Auch eine Reihe von Autoren beginnt die Prüfung des § 4 KStG mit dem Merkmal der Ausübung öffentlicher Gewalt – und stellt damit schon die eigenständige Bedeutung des Merkmals der wirtschaftlichen Tätigkeit in Frage – oder nimmt die Begriffsbestimmung der wirtschaftlichen Tätigkeit vor allem negativ in Abgrenzung zu dem Begriff der Ausübung öffentlicher Gewalt vor[754]. *Fögen*, *Paulick* und *Pflaumer* grenzen wirtschaftliche und hoheitliche Tätigkeiten danach ab, ob die jeweilige Betätigung im öffentlich-rechtlichen Zuständigkeitsbereich der juristischen Person des öffentlichen Rechts liege und auf einer öffentlich-rechtlichen Grundlage beruhe[755]. *Kohorst* bezeichnet diejenigen Einrichtungen der juristischen Personen des öffentlichen Rechts als wirtschaftlich, die die besonderen Merkmale des in § 4 Abs. 5 S. 1 KStG normierten Hoheitsbetriebs nicht erfüllen[756].

Auch *Klein*, *Lang*, *Seer* und *Siegel* beschäftigen sich vorrangig mit der Frage, unter welchen Voraussetzungen ein Hoheitsbetrieb bejaht werden kann. Diese Vorgehensweise wird damit begründet, dass das Vorliegen eines durch die Aus-

---

751 Vgl. C. II. 2. a) bb).

752 Vgl. C. II. 2. a) bb).

753 Vgl. C. II. 2. a) bb).

754 *Erhard*, in: Blümich, EStG/KStG/GewStG, § 4 KStG, Rn. 26ff, 91ff; *Fögen*, Der Begriff der Ausübung öffentlicher Gewalt im Steuerrecht, S. 57ff; *Gastl*, Betriebe gewerblicher Art im Körperschaftsteuerrecht, S. 23f; *Kohorst*, Die Besteuerung der Gemeindebetriebe, S. 45; *Kugel*, Die Besteuerung öffentlicher Betriebe, S. 22f; *Lang/Seer*, in: StuW 1993, S. 47, 54f; *Louis*, Die Besteuerung der öffentlichen Unternehmen und Einrichtungen der Daseinsvorsorge, S. 80f; *Paulick*, in: StuW 1952, Sp. 679, 686f; *Pflaumer*, Der Begriff „Ausübung öffentlicher Gewalt“ im Steuerrecht, S. 243ff; *Siegel*, Der Begriff des „Betriebs gewerblicher Art“ im Körperschaft- und Umsatzsteuerrecht, S. 94ff; *Streck*, in: Streck, KStG[6], § 4, Rn. 6. Ähnlich auch *C. Herrmann/Klempt*, in: C. Herrmann/Heuer/Raupach, EStG und KStG, § 4 KStG, Rn. 13ff, 62.

755 *Fögen*, Der Begriff der Ausübung öffentlicher Gewalt im Steuerrecht, S. 57ff; *Paulick*, in: StuW 1952, Sp. 679, 686f; *Pflaumer*, Der Begriff „Ausübung öffentlicher Gewalt“ im Steuerrecht, S. 243ff.

756 *Kohorst*, Die Besteuerung der Gemeindebetriebe, S. 45.

übung öffentlicher Gewalt gekennzeichneten Hoheitsbetriebs einen durch eine wirtschaftliche Tätigkeit geprägten Betrieb gewerblicher Art ausschließe[757]. *Klein* führt in diesem Zusammenhang aus, die allgemein als erwerbswirtschaftlich bezeichnete Tätigkeit von juristischen Personen des öffentlichen Rechts, die sich zumeist mit ihrer Wettbewerbsteilnahme decke, werde von dem Begriff der Ausübung öffentlicher Gewalt nicht erfasst[758]. Auch *Lang*, *Seer* und *Siegel* füllen den Begriff der Ausübung öffentlicher Gewalt nicht mit positiven Merkmalen aus, sondern grenzen ihn negativ ab[759]. Nach der Ansicht von *Lang* und *Seer* setze der Tatbestand der Ausübung öffentlicher Gewalt voraus, dass eine Wettbewerbslage zwischen öffentlichen und privaten Unternehmen nicht bestehe[760]. *Siegel* geht einen Schritt weiter und hält es für maßgeblich, dass es auch nicht zu einem bloß potentiellen Wettbewerb mit Privaten komme[761].

(c) Stellungnahme

Die Auffassungen, nach denen die in § 4 Abs. 1 S. 1 KStG genannte Voraussetzung der wirtschaftlichen Tätigkeit für den Tatbestand des Betriebs gewerblicher Art keine eigenständige Bedeutung aufweisen soll oder nur über eine negative Abgrenzung zum Merkmal der Ausübung öffentlicher Gewalt bestimmt werden könne, überzeugt nicht.

Die praktische Erwägung, dass in der „Rechtswirklichkeit" nur eine positive Bestimmung des Begriffs der wirtschaftlichen Tätigkeit in Frage komme, da aufgrund der Schwierigkeiten bei der Auslegung des Tatbestandes der Ausübung öffentlicher Gewalt der Weg über den Hoheitsbetrieb des § 4 Abs. 5 S. 1 KStG „verbaut" sei[762], hält jedoch nicht das maßgebliche Argument bereit. Zum einen werden die „Schwierigkeiten" bei der Auslegung des Tatbestandes nur in den Bereich der wirtschaftlichen Tätigkeit verlegt, da § 4 Abs. 5 S. 1 KStG eine Außerachtlassung der Frage, was hoheitliche Betätigung ist, ausdrücklich verhindert. Zum anderen haben die vorstehenden Ausführungen gezeigt, dass es

---

757 *Lang/Seer*, in: StuW 1993, S. 47, 54; *Siegel*, Der Begriff des „Betriebs gewerblicher Art" im Körperschaft- und Umsatzsteuerrecht, S. 94.

758 *H. H. Klein*, in: StuW 1967, Sp. 657, 666.

759 *Lang/Seer*, in: StuW 1993, S. 47, 54f; *Siegel*, Der Begriff des „Betriebs gewerblicher Art" im Körperschaft- und Umsatzsteuerrecht, S. 304.

760 *Lang/Seer*, in: StuW 1993, S. 47, 55.

761 *Siegel*, Der Begriff des „Betriebs gewerblicher Art" im Körperschaft- und Umsatzsteuerrecht, S. 305.

762 *Bader*, Hoheitsbetrieb und Betrieb gewerblicher Art im Umsatz- und Körperschaftsteuerrecht, S.95.

durchaus möglich ist, den Begriff der Ausübung öffentlicher Gewalt zu erörtern und auszulegen.

Auch die Aussage, nach der sich der Betrieb gewerblicher Art und der Hoheitsbetrieb „wesensmäßig“ ausschließen[763], überzeugt als Begründung für das alleinige Abstellen auf den Begriff der Ausübung öffentlicher Gewalt nicht. Zwar gibt bereits § 4 Abs. 5 S. 1 KStG vor, dass die Rechtsfolge des steuerfreien Hoheitsbetriebs von der des steuerpflichtigen Betriebs gewerblicher Art abzugrenzen ist. Auf der Ebene der Tatbestandsvoraussetzungen können sich hoheitliche und wirtschaftliche Betätigungen jedoch überschneiden und sind die Grenzen zwischen beiden Tätigkeitsbereichen fließend[764].

Die Ansichten, die die eigenständige Bedeutung des Merkmals der wirtschaftlichen Tätigkeit in Frage stellen oder die Begriffsbestimmung nur negativ in Abgrenzung zu dem Begriff der Ausübung öffentlicher Gewalt vornehmen wollen, widersprechen vielmehr der Systematik und dem Sinn und Zweck des KStG. Wie jeder andere Steuertatbestand sind die Steuertatbestände des KStG die rechtsatzförmigen Fassungen der verschiedenen Lebenssachverhalte, die der Besteuerung unterworfen sind. Sie sind der Inbegriff der Tatbestandsmerkmale, die die Steuerschuld auslösen[765]. Steuertatbestände behandeln in einem ersten Schritt die Frage, welches tatsächliche Geschehen, welche Zustände oder Vorgänge zu besteuern sind. Somit regeln § 1 Abs. 1 Nr. 6 und § 4 KStG zunächst, welche Betätigungen von Einrichtungen der juristischen Personen des öffentlichen Rechts der Besteuerung unterworfen sind. Bevor diese Frage nicht beantwortet worden ist, muss eine etwaige Befreiung von der Steuerpflicht nicht untersucht werden[766]. Bei der Prüfung des § 4 KStG ist dann in einem zweiten Schritt – allerdings immer noch im Rahmen der Tatbestandsvoraussetzung der wirtschaftlichen Tätigkeit – zu überlegen, ob die wirtschaftliche Tätigkeit die Voraussetzungen der Ausübung öffentlicher Gewalt erfüllt. Für diese Schrittfolge spricht, dass eine Einrichtung einer juristischen Person des öffentlichen Rechts nicht nur darauf verwiesen ist, entweder steuerpflichtig wirtschaftlich tätig zu werden oder steuerfrei öffentliche Gewalt auszuüben. Vielmehr sind Betätigungen denkbar, die weder wirtschaftlich noch hoheitlich sind, die jedoch als sonstige Tätigkeit nicht steuerpflichtig sind.

---

[763] *Lang/Seer*, in: StuW 1993, S. 47, 54; *Siegel*, Der Begriff des „Betriebs gewerblicher Art“ im Körperschaft- und Umsatzsteuerrecht, S. 94.

[764] *Fögen*, Der Begriff der Ausübung öffentlicher Gewalt im Steuerrecht, S. 69f; *C. Herrmann/Klempt*, in: C. Herrmann/Heuer/Raupach, EStG und KStG, § 4 KStG, Rn. 62; *Louis*, Die Besteuerung der öffentlichen Unternehmen und Einrichtungen der Daseinsvorsorge, S. 233; *Paulick*, in: StuW 1952, Sp. 679, 683f.

[765] *Birk*, Steuerrecht[6], Rn. 95; *Lang*, in: Tipke/Lang, Steuerrecht[17], § 7 Rn. 17.

[766] Ähnlich auch *Hüttemann*, Die Besteuerung der öffentlichen Hand, S. 75.

(2) Positive Begriffsbestimmung

Soll nun der Begriff der wirtschaftlichen Tätigkeit zunächst positiv bestimmt werden, stellt sich die Frage, wie diese Begriffsbestimmung inhaltlich vorzunehmen ist. *König* will unter dem Begriff der wirtschaftlichen Betätigung alle Tätigkeiten verstehen, die darauf abzielten, Leistungen im Austausch zu Gegenleistungen zu erbringen, da der „Leistungsaustausch" nicht nur zum Wesen privater Betriebe gehöre, sondern auch zum Wesen der Betriebe gewerblicher Art von juristischen Personen des öffentlichen Rechts[767]. Diese Definition überzeugt nicht, da das Merkmal der wirtschaftlichen Tätigkeit auf diese Weise jede eigenständige Bedeutung verliert. Schon aus dem in § 4 Abs. 1 S. 1 KStG genannten Merkmal „Erzielung von Einnahmen" ergibt sich, dass die Leistung um der Einnahme, also der Gegenleistung Willen, erbracht wird[768].
Daher wird teilweise vertreten, eine wirtschaftliche Tätigkeit sei schon dann zu bejahen, wenn das äußere Bild eines Gewerbebetriebs vorherrsche[769]. Dieser Ansatz überzeugt nicht, da der Begriff des Betriebs gewerblicher Art weiter gefasst ist als der des Gewerbebetriebs[770]. Ein Rückgriff auf das „äußere Bild eines Gewerbebetriebs" versetzt den Rechtsanwender somit nicht in die Lage, den für den Betrieb gewerblicher Art maßgeblichen Begriff der wirtschaftlichen Tätigkeit vollständig erfassen zu können.
Wie bereits dargestellt, hält der BFH in seiner Rechtsprechung an der Formel der eigentümlichen und vorbehaltenen Tätigkeit fest, um die hoheitlichen und wirtschaftlichen Bereiche einer juristischen Person des öffentlichen Rechts abzugrenzen. In neueren Entscheidungen zieht er jedoch verstärkt den Wettbewerbsgedanken heran, um die wirtschaftliche Tätigkeit einer juristischen Person des öffentlichen Rechts zu bestimmen[771]. Auf eine ähnliche Weise geht die Finanzverwaltung vor, die den wirtschaftlichen Bereich einer juristischen Person des öffentlichen Rechts als ein Tätigkeitsfeld beschreibt, das sich nicht wesentlich von der Tätigkeit von Unternehmen auf dem Markt unterscheide und in einer Konkurrenzsituation zum freien Markt stehe[772].

---

[767] *König*, Die subjektive Steuerpflicht der Betriebe gewerblicher Art von Juristischen Personen des öffentlichen Rechts nach dem deutschen Körperschaftsteuerrecht, S. 58
[768] *Kugel*, Die Besteuerung öffentlicher Betriebe, S. 22.
[769] *Felder*, in: Dötsch/Eversberg/Jost/Pung/Witt, Körperschaftsteuer, § 4 KStG nF, Rn. 33; *Frotscher*, in: Frotscher/Maas, KStG und UmwStG, § 4 KStG, Rn. 11.
[770] *König*, Die subjektive Steuerpflicht der Betriebe gewerblicher Art von Juristischen Personen des öffentlichen Rechts nach dem deutschen Körperschaftsteuerrecht, S. 66; *Kugel*, Die Besteuerung öffentlicher Betriebe, S. 10f.
[771] Vgl. C. II. 2. a) bb).
[772] Abschnitt 5 Abs. 13 S. 7 KStR.

Auch die herrschende Auffassung in der Literatur[773] nimmt das Prinzip der Wettbewerbsneutralität als Leitgedanken auf, um den Begriff der wirtschaftlichen Tätigkeit zu bestimmen. Zwar wollen *Selmer* und *L. Schulze-Osterloh* eine Steuerpflicht der öffentlichen Hand dann begründen, wenn diese „realwirtschaftlich" tätig werde. Jedoch soll der leitende Vergleichs- und Bezugspunkt für die Besteuerung einer „realwirtschaftlichen" Tätigkeit im Gebot der Wettbewerbsneutralität der Besteuerung zu sehen sein.
Bader ist der Auffassung, dass wirtschaftliches Handeln zunächst ein Handeln im Wettbewerb bzw. ein „Wettbewerbsverhältnis" voraussetze[774]. Da der Begriff des Wettbewerbsverhältnisses dem privaten Wettbewerbsrecht entstamme, seien die zum UWG entwickelten Grundsätze heranzuziehen[775]. Dem wettbewerbsrechtlichen Verständnis entsprechend zieht *Bader* auch im Steuerrecht die Grenzen des Wettbewerbsverhältnisses weit und nimmt ein solches an, wenn sich die öffentliche Hand und der private Wettbewerber mit gleichartigen oder ungleichartigen – aber im Wirtschaftsverkehr vergleichbaren – Leistungen an denselben Abnehmerkreis wendeten[776]. Schließlich soll ein Wettbewerbsverhältnis auch dann vorliegen, wenn eine Wettbewerbssituation zumindest möglich sei[777].
Um den Begriff der wirtschaftlichen Tätigkeit zu bestimmen, geht *Hüttemann* zwar zunächst von dem Kriterium „äußeres Bild eines Gewerbebetriebes" aus[778], befürwortet eine Steuerpflicht jedoch dann, wenn ein konkretes oder potentielles Wettbewerbverhältnis zu privaten Unternehmen bestehe[779]. Liege weder ein konkretes noch ein potentielles Wettbewerbsverhältnis vor, müssten

---

773 *Bader*, Hoheitsbetrieb und Betrieb gewerblicher Art im Umsatz- und Körperschaftsteuerrecht, S. 97ff; *Friauf*, in: Friedrich/Kupsch, Die Besteuerung öffentlicher Unternehmen, S. 57, 87; *Hüttemann*, Die Besteuerung der öffentlichen Hand, S. 94f; *Küffner*, in: DStR 2003, S. 1606, 1607; *Landwehr*, Betriebe gewerblicher Art von juristischen Personen des öffentlichen Rechts im Körperschaftsteuerrecht, S. 165; *Seer/Wendt*, in: DStR 2001, S. 825, 828f; *Selmer/L. Schulze-Osterloh*, in: DÖV 1978, S. 381, 388; *Zenthöfer*, in: Dötsch/Cattelaens/Gottstein/Stegmüller/Zenthöfer, Körperschaftsteuer[13], Rn. 77.
774 *Bader*, Hoheitsbetrieb und Betrieb gewerblicher Art im Umsatz- und Körperschaftsteuerrecht, S. 98.
775 *Bader*, Hoheitsbetrieb und Betrieb gewerblicher Art im Umsatz- und Körperschaftsteuerrecht, S. 98.
776 *Bader*, Hoheitsbetrieb und Betrieb gewerblicher Art im Umsatz- und Körperschaftsteuerrecht, S.99.
777 *Bader*, Hoheitsbetrieb und Betrieb gewerblicher Art im Umsatz- und Körperschaftsteuerrecht, S.101.
778 *Hüttemann*, Die Besteuerung der öffentlichen Hand, S. 93.
779 *Hüttemann*, Die Besteuerung der öffentlichen Hand, S. 94f.

darüber hinaus alle Tätigkeiten als wirtschaftliche eingeordnet werden, die von privaten Dritten wahrgenommen werden könnten[780].

Auch *Seer* und *Wendt* greifen auf das Wettbewerbsrecht zurück und übertragen dessen Aussagen auf das Körperschaftsteuerrecht. Die öffentliche Hand begebe sich danach in ein tatsächliches Wettbewerbsverhältnis mit der Privatwirtschaft und übe eine wirtschaftliche Tätigkeit aus, wenn der geschäftliche Betrieb auf beiden Seiten darauf gerichtet sei, die gleichen oder die sich zumindest ähnelnden Bedürfnisse Dritter dadurch zu befriedigen, dass Waren oder Dienstleistungen gleicher oder verwandter Art an einen im Wesentlichen übereinstimmenden Abnehmerkreis vertrieben werden[781]. Wettbewerbsgleichheit könne jedoch nur gewährleistet werden, wenn auch potentielle Wettbewerbsverhältnisse erfasst seien, da sich ansonsten die Nichtbesteuerung der öffentlichen Hand als faktische Schranke für den Marktzutritt erweisen würde[782]. Zwar könne von einem potentiellen Wettbewerbsverhältnis bereits dann gesprochen werden, wenn Wettbewerb möglich sei, aber de facto nicht ausgeübt werde. Um das Kriterium der Wettbewerbsneutralität nicht uferlos auszudehnen, müsse im Hinblick auf potentielle Wettbewerbsverhältnisse jedoch zumindest die hinreichend konkrete Erwartung eines Marktzutritts von Konkurrenten bestehen[783].

Landwehr verfolgt einen ähnlichen Ansatz. Er will eine wirtschaftliche Tätigkeit in einem ersten Schritt nur annehmen, wenn die öffentliche Hand auf eine Art und Weise, die potentiell auch privaten Unternehmen offen stehe, handele[784]. In einem zweiten Schritt fordert *Landwehr* jedoch, dass im Rahmen dieses Handelns „die Möglichkeit zur Instrumentalisierung eines Steuervorteils besteht", da anderenfalls mangels eines tatsächlichen Wettbewerbsvorteils eine körperschaftsteuerliche Erfassung nicht in Betracht käme[785].

Der Vergleich der Begriffsbestimmungen zeigt, dass sowohl die Vertreter der Ansicht, die dem Begriff der wirtschaftlichen Tätigkeit keine eigenständige Bedeutung zuweisen oder ihn nur negativ gegenüber der Ausübung öffentlicher Gewalt abgrenzen wollen, als auch diejenigen, die den Begriff der wirtschaftlichen Tätigkeit positiv bestimmen wollen, das maßgebliche Kriterium zumeist in einem Handeln, das im Wettbewerb erbracht wird, sehen. Ausreichen soll dabei auch eine potentielle Wettbewerbssituation. Diesem Ergebnis ist zuzustimmen,

---

[780] *Hüttemann*, Die Besteuerung der öffentlichen Hand, S. 93, 95.

[781] *Seer/Wendt*, in: DStR 2001, S. 825, 828.

[782] *Seer/Wendt*, in: DStR 2001, S. 825, 828f.

[783] *Seer/Wendt*, in: DStR 2001, S. 825, 829.

[784] *Landwehr*, Betriebe gewerblicher Art von juristischen Personen des öffentlichen Rechts im Körperschaftsteuerrecht, S. 165.

[785] *Landwehr*, Betriebe gewerblicher Art von juristischen Personen des öffentlichen Rechts im Körperschaftsteuerrecht, S. 165.

da – wie schon erläutert[786] – das Prinzip der Wettbewerbsneutralität Grundlage für die Körperschaftsteuerpflicht nach den §§ 1 Abs. 1 Nr. 6 und 4 KStG ist. Abzulehnen ist jedoch die Erweiterung des Wettbewerbskriteriums, die *Hüttemann* dadurch vornimmt, dass er alle Tätigkeiten, die von privaten Dritten wahrgenommen werden können, als wirtschaftliche Tätigkeiten ansieht. Dieses weitergehende Merkmal ist zu unbestimmt, knüpft zudem nicht am Wortlaut der wirtschaftlichen Tätigkeit an und ermöglicht keine Beschränkung auf wirtschaftlich relevante Sachverhalte. Eine steuerpflichtige wirtschaftliche Tätigkeit kann daher nur in Betracht kommen, wenn, wie *Bader* es nennt, ein „Wettbewerbsverhältnis" vorliegt, das auch in einer bloß potentiellen Wettbewerbssituation liegen kann.

(3) Negative Begriffsbestimmung – Keine Ausübung öffentlicher Gewalt

Wie bereits dargestellt, muss der Begriff der wirtschaftlichen Tätigkeit, der in einem ersten Schritt positiv bestimmt worden ist, in einem weiteren Schritt gegenüber dem Merkmal der Ausübung öffentlicher Gewalt abgegrenzt werden.
Nur durch diese Vorgehensweise können die im Rahmen des § 4 KStG geltenden Prinzipien der Wettbewerbsneutralität und der Steuerfreistellung des hoheitlichen Handelns in Einklang gebracht werden[787]. Eine Steuerpflicht kann nur begründet werden, wenn eine wettbewerbsrelevante Tätigkeit ausgeübt wird. Jedoch kann die Steuerpflicht nur dann bestehen, wenn keine öffentliche Gewalt ausgeübt wird[788]. Daher ist auf der Ebene des Merkmals der wirtschaftlichen Tätigkeit in einem zweiten Schritt eine Abgrenzung der wirtschaftlichen Tätigkeit von der Ausübung öffentlicher Gewalt vorzunehmen.
Von einer Ausübung öffentlicher Gewalt kann nur dann gesprochen werden, wenn die juristische Person des öffentlichen Rechts sich einer öffentlich-rechtlichen Handlungsform bedient, innerhalb ihres Zuständigkeitsbereiches als Hoheitsträgerin handelt und sich dieses Handeln auf eine öffentlich-rechtliche Rechtsgrundlage stützen lässt. Die Anforderungen, die an die Qualität der öffentlich-rechtlichen Rechtsgrundlage gestellt werden, hängen davon ab, ob ein Eingriff in den Rechtskreis des Bürgers stattfindet – dann ist ein förmliches Gesetz erforderlich – oder nicht – dann reicht z. B. auch Gewohnheitsrecht aus[789].

---

[786] Vgl. C. I. 1. b).
[787] Vgl. *Friauf*, in: Friedrich/Kupsch, Die Besteuerung öffentlicher Unternehmen, S. 57, 80.
[788] Anders nur, wenn eine gemischt hoheitliche und wirtschaftliche Betätigung vorliegt, bei der die einzelnen Tätigkeiten nicht getrennt werden können und das wirtschaftliche Element überwiegt. Siehe Gliederungspunkt C. II. 2. d) ee) (4).
[789] Vgl. C. II. 2. d) bb) (2) (f).

dd) § 4 Abs. 5 S. 1 KStG – keine bloße Regelung für den Fall des Überwiegens der Ausübung öffentlicher Gewalt

Gem. § 4 Abs. 5 S. 1 KStG gehören zu den Betrieben gewerblicher Art nicht Betriebe, die überwiegend der Ausübung öffentlicher Gewalt dienen. Die bisherigen Ausführungen haben gezeigt, dass die Bedeutung des in § 4 Abs. 5 S. 1 KStG normierten Hoheitsbetriebs über den bloßen Wortlaut hinausgeht. Schon die Frage, ob nach § 4 Abs. 1 KStG ein steuerpflichtiger Betrieb gewerblicher Art vorliegt, ist nur zu bejahen, wenn von einer wirtschaftlichen Tätigkeit, die sich nicht als Ausübung öffentlicher Gewalt darstellt, gesprochen werden kann, da das Merkmal der wirtschaftlichen Tätigkeit letztlich nur in Abgrenzung zu der Ausübung öffentlicher Gewalt bestimmbar ist.

§ 4 Abs. 5 S. 1 KStG kann damit nicht auf die Fälle reduziert werden, in denen sich eine wirtschaftliche Betätigung und Ausübung öffentlicher Gewalt mischen und die Ausübung öffentlicher Gewalt bloß überwiegt[790]. Etwas anderes ergibt sich auch nicht aus der Begründung des Gesetzentwurfes der Bundesregierung zu § 4 Abs. 5 KStG 1977[791]. Dort heißt es: „Von den steuerpflichtigen Betrieben gewerblicher Art sind die Betriebe zu unterscheiden, die der Ausübung öffentlicher Gewalt dienen und gemeinhin als Hoheitsbetriebe bezeichnet werden. Sie unterliegen nicht der Besteuerung. Während das im KStG 1925 noch ausdrücklich geregelt war, fehlt seit dem KStG 1934 eine entbehrliche ausdrückliche Vorschrift. Sie erschien als entbehrlich, weil sich ‚Betrieb gewerblicher Art' und ‚Hoheitsbetrieb' wesensmäßig gegenseitig ausschließen und in § 1 Abs. 1 Nr. 6 des Gesetzes allein die Steuerpflicht der Betriebe gewerblicher Art bestimmt ist. An dieser grundsätzlichen Auffassung wird [...] festgehalten"[792]. Die Überlegung, dass sich Betriebe gewerblicher Art und Hoheitsbetriebe „wesensmäßig" ausschließen, spiegelt zwar eine allgemeine Vorstellung des Gesetzgebers staatsrechtlicher und staatstheoretischer Art wider, sie hat sich jedoch nicht unmittelbar auf die gesetzliche Ausgestaltung des § 4 KStG ausgewirkt und kann insofern auch nicht als das maßgebliche Auslegungskriterium verstanden werden[793]. Auslöser für die gesetzliche Regelung der Steuerpflicht des Betriebs gewerblicher Art war vielmehr die faktische Teilnahme des Staates bzw. sonsti-

---

[790] So aber *Gastl*, Betriebe gewerblicher Art im Körperschaftsteuerrecht, S. 23f; *Jong-Su Park*, Die Steuerpflicht von Daseinsvorsorgeeinrichtungen der öffentlichen Hand, S. 152f, 157, 165; *Landwehr*, Betriebe gewerblicher Art von juristischen Personen des öffentlichen Rechts im Körperschaftsteuerrecht, S. 172f; *Selmer/L. Schulze-Osterloh*, in: DÖV 1978, S. 381, 385.

[791] BT-Drucksache 7/1470, S. 336f.

[792] BT-Drucksache 7/1470, S. 336.

[793] *Selmer/L. Schulze-Osterloh*, in: DÖV 1978, S. 381, 386f.

ger juristischer Personen des öffentlichen Rechts am wirtschaftlichen Geschehen[794].

ee) „Gemischte Tätigkeiten"

(1) Grundsatz der Trennung

Die Besteuerung der Betriebe gewerblicher Art gem. § 4 Abs. 1 KStG und die Steuerfreistellung bzw. steuerliche Nichterfassung der Hoheitsbetriebe nach § 4 Abs. 5 KStG führt zu der Notwendigkeit, die beiden Tatbestände sorgfältig abzugrenzen. Die Abgrenzung eines reinen Hoheitsbetriebs von einem reinen Betrieb gewerblicher Art dürfte in diesem Zusammenhang unter Heranziehung der entwickelten Abgrenzungskriterien keine Schwierigkeiten bereiten.
Anders stellt es sich dar, wenn eine Einrichtung einer juristischen Person des öffentlichen Rechts nicht nur öffentliche Gewalt ausübt, sondern auch wirtschaftlich tätig wird. In solchen Fällen muss versucht werden, den wirtschaftlichen Bereich von dem hoheitlichen zu trennen[795]. Eine Trennung kann z. B. anhand der zeitlichen Beanspruchung von Personal oder Maschinen vorgenommen werden[796]. Sind die übrigen Voraussetzungen erfüllt, liegt im Hinblick auf die wirtschaftliche Tätigkeit ein selbstständiger und somit steuerpflichtiger Betrieb gewerblicher Art vor[797].
Für die Beantwortung der Frage, ob eine Trennung oder Abgrenzung des hoheitlichen vom wirtschaftlichen Bereich möglich ist, kann auf die Ausführungen zum Einrichtungsbegriff, der im Rahmen der Erörterung des Betriebs gewerbli-

---

[794] *Selmer/L. Schulze-Osterloh*, in: DÖV 1978, S. 381, 386.
[795] BFH, Urteil vom 26. Mai 1977, V R 15/74, in: BStBl. II 1977, S. 813, 814; Abschnitt 5 Abs. 3 S. 1 KStR; OFD Hannover, Verfügung vom 22. August 2002, S 2706 – 143 – StO 214, S 2706 – 178 – StH 231, in: DStZ 2002, S. 798, 799; *Bader*, Hoheitsbetrieb und Betrieb gewerblicher Art im Umsatz- und Körperschaftsteuerrecht, S.128; *Frotscher*, in: Frotscher/Maas, KStG und UmwStG, § 4 KStG, Rn. 17; *Gastl*, Betriebe gewerblicher Art im Körperschaftsteuerrecht, S. 24; *C. Herrmann/Klempt*, in: C. Herrmann/Heuer/Raupach, EStG und KStG, § 4 KStG, Rn. 62; *Hüttemann*, Die Besteuerung der öffentlichen Hand, S. 101f; *Knop*, in: UR 1970, S. 348, 350; *Piltz*, in: FR 1980, S. 34; *Schiffers*, in: BB 2003, S. 398, 399; *Streck*, in: Streck, KStG[6], § 4, Nr. 22; *Widmann*, in: Plückebaum/Malitzky, UStG, § 2 Abs. 3, Rn. 33, 179; *Zenthöfer*, in: Dötsch/Cattelaens/Gottstein/Stegmüller/Zenthöfer, Körperschaftsteuer[13], Rn. 88. Vgl. auch *Strahl*, in: UR 2001, S. 277, 279.
[796] BMF, Schreiben vom 5. August 1975, IV B 7 – S 2706 – 35/75, in: BStBl. I 1975, S. 934, 935; *Streck*, in: Streck, KStG[6], § 4, Nr. 22.
[797] BFH, Urteil vom 26. Mai 1977, V R 15/74, in: BStBl. II 1977, S. 813, 814; *Frotscher*, in: Frotscher/Maas, KStG und UmwStG, § 4 KStG, Rn. 17; *C. Herrmann/Klempt*, in: C. Herrmann/Heuer/Raupach, EStG und KStG, § 4 KStG, Rn. 62; *Streck*, in: Streck, KStG[6], § 4, Nr. 22.

cher Art dargestellt worden ist, zurückgegriffen werden[798]. Statt auf Merkmale wie eine besondere Leitung, einen geschlossenen Geschäftskreis oder die Buchführung abzustellen, ist eine Trennung auch bei nur geringer Selbstständigkeit einer Einrichtung möglich und ist es ausreichend, wenn die von der eigentlichen öffentlichen Aufgabe der juristischen Person des öffentlichen Rechts unterscheidbare Tätigkeit einer Einrichtung einen wettbewerbsrelevanten, privatwirtschaftlichen Charakter besitzt[799]. Eine Verselbstständigung der wirtschaftlichen Tätigkeit muss dann nicht in einem tatsächlichen, organisatorischen oder zeitlichen Sinne festzustellen sein, sondern folgt aus der Wettbewerbsrelevanz.

(2) Unmöglichkeit oder Unzumutbarkeit der Trennung

Lässt sich die Trennung einer wirtschaftlichen und hoheitlichen Tätigkeit nicht durchführen oder ist sie unzumutbar, weil die Bereiche im Rahmen einer Einrichtung einer juristischen Person des öffentlichen Rechts unlösbar miteinander verbunden sind, ist der Betrieb einheitlich zu beurteilen[800]. In diesem Zusammenhang erlangt § 4 Abs. 5 S. 1 KStG Geltung. Danach gehören zu den Betrieben gewerblicher Art nicht solche Betriebe, die *überwiegend* der Ausübung öffentlicher Gewalt dienen. Da es kaum möglich sein wird, das in § 4 Abs. 5 S. 1 KStG genannte Überwiegen zu quantifizieren, ist die überwiegende Zweckbestimmung der Tätigkeit maßgebend[801] oder, welcher Bereich der Einrichtung das „Gepräge" gibt[802]. Stellt sich eine untrennbar gemischte Tätigkeit in größerem Maße als hoheitliche und nicht als wirtschaftliche dar, liegt insgesamt ein steuerbefreiter Hoheitsbetrieb vor[803]. Der wirtschaftliche Teilbereich bildet also

---

[798] Vgl. C. I. 3. c) aa).

[799] *Augsten*, in: Lademann, KStG, § 4, Rn. 8; *Seer*, in: DStR 1992, S. 1751, 1754.

[800] BFH, Urteil vom 10. Juli 1962, I 164/59 S, in: BStBl. III 1962, S. 448, 449; Urteil vom 26. Mai 1977, V R 15/74, in: BStBl. II 1977, S. 813, 814; Abschnitt 5 Abs. 3 S. 2f KStR; OFD Hannover, Verfügung vom 22. August 2002, S 2706 – 143 – StO 214, S 2706 – 178 – StH 231, in: DStZ 2002, S. 798, 799; *Gastl*, Betriebe gewerblicher Art im Körperschaftsteuerrecht, S. 24; *C. Herrmann/Klempt*, in: C. Herrmann/Heuer/Raupach, EStG und KStG, § 4 KStG, Rn. 62; *Hüttemann*, Die Besteuerung der öffentlichen Hand, S. 101f; *Knop*, in: UR 1970, S. 348, 350; *Schiffers*, in: BB 2003, S. 398, 399; *Streck*, in: Streck, KStG[6], § 4, Nr. 22; *Thouet*, in: DStZ 2002, S. 91, 92. Vgl. auch BFH, Urteil vom 27. Juni 2001, I R 82-85/00, in: BFH/NV 2001, S. 1675, 1676. Siehe zu praktischen Anwendungsfällen *Niebler*, in: dgh 1981, S. 53ff.

[801] BMF, Schreiben vom 5. August 1975, IV B 7 – S 2706 – 35/75, in: BStBl. I 1975, S. 934, 935; *Gastl*, Betriebe gewerblicher Art im Körperschaftsteuerrecht, S. 24; *C. Herrmann/Klempt*, in: C. Herrmann/Heuer/Raupach, EStG und KStG, § 4 KStG, Rn. 62.

[802] *Streck*, in: Streck, KStG[6], § 4, Nr. 22.

[803] *Erhard*, in: Blümich, EStG/KStG/GewStG, § 4 KStG, Rn. 94; *Frotscher*, in: Frotscher/Maas, KStG und UmwStG, § 4 KStG, Rn. 17; *C. Herrmann/Klempt*, in: C. Herrmann/Heuer/Raupach, EStG und KStG, § 4 KStG, Rn. 62.

in diesem Fall keinen eigenständigen steuerpflichtigen Betrieb gewerblicher Art. Zusammenfassend bedeutet dies, dass der Begriff der Ausübung öffentlicher Gewalt, der in § 4 Abs. 5 S. 1 KStG normiert ist, im Rahmen der Prüfung des § 4 KStG zweimal heranzuziehen ist. Einmal bei der Feststellung, ob eine wirtschaftliche Tätigkeit ausgeübt wird. Zum anderen dann, wenn es um eine gemischte wirtschaftliche und hoheitliche Betätigung geht.

(3) Zweckgeschäfte, Hilfsgeschäfte und Gelegenheitsgeschäfte

Auch wenn eine Trennung zwischen wirtschaftlichen und hoheitlichen Betätigungen vorgenommen werden kann, sollen nach der Ansicht von *Frotscher* alle Tätigkeiten, die funktional mit der Ausübung öffentlicher Gewalt zusammenhängen, zum steuerfreien Hoheitsbetrieb einer juristischen Person des öffentlichen Rechts gehören[804]. Dieser Auffassung kann nicht gefolgt werden. Die den § 4 KStG beherrschenden widerstreitenden Prinzipien der Wettbewerbsneutralität und der Steuerfreistellung der Ausübung öffentlicher Gewalt verlangen eine Trennung der hoheitlichen und der wirtschaftlichen Tätigkeit[805]. Nur wenn eine Trennung nicht möglich oder zumutbar ist, sind beide Betätigungen einheitlich zu beurteilen und findet die „Überwiegensregel" des § 4 Abs. 5 S. 1 KStG Anwendung. Für ein Kriterium des „funktionalen Zusammenhangs" bleibt insoweit kein Raum. Trotzdem kann *Frotscher* zugestimmt werden, dass die sog. Zweckgeschäfte als hoheitliche Betätigungen anzusehen sind, da mit diesen Geschäften direkt und unmittelbar die Erfüllung öffentlicher Aufgaben verfolgt wird[806].

Auch ohne Heranziehung des Kriteriums des „funktionalen Zusammenhangs" können die sog. Hilfsgeschäfte Bestandteil des Hoheitsbetriebs der juristischen Person des öffentlichen Rechts sein[807]. Hilfsgeschäfte sind solche Geschäfte, die zwar nicht unmittelbar der Erfüllung der öffentlichen Aufgabe dienen, die aber

---

[804] *Frotscher*, in: Frotscher/Maas, KStG und UmwStG, § 4 KStG, Rn. 17.

[805] Vgl. dazu *Bader*, Hoheitsbetrieb und Betrieb gewerblicher Art im Umsatz- und Körperschaftsteuerrecht, S.127.

[806] *Frotscher*, in: Frotscher/Maas, KStG und UmwStG, § 4 KStG, Rn. 17.

[807] BFH, Urteil vom 27. Juni 2001, I R 82-85/00, in: FR 2001, S. 1180, 1181; Abschnitt 5 Abs. 24 KStR; BMF, Schreiben vom 13. März 1987, IV B 7 – S 2706 – 13/87, in: BStBl. I 1987, S. 373; *Bader*, Hoheitsbetrieb und Betrieb gewerblicher Art im Umsatz- und Körperschaftsteuerrecht, S.125; *Birkenfeld*, in: UR 1989, S. 1, 6; *Erhard*, in: Blümich, EStG/KStG/GewStG, § 4 KStG, Rn. 96; *Felder*, in: Dötsch/Eversberg/Jost/Pung/Witt, Körperschaftsteuer, § 4 KStG nF, Rn. 70; *Frotscher*, in: Frotscher/Maas, KStG und UmwStG, § 4 KStG, Rn. 17; *C. Herrmann/Klempt*, in: C. Herrmann/Heuer/Raupach, EStG und KStG, § 4 KStG, Rn. 62.

diese Erfüllung notwendig mit sich bringt[808]. So kann z. B. die Verwertung oder Veräußerung von Material oder Gegenständen aus dem hoheitlichen Bereich einer juristischen Person des öffentlichen Rechts als Hilfsgeschäft bezeichnet werden[809]. Gerade wenn es sich bei solchen Hilfsgeschäften um einzelne Vorgänge handelt, wird eine Trennung von den hoheitlichen Aufgaben oftmals nicht möglich oder zumutbar sein[810]. Auch wenn eine Trennung möglich und zumutbar ist, berührt ein Hilfsgeschäft nicht die Wettbewerbssituation zu privaten Anbietern, wenn es eine Ausnahme bleibt. In diesem Zusammenhang ist jedoch nicht die isoliert betrachtete Höhe des vereinnahmten Entgelts entscheidend, sondern allein der Ausnahmecharakter des Hilfsgeschäfts[811].
Auch bei Gelegenheitsgeschäften, also solchen Leistungen, die zwar im Wettbewerb mit privaten Anbietern, aber nicht um ihrer selbst Willen, sondern als zwangsläufiges Nebenprodukt einer hoheitlichen Tätigkeit erbracht werden, ist der Ausnahmecharakter der Geschäfte maßgeblich[812]. Nur dann kann mangels Wettbewerbsrelevanz auf eine Besteuerung verzichtet und ein steuerrechtlicher Zusammenhang mit der Ausübung öffentlicher Gewalt angenommen werden.

(4) Gleichgewichtiges wirtschaftliches und hoheitliches Tätigwerden oder Überwiegen der wirtschaftlichen Tätigkeit

§ 4 Abs. 5 S. 1 KStG spricht davon, dass zu den Betrieben gewerblicher Art nicht Betriebe gehören, die überwiegend der Ausübung der öffentlichen Gewalt dienen. Überwiegt die wirtschaftliche die hoheitliche Tätigkeit, findet § 4 Abs. 5 S. 1 KStG keine Anwendung, so dass kein Hoheitsbetrieb, sondern ein Betrieb gewerblicher Art vorliegt. Dies folgt zum einen aus der praktischen Erwägung, dass es zum Teil unmöglich ist, eine gemischte Tätigkeit aufzutrennen. Zum anderen sprechen Sinn und Zwecke des § 4 Abs. 5 S. 1 KStG dafür, in den

---

808 *Frotscher*, in: Frotscher/Maas, KStG und UmwStG, § 4 KStG, Rn. 17.

809 *Bader*, Hoheitsbetrieb und Betrieb gewerblicher Art im Umsatz- und Körperschaftsteuerrecht, S.125; *Birkenfeld*, in: UR 1989, S. 1, 6; *Erhard*, in: Blümich, EStG/KStG/GewStG, § 4 KStG, Rn. 96; *Felder*, in: Dötsch/Eversberg/Jost/Pung/Witt, Körperschaftsteuer, § 4 KStG nF, Rn. 70; *Frotscher*, in: Frotscher/Maas, KStG und UmwStG, § 4 KStG, Rn. 17; *C. Herrmann/Klempt*, in: C. Herrmann/Heuer/Raupach, EStG und KStG, § 4 KStG, Rn. 62; *Strahl*, in: FR 2004, S. 72, 73.

810 Ähnlich *Siegel*, Der Begriff des „Betriebs gewerblicher Art“ im Körperschaft- und Umsatzsteuerrecht, S. 91, der ausschließen möchte, dass durch eine „weitreichende Segmentierung“ einzelne Tätigkeiten aus dem wirtschaftlichen Bereich ausgeschieden werden.

811 *Bader*, Hoheitsbetrieb und Betrieb gewerblicher Art im Umsatz- und Körperschaftsteuerrecht, S.125.

812 *Bader*, Hoheitsbetrieb und Betrieb gewerblicher Art im Umsatz- und Körperschaftsteuerrecht, S.126.

Fällen, in denen im Rahmen einer gemischten Tätigkeit die wirtschaftliche überwiegt, von einem Betrieb gewerblicher Art auszugehen. Eine Steuerbefreiung kann nicht allein deshalb gewährt werden, weil im unlösbaren Zusammenhang mit einer wirtschaftlichen Tätigkeit eine – eventuell nur minimale – hoheitliche Betätigung stattfindet[813]. Überwiegt die wirtschaftliche Tätigkeit die hoheitliche und lassen sich beide Bereiche nicht trennen, ist die ganze Einrichtung als einheitlicher Betrieb anzusehen, der insgesamt – einschließlich des hoheitlichen Teils – steuerpflichtig ist[814]. Darüber hinaus hat eine Besteuerung auch dann zu erfolgen, wenn wirtschaftliche und hoheitliche Tätigkeiten untrennbar und gleichgewichtig verfolgt werden[815]. Denn § 4 Abs. 5 S. 1 KStG sieht eine Steuerfreistellung nur für den Fall vor, dass der hoheitliche Bereich überwiegt.

Insofern kann auch der bisherige hoheitliche Charakter einer Einrichtung durch eine hinzukommende wirtschaftliche Tätigkeit absorbiert werden, wenn die beiden Tätigkeiten untrennbar miteinander verbunden werden und sich die hoheitliche Betätigung im Verhältnis zum wirtschaftlichen Bereich nur als vorbereitende Tätigkeit erweist[816]. Um dem Prinzip der Steuerfreistellung der Ausübung öffentlicher Gewalt in solchen Fällen gerecht zu werden, ist bei der Prüfung der Tatbestandsvoraussetzungen des Betriebs gewerblicher Art im Rahmen des Merkmals der wirtschaftlichen Tätigkeit mit besonderer Sorgfalt zu fragen, ob es sich tatsächlich um eine wirtschaftliche und nicht um eine hoheitliche Tätigkeit handelt.

ff) Zusammenschluss von Hoheitsbetrieben und Betrieben gewerblicher Art

Eine gesetzliche Regelung, die die Möglichkeit oder Zulässigkeit der Zusammenfassung oder Vereinigung von Hoheitsbetrieben und Betrieben gewerblicher Art normiert, findet sich nicht.

---

813 So aber BFH, Urteil vom 26. Mai 1977, V R 15/74, in: BStBl. II 1977, S. 813, 814; *Schiffers*, in: BB 2003, S. 398, 399.

814 *Knop*, in: UR 1970, S. 348, 350; *Widmann*, in: Plückebaum/Malitzky, UStG, § 2 Abs. 3, Rn. 179.

815 *Hüttemann*, Die Besteuerung der öffentlichen Hand, S. 102.

(1) Rechtsprechung

Der RFH vertrat zunächst die Ansicht, die öffentliche Hand könne verschiedene Betriebe grundsätzlich bilden oder vereinigen, wie sie es für zweckmäßig halte[817]. An einer solchen Zusammenfassung konnte auch ein Hoheitsbetrieb beteiligt werden[818]. Steuerliche Wirkung entfaltete die Vorgehensweise der öffentlichen Hand allerdings nur, wenn ein Zusammenschluss einer seit Jahren eingebürgerten Verwaltungsübung entsprach[819] oder sich verwaltungstechnisch und organisatorisch gesehen eine wirtschaftlich verbundene Einheit ergab[820]. Bei der Zusammenfassung mehrerer Versorgungsbetriebe hielt der RFH schon das Vorhandensein einer einheitlichen Organisation für ausreichend, ohne auch eine wirtschaftliche Verknüpfung zu fordern[821]. Vor dem Hintergrund dieser Rechtsprechung war eine Verrechnung von Verlusten und Gewinnen der einzelnen Betriebe im Rahmen einer „Gesamtsaldierung" möglich, so dass der Grundsatz der Wettbewerbsneutralität nicht effektiv durchgesetzt werden konnte. Die vom RFH entwickelten Einschränkungen behinderten eine solche Verrechnung nur in einem geringen Maße[822].

Der BFH führte zunächst die Rechtsprechung des RFH weiter und vertrat die Auffassung, dass es die juristischen Personen des öffentlichen Rechts grundsätzlich selbst in der Hand hätten, die organisatorischen Maßnahmen beim Aufbau der Betriebe gewerblicher Art und der Hoheitsbetriebe zu treffen. Dies galt uneingeschränkt hinsichtlich der Zusammenfassung von Betrieben gewerblicher Art, die gleiche oder gleichartige Betätigungen ausübten[823]. Den Zusammenschluss von Hoheitsbetrieben und Betrieben gewerblicher Art mit steuerlicher Wirkung hielt der BFH jedoch nur unter der – im Vergleich zur Rechtsprechung des RFH engeren – Voraussetzung für zulässig, dass „die beiden Betriebe in einem derartig engen inneren wirtschaftlichen Zusammenhang zueinander ste-

---

[816] BFH, Urteil vom 30. November 1989, I R 79-80/86, in: BStBl. II 1990, S. 452, 453; *Augsten*, in: Lademann, KStG, § 4, Rn. 37.

[817] RFH, Urteil vom 28. September 1929, I A a 555/29, in: RStBl. 1929, S. 599; Urteil vom 16. Februar 1932, I A 553/31, in: RStBl. 1932, S. 305; Urteil vom 23. Februar 1937, I A 62/37, in: RStBl. 1937, S. 966.

[818] RFH, Urteil vom 23. Februar 1937, I A 62/37, in: RStBl. 1937, S. 966; Urteil vom 19. Juni 1940, I 433/39, in: RStBl. 1941, S. 34f.

[819] RFH, Urteil vom 28. September 1929, I A a 555/29, in: RStBl. 1929, S. 599.

[820] RFH, Urteil vom 19. April 1932, I A 4/32, in: RStBl. 1932, S. 522, 523.

[821] RFH, Urteil vom 9. April 1940, I 113/40, Kartei I. KStDV, § 1 Abs. 1 und 2 R. 5.

[822] Vgl. dazu Landwehr, Betriebe gewerblicher Art von juristischen Personen des öffentlichen Rechts im Körperschaftsteuerrecht, S. 241f.

[823] BFH, Urteil vom 20. März 1956, I 317/55 U, in: BStBl. III 1956, S. 166, 167; Urteil vom 24. Juni 1959, I 213/58 U, in: BStBl. III 1959, S. 339f.

hen, daß die Zusammenfassung in einen Betrieb mit einheitlicher Betriebsleitung unter den gegebenen örtlichen Verhältnissen aus rein sachlichen Gründen, also insbesondere unter Ausschaltung steuerlicher Vorteile oder Nachteile, zur besseren wirtschaftlichen Ge-staltung [...] zweckmäßig und wünschenswert erscheint"[824]. Wie aus den Ausführungen des BFH deutlich wird, durfte der Zusammenschluss – durch eine Vermeidung oder Einschränkung der Steuerpflicht – nicht ausschließlich oder vorwiegend steuerlichen Zwecken dienen.
Mit dem Urteil vom 10. Juli 1962 gab der BFH seine Rechtsprechung, die eine Zusammenfassung von Betrieben gewerblicher Art und Hoheitsbetrieben einer juristischen Person des öffentlichen Rechts für zulässig hielt, auf[825]. Eine Vereinigung trennbarer oder getrennter Hoheitsbetriebe und Betriebe gewerblicher Art mit steuerlicher Wirkung ist seitdem nicht mehr möglich[826]. Sind vor dem Hintergrund der früheren BFH-Rechtsprechung trennbare oder getrennte Hoheitsbetriebe und Betriebe gewerblicher Art zusammengefasst worden, kann eine nun notwendige Trennung ohne Gewinnrealisierung vorgenommen werden[827].

(2) Finanzverwaltung

Die Finanzverwaltung folgt der neueren BFH-Rechtsprechung und hält eine Zusammenfassung von Betrieben gewerblicher Art mit Hoheitsbetrieben steuerrechtlich für unzulässig[828]. Etwas anderes galt jedoch im Zuge der Wiedervereinigung aufgrund der besonderen Verhältnisse im Bereich der Abwasserbeseitigung und Wasserversorgung für kurze Zeit in den neuen Bundesländern. Dort zog die Finanzverwaltung in den Veranlagungszeiträumen 1992 und 1993 keine negativen Konsequenzen, wenn Hoheitsbetriebe und Betriebe gewerblicher Art zusammengefasst wurden, und erkannte insoweit einen Ausgleich von Gewinnen und Verlusten steuerlich an[829].

---

[824] BFH, Urteil vom 10. Mai 1955, I 131/53 U, in: BStBl. III 1955, S. 210. Vgl. auch BFH, Urteil vom 20. März 1956, I 317/55 U, in: BStBl. III 1956, S. 166, 168. Die Rechtsprechung fand auch Zustimmung in der Literatur, so z. B. bei *König*, Die subjektive Steuerpflicht der Betriebe gewerblicher Art von Juristischen Personen des öffentlichen Rechts nach dem deutschen Körperschaftsteuerrecht, S. 112.
[825] I 164/59 S, in: BStBl. III 1962, S. 448f.
[826] BFH, Urteil vom 8. Februar 1966, I 212/63, in: BStBl. III 1966, S. 287, 288; Urteil vom 12. Juli 1967, I 267/63, BStBl. III 1967, S. 679, 680; Urteil vom 26. Mai 1977, V R 15/74, in: BStBl. II 1977, S. 813, 814.
[827] *Streck*, in: Streck, KStG[6], § 4, Nr. 22.
[828] Abschnitt 5 Abs. 8 KStR.
[829] BMF, Schreiben vom 6. Oktober 1992, IV B 7 – S 2706 – 43/92, in: FR 1992, S. 788.

(3) Stellungnahme unter Einbeziehung der Literatur

Ein Teil der Literatur hält entgegen der Auffassung des BFH eine Zusammenfassung von trennbaren oder getrennten Hoheitsbetrieben und Betrieben gewerblicher Art grundsätzlich für zulässig[830].
Ramme[831] entnimmt die Voraussetzungen für einen solchen Zusammenschluss dem BFH-Urteil vom 10. Mai 1955[832]. Danach sei eine Verbindung von Betrieben gewerblicher Art und Hoheitsbetrieben bei einem engen wirtschaftlichen Zusammenhang zulässig, wenn sie aus sachlichen Gründen erfolge und nicht ausschließlich oder vorwiegend zur Vermeidung oder Einschränkung der Steuerpflicht vorgenommen werde[833].
Ähnlich argumentiert *Niebler*, der die Zusammenfassung in erster Linie als eine Frage kommunaler Organisationsgewalt betrachtet und in dem Missbrauch rechtlicher Gestaltungsmöglichkeiten nach § 42 AO die Grenze sieht. *Niebler* will gegen eine Zusammenfassung dann keine Einwände erheben, wenn sie kommunalrechtlich zulässig ist und für sie betriebswirtschaftliche Gründe sprechen[834].
Ausgangspunkt der Überlegungen *Siegels* ist ebenfalls § 42 AO. Allerdings ist er der Ansicht, dass die Grenze des Gestaltungsmissbrauchs durch den Zusammenschluss von Hoheitsbetrieben und Betrieben gewerblicher Art kaum jemals überschritten werde und daher als Abgrenzungskriterium letztlich nicht in Frage komme[835]. Deshalb zieht *Siegel* den steuerrechtlichen Begriff der Liebhaberei[836] heran. Der hoheitliche Bereich einer juristischen Person des öffentlichen Rechts sei vergleichbar mit dem privaten Bereich einer natürlichen Person. So wie die Einbringung einer Liebhabereitätigkeit in einen Gewerbebetrieb unzulässig sei, sei es auch der steuerrechtliche Zusammenschluss von Ausübung öffentlicher

---

830 *Louis*, Die Besteuerung der öffentlichen Unternehmen und Einrichtungen der Daseinsvorsorge, S. 229ff; *Niebler*, in: dgh 1980, S. 229, 230; *Ramme*, Betriebe gewerblicher Art von Körperschaften öffentlichen Rechts und die Ausübung öffentlicher Gewalt im Umsatzsteuerrecht, S. 145f; *Schmid*, in: ZKF 1980, S. 34, 37f; *Siegel*, Der Begriff des „Betriebs gewerblicher Art“ im Körperschaft- und Umsatzsteuerrecht, S. 92; *Steffen*, Der Betrieb gewerblicher Art, S. 126; *Wenk/Stein*, in: FR 1999, S. 573, 577f.

831 *Ramme*, Betriebe gewerblicher Art von Körperschaften öffentlichen Rechts und die Ausübung öffentlicher Gewalt im Umsatzsteuerrecht, S. 145.

832 BFH, Urteil vom 10. Mai 1955, I 131/53 U, in: BStBl. III 1955, S. 210.

833 *Ramme*, Betriebe gewerblicher Art von Körperschaften öffentlichen Rechts und die Ausübung öffentlicher Gewalt im Umsatzsteuerrecht, S. 145f.

834 *Niebler*, in: dgh 1980, S. 229, 230.

835 *Siegel*, Der Begriff des „Betriebs gewerblicher Art“ im Körperschaft- und Umsatzsteuerrecht, S. 87.

836 Vgl. umfassend zum Begriff der Liebhaberei *Lang*, in: StuW 1981, S. 223ff.

Gewalt und wirtschaftlicher Tätigkeit einer juristischen Person des öffentlichen Rechts, wenn nicht die hoheitliche Tätigkeit geeignet und bestimmt sei, den wirtschaftlichen Bereich zu fördern. An dem Kriterium der Förderung werde der Zusammenschluss jedoch zumeist scheitern[837].

Louis führt gegen die Rechtsprechung des BFH praktische Gründe an. Eine systemgerechte Abgrenzung von wirtschaftlicher und hoheitlicher Tätigkeit sei nach den Grundsätzen der BFH-Rechtsprechung nicht möglich. Solange sich technische und organisatorische Gründe für eine Zusammenfassung von verschiedenen Einrichtungen finden ließen und nicht bloß der Wunsch nach einer Steuerersparnis der maßgebliche Beweggrund sei, sei ein solcher Zusammenschluss auch steuerlich anzuerkennen[838]. Für die Frage nach der Besteuerung sei dann darauf abzustellen, ob der zu beurteilende Betrieb das äußere Bild eines Gewerbebetriebs biete oder ob eine obrigkeitliche Handlungsform überwiege[839].

Dagegen hat die Ansicht des BFH, die einem Zusammenschluss von trennbaren oder getrennten Hoheitsbetrieben und Betrieben gewerblicher Art generell keine steuerliche Wirkung zuspricht, zu Recht große Zustimmung in der Literatur erfahren[840]. Allerdings ist entgegen der BFH-Rechtsprechung[841] der maßgebliche Grund für die Unzulässigkeit des Zusammenschlusses nicht in der Aussage zu sehen, Hoheitsbetriebe und Betriebe gewerblicher Art seien „voneinander grundverschieden“. Denn wie bereits erläutert, können sich hoheitliche und wirtschaftliche Tätigkeiten durchaus überschneiden. Anzusetzen ist vielmehr an den Grundsätzen der Steuerfreistellung der Ausübung öffentlicher Gewalt und der Besteuerung wirtschaftlicher Tätigkeiten (Wettbewerbsneutralität). Diese

---

[837] *Siegel*, Der Begriff des „Betriebs gewerblicher Art“ im Körperschaft- und Umsatzsteuerrecht, S. 87ff, insbes. S. 92.

[838] *Louis*, Die Besteuerung der öffentlichen Unternehmen und Einrichtungen der Daseinsvorsorge, S. 234f.

[839] *Louis*, Die Besteuerung der öffentlichen Unternehmen und Einrichtungen der Daseinsvorsorge, S. 234.

[840] *Augsten*, in: Lademann, KStG, § 4, Rn. 82; *Bader*, Hoheitsbetrieb und Betrieb gewerblicher Art im Umsatz- und Körperschaftsteuerrecht, S.128; *Bolsenkötter*, in: Friedrich/Kupsch, Die Besteuerung öffentlicher Unternehmen, S. 339, 341; *Carl*, in: ZKF 1989, S. 194; *Erhard*, in: Blümich, EStG/KStG/GewStG, § 4 KStG, Rn. 51; *Felder*, in: Dötsch/Eversberg/Jost/Pung/Witt, Körperschaftsteuer, § 4 KStG nF, Rn. 51; *Gastl*, Betriebe gewerblicher Art im Körperschaftsteuerrecht, S. 65; *Heidemann*, in: ZKF 1989, S. 107; *Hofmeister*, in: FS L. Schmidt (1993), S. 691, 697; *Hüttemann*, Die Besteuerung der öffentlichen Hand, S. 123; *Kohorst*, Die Besteuerung der Gemeindebetriebe, S. 97; *Landwehr*, Betriebe gewerblicher Art von juristischen Personen des öffentlichen Rechts im Körperschaftsteuerrecht, S. 248; *Streck*, in: Streck, KStG[6], § 4, Nr. 22; *Thieme/Dorenkamp*, in: FR 2003, S. 693, 695; *Vangerow*, in: StuW 1963, Sp. 59f; *Widmann*, in: Plückebaum/Malitzky, UStG, § 2 Abs. 3, Rn. 179; *Zenthöfer*, in: Dötsch/Cattelaens/Gottstein/Stegmüller/Zenthöfer, Körperschaftsteuer[13], Rn. 90.

[841] BFH, Urteil vom 10. Juli 1962, I 164/59 S, in: BStBl. III 1962, S. 448, 449.

beiden Grundsätze müssen bei der Anwendung des § 4 KStG in Einklang gebracht werden. Daher geht die Ansicht von *Siegel*, wonach es für einen steuerlich wirksamen Zusammenschluss ausreiche, wenn die hoheitliche Tätigkeit geeignet und bestimmt sei, die wirtschaftliche zu fördern, zu weit[842]. Auch wenn diese Auffassung sich nur in geringem Maße praktisch auswirkt, stellt sie doch zu geringe Anforderungen an eine Zusammenfassung und wird den Grundsätzen der Steuerfreistellung der Ausübung öffentlicher Gewalt und der Besteuerung wirtschaftlicher Tätigkeit nicht gerecht.

Nur durch eine Trennung der Hoheitsbetriebe und Betriebe gewerblicher Art einer juristischen Person des öffentlichen Rechts kann diesen Grundsätzen Rechnung getragen werden. Voraussetzung ist jedoch, dass eine solche Trennung der hoheitlichen von der wirtschaftlichen Tätigkeit möglich und zumutbar ist. Ist das nicht der Fall, müssen beide Tätigkeiten vor dem Hintergrund des § 4 Abs. 5 S. 1 KStG einheitlich bewertet werden und ist maßgeblich darauf abzustellen, ob die Ausübung öffentlicher Gewalt oder das wirtschaftliche Element der Betätigung überwiegen. Könnte die juristische Person des öffentlichen Rechts durch eine Vereinigung ihrer trennbaren oder getrennten Hoheitsbetriebe und Betriebe gewerblicher Art Gewinne und Verluste verrechnen, würde sie auf diese Weise die gesetzmäßige Besteuerung der Betriebe gewerblicher Art willkürlich verringern und wäre der Grundsatz der Wettbewerbsneutralität im Verhältnis zu privaten Unternehmen nicht mehr gewahrt[843].

Gegen die Möglichkeit der Zusammenfassung oder Vereinigung spricht zudem, dass jeder Betrieb gewerblicher Art einer juristischen Person des öffentlichen Rechts – entgegen der Auffassung des BFH, der die Trägerkörperschaft für jeden einzelnen Betrieb gewerblicher Art als Steuersubjekt ansieht[844] – als Steuersubjekt i. S. der §§ 1 Abs. 1 Nr. 6 und 4 KStG gelten muss[845], da nur so eindeutig zwischen steuerrechtlicher Rechts- und Handlungsfähigkeit differenziert und die künstlich wirkende Konstruktion einer beschränkten bzw. partiellen Steuerpflicht im Rahmen des § 1 KStG vermieden werden kann.

---

842 *Siegel*, Der Begriff des „Betriebs gewerblicher Art" im Körperschaft- und Umsatzsteuerrecht, S. 92.

843 BFH, Urteil vom 10. Juli 1962, I 164/59 S, in: BStBl. III 1962, S. 448, 449; *Gastl*, Betriebe gewerblicher Art im Körperschaftsteuerrecht, S. 66; *Kohorst*, Die Besteuerung der Gemeindebetriebe, S. 97; *Landwehr*, Betriebe gewerblicher Art von juristischen Personen des öffentlichen Rechts im Körperschaftsteuerrecht, S. 239f; *Widmann*, in: Plückebaum/Malitzky, UStG, § 2 Abs. 3, Rn. 33, 179.

844 Vgl. C. I. 2.

845 Vgl. C. I. 2.

gg) Amtshilfe/Hilfeleistung/Beistandsleistung

Die Finanzverwaltung und ein Teil der Literatur wollen in dem Fall, dass eine juristische Person des öffentlichen Rechts einer anderen juristischen Person des öffentlichen Rechts bei deren hoheitlicher Aufgabenerfüllung Hilfe leistet, diese Hilfeleistung, auch wenn es sich dem Inhalt nach um eine wirtschaftliche Tätigkeit handelt, ohne weitere Voraussetzungen als hoheitliche Tätigkeit beurteilen[846]. Ähnlich gelagert war die frühere Rechtsprechung, die allein darauf abstellte, ob eine Tätigkeit als Amtshilfe zu qualifizieren war, und diese Amtshilfe dann mit der Ausübung öffentlicher Gewalt gleichsetzte[847]. Amtshilfe in diesem Sinn ist die im Rahmen der Erfüllung von Aufgaben der öffentlichen Verwaltung auf Ersuchen einer Behörde geleistete ergänzende Hilfe einer anderen Behörde[848].

Richtigerweise hat der BFH seine frühere Rechtsprechung aufgegeben[849]. Die nur formale Bewertung einer Tätigkeit als Amtshilfe kann nicht dazu führen, diese Tätigkeit als Ausübung öffentlicher Gewalt anzusehen. Auch bei Betätigungen, die als Amtshilfe i. S. des § 4 VwVfG qualifiziert werden, ist anhand der bereits entwickelten Kriterien im Rahmen des § 4 KStG zu prüfen, ob es sich um eine wirtschaftliche Tätigkeit handelt oder um Ausübung öffentlicher Gewalt, und ist somit der Grundsatz der Wettbewerbsneutralität zu beachten[850]. Nur wenn es sich bei der Amtshilfe um eine einmalige Ausnahmesituation han-

---

[846] OFD Rostock, Verfügung vom 21. November 2002, S 2706 – 04/01 – St 242, in: DStZ 2003, S. 129; *Felder*, in: Dötsch/Eversberg/Jost/Pung/Witt, Körperschaftsteuer, § 4 KStG nF, Rn. 69; *Thouet*, in: DStZ 2002, S. 91, 97.

[847] BFH, Urteil vom 1. April 1965, V R 131/62, in: BStBl. III 1965, S. 339, 340f; Urteil vom 6. Juli 1967, V R 76/67, in: BStBl. III 1967, S. 582, 583f; Urteil vom 12. Dezember 1968, V R 213/65, in: BStBl. II 1969, S. 280, 281; Urteil vom 8. Juli 1971, V R 1/68, in: BStBl. II 1972, S. 70, 74f.

[848] *Badura*, in: Erichsen/Ehlers, Allgemeines Verwaltungsrecht[12], § 37, Rn. 37; *Forsthoff*, Verwaltungsrecht[10], S. 103ff. Vgl. zur Amtshilfe auch BVerwG, Urteil vom 12. Oktober 1971, VI C 99.67, in: BVerwGE 38, S. 336ff; Urteil vom 6. Februar 1986, 3 C 74/84, in: NVwZ 1986, S. 467f; *Schlink*, Die Amtshilfe, S. 1ff.

[849] BFH, Urteil vom 21. September 1989, V R 89/85, in: BStBl. II 1990, S. 95, 97. Dieses Urteil ist zwar zu § 2 Abs. 3 UStG ergangen, bezieht sich aber ausdrücklich auf den in § 4 Abs. 5 KStG normierten Begriff der Ausübung öffentlicher Gewalt. Vgl. auch BFH, Urteil vom 14. März 1990, I R 156/87, in: BStBl. II 1990, S. 866, 868.

[850] BFH, Urteil vom 21. September 1989, V R 89/85, in: BStBl. II 1990, S. 95, 97; *Bader*, Hoheitsbetrieb und Betrieb gewerblicher Art im Umsatz- und Körperschaftsteuerrecht, S.126f.

delt, erscheint es vor dem Hintergrund der Figur des Gelegenheitsgeschäfts[851] vertretbar, die Besteuerung einer wirtschaftlichen Tätigkeit zu unterlassen[852]. Das gleiche gilt bei Hilfeleistungen für eine hoheitliche Aufgabenerfüllung. Allein die Hilfeleistung für die hoheitliche Betätigung einer anderen juristischen Person des öffentlichen Rechts führt nicht zum hoheitlichen Charakter dieser Hilfeleistung. Auch hier ist vielmehr zu prüfen, ob sich die Hilfeleistung als Ausübung öffentlicher Gewalt oder als wirtschaftliche Tätigkeit darstellt. Vor dem Hintergrund dieser Abgrenzung ist auch die von *Schön* angeführte wechselseitige Nutzung technischer Einrichtungen im Bereich der internen Kirchenverwaltung, wie beispielsweise die Nutzungsüberlassung eines Rechenzentrums[853], zu bewerten.

hh) Beteiligung einer juristischen Person des öffentlichen Rechts an einer Mitunternehmerschaft

Einer juristischen Person des öffentlichen Rechts ist es möglich, auch wenn sie nur hoheitlich tätig ist, sich mit einer privatrechtlichen Gesellschaft, z. B. einer Kapitalgesellschaft, in einer Mitunternehmerschaft zusammenzuschließen. Ein solcher Zusammenschluss führt auf Seiten der juristischen Person des öffentlichen Rechts zu einem Betrieb gewerblicher Art und lässt für den von dem Zusammenschluss betroffenen Bereich die Hoheitlichkeit der Betätigung entfallen[854].

ii) Zwischenergebnis: Der Begriff der Ausübung der öffentlichen Gewalt

Eine juristische Person des öffentlichen Rechts übt dann öffentliche Gewalt aus, wenn sie sich einer öffentlich-rechtlichen Handlungsform bedient und sich dieses Handeln auf eine öffentlich-rechtliche Rechtsgrundlage stützen lässt. Die Anforderungen an die Qualität der öffentlich-rechtlichen Rechtsgrundlage hängen davon ab, ob ein Eingriff in den Rechtskreis des Bürgers stattfindet – dann ist ein förmliches Gesetz erforderlich – oder nicht – dann reicht z. B. auch Gewohnheitsrecht aus.

---

851 Vgl. C. II. 2. d) ee) (3).

852 *Bader*, Hoheitsbetrieb und Betrieb gewerblicher Art im Umsatz- und Körperschaftsteuerrecht, S.127.

853 *Schön*, in: DStZ 1999, S. 701, 705.

854 OFD Frankfurt a. M., Rundverfügung vom 4. März 2002, S 2706 A – 83 – St II 13, in: DStZ 2002, S. 270.

Der Begriff der Ausübung öffentlicher Gewalt erlangt nicht erst im Zusammenhang mit der Frage Anwendung, ob die hoheitliche Tätigkeit die wirtschaftliche überwiegt. Insofern ist über den Wortlaut des § 4 Abs. 5 S. 1 KStG hinaus zu gehen. Vielmehr kann bereits das für die Besteuerung des Betriebs gewerblicher Art nach §§ 1 Abs. 1 Nr. 6 und 4 Abs. 1 KStG maßgebliche Merkmal der wirtschaftlichen Tätigkeit nur bejaht werden, wenn und soweit die juristische Person des öffentlichen Rechts keine öffentliche Gewalt ausübt.
Übt eine juristische Person des öffentlichen Rechts nicht nur öffentliche Gewalt aus, sondern wird auch wirtschaftlich tätig, muss versucht werden, den wirtschaftlichen Bereich von dem hoheitlichen zu trennen. Lässt sich diese Trennung nicht durchführen oder ist sie unzumutbar, weil die Bereiche im Rahmen einer Einrichtung einer juristischen Person des öffentlichen Rechts unlösbar miteinander verbunden sind, ist der Betrieb einheitlich zu beurteilen. Nach § 4 Abs. 5 S. 1 KStG liegt ein Hoheitsbetrieb vor, wenn überwiegend öffentliche Gewalt ausgeübt wird. Ein Betrieb gewerblicher Art ist anzunehmen, wenn die wirtschaftliche Tätigkeit überwiegt.
Schließlich ist ein steuerlich wirksamer Zusammenschluss von trennbaren oder getrennten Hoheitsbetrieben mit Betrieben gewerblicher Art generell nicht zulässig.

3. Der Begriff der Ausübung der öffentlichen Gewalt in Bezug auf die Hoheitsbetriebe von Kirchen und Religionsgemeinschaften

Der Begriff der Ausübung öffentlicher Gewalt ist nun im Grundsatz geklärt. Ob die insoweit entwickelten Kriterien auf die Hoheitsbetriebe von öffentlich-rechtlich verfassten Kirchen und Religionsgemeinschaften übertragen werden können, ist strittig.

a) „Kirchliche Zwecke“ i. S. des § 54 AO als öffentliche Gewalt?

Ein Teil der Literatur möchte die Merkmale des Begriffs der öffentlichen Gewalt oder öffentlichen Aufgabe, die für die „staatlichen“ Hoheitsbetriebe entwickelt worden sind, nicht heranziehen, sondern will den Tatbestand der kirchlichen Zwecke i. S. von § 54 AO auf den § 4 Abs. 5 KStG übertragen[855]. Diese Auffassung wird zunächst mit einem historischen Argument begründet. Bereits auf der Grundlage von § 7 KStG 1925 i. V. m. § 13 KStDV 1926 sei der Be-

---

[855] *G. Hammer*, in: HdbStKirchR, 1. Band², S. 1065, 1069; *Schön*, in: DStZ 1999, S. 701, 703; *Weides*, in: FS Universität Köln (1988), S. 885, 892.

reich der kirchlichen Zwecke sowohl für öffentlich-rechtliche als auch für privatrechtliche Körperschaften inhaltsgleich ausge-staltet worden[856]. Hinzu trete der systematische Zusammenhang. § 54 Abs. 1 AO bezeichne es als kirchlichen Zweck, eine Religionsgemeinschaft, die Körperschaft des öffentlichen Rechts sei, selbstlos zu fördern. Es wäre unverständlich, reichte die Steuerbegünstigung für kirchliche Körperschaften des öffentlichen Rechts nach § 4 Abs. 5 KStG weniger weit als die Steuerbegünstigung der sie unterstützenden privatrechtlichen Einrichtungen[857]. Generell bestehe eine Analogie zwischen der kirchenhoheitlichen Tätigkeit öffentlich-rechtlicher Institutionen und der Verwirklichung kirchlicher Zwecke nach allgemeinem Gemeinnützigkeitsrecht[858].

Die Vorgehensweise, § 54 AO im Rahmen der Prüfung des § 4 Abs. 5 KStG heranzuziehen, überzeugt jedoch nicht. Schon der Vergleich des Wortlauts von § 4 Abs. 5 S. 1 KStG mit dem Wortlaut von § 54 Abs. 1 AO legt erste Zweifel nahe. Die Begriffe „Ausübung der öffentlichen Gewalt" und „Verfolgung kirchlicher Zwecke" sind nicht deckungsgleich. Wie bereits herausgestellt, übt eine juristische Person des öffentlichen Rechts öffentliche Gewalt aus, wenn sie sich einer öffentlich-rechtlichen Handlungsform bedient und sich dieses Handeln auf eine öffentlich-rechtliche Rechtsgrundlage stützen lässt. Dagegen verfolgt eine Einrichtung nur dann kirchliche Zwecke, wenn sie auf eine Förderung im Binnenbereich der Religionsgemeinschaft abzielt[859]. Kirchliche Zwecke i. S. des § 54 AO können den Kultusbereich, den Verkündigungs- und Unterweisungsbereich – auch die Mission – und den Organisations- und Verwaltungsbereich der Kirchen und Religionsgemeinschaften betreffen[860]. Auch wenn man der Auffassung folgt, § 54 AO müsse auf die „eigentlichen" kirchlichen Aufgaben beschränkt werden und dürfe nicht solche Aufgaben erfassen, die sich die Kirchen darüber hinaus selbst stellen[861], zeigt sich doch, dass § 54 AO sich am – enger oder weiter gefassten – inneren Bereich der Religionsgemeinschaften orientiert. Dagegen zielt § 4 Abs. 5 S. 1 KStG gerade nicht auf die interne Sphäre einer juristischen Person des öffentlichen Rechts, sondern fragt nur danach, ob eine Betätigung nach außen in öffentlich-rechtlicher Weise vorgenommen wird und

---

[856] *Schön*, in: DStZ 1999, S. 701, 703.

[857] *Schön*, in: DStZ 1999, S. 701, 703.

[858] OFH, Urteil vom 12. Februar 1946, I 1/46 S, in: StuW 1947, Teil II, Sp. 15, 19f; *G. Hammer*, in: HdbStKirchR, 1. Band², S. 1065, 1069; *Weides*, in: FS Universität Köln (1988), S. 885, 892.

[859] *P. Fischer*, in: Hübschmann/Hepp/Spitaler, AO und FGO, § 54 AO, Rn. 26.

[860] *Schön*, in: DStZ 1999, S. 701, 703ff; *Tipke*, in: Tipke/Kruse, AO und FGO, § 54 AO, Rn. 3; *v. Twickel*, in: Blümich, EStG/KStG/GewStG, § 5 KStG, Rn. 132.

[861] *Riewald*, in: Becker/Riewald/Koch, Reichsabgabenordnung, Band I⁹, § 19 StAnpG, Anm. 2 (2).

sich auf eine öffentlich-rechtliche Rechtsgrundlage stützen lässt. Dies bedeutet, dass öffentliche Gewalt ausgeübt werden kann, ohne dass damit kirchliche Zwecke verfolgt werden. Auf der anderen Seite müssen kirchliche Zwecke nicht notwendig im Rahmen einer öffentlich-rechtlichen Vorgehensweise verfolgt werden. Der Wortlautvergleich zeigt somit, dass sich die Begriffe „Verfolgung kirchlicher Zwecke“ und „Ausübung der öffentlichen Gewalt“ zwar in Teilbereichen überschneiden können, jedoch keine Übereinstimmung zwischen ihnen besteht.

Auch aus historischer Sicht ist Ausübung öffentlicher Gewalt nicht mit der Verfolgung kirchlicher Zwecke gleichzusetzen. So hat das KStG 1925[862] den Bereich der kirchlichen Zwecke schon nicht inhaltsgleich für öffentlich-rechtliche und privatrechtliche Körperschaften ausgestaltet[863]. Während nach den §§ 2 Nr. 3 d), 7 Abs. 2 KStG 1925 i. V. m. § 1 Abs. 3 KStDV 1926[864] schon die *überwiegende* Verfolgung kirchlicher Zwecke durch die Betriebe und Verwaltungen von Körperschaften des öffentlichen Rechts und die öffentlichen Betriebe und Verwaltungen mit eigener Rechtspersönlichkeit ausreicht, damit eine unbeschränkte Körperschaftsteuerpflicht nicht begründet wird, befreit § 9 Abs. 1 Nr. 7 KStG 1925 u. a. nur solche privatrechtlichen Körperschaften und Vermögensmassen von der Körperschaftsteuer, die *ausschließlich* kirchlichen Zwecken dienen.

Zudem beschränkt sich der Ausschluss der öffentlichen Betriebe und Verwaltungen[865] von der Körperschaftsteuerpflicht nicht auf die Verfolgung kirchlicher Zwecke. Nach § 2 Nr. 3 a) bis c) KStG 1925 sind darüber hinaus öffentliche Betriebe und Verwaltungen dann nicht steuerpflichtig, wenn sie der Ausübung der öffentlichen Gewalt, lebenswichtigen Bedürfnissen der Bevölkerung, zu deren Befriedigung die Bevölkerung auf die Betriebe und Verwaltungen angewiesen ist (Versorgungsbetriebe), oder gemeinnützigen oder mildtätigen Zwecken dienen. § 2 Nr. 3 a) KStG 1925, der den Ausschluss von der unbeschränkten Körperschaftsteuerpflicht für die Ausübung der öffentlichen Gewalt festlegt, und § 2 Nr. 3 d) KStG 1925, der sich auf das Dienen kirchlicher Zwecke stützt, stehen also selbstständig nebeneinander. Die auf der Ermächtigungsgrundlage des § 7 Abs. 2 KStG 1925 beruhende KStDV 1926, die nähere Bestimmungen über die Abgrenzung der nach § 2 Nr. 3 KStG 1925 steuerpflichtigen Betriebe

[862] Vom 10. August 1925, RGBl. I 1925, S. 208.
[863] *Kennerknecht*, in: DStBl. 1931, Sp. 783, 785f.
[864] Vom 17. Mai 1926, RGBl. I 1926, S. 244.
[865] Zum Begriff der öffentlichen Betriebe und Verwaltungen als Oberbegriff im Rahmen des § 2 Nr. 3 KStG 1925 vgl. *Kennerknecht*, KStG 1925, § 2 Rn. 7, 10ff.

und Verwaltungen enthält, entspricht dieser Differenzierung und führt sie weiter aus[866].

Im Grundsatz behält das KStG 1934[867] dieses Nebeneinander bei, auch wenn es im Gegensatz zum KStG 1925 Unterschiede in Bezug auf die unbeschränkte Körperschaftsteuerpflicht aufweist. Zwar sind nach § 1 Abs. 1 Nr. 6 KStG 1934 nur die Betriebe gewerblicher Art von Körperschaften des öffentlichen Rechts unbeschränkt steuerpflichtig, dennoch wird die unbeschränkte Körperschaftsteuerpflicht durch das KStG 1934 erweitert. Öffentliche Betriebe und Verwaltungen, die überwiegend gemeinnützigen, mildtätigen oder kirchlichen Zwecken dienen, sind nicht mehr von der Steuerpflicht ausgenommen. Für die öffentlichen Betriebe und Verwaltungen gilt jetzt wie für alle Körperschaften, Personenvereinigungen und Vermögensmassen nur noch die persönliche Steuerbefreiungsvorschrift des § 4 Abs. 1 Nr. 6 KStG 1934, deren Anwendung die ausschließliche Verfolgung der begünstigten Zwecke voraussetzt[868]. In Bezug auf die Steuerbefreiungen nach dem Gemeinnützigkeitsrecht findet also eine Angleichung statt. Unabhängig davon besteht im Hinblick auf die Ausübung öffentlicher Gewalt auch unter der Geltung des KStG 1934 keine Steuerpflicht, trotz des Wegfalls der bisherigen Ausnahmevorschrift des § 2 Nr. 3 a) KStG 1925. Eine Ausnahmevorschrift ist im Rahmen des KStG 1934 aber auch überflüssig, da, wie sich aus der amtlichen Begründung zum KStG 1934 ergibt, die Ausübung der öffentlichen Gewalt nicht unter die Gruppe „Betriebe gewerblicher Art" falle[869]. Dies zeigt, dass das KStG 1934 die Differenzierung zwischen der Ausübung öffentlicher Gewalt und der Verfolgung kirchlicher Zwecke weiterführt[870], auch wenn es im Unterschied zum KStG 1925 die Steuerbefreiung für Betriebe von juristischen Personen des öffentlichen Rechts wegen der Verfolgung kirchlicher Zwecke an die Steuerbefreiung für privatrechtliche Körperschaften angleicht.

Wenn auch das KStG 1934 eine Erweiterung der unbeschränkten Steuerpflicht herbeigeführt hat, findet sich die schon im KStG 1925 geregelte Differenzierung zwischen der Ausübung der öffentlichen Gewalt und dem Dienen kirchlicher Zwecke auch noch im heutigen KStG, so dass man insofern von einer historischen Kontinuität sprechen kann. Dass das KStG heute eine dem § 2 Nr. 3 d) KStG 1925 entsprechende Steuerbefreiung nicht mehr kennt, bedeutet daher nicht, dass nun die Verfolgung kirchlicher Zwecke durch öffentlich-rechtliche

---

866 Vgl. auch die Darstellung bei *Kennerknecht*, KStG 1925, § 7 Rn. 3ff.

867 Vom 16. Oktober 1934, RGBl. I, S. 1031ff.

868 *Kennerknecht*, KStG 1934, § 1 Rn. 2.

869 RStBl. 1935, S. 81, 82. Vgl. auch *Kennerknecht*, KStG 1934, § 1 Rn. 2.

870 *Hüttemann*, Die Besteuerung der öffentlichen Hand, S. 101.

Körperschaften in den Bereich der Ausübung öffentlicher Gewalt nach § 4 Abs. 5 S. 1 KStG miteinbezogen werden kann. Vielmehr spricht der Wegfall des § 2 Nr. 3 d) KStG 1925 dafür, dass der Begriff der kirchlichen Zwecke nur noch im Rahmen des § 5 Abs. 1 Nr. 9 KStG, der auf § 54 AO verweist und weitgehend dem § 9 Abs. 1 Nr. 7 KStG 1925 und dem § 4 Abs. 1 Nr. 6 KStG 1934 entspricht, Anwendung findet. Dies zeigt, dass aus historischer Sicht der Bereich der Ausübung der öffentlichen Gewalt im Hinblick auf öffentlich-rechtlich verfasste Kirchen und Religionsgemeinschaften nicht mit dem Begriff der kirchlichen Zwecke beschrieben werden kann.

Auch Sinn und Zweck der Steuerbegünstigungen nach dem Gemeinnützigkeitsrecht und der Steuerbefreiung für Hoheitsbetriebe sind nicht deckungsgleich. Allerdings weisen beide Bereiche Gemeinsamkeiten auf. Sowohl das Gemeinnützigkeitsrecht[871] als auch die Besteuerung der Betriebe gewerblicher Art von juristischen Personen des öffentlichen Rechts[872] sind durch den Grundsatz der Wettbewerbsneutralität geprägt. Daher werden wirtschaftliche Tätigkeiten in Form des wirtschaftlichen Geschäftsbetriebs u. a. nach § 5 Abs. 1 Nr. 9 S. 2 KStG und in Form des Betriebs gewerblicher Art nach den §§ 1 Abs. 1 Nr. 6, 4 Abs. 1 bis 4 KStG von der Steuerfreiheit ausgenommen.

Im Hinblick auf die Geltung von Steuerbefreiungen hat das Gemeinnützigkeitsrecht den Sinn, die besondere Selbstverpflichtung des Privaten anzuerkennen und freiwillige Leistungen für die Allgemeinheit anzuregen und zu honorieren[873]. Bereits dem Allgemeinwohl dienende Vermögenswerte und Aufwendungen sollen nicht oder zumindest nur begrenzt zur Steuer herangezogen werden, um die hierfür bereitstehenden Mittel nicht zu vermindern[874]. Ausgangspunkt des Gemeinnützigkeitsrechts ist daher, gemeinwohlbezogenes privates Engagement mit den Mitteln des Steuerrechts zu fördern[875]. Nehmen Private dem

---

[871] *P. Fischer*, in: Hübschmann/Hepp/Spitaler, AO und FGO, § 64 AO, Rn. 9; *Franz*, Grundlagen der Besteuerung gemeinnütziger Körperschaften bei wirtschaftlicher Betätigung, S.54ff; Gutachten der Unabhängigen Sachverständigenkommission zur Prüfung des Gemeinnützigkeits- und Spendenrechts, in: Schriftenreihe des BMF, Heft 40, S. 151ff; *Hüttemann*, Wirtschaftliche Betätigung und steuerliche Gemeinnützigkeit, S. 116ff; *Seer*, in: DStJG 26 (2003), S. 11, 35; *Seer/Wolsztynski*, Steuerrechtliche Gemeinnützigkeit der öffentlichen Hand, S. 87ff; *Tipke*, in: Tipke/Kruse, AO und FGO, § 14 AO, Rn. 2. *Trzaskalik*, in: StuW 1986, S. 219, 226f, ist der Ansicht, eine steuerliche Förderung wirke sich immer wettbewerbsverzerrend aus, sie sei aber im Fall des Gemeinnützigkeitsrechts aufgrund der Bindung der erwirtschafteten Erträge an den gemeinnützigen Zweck gerechtfertigt.

[872] Vgl. C. I. 1. b).

[873] *Isensee*, in: FS Dürig (1990), S. 35, 58.

[874] *Spanner*, in: Hübschmann/Hepp/Spitaler, AO und FGO, vor § 51 AO, Rn. 1.

[875] *Hüttemann*, in: DStJG 26 (2003), S. 49, 50.

Staat oder den Kommunen öffentliche Aufgaben ab, ist es gerechtfertigt, auf Steuern ganz oder teilweise zu verzichten[876].

Dagegen soll der Ausschluss der Hoheitsbetriebe aus dem Kreis der steuerpflichtigen Betriebe gewerblicher Art nicht die freiwilligen Leistungen Privater, die im Hinblick auf das Gemeinwohl erbracht werden, honorieren. Es geht im Gegenteil um eine Steuerfreistellung der Ausübung öffentlicher Gewalt. Auch wenn man die Erfüllung öffentlicher Aufgaben in den Vordergrund der Rechtfertigung der gemeinnützigkeitsrechlichen Steuerbefreiung stellt, gibt es keine Parallele zur steuerbefreiten Ausübung öffentlicher Gewalt i. S. des § 4 Abs. 5 S. 1 KStG. Abgesehen von der Verhinderung der Selbstbesteuerung des Staates, die bei Betrieben von öffentlich-rechtlich organisierten Kirchen und Religionsgemeinschaften keine Rolle spielt, da diese religiösen Gruppen und Verbände nicht in den Staatsapparat eingegliedert sind, ist es nicht Sinn und Zweck der Steuerfreistellung hoheitlicher Tätigkeiten, die Erfüllung öffentlicher Aufgaben zu begünstigen. Dies folgt schon aus dem Begriff der Ausübung öffentlicher Gewalt, der nicht mit dem Begriff der Erfüllung öffentlicher Aufgaben gleichgesetzt werden kann. Wie bereits gezeigt, sind für die Ausübung öffentlicher Gewalt weder der Gegenstand noch der Inhalt der Betätigung das entscheidende Merkmal, da es keinen abgeschlossenen Kreis öffentlich-rechtlicher Aufgaben gibt[877] und zudem die Charakterisierung von Aufgaben als öffentlich-rechtlich oder öffentlich einer ständigen Entwicklung unterworfen ist. Das Augenmerk liegt also nicht auf einer etwaigen öffentlichen Aufgabe. Das entscheidende Kriterium für die Frage, ob eine steuerbefreite Ausübung öffentlicher Gewalt vorliegt, ist daher die Art und Weise der Betätigung[878].

Insofern überzeugt auch das Argument, die Steuerbegünstigung für kirchliche Körperschaften des öffentlichen Rechts nach § 4 Abs. 5 KStG könne nicht we-

---

876 Gutachten der Unabhängigen Sachverständigenkommission zur Prüfung des Gemeinnützigkeits- und Spendenrechts, in: Schriftenreihe des BMF, Heft 40, S. 92f; *Seer*, in: DStJG 26 (2003), S. 11, 23. Kritisch im Hinblick auf den Rechtfertigungsgrund „Staatsentlastung" sind *Isensee/Knobbe-Keuk*, Sondervotum zum Gutachten der Unabhängigen Sachverständigenkommission zur Prüfung des Gemeinnützigkeits- und Spendenrechts, in: Schriftenreihe des BMF, Heft 40, S. 331, 346f; *Schauhoff*, in: Schauhoff, Handbuch der Gemeinnützigkeit, Einleitung Rn. 41.

877 *Bader*, Hoheitsbetrieb und Betrieb gewerblicher Art im Umsatz- und Körperschaftsteuerrecht, S. 95; *Louis*, Die Besteuerung der öffentlichen Unternehmen und Einrichtungen der Daseinsvorsorge, S. 88f; *Paulick*, in: StuW 1952, Sp. 679, 686f; *Selmer/L. Schulze-Osterloh*, in: DÖV 1978, S. 381, 383f; *Wagner*, in: DStJG 13 (1990), S. 59, 74; *ders.*, in: UR 1993, S. 301f.

878 *C. Herrmann/Klempt*, in: C. Herrmann/Heuer/Raupach, EStG und KStG, § 4 KStG, Rn. 62; *Paulick*, in: StuW 1952, Sp. 679 686; *Ramme*, Betriebe gewerblicher Art von Körper-

niger weit als die Steuerbegünstigung der sie unterstützenden oder fördernden privatrechtlichen Einrichtungen reichen, nicht. Die Steuerbefreiung für Hoheitsbetriebe und das Gemeinnützigkeitsrecht haben die dargestellten unterschiedlichen Anknüpfungspunkte. Zudem ist zu beachten, dass öffentlich-rechtlich verfasste Religionsgemeinschaften gem. § 1 Abs. 1 Nr. 6 i. V. m. § 4 Abs. 1 bis 4 KStG aus Gründen der Wettbewerbsrelevanz nur mit ihren Betrieben gewerblicher Art steuerpflichtig sind. Tätigkeiten wie die Ausübung öffentlicher Gewalt, bei denen von der Art her kein Wettbewerb besteht, unterliegen dagegen nicht der Besteuerung. Damit werden kirchliche Körperschaften des öffentlichen Rechts schon auf der Ebene der Steuerpflicht gegenüber privatrechtlichen Körperschaften bevorzugt, für die § 1 Abs. 1 KStG die Steuerpflicht in vollem Umfang begründet. Für privatrechtliche Körperschaften bleibt allein der Weg über § 5 Abs. 1 Nr. 9 KStG, um eine Steuerbefreiung zu erreichen.
Aus diesen Gründen kann dem Teil der Literatur, der die Merkmale des Begriffs der öffentlichen Gewalt, die für die „staatlichen“ Hoheitsbetriebe entwickelt worden sind, nicht heranziehen möchte, sondern den Tatbestand der kirchlichen Zwecke i. S. von § 54 AO auf den § 4 Abs. 5 KStG übertragen will, nicht gefolgt werden.

b) Anwendung des allgemeinen staats- und verwaltungsrechtlichen Verständnisses des Begriffs der Ausübung der öffentlichen Gewalt auf die Hoheitsbetriebe von Kirchen und Religionsgemeinschaften

Somit ist grundsätzlich das allgemeine staats- und verwaltungsrechtliche Verständnis des Begriffs der Ausübung öffentlicher Gewalt und nicht der aus § 54 AO folgende Begriff der kirchlichen Zwecke heranzuziehen, um die Frage zu beantworten, unter welchen Voraussetzungen Hoheitsbetriebe von Kirchen und Religionsgemeinschaften auftreten können.

aa) Kirchliche Gewalt als abgeleitete öffentliche Gewalt

Auch wenn der Ansicht, die sich bei der Prüfung des § 4 Abs. 5 S. 1 KStG an § 54 AO anlehnen möchte, nicht gefolgt werden kann, ist ihr jedenfalls insoweit zuzustimmen, dass eine direkte Anwendung der für die „staatlichen“ Hoheitsbetriebe entwickelten Kriterien, die den Begriff der Ausübung öffentlicher Gewalt

---

schaften öffentlichen Rechts und die Ausübung öffentlicher Gewalt im Umsatzsteuerrecht, S. 87.

ausfüllen, nicht in Betracht kommt[879]. Da der Körperschaftsstatus der Kirchen und Religionsgemeinschaften nicht zu einer Einbindung in den „Staatsapparat" führt, kann auch der Begriff der Ausübung öffentlicher Gewalt nur vor dem Hintergrund von Art. 140 GG i. V. m. Art. 137 Abs. 5 WRV ausgelegt werden. Dies bedeutet, dass die staatskirchenrechtlichen Grundlagen, die in Teil B. dargelegt worden sind, herangezogen werden müssen, um den Begriff der Ausübung öffentlicher Gewalt – *A. v. Campenhausen* spricht in diesem Zusammenhang von einer öffentlichen Gewalt sui generis[880] – klären zu können.
Wie bereits festgestellt worden ist[881], hängt die Fähigkeit zur Ausübung öffentlicher Gewalt i. S. des § 4 Abs. 5 S. 1 KStG durch Religionsgemeinschaften von dem durch Art. 140 GG i. V. m. 137 Abs. 5 WRV vermittelten Körperschaftsstatus ab und ist kirchliche Gewalt nicht aus sich heraus öffentliche Gewalt. Öffentlich-rechtlich verfasste Kirchen und Religionsgemeinschaften besitzen weder nur bestimmte traditionelle öffentlich-rechtliche Rechte noch einen universellen öffentlich-rechtlichen Gesamtstatus. Vielmehr gibt der Körperschaftsstatus den Kirchen und Religionsgemeinschaften die grundsätzliche Möglichkeit, öffentliche Gewalt, die vom Staat abgeleitet und anerkannt ist, auszuüben.
Die Frage, wie der Begriff der Ausübung öffentlicher Gewalt in Bezug auf das Tätigwerden öffentlich-rechtlich verfasster Kirchen und Religionsgemeinschaften zu verstehen ist, kann nur unter Beachtung dieses Hintergrundes geklärt werden. Ausgangspunkt für die Beantwortung dieser Frage ist die Feststellung, dass für eine hoheitliche Tätigkeit die öffentlich-rechtliche Art der Betätigung entscheidend ist und dass sich diese Tätigkeit auf eine öffentlich-rechtliche Rechtsgrundlage zurückführen lassen muss.

bb) Das Kriterium der öffentlich-rechtlichen Rechtsgrundlage

Das entscheidende Merkmal, das erfüllt sein muss, um von Ausübung öffentlicher Gewalt sprechen zu können, ist das der öffentlich-rechtlichen Rechtsgrundlage.

---

[879] Vgl. für die nach Art. 5 Abs. 3 GG von staatlicher Einwirkung freie Forschung *Lang/Seer*, in: StuW 1993, S. 47, 56, die dort die Kriterien der BFH-Rechtsprechung unmittelbar anwenden.
[880] *A. v. Campenhausen*, Staatskirchenrecht[3], S. 143.
[881] Vgl. B. V. 2.

(1) Öffentlich-rechtlicher Charakter der Rechtsgrundlage – Abgrenzung des öffentlichen vom privaten Recht

Wie bereits dargestellt[882], kann die Frage, ob eine Rechtsgrundlage dem öffentlichen oder privaten Recht entstammt, zumeist durch Anwendung der modifizierten Subjektstheorie beantwortet werden. Zum öffentlichen Recht gehören danach zunächst die Rechtssätze, die ausschließlich einen Träger öffentlicher Gewalt berechtigen oder verpflichten. Als Träger öffentlicher Gewalt kommen zumindest diejenigen Rechtsträger in Betracht, die ausdrücklich als Rechtssubjekt des öffentlichen Rechts bezeichnet werden[883]. Somit sind die Kirchen und Religionsgemeinschaften, die gem. Art. 140 GG i. V. m. Art. 137 Abs. 5 WRV den öffentlich-rechtlichen Körperschaftsstatus innehaben, Träger öffentlicher Gewalt i. S. der modifizierten Subjektstheorie.

Gerade im Hinblick auf das Tätigwerden der öffentlich-rechtlich verfassten Kirchen und Religionsgemeinschaften ist jedoch hinzuzufügen und zu unterstreichen, dass von einer öffentlich-rechtlichen Rechtsgrundlage nur dann gesprochen werden kann, wenn diese den Träger öffentlicher Gewalt „als solchen" und in dieser Eigenschaft berechtigt oder verpflichtet. Kirchen und Religionsgemeinschaften sind, auch wenn sie den Status der öffentlich-rechtlichen Körperschaft innehaben, kein Teil der staatlichen Organisation, sie sind nicht als Teil der Staatsverwaltung ausgestaltet[884] – auch wenn sie teilweise eine öffentlich-rechtliche Verwaltungstätigkeit ausüben[885] – und nicht auf die Erledigung von Staatsaufgaben als maßgeblichen Daseinszweck verpflichtet. Daher ist in jedem Einzelfall zu untersuchen, ob die Kirchen und Religionsgemeinschaften als Träger öffentlicher Gewalt angesprochen sind oder ob ihnen Rechte und Pflichten zugeordnet werden, bei denen ihre Fähigkeit zur Ausübung öffentlicher Gewalt hinweggedacht werden kann oder unbeachtlich ist. In diesem Zusammenhang kann die Sachzusammenhangstheorie[886] hilfreich sein. Kirchen und

[882] Vgl. C. II. 2. d) bb) (2) (d) (dd).
[883] *Bachof*, in: FS BVerwG (1978), S. 1, 10f.
[884] BVerwG, Urteil vom 7. Oktober 1983, 7 C 44.81, in: BVerwGE 68, S. 62, 64; *A. v. Campenhausen*, Staatskirchenrecht[3], S. 140; *ders.*, in: v. Mangoldt/Friedrich Klein/Starck, Bonner Grundgesetz, Band 3[4], Art. 137 WRV, Rn. 223; *Friesenhahn*, in: HdbStKirchR, 1. Band[1], S. 545, 549f; *Hemmrich*, in: v. Münch/Kunig, Grundgesetz-Kommentar, Band 3[5], Art. 140, Rn. 16; *Kästner*, Staatliche Justizhoheit und religiöse Freiheit, S.119; *Maunz*, in: Maunz/Dürig, Kommentar zum Grundgesetz, Art. 140 GG/137 WRV, Rn. 25; *Meyer-Teschendorf*, in: AöR 103 (1978), S. 289, 294.
[885] BVerwG, Urteil vom 27. Oktober 1966, II C 98.64, in: BVerwGE 25, S. 226, 229; Urteil vom 25. November 1982, 2 C 21.78, in: BVerwGE 66, S. 241, 242; *Badura*, Staatsrecht[3], L Rn. 50; *Hemmrich*, in: v. Münch/Kunig, Grundgesetz-Kommentar, Band 3[5], Art. 140, Rn. 17.
[886] Siehe C. II. 2. d) bb) (2) (d) (dd).

Religionsgemeinschaften sind nur dann als Träger öffentlicher Gewalt angesprochen, wenn ein Sachzusammenhang zum öffentlichen Recht besteht.
Dieses Ergebnis zeigt auch, dass die sog. Vermutungsregel[887] gerade im Hinblick auf das Tätigwerden der öffentlich-rechtlichen Kirchen und Religionsgemeinschaften unbrauchbar ist. Aus dem öffentlich-rechtlichen Status gem. Art. 140 GG i. V. m. Art. 137 Abs. 5 WRV folgt nicht eine Vermutung für ein öffentlich-rechtliches Handeln. Dieser Status gibt den Kirchen und Religionsgemeinschaften nur die grundsätzliche Fähigkeit und Möglichkeit, im Einzelfall öffentliche Gewalt auszuüben. Eine weitergehende Vermutung für das öffentliche Recht scheitert daran, dass Kirchen und Religionsgemeinschaften kein Teil des Staatsapparates sind und ihre Fähigkeit zur Ausübung öffentlicher Gewalt nur vom Staat abgeleitet ist.

(2) Anforderungen an die öffentlich-rechtliche Rechtsgrundlage

Ist eine juristische Person des öffentlichen Rechts der öffentlichen Verwaltung zugeordnet, ist im Hinblick auf das Kriterium der öffentlich-rechtlichen Rechtsgrundlage nur für den Bereich der Eingriffsverwaltung eine gesetzliche Ermächtigungsgrundlage notwendig. Ansonsten ist allein erforderlich, dass die gesetzlichen Schranken und die Vorgaben der Verfassung beachtet werden.
Diese weite Auslegung des Kriteriums der öffentlich-rechtlichen Rechtsgrundlage kann auf juristische Personen des öffentlichen Rechts, die sich – wie Kirchen, Religionsgemeinschaften oder auch Rundfunkanstalten – nicht der öffentlichen Verwaltung zuordnen lassen, nicht übertragen werden, da sie nicht in gleicher Weise wie die Verwaltung im öffentlichen Recht „eigengestaltend" tätig werden können. Die Fähigkeit zum „eigengestaltenden" Tätigwerden der öffentlichen Verwaltung beruht darauf, dass sie in ihrer Gesamtheit vom Staat getragen wird und Trägerin von Staatsgewalt ist[888]. Dagegen bilden Kirchen und Religionsgemeinschaften, auch wenn sie in der Form der Körperschaft des öffentlichen Rechts organisiert sind, keinen Teil der staatlichen Organisation, vielmehr statuiert Art. 140 GG i. V. m. Art. 137 Abs. 1 WRV die Unterscheidung von Staat und Kirche[889]. Der Bereich des „eigengestaltenden" Tätigwerdens der Kirchen und Religionsgemeinschaften beschränkt sich nach Art. 140

---

[887] Siehe C. II. 2. d) bb) (2) (d) (dd).

[888] Vgl. *Ehlers*, in: Erichsen/Ehlers, Allgemeines Verwaltungsrecht[12], § 1, Rn. 4.

[889] *A. v. Campenhausen*, Staatskirchenrecht[3], S. 140; *ders.*, in: v. Mangoldt/Friedrich Klein/Starck, Bonner Grundgesetz, Band 3[4], Art. 137 WRV, Rn. 2ff, 8; *Hemmrich*, in: v. Münch/Kunig, Grundgesetz-Kommentar, Band 3[5], Art. 140, Rn. 15a; *Maunz*, in: Maunz/Dürig, Kommentar zum Grundgesetz, Art. 140 GG/137 WRV, Rn. 3ff.

GG i. V. m. Art. 137 Abs. 3 WRV durch die Berechtigung zur selbstständigen Ordnung und Verwaltung ihrer Angelegenheiten sowie zur Ämterverleihung auf die innerkirchlichen Angelegenheiten. Für den Bereich, der vom kirchlichen Selbstbestimmungsrecht[890] umfasst wird, bildet somit Art. 140 GG i. V. m. Art. 137 Abs. 3 WRV die rechtliche Grundlage für ein „eigengestaltendes" Tätigwerden. Über diesen innerkirchlichen Bereich hinaus, können den Kirchen und Religionsgemeinschaften vom Staat zwar hoheitliche Befugnisse übertragen werden[891], die Kirchen und Religionsgemeinschaften sind jedoch in dem außerkirchlichen Bereich nicht berechtigt, aus eigenem Recht heraus – also „eigengestaltend" – hoheitlich tätig zu werden.

Aus diesen Gründen muss das für die Ausübung öffentlicher Gewalt notwendige Kriterium der öffentlich-rechtlichen Rechtsgrundlage im Vergleich zur öffentlichen Verwaltung in Bezug auf die öffentlich-rechtlich organisierten Kirchen und Religionsgemeinschaften einschränkend ausgelegt werden. Da Kirchen und Religionsgemeinschaften nicht in den Staatsaufbau inkorporiert sind, benötigen sie eine ausdrückliche Ermächtigung durch den Staat, um im außerkirchlichen Bereich öffentliche Gewalt ausüben zu können. Etwas anderes ergibt sich auch nicht aus der Rechtsprechung des BFH. So ist zumindest ein staatlicher Exekutivakt notwendig, um dem Kriterium der öffentlich-rechtlichen Rechtsgrundlage gerecht zu werden und von einer Übertragung hoheitlicher Gewalt sprechen zu können[892].

Hinsichtlich der Art und Weise und der Qualität der Übertragung öffentlicher Gewalt durch den Staat auf die Kirchen und Religionsgemeinschaften als juristische Personen des öffentlichen Rechts sind dann die sich aus Art. 20 Abs. 3 GG ergebenden Prinzipien des Vorrangs und des Vorbehalts des Gesetzes zu beachten. Der Vorbehalt des Gesetzes besagt, dass der Gesetzgeber in allen wichtigen Lebensbereichen, insbesondere in solchen, die die Grundrechte der Bürger berühren, alle grundlegenden und wesentlichen staatlichen Entschei-

---

[890] Vgl. zum Selbstbestimmungsrecht BVerfG, Beschluss vom 17. Februar 1965, 1 BvR 732/64, in: BVerfGE 18, S. 385, 386; Beschluss vom 4. Juni 1985, 2 BvR 1703, 1718/83 und 856/84, in: BVerfGE 70, 138, 162; Beschluss vom 14. Mai 1986, 2 BvL 19/84, in: BVerfGE 72, 278, 289; BVerwG, Urteil vom 25. November 1982, 2 C 21.78, in: BVerwGE 66, S. 241, 242; *Bergmann*, in: Seifert/Hömig, Grundgesetz[7], Art. 140 Rn. 9; *A. v. Campenhausen*, Staatskirchenrecht[3], S. 105ff; *ders.*, in: v. Mangoldt/Friedrich Klein/Starck, Bonner Grundgesetz, Band 3[4], Art. 137 WRV, Rn. 28ff; *Ehlers*, in: Sachs, Grundgesetz-Kommentar[3], Art. 140/Art. 137 WRV, Rn. 4ff; *M. Heckel*, in: VVDStRL 26 (1968), S. 5, 40ff; *Hemmrich*, in: v. Münch/Kunig, Grundgesetz-Kommentar, Band 3[5], Art. 140, Rn. 16; *Hesse*, in: HdbStKirchR, 1. Band[1], S. 409ff; *Morlok*, in: Dreier, Grundgesetz-Kommentar, Band III, Art. 140/Art. 137 WRV, Rn. 40ff.

[891] *Hemmrich*, in: v. Münch/Kunig, Grundgesetz-Kommentar, Band 3[5], Art. 140, Rn. 17.

[892] BFH, Urteil vom 8. Juli 1971, V R 1/68, in: BStBl. II 1972, S. 70, 73.

dungen selbst treffen muss[893]. In diesen Bereichen ist dann eine Rechtsgrundlage in Gestalt eines förmlichen Gesetzes notwendig, wobei sich die Reichweite dieser „Wesentlichkeitstheorie" nur im Hinblick auf den jeweiligen Sachbereich und die Intensität der geplanten oder getroffenen Regelung ermitteln lässt[894]. In allen übrigen Fällen ist das Prinzip des Vorrangs des Gesetzes zu beachten, das besagt, dass der in Gesetzesform geäußerte Staatswille rechtlich jeder anderen staatlichen Willensäußerung vorgeht[895]. Überträgt die Exekutive hoheitliche Befugnisse auf die Kirchen und Religionsgemeinschaften, darf dies nicht gegen höherrangiges Recht verstoßen. Berührt die Übertragung hoheitlicher Befugnisse auf Kirchen und Religionsgemeinschaften einen wichtigen Lebensbereich i. S. der vorstehend genannten Wesentlichkeitstheorie, ist für die Übertragung notwendig, dass sie durch ein förmliches Gesetz erfolgt. Handelt es sich um einen Fall, für den das Prinzip des Vorbehalts des Gesetzes nicht gilt, kann auch die Exekutive durch die ihr gegebenen rechtlichen Instrumente hoheitliche Befugnisse auf Kirchen und Religionsgemeinschaften übertragen. Daher kommen auch Verwaltungsvorschriften als öffentlich-rechtliche Rechtsgrundlage in Frage, soweit ihnen eine Außenwirkung zuerkannt wird und sie nicht nur interne Bereiche und Abläufe der öffentlichen Verwaltung betreffen[896]. Dagegen sind das Gewohnheitsrecht oder die von *Kohorst* genannten „tatsächlichen Verhältnisse"[897] keine tauglichen Rechtsgrundlagen.

(3) Einbeziehung der korporierten Kirchen und Religionsgemeinschaften in den Anwendungsbereich der öffentlich-rechtlichen Rechtsgrundlage

Die öffentlich-rechtliche Rechtsgrundlage kann die als Körperschaften des öffentlichen Rechts organisierten Kirchen und Religionsgemeinschaften ausdrücklich nennen. Bezieht sich die Rechtsquelle allgemein auf Körperschaften oder juristische Personen des öffentlichen Rechts, ist eine Auslegung dahingehend notwendig, ob auch öffentlich-rechtlich verfasste Kirchen und Religions-

---

[893] BVerfG, Beschluss vom 8. August 1978, 2 BvL 8/77, in: BVerfGE 49, S. 89, 126; Beschluss vom 20. Oktober 1981, 1 BvR 640/80, in: BVerfGE 58, S. 257, 268ff; Beschluss vom 27. November 1990, 1 BvR 402/87, in: BVerfGE 83, S. 130, 142f, 152; Urteil vom 8. April 1997, 1 BvR 48/94, in: BVerfGE 95, S. 267, 307.
[894] BVerfG, Beschluss vom 8. August 1978, 2 BvL 8/77, in: BVerfGE 49, S. 89, 127.
[895] BVerfG, Beschluss vom 6. Mai 1958, 2 BvL 37/56, 11/57, in: BVerfGE 8, S. 155, 169.
[896] Vgl. *Ossenbühl*, in: Erichsen/Ehlers, Allgemeines Verwaltungsrecht[12], § 6, Rn. 30ff, zum Begriff, zur Rechtsnatur und zur Bindungswirkung der Verwaltungsvorschriften.
[897] *Kohorst*, Die Besteuerung der Gemeindebetriebe, S. 38.

gemeinschaften erfasst sind[898]. Der Grund für die Notwendigkeit dieser Abgrenzung folgt aus der besonderen Rolle der kirchlichen Körperschaften des öffentlichen Rechts. Im Gegensatz zu den „verwaltungsrechtlichen" Körperschaften sind sie kein Teil der mittelbaren Staatsverwaltung. Vielmehr werden den öffentlich-rechtlich organisierten Kirchen und Religionsgemeinschaften nur bestimmte Gestaltungsmöglichkeiten des öffentlichen Rechts eröffnet[899].
Gibt der Wortlaut keinen Anhaltspunkt, der für oder gegen eine Einbeziehung kirchlicher Körperschaften spricht, ist der Sinn und Zweck der jeweiligen öffentlich-rechtlichen Rechtsgrundlage heranzuziehen[900]. Maßgeblich ist, ob der Geltungsbereich auch oder gerade auf öffentlich-rechtlich verfasste Kirchen und Religionsgemeinschaften ausgedehnt werden soll.

cc) Die öffentlich-rechtliche Art der Betätigung – öffentlich-rechtliche Handlungsform

Neben einer öffentlich-rechtlichen Rechtsgrundlage, auf die sich das Handeln zurückführen lassen muss, muss dieses Handeln in öffentlich-rechtlichen Formen stattfinden. Nach der Auffassung des BVerwG und eines Teils der Literatur soll in den Fällen, in denen es zweifelhaft erscheint, ob die Kirche oder Religionsgemeinschaft in privatrechtlicher oder öffentlich-rechtlicher Form gehandelt hat, grundsätzlich von einem öffentlich-rechtlichen Handeln ausgegangen werden[901]. Als Begründung werden der Status der Kirchen als öffentlich-rechtliche Körperschaften sowie die Disziplinierungs- und Konstituierungsfunktion des öffentlichen Rechts genannt. Diese Argumentation geht jedoch fehl. Denn der öffentlich-rechtliche Körperschaftsstatus verleiht den Kirchen keinen „öffentlich-rechtlichen Gesamtstatus", sondern gibt nur die grundsätzliche Möglichkeit, mit öffentlich-rechtlicher, vom Staat abgeleiteter und anerkannter Gewalt tätig zu werden. Daher steht das öffentliche Recht im Hinblick auf öffentlich-rechtlich verfasste Kirchen und Religionsgemeinschaften auch nicht als Disziplinierungsfaktor im Vordergrund. Diese Funktion erfüllt es nur in den Fällen, in denen Kirchen in Formen des öffentlichen Rechts handeln.

---

[898] *A. v. Campenhausen*, Staatskirchenrecht^3, S. 141; *ders.*, in: v. Mangoldt/Friedrich Klein/Starck, Bonner Grundgesetz, Band 3^4, Art. 137 WRV, Rn. 236; *Friesenhahn*, in: HdbStKirchR, 1. Band^1, S. 545, 561.
[899] *A. v. Campenhausen*, Staatskirchenrecht^3, S. 142; *ders.*, in: v. Mangoldt/Friedrich Klein/Starck, Bonner Grundgesetz, Band 3^4, Art. 137 WRV, Rn. 223.
[900] *Friesenhahn*, in: HdbStKirchR, 1. Band^1, S. 545, 561.
[901] BVerwG, Urteil vom 7. Oktober 1983, 7 C 44.81, in: BVerwGE 68, S. 62, 63ff; *Tettinger/Wahrendorf*, Verwaltungsprozessrecht^2, S. 67f.

Insofern erscheint es problematisch, zur Ausfüllung des Kriteriums der öffentlich-rechtlichen Handlungsform, primär den oben dargestellten[902] Katalog der besonderen Handlungsformen des öffentlichen Rechts heranzuziehen. Zudem ist dieser Katalog auf die öffentliche Verwaltung zugeschnitten. Zwar können auch Kirchen und Religionsgemeinschaften durch den Staat übertragene Aufgaben der öffentlich-rechtlichen Verwaltung übernehmen[903] und in diesem Zusammenhang die üblichen Handlungsformen der Verwaltung verwenden[904]. So kann z. B. der Erlass einer Satzung auf die Geltung des öffentlichen Rechts hindeuten[905]. Jedoch reicht im Übrigen die bloße Bezeichnung eines Tätigwerdens mit einem Begriff aus dem Katalog der besonderen Handlungsformen des öffentlichen Rechts nicht aus, da öffentlich-rechtlich organisierte Kirchen und Religionsgemeinschaften grundsätzlich nicht zur mittelbaren Staatsverwaltung gehören. Sie bilden kein Stück, sondern ein Gegenstück des staatlichen Wirkungskreises[906], und sind ihrem Wesen nach unabhängig vom Staat[907].
Bemisst sich bei juristischen Personen des öffentlichen Rechts, die in die staatliche Verwaltung eingegliedert sind, die Frage nach der Rechtsnatur des Handelns nicht danach, wie hätte gehandelt werden müssen, sondern wie tatsächlich gehandelt worden ist[908], gilt dieser Grundsatz bei öffentlich-rechtlich verfassten Kirchen und Religionsgemeinschaften nur, wenn sie sich einer eindeutig privatrechtlichen Handlungsform bedient haben. Dann müssen sie sich ihre tatsächliche Handlungsform zurechnen lassen und – z. B. im Hinblick auf den Rechtsweg – an das private Recht halten[909].
Bezüglich des öffentlich-rechtlichen Tätigwerdens der Kirchen und Religionsgemeinschaften gilt das Gegenteil. Hier ist entscheidend, ob sie öffentlich-rechtlich hätten handeln dürfen oder können. Die Befugnis zur Verwendung öffentlich-rechtlicher Handlungsformen folgt aus der öffentlich-rechtlichen Rechtsgrundlage. Eröffnet eine solche Rechtsgrundlage die Möglichkeit, öffentlich-rechtlich tätig zu werden, muss in einem zweiten Schritt geprüft werden, ob

---

[902] Vgl. C. II. 2. d) (2) (e).
[903] Vgl. B. V. 2.
[904] BGH, Urteil vom 18. September 1957, V ZR 153/56, in: NJW 1958, S. 59, 60f; OVG Koblenz, Urteil vom 19. April 1989, 10 C 44/88, in: NVwZ 1990, S. 96, 97; BayVGH, Beschluss vom 4. Mai 1994, 4 B 92.1966, in: BayVBl. 1995, S. 310f.
[905] BGH, Urteil vom 18. September 1957, V ZR 153/56, in: BGHZ 25, S. 200, 207ff; BayVGH, Beschluss vom 4. Mai 1994, 4 B 92.1966, in: BayVBl. 1995, S. 310f.
[906] *A. v. Campenhausen*, Staatskirchenrecht³, S. 140; *ders*., in: v. Mangoldt/Friedrich Klein/Starck, Bonner Grundgesetz, Band 3⁴, Art. 137 WRV, Rn. 220.
[907] BVerfG, Beschluss vom 17. Februar 1965, 1 BvR 732/64, in: BVerfGE 18, 385, 386; Beschluss vom 31. März 1971, 1 BvR 744/67, in: BVerfGE 30, 415, 428.
[908] *Schenke*, Verwaltungsprozessrecht⁷, Rn. 113.
[909] BayVGH, Beschluss vom 4. Mai 1994, 4 B 92.1966, in: BayVBl. 1995, S. 310f.

die Kirche oder Religionsgemeinschaft tatsächlich öffentlich-rechtlich gehandelt hat. Für die Einordnung eines Tätigwerdens in das öffentliche oder private Recht sind die bereits dargestellten Abgrenzungstheorien[910] heranzuziehen, wobei zunächst die modifizierte Subjektstheorie anzuwenden ist. Bleiben danach Zweifel bestehen, ob ein Handeln als öffentlich-rechtlich oder privatrechtlich zu qualifizieren ist, muss der Sachzusammenhang der Tätigkeit mit dem öffentlichen oder dem privaten Recht bewertet werden, wobei entscheidend ist, welchem Zweck oder Schutz die Handlung dient[911].

c) Der Begriff der Ausübung der öffentlichen Gewalt in Bezug auf den innerkirchlichen und den weltlichen Bereich

Auch für die öffentlich-rechtlich verfassten Kirchen und Religionsgemeinschaften gilt Art. 140 GG i. V. m. Art. 137 Abs. 3 WRV, wonach jede Religionsgemeinschaft ihre Angelegenheiten innerhalb der Schranken des für alle geltenden Gesetzes selbstständig ordnet und verwaltet und ihre Ämter ohne Mitwirkung des Staates oder der bürgerlichen Gemeinde verleihen darf. In diesem innerkirchlichen Bereich üben die Kirchen und Religionsgemeinschaften eine originäre, nicht vom Staat abgeleitete Gewalt aus[912]. Sie haben das Recht der Selbstbestimmung und sind im Rahmen des Schrankenvorbehalts des Art. 140 GG i. V. m. Art. 137 Abs. 3 S. 1 WRV vor staatlichen Eingriffen in ihre inneren Verhältnisse, etwa in Form einer Kontrolle durch staatliche Gerichte, geschützt[913]. In den innerkirchlichen Bereich fallen z. B. kirchliche Entscheidungen über die Verweigerung der Sakramente oder kirchlicher Begräbnisse, kirchliche Disziplinarmaßnahmen und Fragen der Übertragung oder des Fortbestehens eines kirchlichen Amtes[914].

---

910 Vgl. C. II. 2. d) bb) (2) (d) (dd).

911 Vgl. C. II. 2. d) bb) (2) (d) (dd).

912 BVerwG, Beschluss vom 20. November 1992, 7 B 48/92, in: NVwZ 1993, S. 672; *Tettinger/Wahrendorf*, Verwaltungsprozessrecht², S. 67. Vgl. auch *A. v. Campenhausen*, Staatskirchenrecht³, S. 162.

913 BVerfG, Beschluss vom 17. Februar 1965, 1 BvR 732/64, in: BVerfGE 18, 385, 386ff; BVerfG, Beschluss vom 30. Oktober 1984, 2 BvR 1318/84, in: NVwZ 1989, S. 452; BVerwG, Beschluss vom 20. November 1992, 7 B 48/92, in: NVwZ 1993, S. 672; *A. v. Campenhausen*, Staatskirchenrecht³, S. 105ff; *ders.*, in: v. Mangoldt/Friedrich Klein/Starck, Bonner Grundgesetz, Band 3⁴, Art. 137 WRV, Rn. 28ff; *Ehlers*, in: Sachs, Grundgesetz-Kommentar³, Art. 140/Art. 137 WRV, Rn. 4ff; *Hemmrich*, in: v. Münch/Kunig, Grundgesetz-Kommentar, Band 3⁵, Art. 140, Rn. 16; *Morlok*, in: Dreier, Grundgesetz-Kommentar, Band III, Art. 140/Art. 137 WRV, Rn. 40ff.

914 Vgl. *A. v. Campenhausen*, Staatskirchenrecht³, S. 111ff; *ders.*, in: v. Mangoldt/Friedrich Klein/Starck, Bonner Grundgesetz, Band 3⁴, Art. 137 WRV, Rn. 31ff; *Hemmrich*, in: v.

Dies bedeutet, dass die Kirchen und Religionsgemeinschaften in dieser innerkirchlichen Sphäre, die nicht in den weltlichen Bereich hineinwirkt, keine vom Staat abgeleitete öffentliche Gewalt ausüben[915]. Eine derartige Ausübung öffentlicher Gewalt ist aufgrund der durch Art. 140 GG i. V. m. Art. 137 Abs. 3 WRV verschafften Fähigkeit, mit originärer kirchlicher Gewalt vorzugehen, nicht notwendig. Darüber hinaus bestünde gem. Art. 19 Abs. 4 S. 1 GG eine von den Kirchen und Religionsgemeinschaften nicht erwünschte Möglichkeit der staatlichen Gerichte, solche internen Maßnahmen öffentlicher Gewalt zu überprüfen, da eine Rechtsschutzlücke nicht hingenommen werden könnte.

Nach der Auffassung *Kästners* stellt sich auch kirchliches Handeln im religiösen Eigenbereich, das in den weltlichen oder staatlichen Rechtskreis hineinwirkt, nicht als Ausübung öffentlicher Gewalt dar. Eine Differenzierung zwischen einem „inneren“ und einem „weltlichen“ Bereich komme nicht in Betracht[916]. Zum einen seien schon in praktischer Hinsicht kaum Fälle festzustellen, in denen Maßnahmen aus dem inneren Kirchenbereich nicht die weltliche Rechtsordnung berührten[917]. Zum anderen wolle das Selbstbestimmungsrecht des Art. 140 GG i. V. m. Art. 137 Abs. 3 WRV nicht „die Ausgrenzung eines freien Wirkungsbereiches der Kirchen und Religionsgemeinschaften als ‚Enklave‘ im säkularstaatlichen Rechtssystem, sondern im Gegenteil [...] die Gewährleistung freier Entfaltung des religiösen Wirkens innerhalb dieser Ordnung“ erreichen[918]. Nach dieser Ansicht handelt die Kirche, auch wenn es zu einer Berührung mit dem weltlichen Rechtskreis kommt, nach originärem Kirchenrecht und nicht nach von der staatlichen Gewalt abgeleitetem Recht.

Der Argumentation *Kästners* kann nicht gefolgt werden. So will zwar Art. 140 GG i. V. m. Art. 137 Abs. 3 WRV die freie Entfaltung religiösen Wirkens innerhalb der staatlichen Ordnung ermöglichen. Dies bedeutet jedoch nicht, dass – im Zusammenhang mit dem religiösen Wirken oder unabhängig davon – den Kirchen und Religionsgemeinschaften nicht die Fähigkeit und Möglichkeit zur Ausübung öffentlicher Gewalt i. S. des § 4 Abs. 5 S. 1 KStG gewährt werden darf. Vielmehr kann Ausübung öffentlicher Gewalt in diesem Sinn nur außerhalb des inneren Bereichs der Kirchen und Religionsgemeinschaften stattfinden.

Münch/Kunig, Grundgesetz-Kommentar, Band 3^5, Art. 140, Rn. 16; *Tettinger/Wahrendorf*, Verwaltungsprozessrecht^2, S. 67.

915 *Hemmrich*, in: v. Münch/Kunig, Grundgesetz-Kommentar, Band 3^5, Art. 140, Rn. 16.

916 *Kästner*, Staatliche Justizhoheit und religiöse Freiheit, S.125f.

917 *Kästner*, Staatliche Justizhoheit und religiöse Freiheit, S.126.

918 *Kästner*, Staatliche Justizhoheit und religiöse Freiheit, S.126. Vgl. auch *M. Heckel*, in: VVDStRL 26 (1968), S. 5, 41, nach dem die Freiheit der Religionsgemeinschaften sich nicht auf eine „Abwehrfreiheit“ beschränke, sondern eine „Freiheit des Wirkens in der Gesellschaft“ sei.

Ausübung öffentlicher Gewalt und religiöses Wirken stehen im weltlichen Bereich nicht im Widerspruch zueinander, sondern nebeneinander.
Zudem ist eine Differenzierung zwischen einem innerkirchlichen und einem weltlichen Bereich nötig und möglich. Nur wenn eine derartige Abgrenzung vorgenommen wird, kommt eine Ausübung öffentlicher Gewalt i. S. des § 4 Abs. 5 S. 1 KStG in Betracht. Anderenfalls müsste jedes kirchliche Wirken als Ausübung der originären kirchlichen Gewalt bewertet werden, wodurch für eine Ausübung öffentlicher Gewalt kein Anwendungsbereich mehr bliebe. Das praktische Argument, dass kaum ein Fall festzustellen sei, in dem nicht der weltliche Bereich durch eine innerkirchliche Maßnahme berührt werde, überzeugt nicht. Zwar entspricht es den tatsächlichen Gegebenheiten, dass fast alle inneren Vorgänge – zumindest minimale – Auswirkungen auf die weltliche Sphäre haben. Trotzdem werden für die Differenzierung zwischen dem innerkirchlichen und dem weltlichen Bereich Abgrenzungstheorien vertreten. Diese Theorien sind zumeist vor dem Hintergrund des Art. 19 Abs. 4 S. 1 GG entwickelt worden, wobei in diesem Zusammenhang die Frage gestellt wird, wie weit der Anwendungsbereich des Art. 19 Abs. 4 S. 1 GG reicht und was als Ausübung öffentlicher Gewalt unter die Rechtsschutzgarantie fällt. Dieser Ansatzpunkt ist bei der Bewertung der verschiedenen Ansichten im Hinblick auf die Umgrenzung des aus § 4 Abs. 5 S. 1 KStG folgenden Begriffs der Ausübung öffentlicher Gewalt zu berücksichtigen[919].
Die Rechtsprechung stellt für die Festlegung oder Abgrenzung des innerkirchlichen Bereichs darauf ab, was materiell, der Natur der Sache oder Zweckbeziehung nach als eigene Angelegenheit der Kirche oder Religionsgemeinschaft anzusehen sei[920]. Diese Formel wird als zu vage kritisiert; mit ihr könne die Abgrenzung in Grenzfällen nicht gelingen[921]. Zudem trage die Definition der Rechtsprechung die Gefahr in sich, dass der Schutzumfang des kirchlichen Selbstbestimmungsrechts zur Disposition der Kirchen und Religionsgemeinschaften gestellt werde[922]. Die gleichen Argumente – insbesondere hinsichtlich der Unbestimmtheit – können gegen die Ansicht ins Feld geführt werden, die

---

919 Vgl. zum uneinheitlichen Verständnis des Begriffs der Ausübung öffentlicher Gewalt Gliederungspunkt C. II. 2. d) bb) (2) (b).
920 BVerfG, Beschluss vom 17. Februar 1965, in: BVerfGE 18, S. 385, 387f. Vgl. auch BVerfG, Beschluss vom 31. März 1971, in: BVerfGE 30, 415, 422; Beschluss vom 21. September 1976, 2 BVR 350/75, in: BVerfGE 42, S. 312, 334; Beschluss vom 1. Juni 1983, 2 BvR 453/83, in: NJW 1983, S. 2569; Beschluss vom 5. Juli 1983, 2 BvR 514/83, in: NJW 1983, S. 2569; Beschluss vom 30. März 1984, 2 BvR 1994/83, in: DÖV 1984, S. 974.
921 *Hemmrich*, in: v. Münch/Kunig, Grundgesetz-Kommentar, Band 3[5], Art. 140, Rn. 18.
922 *H. Weber*, in: NJW 1983, S. 2541, 2551f.

die innerkirchliche Sphäre als den Bereich ansieht, der ausschließlich auf Glaubensfragen bezogen sei[923].

Daher wird die Auffassung vertreten, abstrakte Abgrenzungskriterien seien schwerlich zu finden. Im konkreten Einzelfall müsse eine Güter- und Interessenabwägung vor dem Hintergrund des aus Art. 140 GG i. V. m. Art. 137 Abs. 3 WRV folgenden Selbstbestimmungsrechts und Schrankenzwecks vorgenommen werden, wobei dem Selbstverständnis der Kirche besonderes Gewicht einzuräumen sei[924]. Ähnlich kann wohl auch *Kästner* verstanden werden, der zwar – wie gezeigt – die Differenzierung in kirchliche und weltliche Bereiche ablehnt, jedoch trotzdem eine Definition der eigenen Angelegenheiten einer Kirche oder Religionsgemeinschaft zu entwickeln versucht. Ob eine Materie zu den eigenen Angelegenheiten zähle, könne nur in Bezug auf den jeweiligen Gegenstand und sein Verhältnis zur religiösen Aufgabenstellung aus der Sicht des betreffenden religiösen Verbandes bestimmt werden[925].

Ebenso wie die Rechtsprechung gehen die „Einzelfall-Lösungen" der Literatur von abstrakten Kriterien aus, die ausfüllungsbedürftig sind. Zudem verkennt die Literatur, dass auch die Rechtsprechung zu einer Abwägung im Einzelfall gelangt, indem geprüft wird, ob ein Vorgang oder Zustand der Natur der Sache oder Zweckbeziehung nach als eigene Angelegenheit der Kirche oder Religionsgemeinschaft gelten kann. Insofern unterscheiden sich die dargestellten Auffassungen nur unwesentlich. Da ein vollständiger Katalog der innerkirchlichen Angelegenheiten nicht aufgestellt werden kann, ist im Einzelfall zu fragen, ob die Kirche oder Religionsgemeinschaft ihre innere Sphäre verlassen und nach außen, in den weltlichen Bereich treten will. Dabei ist zwar, wie *Hemmrich* und *Kästner* es vorschlagen, das kirchliche Selbstverständnis heranzuziehen, da der Begriff „eigene Angelegenheiten" wesentlich durch das jeweilige religiöse Selbstverständnis geprägt ist. Andererseits muss darauf abgestellt werden, in welchem Bereich der objektive Schwerpunkt des kirchlichen Handelns liegt. Entscheidend ist, ob die Gesamtheit oder Teile der Öffentlichkeit oder Gesellschaft, einzelne Gruppen oder Personen durch religiös motivierte Vorgänge nur in ihrem religiösen Verständnis oder Wirken betroffen sind – dann handelt es sich um den innerkirchlichen Bereich – oder ob die Wirkung darüber hinaus reicht – dann ist die weltliche Sphäre betroffen. So tritt die Kirche z. B. durch die Vermittlung und Verbreitung von Werten, die aus den jeweiligen Glaubensvorstellungen erwachsen, in den weltlichen Bereich hinein. Ebenso handelt es sich bei der Erteilung von Schulunterricht nicht nur um einen apostolischen

[923] *Tettinger/Wahrendorf*, Verwaltungsprozessrecht², S. 67.
[924] *Hemmrich*, in: v. Münch/Kunig, Grundgesetz-Kommentar, Band 3⁵, Art. 140, Rn. 18.
[925] *Kästner*, Staatliche Justizhoheit und religiöse Freiheit, S.125.

Auftrag[926]. Auch das karitative Wirken geht, wenn es sich nicht nur um Fragen der reinen Organisation handelt[927], über den inneren Bereich hinaus.

d) Zusammenfassung: Ausübung der öffentlichen Gewalt durch öffentlich-rechtlich verfasste Kirchen und Religionsgemeinschaften

Öffentliche Gewalt i. S. des § 4 Abs. 5 S. 1 KStG, die durch öffentlich-rechtlich verfasste Kirchen und Religionsgemeinschaften ausgeübt wird, ist eine von der staatlichen Hoheitsgewalt abgeleitete und anerkannte öffentliche Gewalt. Um von einer derartigen hoheitlichen Tätigkeit sprechen zu können, muss sich eine korporierte Kirche oder Religionsgemeinschaft in öffentlich-rechtlicher Form betätigen, wobei sich die Handlungsform auf eine öffentlich-rechtliche Rechtsgrundlage zurückführen lassen muss. Berührt die Ausübung öffentlicher Gewalt einen wichtigen Lebensbereich i. S. der Wesentlichkeitstheorie, ist notwendig, dass ein förmliches Gesetz als Rechtsgrundlage herangezogen werden kann. Soweit es sich um einen Fall handelt, für den das Prinzip des Vorbehalts des Gesetzes nicht gilt, kann auch die Exekutive durch die ihr gegebenen rechtlichen Instrumente eine adäquate Rechtsgrundlage zur Verfügung stellen.
Im innerkirchlichen Bereich, für den Art 140 GG i. V. m. Art. 137 Abs. 3 WRV gilt, kann keine öffentliche Gewalt i. S. des § 4 Abs. 5 S. 1 KStG ausgeübt werden. Um Ausübung öffentlicher Gewalt in Zweifelsfällen annehmen zu können, ist zu fragen, ob die Kirche oder Religionsgemeinschaft ihre innere Sphäre verlassen hat und nach außen, in den weltlichen Bereich getreten ist. Zur Beantwortung dieser Frage ist zwar zunächst das kirchliche Selbstverständnis heranzuziehen. Zudem muss jedoch darauf abgestellt werden, ob die Gesamtheit oder Teile der Öffentlichkeit oder Gesellschaft, einzelne Gruppen oder Personen durch religiös motivierte Vorgänge nur in ihrem religiösen Verständnis oder Wirken betroffen sind – dann handelt es sich um den innerkirchlichen Bereich – oder ob die Wirkung darüber hinaus reicht – dann ist die weltliche Sphäre betroffen.

4. Beispiele für Hoheitsbetriebe von Kirchen und Religionsgemeinschaften

Vor dem Hintergrund der bisherigen Ausführungen und der vorstehend entwickelten Definition der Ausübung öffentlicher Gewalt sollen im Folgenden Bei-

[926] BFH, Urteil vom 8. Juli 1971, V R 1/68, in: BStBl. II 1972, S. 70, 73.
[927] *Tettinger/Wahrendorf*, Verwaltungsprozessrecht^2, S. 67.

spiele für Hoheitsbetriebe von Kirchen und Religionsgemeinschaften gegeben werden.

So werden z. B. Leistungen eines kirchlichen Friedhofsträgers im Rahmen eines Hoheitsbetriebs erbracht. Das Bereitstellen von Friedhöfen und die Bestattung von Leichen haben ihre Grundlage im allgemeinen Polizei- und Ordnungsrecht und sind kraft Herkommens den Gemeinden und Kirchen zugewiesen[928]. Träger von kirchlichen Friedhöfen, die sich als unselbstständige Anstalten des öffentlichen Rechts darstellen, sind juristische Personen des öffentlichen Rechts, zumeist die Kirchengemeinden[929]. Die an einem kirchlichen Friedhof entstehenden Nutzungsverhältnisse sind öffentlich-rechtliche Rechtsverhältnisse[930]. Das zeigt sich auch darin, dass für die öffentlichen Friedhöfe überall Benutzungszwang – der Friedhofszwang – besteht[931]. Zudem unterliegen alle menschlichen Leichen dem Bestattungszwang[932], der in den Bundesländern durch entsprechende Gesetze und Verordnungen festgelegt ist[933]. Neben den eigentlichen Vorgängen der Bestattung und der Grabfundamentierung, bei denen die Einhaltung der Verkehrssicherungspflicht im Vordergrund steht, gehören die Bereitstellung der erforderlichen Gebäude und Einrichtungen (Leichenhalle, Trauerhalle, Krematorium, Friedhofskapelle, Fuhrpark, Gerätschaften) sowie weitere Leistungen, die mit der Bestattung untrennbar verbunden sind und allgemein als unverzichtbar für eine würdige Bestattung angesehen werden, wie die Zurverfügungstellung eines Organisten und des Harmoniums, der Grabschmuck und das Glockengeläut, zum Hoheitsbetrieb[934]. Andere Leistungen, die im Rahmen eines kirchlichen Friedhofs erbracht werden, wie beispielsweise Grabpflegeleistungen

---

[928] BFH, Urteil vom 14. April 1983, V R 3/79, in: BStBl. II 1983, S. 491, 492; Urteil vom 2. Juli 1986, I R 38/80, in: BFH/NV, S. 810; BVerwG, Urteil vom 16. Dezember 1966, VII C 45.65, in: BVerwGE 25, S. 364, 366f.

[929] *Engelhardt*, in: HdbStKirchR, 2. Band², S. 105, 109; *Gaedke*, Handbuch des Friedhofs- und Bestattungsrechts⁸, S. 19.

[930] BVerwG, Urteil vom 16. Dezember 1966, VII C 45.65, in: BVerwGE 25, S. 364, 366; *Engelhardt*, in: HdbStKirchR, 2. Band², S. 105, 122.

[931] *Engelhardt*, in: HdbStKirchR, 2. Band², S. 105, 120.

[932] *Gaedke*, Handbuch des Friedhofs- und Bestattungsrechts⁸, S. 113.

[933] Z. B. § 15 des Berliner Gesetzes über das Leichen- und Bestattungswesen (Bestattungsgesetz) vom 2. November 1973, GVBl. 1973 S. 1830. Vgl. auch *Gaedke*, Handbuch des Friedhofs- und Bestattungsrechts⁸, S. 113 m. w. N.

[934] So auch BFH, Urteil vom 14. April 1983, V R 3/79, in: BStBl. II 1983, S. 491, 492f; Urteil vom 2. Juli 1986, I R 38/80, in: BFH/NV 1987, S. 810f; *Felder*, in: Dötsch/Eversberg/Jost/Pung/Witt, Körperschaftsteuer, § 4 KStG nF Rn. 71; *Prugger*, in: UStR 1983, S. 147, 149.

oder Blumenverkäufe, können dagegen nicht zum hoheitlichen Bereich gezählt werden, sondern sind als wirtschaftliche Tätigkeiten zu kennzeichnen[935].
Ein weiteres Beispiel für Hoheitsbetriebe können von Kirchen und Religionsgemeinschaften unterhaltene Kindergärten darstellen. Solche Kindergärten wären als Betrieb gewerblicher Art nur dann steuerpflichtig ist, wenn sie eine wirtschaftliche Tätigkeit ausübten. Eine solche wirtschaftliche Tätigkeit liegt nicht vor, wenn öffentliche Gewalt ausgeübt wird. Entgegen der Auffassung von *Schön*[936] reicht bei kirchlichen Kindergärten jedoch nicht die besondere kirchliche Zwecksetzung i. S. des § 54 AO aus, um von einer hoheitlichen Tätigkeit sprechen zu können. Vielmehr sind auch hier die Kriterien der öffentlich-rechtlichen Rechtsgrundlage und der öffentlich-rechtlichen Handlungsform heranzuziehen. Die öffentlich-rechtlichen Rechtsgrundlagen für die Betreuung von Kindern in Kindergärten als Aufgabe der Jugendhilfe sind die §§ 2 Abs. 2 Nr. 3, 22 bis 26 des Gesetzes zur Neuordnung des Kinder- und Jugendhilferechts (KJHG)[937]. Anerkannte Träger der freien Jugendhilfe sind nach § 75 Abs. 3, 1. Alt. KJHG u. a. die Kirchen und Religionsgemeinschaften des öffentlichen Rechts, die unter der Voraussetzung entsprechender Eignung gem. § 4 Abs. 2 KJHG Vorrang vor kommunalen Einrichtungen haben. Zur öffentlich-rechtlichen Rechtsgrundlage müsste ein öffentlich-rechtlich ausgestaltetes Benutzungsverhältnis treten, um von Ausübung öffentlicher Gewalt sprechen zu können[938]. Unter diesen Voraussetzungen wäre ein kirchlicher Kindergarten als Hoheitsbetrieb i. S. des § 4 Abs. 5 S. 1 KStG anzusehen.
Auch im Hinblick auf kirchliche Schulen kann von Hoheitsbetrieben gesprochen werden. Die Rechtsgrundlage für diese Schulen bildet Art. 7 Abs. 4 und 5 GG. Zwar liegt die Schulaufsicht, die als Inbegriff der staatlichen Herrschaftsrechte über die Schule, nämlich als die Gesamtheit der staatlichen Befugnisse zur Organisation, Planung, Leitung und Beaufsichtigung des Schulwesens, ver-

---

[935] So auch BFH, Urteil vom 26. Mai 1977, V R 15/74, in: BStBl. II 1977, S. 813, 815; Urteil vom 14. April 1983, V R 3/79, in: BStBl. II 1983, S. 491, 494; Urteil vom 2. Juli 1986, I R 38/80, in: BFH/NV 1987, S. 810, 811; Urteil vom 21. Juni 2001, V R 80/99, in: UR 2002, S. 446, 447f; *Felder*, in: Dötsch/Eversberg/Jost/Pung/Witt, Körperschaftsteuer, § 4 KStG nF, Rn. 71; *Prugger*, in: UStR 1983, S. 147, 149.

[936] *Schön*, in: DStZ 1999, S. 701, 706.

[937] Vom 26. Juni 1990, in: BGBl. I 1990, S. 1163. Das KJHG ist als Achtes Buch in das SGB eingefügt worden. Vgl. dazu *Hauck*, in: Stähr/Bohnert/Greßmann/Grube/Rombach, SGB VIII, E 010, S. 2f; *Kämper*, Kindergärten in kirchlicher Trägerschaft, S. 28.

[938] Nach *Kämper*, Kindergärten in kirchlicher Trägerschaft, S. 224, sind jedoch bei kirchlichen Kindergärten – zumindest im Bundesland Nordrhein-Westfalen – die Benutzungsverhältnisse regelmäßig privatrechtlich ausgestaltet.

standen werden kann[939], gem. Art. 7 Abs. 1 GG beim Staat. Die schulische Erziehung wird jedoch nach Art. 4 Abs. 1 und 2 GG sowie Art. 140 GG i. V. m. Art. 137 Abs. 3 S. 1 GG, die die verfassungsrechtliche Grundlage für den kirchlichen Erziehungsauftrag bilden[940], auch von Kirchen und Religionsgemeinschaften wahrgenommen. Zwar ist die Rechtsbeziehung zwischen der kirchlichen Schule auf der einen Seite und den Eltern und Schülern auf der anderen Seite grundsätzlich privatrechtlich[941]. Stellt sich die kirchliche Schule jedoch als sog. Ersatzschule dar, dient sie also nach dem Gesamtzweck, der mit ihrer Einrichtung verfolgt wird, als „Ersatz" für eine in einem Bundesland vorhandene oder grundsätzlich vorgesehene öffentliche Schule[942], kann mit ihrem Besuch die öffentlich-rechtliche Schulpflicht erfüllt werden[943]. Ist der kirchlichen Schule zudem das Recht verliehen, mit derselben Wirkung wie öffentliche Schulen Zeugnisse zu erteilen und Prüfungen abzunehmen, was in der Regel durch den Hoheitsakt der „Anerkennung" geschieht, ist auch dieser Bereich öffentlich-rechtlich ausgestaltet[944]. Als Hoheitsbetriebe kommen zudem mit Schulen verbundene Schülerheime in Betracht, wenn zwischen beiden Einrichtungen ein enger Zusammenhang besteht. Dies ist dann der Fall, wenn die Schülerheime erforderlich sind, um den Unterrichts- oder Erziehungszweck zu erreichen[945]. Auch Hochschulen in kirchlicher Trägerschaft können Hoheitsbetriebe bilden. Insbesondere die katholische und die evangelische Kirche sind Träger zahlreicher Hochschulen[946]. Im Bundesland Berlin z. B. bestehen die Evangelische Fachhochschule Berlin und die Katholische Fachhochschule Berlin. § 124 Abs. 1 und 2 des Gesetzes über die Hochschulen im Land Berlin (BerlHG)[947] bestimmt, dass diese Hochschulen Körperschaften des öffentlichen Rechts und staatlich anerkannte Fachhochschulen für Sozialarbeit und Sozialpädagogik sind. Gem. § 124 Abs. 1 und 2 BerlHG i. V. m. § 7 Abs. 2 S. 2 des Gesetzes ü-

---

[939] BVerfG, Beschluss vom 21. Dezember 1977, 1 BvL 1/75, 1 BvR 147/75, in: BVerfGE 47, S. 46, 80; BVerwG, Beschluss vom 28. Dezember 1957, VII B 9.57, in: BVerwGE 6, S. 101, 104; Urteil vom 31. Januar 1964, VII C 49.62, in: BVerwGE 18, S. 38, 39; Urteil vom 11. März 1966, VII C 141.65, in: BVerwGE 23, S. 351, 352; *Lecheler*, in: HdbStKirchR, 2. Band², S. 415, 418; *Stein/Roell*, Handbuch des Schulrechts, S. 24.

[940] *Lecheler*, in: HdbStKirchR, 2. Band², S. 415, 422.

[941] *Stein/Roell*, Handbuch des Schulrechts, S. 110.

[942] BVerfG, Beschluss vom 9. März 1994, 1 BvR 1369/90, in: BVerfGE 90, S. 128, 139; BVerwG, Urteil vom 18. Dezember 1996, 6 C 6.95, in: BVerwGE 104, S. 1, 7f. So auch die einschlägigen Schulgesetze, vgl. *Niehues*, Schulrecht³, Rn. 228, m. w. N.

[943] *Niehues*, Schulrecht³, Rn. 228, 329ff; *Stein/Roell*, Handbuch des Schulrechts, S. 110.

[944] *Niehues*, Schulrecht³, Rn. 277ff; *Stein/Roell*, Handbuch des Schulrechts, S. 110.

[945] So auch Abschnitt 5 Abs. 17 KStR; *Streck*, in: Streck, KStG⁶, § 4, Rn. 41.

[946] Vgl. die Aufzählung bei *Baldus*, in: HdbStKirchR, 2. Band², S. 601, 602ff.

[947] Vom 12. Oktober 1990 i. d. Fassung vom 13. Februar 2003, GVBl. 2003, S. 82.

ber die Privatschulen und den Privatunterricht[948] haben die an den kirchlichen Fachhochschulen erworbenen Abschlüsse dieselbe Geltung, wie die an den staatlichen Hochschulen erworbenen Abschlüsse. § 124 Abs. 1 und 2 i. V. m. § 123 Abs. 6 BerlHG sieht zudem die Verleihung des Rechts zur Promotion an die kirchlichen Fachhochschulen vor. Daher kommt dem Prüfungs- und Graduierungswesen der kirchlichen Hochschulen eine öffentlich-rechtliche Wirkung zu[949]. Aufgrund ihrer Komplexität erhält gerade bei einer Hochschule der Grundsatz, dass verschiedene Tätigkeiten der juristischen Personen des öffentlichen Rechts für sich zu beurteilen sind, entscheidende Bedeutung[950]. So sind die Tätigkeiten einzelner Professoren oder Institute gesondert dahin gehend zu beurteilen, ob sie einen Betrieb gewerblicher Art oder einen Hoheitsbetrieb begründen. Insbesondere der Bereich der entgeltlichen Auftragsforschung ist aufgrund seiner Wettbewerbsrelevanz als steuerpflichtige wirtschaftliche Betätigung und mangels Ausübung öffentlicher Gewalt nicht als hoheitliche Tätigkeit anzusehen[951].

Die Gestellung von Personal durch eine öffentlich-rechtlich verfasste Kirche oder Religionsgemeinschaft an eine Einrichtung einer anderen juristischen Person des öffentlichen Rechts gegen eine Kostenerstattung kann sowohl einen Betrieb gewerblicher Art als auch einen Hoheitsbetrieb begründen[952]. Entscheidend ist, ob die Gestellung dem hoheitlichen Bereich der juristischen Person des öffentlichen Rechts, an die die Gestellung vorgenommen wird, dient[953]. Stellt z. B. ein katholischer Orden einem staatlichen oder gemeindlichen Schulträger seine Mitglieder als Lehrer zur Verfügung, so handelt er in Ausübung öffentli-

---

[948] Vom 13. Mai 1954 i. d. Fassung vom 13. Oktober 1987, GVBl. 1987, S. 2458.

[949] So auch *Baldus*, in: HdbStKirchR, 2. Band^2, S. 601, 615, 627f. Vgl. auch die dortigen Ausführungen zu der früheren Streitfrage, ob kirchliche Hochschulen als nichtstaatliche Einrichtungen mit öffentlich-rechtlicher Wirkung akademische Grade verleihen können. Diese Frage ist diskutiert worden, bevor es eine gesetzliche Regelung über Hochschulen in freier Trägerschaft gab.

[950] *Strahl*, in: UR 2001, S. 277, 279ff.

[951] Vgl. zur Auftragsforschung u. a. BFH, Urteil vom 25. Januar 1996, V R 61/94, in: BFH/NV 1996, S. 715ff; *Hüttemann*, Die Besteuerung der öffentlichen Hand, S. 98; *Lang/Seer*, in: StuW 1993, S. 47, 62f; *Seer*, in: DStR 1997, S. 436, 438ff; *Strahl*, in: FR 1998, S. 761, 769ff.

[952] OFD Hannover, Verfügung vom 22. August 2002, S 2706 – 143 – StO 214, S 2706 – 178 – StH 231, in: DStZ 2002, S. 798f; OFD Kiel, Verfügung vom 27. September 2002, S 2706 A – St 261, S 7106 A – St 253, in: UR 2003, S. 304; *Thouet*, in: DStZ 2002, S. 91, 97.

[953] BFH, Urteil vom 8. Juli 1971, V R 1/68, in: BStBl. II 1972, S. 70, 73; OFD Hannover, Verfügung vom 22. August 2002, S 2706 – 143 – StO 214, S 2706 – 178 – StH 231, in: DStZ 2002, S. 798f; *Thouet*, in: DStZ 2002, S. 91, 97.

cher Gewalt, da die Erteilung von Schulunterricht eine hoheitliche Aufgabe ist[954].

Fraglich ist, ob kirchliche Erwachsenenbildung und kirchliche Akademien als Hoheitsbetriebe qualifiziert werden können. Als öffentlich-rechtliche Rechtsgrundlage dieser Betätigung kann Art. 140 GG i. V. m. Art. 137 Abs. 3 WRV herangezogen werden. Art. 140 GG i. V. m. Art. 137 Abs. 3 WRV gewährleistet den Kirchen und Religionsgemeinschaften das Recht der Selbstbestimmung in den Schranken der für alle geltenden Gesetze. Das Selbstbestimmungsrecht erstreckt sich über die Kirche und ihre Untergliederungen hinaus auf Einrichtungen, die ein Stück Auftrag der Kirche übernehmen und nach dem Selbstverständnis der Kirche eine religiöse Dimension aufweisen[955]. In diesem Sinn sind die kirchliche Erwachsenenbildung und die kirchlichen Akademien in Form der Erziehung zum kirchlichen Glauben und Lebenssinn ein unmittelbarer Teil des kirchlichen Verkündigungsauftrags[956]. Entgegen der Ansicht von *Schön*[957] reicht allein die enge Verknüpfung mit der Verkündigung nicht aus, um von einer hoheitlichen Betätigung sprechen zu können. Es fehlt an dem für die Bejahung eines Hoheitsbetriebs erforderlichen Kriterium der öffentlich-rechtlichen Handlungsform, da nicht mit öffentlich-rechtlicher Wirkung Abschlüsse vermittelt werden, sondern die – religiöse – Weiterbildung im Vordergrund steht. Auch wenn die Erfüllung dieser Bildungsaufgaben sich als selbstständiger sozialer Auftrag und damit als öffentliche Aufgabe erweist[958], handelt es sich nicht um die Ausübung öffentlicher Gewalt[959].

---

[954] Vgl. BFH, Urteil vom 8. Juli 1971, V R 1/68, in: BStBl. II 1972, S. 70, 73.

[955] BVerfG, Beschluss vom 11. Oktober 1977, 2 BvR 209/76, in: BVerfGE 46, 73, 85; Beschluss vom 25. März 1980, 2 BvR 208/76, in: BVerfGE 53, 366, 391; Beschluss vom 17. Februar 1981, 2 BvR 384/78, in: BVerfGE 57, 220, 243; Beschluss vom 4. Juni 1985, 2 BvR 1703, 1718/83 und 856/84, in: BVerfGE 70, 138, 162; Beschluss vom 14. Mai 1986, 2 BvL 19/84, in: BVerfGE 72, 278, 289; BayVGH, Beschluss vom 16. Juni 1999, 17 P 98.1241, in: BayVBl. 2000, S. 663, 664; *M. Heckel*, in: VVDStRL 26 (1968), S. 5, 40f; *Jeand'Heur/Korioth*, Grundzüge des Staatskirchenrechts, Rn. 173; *Leisner*, in: DÖV 1977, S. 475, 479ff; *C. Meyer*, in: HdbStKirchR, 1. Band², S. 907, 938; *Morlok*, in: Dreier, Grundgesetz, Band III, Art. 140/Art. 137 WRV, Rn. 49; *Muckel*, in: HdbStKirchR, 1. Band², S. 827, 833ff; *Richardi*, in: ZevKR 23 (1978), S. 367, 395ff. A. A. *Herschel*, in: AuR 1978, S. 172, 176f; *Kleine*, Institutionalisierte Verfassungswidrigkeiten im Verhältnis von Staat und Kirchen unter dem Grundgesetz, S. 154ff; *Wieland*, in: Der Staat 25 (1986), S. 321, 333, 342ff.

[956] *Losch*, in: HdbStKirchR, 2. Band², S. 639, 641; *Schön*, in: DStZ 1999, S. 701, 703f. Vgl. auch *P. Fischer*, in: Hübschmann/Hepp/Spitaler, AO und FGO, § 54 AO, Rn. 27.

[957] *Schön*, in: DStZ 1999, S. 701, 704.

[958] *Losch*, in: HdbStKirchR, 2. Band², S. 639, 649.

[959] Vgl. jedoch Gliederungspunkt D. III. zur gemeinnützigkeitsrechtlichen Beurteilung.

Keine Hoheitsbetriebe, sondern in der Regel als Betriebe gewerblicher Art steuerpflichtig, sind z. B. Gesangbuchverlage und Erholungsheime[960] von Kirchen oder Religionsgemeinschaften des öffentlichen Rechts. In diesen Fällen liegt eine wirtschaftliche Tätigkeit vor, da die Wettbewerbssituation mit privaten Verlagen bzw. privaten Anbietern von Ferienunterkünften im Vordergrund steht. Hingegen üben diese Betriebe keine öffentliche Gewalt aus, da sie nicht auf Grundlage einer öffentlich-rechtlichen Rechtsgrundlage in öffentlich-rechtlicher Art und Weise tätig werden. Gleiches muss auch für einen kirchlichen Betrieb gelten, der entgeltlich religiöse Filme produziert[961]. Auch entgeltliche Kirchturmbesteigungen und Kirchenbesichtigungen sind Leistungen, die nicht im Rahmen eines Hoheitsbetriebs erbracht werden[962]. Hierbei handelt es sich um wirtschaftliche Tätigkeiten, da die Erzielung von Entgelten im Vordergrund steht. Öffentliche Gewalt wird durch die Bereitstellung dieser Leistungen dagegen nicht ausgeübt. Schließlich stellen sich Klosterbetriebe wie z. B. Bierbrauereien[963] als Betriebe gewerblicher Art und nicht als Hoheitsbetriebe dar, da sich auch diese Einrichtungen nur wirtschaftlich betätigen und keine öffentliche Gewalt ausüben.

---

[960] Vgl. BFH, Urteil vom 28. Oktober 1960, III 134/56 U, in: BStBl. II 1961, S. 109ff.

[961] Vgl. BFH, Urteil vom 13. August 1986, II R 246/81, in: BStBl. II 1986, S. 831, 832. In dem der Entscheidung zugrunde liegenden Sachverhalt produzierte eine kirchliche GmbH die Filme.

[962] Vgl. dazu RFH, Bescheid vom 6. September 1938, bestätigt durch Urteil vom 25. Oktober 1938, VI a 7/38, in: RStBl. 1938, S. 1189; Urteil vom 4. April 1939, V 1/38, in: RStBl. 1939, S. 662; *Schön*, in: DStZ 1999, S. 701, 703; *Streck*, in: Streck, KStG[6], § 4, Nr. 41.

[963] Vgl. RFH, Urteil vom 30. Juli 1929, I A a 423/29, in: RStBl. 1929, S. 573.

D. Das Verhältnis der kirchlichen Hoheitsbetriebe und Betriebe gewerblicher Art zum Gemeinnützigkeitsrecht

Abgesehen von der speziellen Regelung des § 4 Abs. 5 KStG sind Steuervergünstigungen auch im Gemeinnützigkeitsrecht zu finden. Mit dem in den §§ 51ff AO geregelten Gemeinnützigkeitsrecht[964] verfolgt der Gesetzgeber das Ziel, Einrichtungen, die in die Erfüllung staatlicher und öffentlicher Aufgaben eingebunden sind und den Staat auf diese Weise entlasten, durch Steuerbefreiungen zu unterstützen[965]. Eine Besteuerung derartigen Handelns zum allgemeinen Wohl hätte eine Schmälerung der finanziellen Mittel der betreffenden Einrichtungen zur Folge und würde die Bereitschaft senken, sich für das Gemeinwohl einzusetzen.

Gewährt ein Gesetz einer Körperschaft eine gemeinnützigkeitsrechtliche Steuervergünstigung, so sind gem. § 51 S. 2 AO unter dem Begriff der Körperschaft die Körperschaften, Personenvereinigungen und Vermögensmassen i. S. des KStG zu verstehen. Daher erfasst nach einhelliger Auffassung das Gemeinnützigkeitsrecht auch die gemeinnützige Betätigung der juristischen Personen des öffentlichen Rechts[966]. *Isensee* und *Knobbe-Keuk* betonen zwar, dass die Steu-

---

[964] Der Begriff „Gemeinnützigkeitsrecht" wird umfassend verstanden und beinhaltet die in den §§ 52 bis 54 AO genannten gemeinnützigen, mildtätigen und kirchlichen Zwecke. Vgl. zum Begriffsverständnis u. a. *Scholtz*, in: FR 1976, S. 181, 182; *Wallenhorst*, in: Troll/Wallenhorst/Halaczinsky, Die Besteuerung gemeinnütziger Vereine und Stiftungen[4], D Rn. 1.

[965] *Buchna*, Gemeinnützigkeit im Steuerrecht[8], S. 13; *Gastl*, Betriebe gewerblicher Art im Körperschaftsteuerrecht, S. 48; Gutachten der Unabhängigen Sachverständigenkommission zur Prüfung des Gemeinnützigkeits- und Spendenrechts, in: Schriftenreihe des BMF, Heft 40, S. 92f; *Hey*, in: StuW 2000, S. 467, 468; *Isensee*, in: FS Dürig (1990), S. 33, 61; *Isensee/Knobbe-Keuk*, Sondervotum zum Gutachten der Unabhängigen Sachverständigenkommission zur Prüfung des Gemeinnützigkeits- und Spendenrechts, in: Schriftenreihe des BMF, Heft 40, S. 331, 404; *Seer/Wolsztynski*, Steuerrechtliche Gemeinnützigkeit der öffentlichen Hand, S. 51; *Thieme/Dorenkamp*, in: FR 2003, S. 693, 694.

[966] BT-Drucksache 7/4292 vom 7. November 1975, S. 20, Zu § 51; RFH, Urteil vom 29. April 1935, I A 57/34, in: RStBl. 1935, S. 857; BFH, Urteil vom 13. März 1974, I R 7/71, in: BStBl. II 1974, S. 391, 395; Urteil vom 31. Oktober 1984, I R 21/81, in: BStBl. II 1985, S. 162, 163; Urteil vom 11. Februar 1997, I R 161/94, in: BFH/NV 1997, S. 625, 626; AEAO, Zu § 51, Nr. 1; *Bott*, in: Schauhoff, Handbuch der Gemeinnützigkeit, § 7, Rn. 15, 29; *Buchna*, Gemeinnützigkeit im Steuerrecht[8], S. 19; *Fichtelmann*, in: DStR 1993, S. 1514, 1515; *P. Fischer*, in: Hübschmann/Hepp/Spitaler, AO und FGO, § 55 AO, Rn. 58; *Friauf*, in: Friedrich/Kupsch, Die Besteuerung öffentlicher Unternehmen, S. 57, 64; *Gastl*, Betriebe gewerblicher Art im Körperschaftsteuerrecht, S. 48f; *Hey*, in: StuW 2000, S. 467; *Hüttemann*, Die Besteuerung der öffentlichen Hand, S. 179ff, 182; *Jost*, in: Dötsch/Eversberg/Jost/Pung/Witt,

ervergünstigungen des Gemeinnützigkeitsrechts nicht für den Staat bestimmt seien, da für diesen die ausschließliche, unmittelbare und selbstlose Erfüllung der Gemeinwohlaufgaben eine verfassungsrechtliche Pflicht sei[967]. Etwas anderes gelte jedoch im Hinblick auf die Tätigkeiten der Betriebe gewerblicher Art von juristischen Personen des öffentlichen Rechts, die aus Wettbewerbsgründen steuerpflichtig seien und daher auch an der Steuerentlastung des Gemeinnützigkeitsrechts teilnehmen müssten[968]. Für die Einschätzung, dass zumindest die Betriebe gewerblicher Art Adressaten der gemeinnützigkeitsrechtlichen Steuervergünstigungen sind, sprechen die §§ 55 Abs. 3, 62 AO[969]. Diese Vorschriften wenden sich an die Betriebe gewerblicher Art von Körperschaften des öffentlichen Rechts und verdeutlichen damit, dass der Regelungsapparat des Gemeinnützigkeitsrechts selbst voraussetzt, dass Betriebe gewerblicher Art erfasst werden[970].

Im Körperschaftsteuerrecht sieht § 5 Abs. 1 Nr. 9 KStG in Verbindung mit den §§ 51 bis 68 AO eine Befreiung von der Körperschaftsteuer bei solchen Körperschaften, Personenvereinigungen und Vermögensmassen vor, die nach der Satzung, dem Stiftungsgeschäft oder der sonstigen Verfassung und nach der tatsächlichen Geschäftsführung ausschließlich und unmittelbar gemeinnützigen, mildtätigen oder kirchlichen Zwecken dienen. Die Steuerbefreiung ist insoweit ausgeschlossen, als ein wirtschaftlicher Geschäftsbetrieb unterhalten wird. Treten öffentlich-rechtlich verfasste Kirchen oder Religionsgemeinschaften steuerrechtlich in Erscheinung, können somit sowohl § 4 Abs. 5 KStG als auch § 5 Abs. 1 Nr. 9 eine steuerliche Erfassung verhindern bzw. von der Steuer befrei-

---

Körperschaftsteuer, § 5 Abs. 1 Nr. 9 KStG nF, Rn. 4; *Kessler/Fritz/Gastl*, in: BB 2001, S. 961, 963; *Kessler/Gastl*, in: UR 2002, S. 452, 453; *Melchior*, in: Ax/Große/Melchior, AO und FGO[18], S. 69; *Schauhoff*, in: Schauhoff, Handbuch der Gemeinnützigkeit, § 5, Rn. 1; *Scholtz*, in: Koch/Scholtz, AO[5], § 51, Rn. 5f; *Seer/Wolsztynski*, Steuerrechtliche Gemeinnützigkeit der öffentlichen Hand, S. 57ff; *Spanner*, in: Hübschmann/Hepp/Spitaler, AO und FGO, § 51 AO, Rn. 5; *Streck*, in: Streck, KStG[6], § 5, Nr. 57; *Thieme/Dorenkamp*, in: FR 2003, S. 693; *Tipke*, in: Tipke/Kruse, AO und FGO, § 51, Rn. 3.

967 *Isensee*, in: FS Dürig (1990), S. 33, 57; *Isensee/Knobbe-Keuk*, Sondervotum zum Gutachten der Unabhängigen Sachverständigenkommission zur Prüfung des Gemeinnützigkeits- und Spendenrechts, in: Schriftenreihe des BMF, Heft 40, S. 331, 404.

968 *Isensee*, in: FS Dürig (1990), S. 33, Fn. 55 auf S. 58; *Isensee/Knobbe-Keuk*, Sondervotum zum Gutachten der Unabhängigen Sachverständigenkommission zur Prüfung des Gemeinnützigkeits- und Spendenrechts, in: Schriftenreihe des BMF, Heft 40, S. 331, 405.

969 Gegenstand dieses Kapitels ist nicht die Gemeinnützigkeitsfähigkeit des Staates, sondern die der als juristische Personen des öffentlichen Rechts verfassten Kirchen und Religionsgemeinschaften. Daher ist es nicht notwendig, die Gemeinnützigkeitsfähigkeit des Staates zu untersuchen. Vgl. zu dieser Frage die umfassenden Ausführungen bei *Seer/Wolsztynski*, Steuerrechtliche Gemeinnützigkeit der öffentlichen Hand, S. 51ff.

970 *Hüttemann*, Die Besteuerung der öffentlichen Hand, S. 179f.

en. Es stellt sich daher die Frage nach dem Anwendungsbereich des § 5 Abs. 1 Nr. 9 KStG und seinem Verhältnis zu § 4 Abs. 5 KStG.

I. Regelungssystematik der §§ 1 Abs. 1 Nr. 6, 4 und 5 KStG

Die §§ 1 Abs. 1 Nr. 6 und 4 Abs. 1 bis 4 KStG regeln die unbeschränkte Steuerpflicht der Betriebe gewerblicher Art, wobei § 4 Abs. 5 KStG die steuerliche Nichterfassung der Hoheitsbetriebe normiert. Die Frage nach der sachlichen Steuerpflicht der Betriebe gewerblicher Art, also danach, was ein persönlich körperschaftsteuerpflichtiges Steuersubjekt zu versteuern hat, ist Regelungsgegenstand der §§ 7ff KStG. Auch wenn nach § 1 KStG eine unbeschränkte Steuerpflicht besteht, kann diese in sachlicher und/oder persönlicher Hinsicht durch besondere Vorschriften eingeschränkt oder ausgeschlossen sein. Die wesentlichen persönlichen und sachlichen Steuerbefreiungen enthält § 5 KStG. Bei sachlichen Steuerbefreiungen bleibt die persönliche Steuerpflicht des Steuersubjekts grundsätzlich bestehen, Vermögensmehrungen aus bestimmten begünstigten Tätigkeiten werden jedoch von der Besteuerung ausgenommen[971]. Um eine solche sachliche Steuerbefreiung handelt es sich bei § 5 Abs. 1 Nr. 9 KStG[972].

Liegen die Voraussetzungen der Körperschaftsteuerbefreiung nach § 5 Abs. 1 Nr. 9 KStG nicht vor, so folgt daraus nicht die Steuerpflicht jedweder Vermögensmehrung. Die Körperschaftsteuerpflicht tritt vielmehr nur dann ein, wenn und soweit Einkünfte i. S. des § 2 Abs. 1 EStG erzielt werden[973].

---

[971] *Frotscher*, in: Frotscher/Maas, KStG und UmwStG, § 5 KStG, Rn. 2; *v. Twickel*, in: Blümich, EStG/KStG/GewStG, § 5 KStG, Rn. 12.

[972] BFH, Urteil vom 21. August 1985, I R 60/80, in: BStBl. II 1986, S. 88, 89; *Bott*, in: Schauhoff, Handbuch der Gemeinnützigkeit, § 7, Rn. 10; *Frotscher*, in: Frotscher/Maas, KStG und UmwStG, § 5 KStG, Rn. 2; *v. Twickel*, in: Blümich, EStG/KStG/GewStG, § 5 KStG, Rn. 1, 108.

[973] BFH, Urteil vom 15. Juli 1987, I R 280/81, in: BStBl. II 1988, S. 75, 76; *Jost*, in: Dötsch/Eversberg/Jost/Pung/Witt, Körperschaftsteuer, § 5 Abs. 1 Nr. 9 KStG nF, Rn. 1.

II. Die Körperschaftsteuerbefreiung nach § 5 Abs. 1 Nr. 9 KStG

1. Voraussetzungen der Steuerbefreiung

a) Zuordnungssubjekte - Körperschaften i. S. des § 5 Abs. 1 Nr. 9 KStG

§ 5 Abs. 1 Nr. 9 KStG befreit unter bestimmten weiteren Voraussetzungen und unter Bezugnahme auf die §§ 51 bis 68 AO Körperschaften, Personenvereinigungen und Vermögensmassen von der Körperschaftsteuer. Soll das Tätigwerden juristischer Personen des öffentlichen Rechts steuerrechtlich bewertet werden, stellt sich die Frage, ob die juristische Person des öffentlichen Rechts als solche Anknüpfungspunkt des Gemeinnützigkeitsrechts ist oder ihr einzelner Betrieb gewerblicher Art.

Aus der Gesetzesbegründung zu § 51 AO 1977 ergibt sich, dass der Gesetzgeber den einzelnen Betrieb gewerblicher Art als das Zuordnungssubjekt des Gemeinnützigkeitsrechts ansieht[974]. Diese Auffassung lässt sich auch einigen Urteilen des RFH und BFH entnehmen[975]. Die Verwaltung und die überwiegende Ansicht in der Literatur zählen in gleicher Weise die Betriebe gewerblicher Art von juristischen Personen des öffentlichen Rechts zu den begünstigten Körperschaften i. S. des § 5 Abs. 1 Nr. 9 KStG i. V. m. §§ 51ff AO[976].

Nach der uneinheitlichen Rechtsprechung des BFH und von Teilen der Literatur sind zu den Körperschaften i. S. der Vorschriften über Steuervergünstigungen wegen Verfolgung steuerbegünstigter Zwecke dagegen die juristischen Personen des öffentlichen Rechts als solche zu zählen[977]. Diese Ansicht wird damit

---

[974] BT-Drucksache 7/4292, S. 20, Zu § 51.

[975] RFH, Urteil vom 29. April 1935, I A 57/34, in: RStBl. 1935, S. 857; BFH, Urteil vom 13. März 1974, I R 7/71, in: BStBl. II 1974, S. 391, 395; Urteil vom 31. Oktober 1984, I R 21/81, in: BStBl. II 1985, S. 162, 163.

[976] AEAO, Zu § 51, Nr. 1; *Bott*, in: Schauhoff, Handbuch der Gemeinnützigkeit, § 7, Rn. 30; *Buchna*, Gemeinnützigkeit im Steuerrecht[8], S. 29ff; *P. Fischer*, in: Hübschmann/Hepp/Spitaler, AO und FGO, § 55 AO, Rn. 58; *Gersch*, in: Franz Klein, AO[8], § 51, Rn. 4; *Isensee/Knobbe-Keuk*, Sondervotum zum Gutachten der Unabhängigen Sachverständigenkommission zur Prüfung des Gemeinnützigkeits- und Spendenrechts, in: Schriftenreihe des BMF, Heft 40, S. 331, 402; *Jost*, in: Dötsch/Eversberg/Jost/Pung/Witt, Körperschaftsteuer, § 5 Abs. 1 Nr. 9 KStG nF, Rn. 4; *Melchior*, in: Ax/Große/Melchior, AO und FGO[18], S. 69; *Scholtz*, in: Koch/Scholtz, AO[5], § 51, Rn. 6; *ders.*, in: FR 1976, S. 181, 183; *Spanner*, in: Hübschmann/Hepp/Spitaler, AO und FGO, § 51, Rn. 5; *Streck*, in: Streck, KStG[6], § 5, Nr. 57; *Tipke*, in: Tipke/Kruse, AO und FGO, § 51, Rn. 3; *v. Twickel*, in: Blümich, EStG/KStG/GewStG, § 5 KStG, Rn. 111. Differenzierend *Hey*, in: StuW 2000, S. 467, 472. Nicht eindeutig ist *Gastl*, Betriebe gewerblicher Art im Körperschaftsteuerrecht, S. 53f.

[977] BFH, Urteil vom 11. Februar 1997, I R 161/94, in: BFH/NV 1997, S. 625, 626; *Fichtelmann*, in: DStR 1993, S. 1514, 1515; *Hüttemann*, Die Besteuerung der öffentlichen Hand, S.

begründet, dass trotz des Wortlautes von § 1 Abs. 1 Nr. 6 KStG nicht der jeweilige Betrieb gewerblicher Art körperschaftsteuerpflichtig sei, Steuerrechtssubjekt und körperschaftsteuerpflichtig sei vielmehr die juristische Person des öffentlichen Rechts als Träger des einzelnen Betriebs gewerblicher Art[978]. Dies gebiete „einen Gleichlauf zwischen Körperschaft-steuer- und Gemeinnützigkeitsrecht in Bezug auf die Subjektidentität" der juristischen Person des öffentlichen Rechts[979]. Nur eine rechts- und handlungsfähige juristische Person könne die Voraussetzungen des Gemeinnützigkeitsrechts erfüllen und gewährleisten[980]. Hinzu komme – so der BFH –, dass sich auch aus den §§ 55 Abs. 3 und 63 AO, auf die § 5 Abs. 1 Nr. 9 KStG verweise, ergebe, dass zu den Körperschaften in diesem Sinn die juristischen Personen des öffentlichen Rechts als solche zählen müssten[981].

Die Diskussion um die Ansicht, die die juristische Person des öffentlichen Rechts wegen jedes einzelnen ihrer Betriebe gewerblicher Art als Steuerrechtssubjekt und körperschaftsteuerpflichtig ansieht, ist in dieser Arbeit bereits geführt worden[982]. Als Ergebnis ist festgehalten worden, dass jeder einzelne Betrieb gewerblicher Art der juristischen Person des öffentlichen Rechts steuerrechtsfähig und nach § 1 Abs. 1 Nr. 6 KStG als Körperschaft-steuersubjekt anzusehen ist, weil in dieser wirtschaftlichen Einheit die wirtschaftliche Leistungsfähigkeit, die besteuert werden soll, verortet wird. Im Hinblick auf die steuerrechtliche Rechtsfähigkeit des Betriebs gewerblicher Art reicht es aus, wenn zur Wahrnehmung und Erfüllung steuerlicher Rechte und Pflichten die Organisationsstruktur der Trägerkörperschaft herangezogen werden kann[983].

Auch aus den vom BFH zusätzlich angesprochenen §§ 55 Abs. 3 und 63 AO kann nicht hergeleitet werden, dass zu den steuerbefreiten Körperschaften i. S. des § 5 Abs. 1 Nr. 9 KStG die juristischen Personen des öffentlichen Rechts als solche und nicht die Betriebe gewerblicher Art zu zählen sind. So verdeutlicht § 55 Abs. 3 AO nur, dass das Merkmal der Selbstlosigkeit als Voraussetzung für die Steuerbefreiung wegen Gemeinnützigkeit auch bei der Trägerkörperschaft

---

185f; *Thieme/Dorenkamp*, in: FR 2003, S. 693, 699. Differenzierend *Hey*, in: StuW 2000, S. 467, 472.

[978] BFH, Urteil vom 11. Februar 1997, I R 161/94, in: BFH/NV 1997, S. 625, 626; *Hüttemann*, Die Besteuerung der öffentlichen Hand, S. 185; *Thieme/Dorenkamp*, in: FR 2003, S. 693, 699.

[979] *Thieme/Dorenkamp*, in: FR 2003, S. 693, 699.

[980] *Thieme/Dorenkamp*, in: FR 2003, S. 693, 699.

[981] BFH, Urteil vom 11. Februar 1997, I R 161/94, in: BFH/NV 1997, S. 625, 626.

[982] Vgl. C. I. 2.

[983] *Bader*, Hoheitsbetrieb und Betrieb gewerblicher Art im Umsatz- und Körperschaftsteuerrecht, S. 81.

des jeweiligen Betriebs gewerblicher Art erfüllt sein muss. Ähnlich ist § 63 AO zu verstehen. Nach dieser Vorschrift muss die tatsächliche Geschäftsführung „der Körperschaft" auf steuerbegünstigte Zwecke gerichtet sein. Ebenso wie § 55 Abs. 3 AO behandelt § 63 AO nicht die Frage, wer Steuersubjekt ist, sondern stellt nur eine weitere Voraussetzung für die Steuerbefreiung wegen Gemeinnützigkeit im weiteren Sinn auf. Auch der Verweis des BFH auf die Einzelbegründung des Finanzausschusses des Deutschen Bundestages zum Entwurf des § 51 AO 1977[984] führt nicht weiter. Zwar bezieht sich die Begründung auf die BFH-Rechtsprechung, wonach die Körperschaft des öffentlichen Rechts selbst und nicht der von ihr unterhaltene Betrieb gewerblicher Art Steuerrechtssubjekt sein soll. Jedoch endet die Begründung des Finanzausschusses mit den Worten, dass „das Gemeinnützigkeitsrecht auch für Betriebe gewerblicher Art von Körperschaften des öffentlichen Rechts gilt"[985]. Eine Festlegung auf die Steuersubjektivität der Körperschaften des öffentlichen Rechts selbst findet gerade nicht statt.

Das von *Thieme/Dorenkamp* vorgetragene Argument, nur eine juristische Person des öffentlichen Rechts komme als Satzungsträger i. S. des § 59 AO in Betracht, da nur sie sich eine Satzung geben könne[986], hat ebenfalls nicht zur Folge, dass der Betrieb gewerblicher Art nicht als Körperschaft i. S. des § 51 AO qualifiziert werden kann. § 59 AO stellt nicht auf den Satzungsgeber ab, sondern setzt voraus, dass die für eine Körperschaft geltende Satzung bestimmten Anforderungen entspricht. Insofern ist im Hinblick auf § 59 AO nur maßgeblich, für welche Körperschaft die fragliche Satzung Geltung entfaltet.

Fichtelmann, der ebenfalls in der juristischen Person des öffentlichen Rechts das Zuordnungssubjekt des Gemeinnützigkeitsrechts sieht, zieht zur Begründung den Wortlaut des § 51 S. 1 AO heran, der zwischen öffentlich-rechtlichen und privatrechtlichen Körperschaften nicht differenziere[987]. Diese Begründung überzeugt jedoch ebenfalls nicht[988]. Denn nach § 51 S. 2 AO sind unter den in § 51 S. 1 AO genannten Körperschaften die Körperschaften, Personenvereinigungen und Vermögensmassen i. S. des KStG zu verstehen. Wie bereits dargestellt, erfasst das KStG aber nur die einzelnen Betriebe gewerblicher Art und nicht ihre Trägerkörperschaften.

Auch führt die Auffassung, die die juristischen Personen des öffentlichen Rechts nicht als Körperschaften i. S. des § 51 AO verstehen will, nicht zu einer

---

[984] BT-Drucksache 7/4292, S. 20, Zu § 51.
[985] BT-Drucksache 7/4292, S. 20, Zu § 51.
[986] *Thieme/Dorenkamp*, in: FR 2003, S. 693, 699.
[987] *Fichtelmann*, in: DStR 1993, S. 1514, 1515.
[988] So auch *Hey*, in: StuW 2000, S. 467, 471; *Thieme/Dorenkamp*, in: FR 2003, S. 693, 698.

Benachteiligung der juristischen Personen des öffentlichen Rechts gegenüber privatrechtlichen Körperschaften[989]. Juristische Personen des öffentlichen Rechts werden durch die Begrenzung der unbeschränkten Steuerpflicht auf ihre Betriebe gewerblicher Art vielmehr gegenüber den juristischen Personen des privaten Rechts bevorzugt, wobei diese Besserstellung den Geboten, Ausübung öffentlicher Gewalt nicht zu besteuern und eine Selbstbesteuerung des Staates zu vermeiden, entspricht.
Somit sind zu den Körperschaften i. S. der gemeinnützigkeitsrechtlichen Vorschriften nicht die juristischen Personen des öffentlichen Rechts als solche zu zählen. Dies ist auch folgerichtig, da ansonsten das Körperschaftsteuersubjekt, das in dem Betrieb gewerblicher Art zu sehen ist, nicht mit dem Subjekt, das die Voraussetzungen für die Steuerbefreiung nach den §§ 52ff AO erfüllen muss, übereinstimmte[990]. Daher gehören zu den nach § 5 Abs. 1 Nr. 9 KStG begünstigten Körperschaften nur die Betriebe gewerblicher Art, nicht jedoch ihre Trägerkörperschaften, so dass die Voraussetzungen des Gemeinnützigkeitsrechts nach der hier vertretenen Auffassung im Hinblick auf jeden einzelnen Betrieb gewerblicher Art zu prüfen sind.

b) Steuerbegünstigte Zwecke

Als steuerbegünstigte Zwecke kommen nach den §§ 52 bis 54 AO gemeinnützige, mildtätige und kirchliche Zwecke in Betracht.

aa) Gemeinnützige Zwecke (§ 52 AO)

(1) Förderung der Allgemeinheit

Eine Körperschaft verfolgt nach § 52 Abs. 1 S. 1 AO gemeinnützige Zwecke, wenn ihre Tätigkeit darauf gerichtet ist, die Allgemeinheit auf materiellem, geistigem oder sittlichem Gebiet selbstlos zu fördern[991]. Was unter „Förderung der Allgemeinheit" zu verstehen ist, bestimmt das Gesetz nicht. Die Sätze 2 und 3 des § 52 Abs. 1 AO machen lediglich zwei Vorgaben im Hinblick auf die Begriffsklärung. Nach § 52 Abs. 1 S. 3 liegt eine Förderung der Allgemeinheit nicht allein deswegen vor, weil eine Körperschaft ihre Mittel einer Körperschaft

[989] So aber *Thieme/Dorenkamp*, in: FR 2003, S. 693, 700, 702.
[990] Vgl. vor dem Hintergrund der Auffassung, die die juristische Person des öffentlichen Rechts als Körperschaftsteuersubjekt ansieht, die entsprechende Argumentation bei *Thieme/Dorenkamp*, in: FR 2003, S. 693, 698f.
[991] Die Voraussetzung der Selbstlosigkeit wird im Gliederungspunkt D. II. 1. c) besprochen.

des öffentlichen Rechts zuführt. Darüber hinaus stellt § 52 Abs. 1 S. 2 AO einschränkend fest, dass eine Förderung der Allgemeinheit nicht in Betracht kommt, wenn der Kreis der geförderten Personen fest abgeschlossen oder dauernd klein ist.

(a) Der Begriff des Förderns

Fördern bedeutet, dass etwas vorangebracht, vervollkommnet oder verbessert wird, also ein Tun, das geeignet ist, Anderen einen Nutzen zu bringen[992]. Die Vollendung der Förderung ist nicht erforderlich, vielmehr genügen im Einzelfall schon vorbereitende Handlungen[993]. Das Erreichen der verfolgten Zwecke soll erleichtert oder erst ermöglicht werden. Das kann sowohl durch Geldzuwendungen als auch durch andere Leistungen wie z. B. Fürsorge oder Betreuungsdienste geschehen[994]. Eine Tätigkeit ist keine Förderung, wenn sie der Unterhaltung oder Geselligkeit dient[995].

(b) Der Begriff der Allgemeinheit

(aa) Grundsätzliches

Sowohl der Begriff der „Allgemeinheit“ als auch der Wortlaut des § 52 Abs. 1 S. 2 AO sind missverständlich, da § 52 Abs. 1 AO den Begriff der „Allgemeinheit“ mit einer größeren Personenzahl verknüpft[996]. Gegen diese Verknüpfung steht aber der Zweck des Gemeinnützigkeitsrechts, der in der Förderung des Gemeinwohls liegt[997]. Ob das Gemeinwohl gefördert wird, hängt nicht von der Anzahl der geförderten Personen ab[998].

---

[992] *Bauer*, in: FR 1989, S. 61, 64; *Tipke*, in: Tipke/Kruse, AO und FGO, § 52 AO, Rn. 7; *v. Twickel*, in: Blümich, EStG/KStG/GewStG, § 5 KStG, Rn. 118; *Wallenhorst*, in: Troll/Wallenhorst/Halaczinsky, Die Besteuerung gemeinnütziger Vereine und Stiftungen[4], D Rn. 3.

[993] BFH, Urteil vom 13. Dezember 1978, I R 39/78, in: BStBl. II 1979, S. 482, 486; *Buchna*, Gemeinnützigkeit im Steuerrecht[8], S. 32; *v. Twickel*, in: Blümich, EStG/KStG/GewStG, § 5 KStG, Rn. 118. A. A. *Scholtz*, in: Koch/Scholtz, AO[5], § 52, Rn. 9.

[994] *Spanner*, in: Hübschmann/Hepp/Spitaler, AO und FGO, § 52 AO, Rn. 30.

[995] RFH, Urteil vom 27. April 1932, III A 96/32, in: RStBl. I 1932, S. 572; BFH, Urteil vom 31. Oktober 1963, I 360/61U, in: BStBl. III 1964, S. 20; *Bauer*, in: FR 1989, S. 61, 64.

[996] *Gast-de Haan*, in: DStR 1996, S. 405; *Lang*, in: StuW 1987, S. 221, 232; *Tipke*, in: Tipke/Kruse, AO und FGO, § 52 AO, Rn. 9.

[997] *Gast-de Haan*, in: DStR 1996, S. 405; *Gersch*, in: Franz Klein, AO[8], § 52, Rn. 2; Gutachten der Unabhängigen Sachverständigenkommission zur Prüfung des Gemeinnützigkeits- und Spendenrechts, in: Schriftenreihe des BMF, Heft 40, S. 81; *Lang*, in: Tipke/Lang, Steuer-

Wie § 52 Abs. 1 S. 2 AO verdeutlicht, darf grundsätzlich nicht nur ein fest abgeschlossener oder auf Dauer nur kleiner Personenkreis gefördert werden. Müsste der Kreis der Geförderten jedoch absolut groß sein, würden kleinere und leistungsschwache Körperschaften unter Verstoß gegen den Gleichheitssatz übergangen[999]. Daher wird die Allgemeinheit i. S. des § 52 Abs. 1 AO auch dann erreicht, wenn eine Körperschaft nur einzelne oder wenige Personen fördert und dieser enge Kreis als Ausschnitt der Allgemeinheit angesehen werden kann[1000]. Somit sind Einschränkungen hinsichtlich der Zahl der geförderten Personen, z. B. in sachlicher, regionaler oder beruflicher Hinsicht zulässig, solange der geförderte Kreis noch einen Ausschnitt aus der Allgemeinheit darstellt[1001]. Fördert eine Körperschaft jedoch ohne erkennbar sachlichen Grund einen fest abgeschlossenen Personenkreis, so richtet sie sich nur an einen von der Allgemeinheit losgelösten, eigenständigen Kreis[1002]. Eine Einschränkung der Allgemeinheit ist vor diesem Hintergrund nicht anzunehmen, wenn nur Konfessionsangehörige einer der großen Kirchen gefördert werden[1003]. Eine Förderung der All-

---

recht[17], § 20, Rn. 2; *ders.*, in: StuW 1987, S. 221, 233; *ders.*, in: DStZ 1988, S. 18, 22f; *Melchior*, in: Ax/Große/Melchior, AO und FGO[18], S. 70; *Tipke*, in: Tipke/Kruse, AO und FGO, § 52 AO, Rn. 9.

[998] *Felix*, in: FR 1961, S. 236; *Gast-de Haan*, in: DStR 1996, S. 405; Gutachten der Unabhängigen Sachverständigenkommission zur Prüfung des Gemeinnützigkeits- und Spendenrechts, in: Schriftenreihe des BMF, Heft 40, S. 81f, wonach z. B. auch eine Stiftung zur Erforschung einer seltenen Erbkrankheit, von der nur wenige Personen betroffen sind, dem Gemeinwohl dient; *Jost*, in: Dötsch/Eversberg/Jost/Pung/Witt, Körperschaftsteuer, § 5 Abs. 1 Nr. 9 KStG nF, Rn. 15; *Lang*, in: StuW 1987, S. 221, 233.

[999] *Tipke*, in: Tipke/Kruse, AO und FGO, § 52 AO, Rn. 9.

[1000] BFH, Urteil vom 26. Januar 1973, III R 40/72, in: BStBl. II 1973, S. 430, 431; Urteil vom 13. Dezember 1978, I R 39/78, in: BStBl. II 1979, S. 482, 484f; Urteil vom 13. August 1997, I R 19/96, in: BStBl. II 1997, S. 794, 795f; *Buchna*, Gemeinnützigkeit im Steuerrecht[8], S. 36f; *Jost*, in: Dötsch/Eversberg/Jost/Pung/Witt, Körperschaftsteuer, § 5 Abs. 1 Nr. 9 KStG nF, Rn. 15; *Pues/Scheerbarth*, Gemeinnützige Stiftungen im Zivil- und Steuerrecht[2], S. 105; *Schauhoff*, in: Schauhoff, Handbuch der Gemeinnützigkeit, § 5, Rn. 43; *Scholtz*, in: Koch/Scholtz, AO[5], § 52, Rn. 13; *ders.*, in: FR 1976, S. 181, 183; *v. Twickel*, in: Blümich, EStG/KStG/GewStG, § 5 KStG, Rn. 115; *Wallenhorst*, in: Troll/Wallenhorst/Halaczinsky, Die Besteuerung gemeinnütziger Vereine und Stiftungen[4], D Rn. 37.

[1001] BFH, Urteil vom 13. Dezember 1978, I R 39/78, in BStBl. II 1979, S. 482, 484; Urteil vom 13. August 1997, I R 19/96, in BStBl. II 1997, S. 794, 795f; *Felix*, in: FR 1961, S. 236; *Gersch*, in: Franz Klein, AO[8], § 52, Rn. 8; *Jost*, in: Dötsch/Eversberg/Jost/Pung/Witt, Körperschaftsteuer, § 5 Abs. 1 Nr. 9 KStG nF, Rn. 15; *Lang*, in: StuW 1987, S. 221, 233; *ders.*, in: DStZ 1988, S. 18, 23; *Melchior*, in: Ax/Große/Melchior, AO und FGO[18], S. 70; *Pues/Scheerbarth*, Gemeinnützige Stiftungen im Zivil- und Steuerrecht[2], S. 105; *Scholtz*, in: Koch/Scholtz, AO[5], § 52, Rn. 16; *Tipke*, in: Tipke/Kruse, AO und FGO, § 52 AO, Rn. 10.

[1002] BFH, Urteil vom 13. Dezember 1978, I R 39/78, in: BStBl. II 1979, S. 482, 485; *Jost*, in: Dötsch/Eversberg/Jost/Pung/Witt, Körperschaftsteuer, § 5 Abs. 1 Nr. 9 KStG nF, Rn. 15.

[1003] BFH, Urteil vom 2. Dezember 1955, III 99/55 U, in: BStBl. III 1956, S. 22, 23; *Buchna*, Gemeinnützigkeit im Steuerrecht[8], S. 35; *Jost*, in: Dötsch/Eversberg/Jost/Pung/Witt, Körper-

gemeinheit liegt ebenfalls vor, wenn die Förderung einer kleinen Gruppe mittelbar der Allgemeinheit zugute kommt[1004]. Dies ist auch der Fall, wenn die Förderung eines bestimmten Personenkreises im Allgemeininteresse liegt, so z. B. bei der Jugend-, Alten- oder Krankenhilfe.[1005]

Auch wenn eine Körperschaft Leistungen nur an ihre Mitglieder erbringt, kann trotzdem von einer Förderung der Allgemeinheit ausgegangen werden, wenn einem weiteren Personenkreis die Mitgliedschaft in der Körperschaft theoretisch offen steht[1006]. Eine solche theoretische Offenheit wird bei extrem hohen Mitgliedsbeiträgen verneint[1007]. Eine gewisse finanzielle Opferbereitschaft kann jedoch vorausgesetzt werden[1008], insbesondere, wenn sie durch den Zweck der Körperschaft sachlich gerechtfertigt ist[1009]. Bei einem Orden, der seinen Mitgliedern vertraulich zu behandelndes Lehrmaterial zur Verfügung stellt und dessen Mitglieder die Ordensregeln befolgen müssen, muss die Beschränkung der Förderung auf die Mitglieder jedoch als schädlich angesehen werden[1010], da

---

schaftsteuer, § 5 Abs. 1 Nr. 9 KStG nF, Rn. 15; *Wallenhorst*, in: Troll/Wallenhorst/Halaczinsky, Die Besteuerung gemeinnütziger Vereine und Stiftungen[4], D Rn. 38.

[1004] BFH, Urteil vom 13. Dezember 1978, I R 39/78, in BStBl. II 1979, S. 482, 484f; Urteil vom 23. Juni 1988, IV R 21/86, in: BStBl. II 1988, S. 890, 891; *Tipke*, in: Tipke/Kruse, AO und FGO, § 52 AO, Rn. 10.

[1005] BFH, Urteil vom 22. November 1972, I R 21/71, in: BStBl. II 1973, S. 251; *Pues/Scheerbarth*, Gemeinnützige Stiftungen im Zivil- und Steuerrecht[2], S. 106. Vgl. zum Allgemeininteresse auch *Schauhoff*, in: Schauhoff, Handbuch der Gemeinnützigkeit, § 5, Rn. 26.

[1006] BFH, Urteil vom 13. Dezember 1978, I R 64/77 in: BStBl. II 1979, S. 488, 490; Urteil vom 20. Januar 1982, I R 256/78, in: BStBl. II 1982, S. 336; *Buchna*, Gemeinnützigkeit im Steuerrecht[8], S. 37f; *Jost*, in: Dötsch/Eversberg/Jost/Pung/Witt, Körperschaftsteuer, § 5 Abs. 1 Nr. 9 KStG nF, Rn. 17; *Lang*, in: DStZ 1988, S. 18, 23; *Schauhoff*, in: Schauhoff, Handbuch der Gemeinnützigkeit, § 5, Rn. 100; *v. Twickel*, in: Blümich, EStG/KStG/GewStG, § 5 KStG, Rn. 115. Kritisch dazu *Hüttemann*, Wirtschaftliche Betätigung und steuerliche Gemeinnützigkeit, S. 71; *Lang*, in: StuW 1987, S. 221, 233f.

[1007] BFH, Urteil vom 13. Dezember 1978, I R 64/77, in: BStBl. II 1979, S. 488, 490f; Urteil vom 13. November 1996, I R 152/93, in: BStBl. II 1998, S. 711, 712; AEAO, Zu § 52, Nr. 1.1ff; BMF, Schreiben vom 20. Oktober 1998, IV C 6 – S 0171 – 11/98, in: BStBl. I 1998, S. 1424ff; *Buchna*, Gemeinnützigkeit im Steuerrecht[8], S. 38; *Gersch*, in: Franz Klein, AO[8], § 52, Rn. 6; *Gmach*, in: FR 1992, S. 313, 314; *Melchior*, in: Ax/Große/Melchior, AO und FGO[18], S. 70; *Scholtz*, in: Koch/Scholtz, AO[5], § 52, Rn. 16/1; *v. Twickel*, in: Blümich, EStG/KStG/GewStG, § 5 KStG, Rn. 117.

[1008] *Jost*, in: Dötsch/Eversberg/Jost/Pung/Witt, Körperschaftsteuer, § 5 Abs. 1 Nr. 9 KStG nF, Rn. 18. Vgl. zudem BFH, Urteil vom 13. Dezember 1978, I R 39/78, in: BStBl. II 1979, S. 482, 488; Urteil vom 13. August 1997, I R 19/96, in: BStBl. II 1997, S. 794, 796; BMF, Schreiben vom 20. Oktober 1998, IV C 6 – S 0171 – 11/98, in: BStBl. I 1998, S. 1424ff.

[1009] *Wallenhorst*, in: Troll/Wallenhorst/Halaczinsky, Die Besteuerung gemeinnütziger Vereine und Stiftungen[4], D Rn. 42.

[1010] BFH, Urteil vom 26. Januar 1973, III R 40/72, in: BStBl. II 1973, S. 430f; *Jost*, in: Dötsch/Eversberg/Jost/Pung/Witt, Körperschaftsteuer, § 5 Abs. 1 Nr. 9 KStG nF, Rn. 17.

die Mitgliedschaft in einem solchen Orden nicht ohne Weiteres einem weiteren Personenkreis offen steht.
Um Missverständnisse zu beseitigen und eine verfassungskonforme Gesetzesanwendung zu ermöglichen, wird unter dem Begriff der „Allgemeinheit" i. S. des § 52 Abs. 1 AO die Förderung im Interesse der Allgemeinheit oder im allgemeinen Interesse[1011] oder, noch besser, der Nutzen zum allgemeinen Besten[1012] verstanden.

(bb) Nutzen zum allgemeinen Besten

Der BFH hat in seinem Urteil vom 15. Dezember 1993 den Nutzen zum allgemeinen Besten als Mehrung des Gemeinwohls bezeichnet[1013]. Diese Mehrung des Gemeinwohls kann auf materiellem, geistigem oder sittlichem Gebiet liegen[1014]. Materielle Werte decken den Bereich des wirtschaftlichen Lebensstandards ab, während mit geistigen und sittlichen Werten der ideelle Bereich, der Bereich der Vernunft, der Kultur, des Schöngeistigen und der Moral angesprochen wird[1015].
Was genau unter dem Nutzen zum allgemeinen Besten zu verstehen ist, ist umstritten. Einigkeit besteht nur insoweit, dass verschiedene Kriterien zur Begriffsklärung herangezogen werden müssen. Nach Auffassung der Rechtsprechung und eines Teils der Literatur muss dabei an die herrschende Staatsverfassung, wie sie der Bundesrepublik Deutschland als demokratischem und sozialem Bundesstaat durch das Grundgesetz gegeben ist, die geistige und kulturelle Ordnung, die sozialethischen und religiösen Prinzipien, an die Forschung, Wissenschaft und Technik, an die Wirtschafts- und Sozialstruktur und die Wertvor-

---

[1011] BFH, Urteil vom 23. Juni 1988, IV R 21/86, in: BStBl. II 1988, S. 890, 891; *P. Fischer*, in: FS Offerhaus (1999), S. 597, 608f; *Gmach*, in: FR 1995, S. 85, 86f; *Tipke*, in: Tipke/Kruse, AO und FGO, § 52 AO, Rn. 9.
[1012] BFH, Urteil vom 13. Dezember 1978, I R 39/78, in: BStBl. II 1979, S. 482, 485; Urteil vom 14. Dezember 1978, I R 122/76, in: BStBl. II 1979, S. 491f; *Gast-de Haan*, in: DStR 1996, S. 405, 406; *Jost*, in: Dötsch/Eversberg/Jost/Pung/Witt, Körperschaftsteuer, § 5 Abs. 1 Nr. 9 KStG nF, Rn. 8.
[1013] X R 115/91, in: BStBl. II 1994, S. 314, 316.
[1014] *Jost*, in: Dötsch/Eversberg/Jost/Pung/Witt, Körperschaftsteuer, § 5 Abs. 1 Nr. 9 KStG nF, Rn. 8; *Melchior*, in: Ax/Große/Melchior, AO und FGO[18], S. 70.
[1015] BFH, Urteil vom 23. November 1988, I R 11/88, in: BStBl. II 1989, S. 391, 392; *Braun*, in: FR 1989, S. 61, 65; *Scholtz*, in: Koch/Scholtz, AO[5], § 52, Rn. 5; *Schauhoff*, in: Schauhoff, Handbuch der Gemeinnützigkeit, § 5, Rn. 26; *Tipke*, in: Tipke/Kruse, AO und FGO, § 52 AO, Rn. 6; *Wallenhorst*, in: Troll/Wallenhorst/Halaczinsky, Die Besteuerung gemeinnütziger Vereine und Stiftungen[4], D Rn. 4.

stellungen der Bevölkerung angeknüpft werden[1016]. Der Rechtsprechung und der ihr folgenden Literatur ist insoweit zuzustimmen, als dass eine Steuerbegünstigung nicht in Betracht kommt, wenn sich die Tätigkeit nicht im Rahmen der verfassungsmäßigen Ordnung hält[1017] oder gegen die Rechtsordnung verstößt[1018]. Abgesehen davon verdeutlicht die Aufzählung jedoch, dass die zahlreichen Kriterien es nicht ermöglichen, zu eindeutigen und abgrenzbaren Lösungen zu gelangen[1019]. Vielmehr werden Zuordnungen zum Merkmal „Nutzen zum allgemeinen Besten" beliebig. Aufgrund der Unbestimmtheit ist der vorstehend aufgezeigte Weg somit nicht gangbar.
Deshalb bestimmt die *Unabhängige Sachverständigenkommission zur Prüfung des Gemeinnützigkeits- und Spendenrechts* den Nutzen zum allgemeinen Besten nach nur zwei positiven Kriterien und einem negativen Kriterium. Entscheidend sei, ob Aufgaben erfüllt werden, die gesetzliche Pflichtaufgaben des Staates oder der Kommunen seien, oder ob Tätigkeiten vorgenommen werden, die geeignet und erforderlich seien, die Lebensgrundlagen des Gemeinwesens zu festigen, zu sichern oder zu erhalten[1020]. Das Gemeinwohl werde dagegen nicht gefördert, wenn eine Körperschaft im Wesentlichen eigennützige Zwecke ihrer Mitglieder oder Gesellschafter verfolge[1021].
Indem sich die *Unabhängige Sachverständigenkommission zur Prüfung des Gemeinnützigkeits- und Spendenrechts* auf nur drei Kriterien beschränkt, ver-

---

[1016] BFH, Urteil vom 13. Dezember 1978, I R 39/78, in: BStBl. II 1979, S. 482, 485; *Buchna*, Gemeinnützigkeit im Steuerrecht[8], S. 33; *Gast-de Haan*, in: DStR 1996, S. 405, 406; *Jost*, in: Dötsch/Eversberg/Jost/Pung/Witt, Körperschaftsteuer, § 5 Abs. 1 Nr. 9 KStG nF, Rn. 8; *Melchior*, in: Ax/Große/Melchior, AO und FGO[18], S. 71; *Schauhoff*, in: Schauhoff, Handbuch der Gemeinnützigkeit, § 5, Rn. 26; *Scholtz*, in: Koch/Scholtz, AO[5], § 52, Rn. 7; *Wallenhorst*, in: Troll/Wallenhorst/Halaczinsky, Die Besteuerung gemeinnütziger Vereine und Stiftungen[4], D Rn. 4.

[1017] BFH, Urteil vom 29. August 1984, I R 203/81, in: BStBl. II 1984, S. 844, 847f; Urteil vom 29. August 1984, I R 215/81, in: BStBl. II 1985, S. 106, 107; Beschluss vom 16. Oktober 1991, I B 16/91, in: BFH/NV 1992, S. 505, 506; Urteil vom 29. Oktober 1997, I R 13/97, in: BStBl. II 1998, S. 9, 11; *App*, in: DStZ 1988, S. 303, 304; *Jost*, in: Dötsch/Eversberg/Jost/Pung/Witt, Körperschaftsteuer, § 5 Abs. 1 Nr. 9 KStG nF, Rn. 13; *Kümpel*, in: DStR 2001, S. 152, 156.

[1018] BFH, Urteil vom 29. August 1984, I R 215/81, in: BStBl. II 1985, S. 106, 107; Urteil vom 13. Juli 1994, I R 5/93, in: BStBl. II 1995, 134, 136; Urteil vom 29. Oktober 1997, I R 13/97, in: BStBl. II 1998, S. 9, 11; *Hofmeister*, in: DStZ 1999, S. 545; *Jost*, in: Dötsch/Eversberg/Jost/Pung/Witt, Körperschaftsteuer, § 5 Abs. 1 Nr. 9 KStG nF, Rn. 13; *Kümpel*, in: DStR 2001, S. 152, 156.

[1019] Kritisch auch *Lang*, in: StuW 1987, S. 221, 232.

[1020] Gutachten der Unabhängigen Sachverständigenkommission zur Prüfung des Gemeinnützigkeits- und Spendenrechts, in: Schriftenreihe des BMF, Heft 40, S. 94.

[1021] Gutachten der Unabhängigen Sachverständigenkommission zur Prüfung des Gemeinnützigkeits- und Spendenrechts, in: Schriftenreihe des BMF, Heft 40, S. 95.

mindert sie zwar das Risiko, dass Zuordnungen zum Merkmal des Nutzens zum allgemeinen Besten beliebig erscheinen. Jedoch ist insbesondere das Kriterium „Festigung der Lebensgrundlage“ zu abstrakt und weitreichend für eindeutige und klare Lösungen.

Daher ist der Auffassung von *Isensee* und *Knobbe-Keuk* zuzustimmen, die in ihrem Sondervotum zum Gutachten der *Unabhängigen Sachverständigenkommission zur Prüfung des Gemeinnützigkeits- und Spendenrechts* die von der Kommissionsmehrheit aufgestellten Kriterien als unzulässige Vereinfachung ablehnen und im Hinblick auf die privilegierten Zwecke des Gemeinnützigkeitsrechts fünf „Grundmuster“ nennen[1022]. Bei diesen Grundmustern handelt es sich um die konkurrierenden Gemeinwohlaufgaben von Staat und Privaten (unter Einschluss der mildtätigen Zwecke), um die sog. pluralistischen Gemeinwohlaufgaben wie Bildung, Erziehung, Kunst, Kultur und Religion, die dem Staat entzogen sind, um kirchliche Zwecke als Unterfall der pluralistischen Gemeinwohlaufgaben, um politische Tätigkeiten, soweit sie nicht alleiniger oder überwiegender Zweck sind, und um Selbstverwirklichung und Freizeitaktivitäten, vor allem Sport[1023]. Zwar stellen sich auch diese „Grundmuster“ als abstrakte Kriterien dar. Ihre Orientierung an abgrenzbaren Bereichen ermöglicht jedoch Lösungen, die nicht durch Beliebigkeit oder Zufall gekennzeichnet sind.

Die Anwendung der von *Isensee* und *Knobbe-Keuk* entwickelten Kriterien verdeutlicht auch, dass sich nicht schon die bloße Übernahme von Aufgaben, die an sich einer öffentlich-rechtlichen Körperschaft obliegen, die diese jedoch nicht mehr ordnungsgemäß erfüllen kann, als eine Förderung der Allgemeinheit darstellt[1024]. Eine andere Lösung würde zu einer unzulässigen Verallgemeinerung führen, da nicht alle Aufgaben einer öffentlich-rechtlichen Körperschaft als gemeinnützig anzusehen sind[1025]. So zeigt § 58 Nr. 1 AO, dass das Gesetz steuerbegünstigte und nicht steuerbegünstigte Zwecke einer Körperschaft kennt. Unter Ausschluss der kirchlichen und mildtätigen Zwecke, die nicht im Rahmen des § 52 AO zum Tragen kommen, sind daher die von *Isensee* und *Knobbe-Keuk* entwickelten Grundmuster heranzuziehen, um zu bestimmen, welche Betätigungen, die verfassungsgemäß sind und nicht gegen die Rechtsordnung verstoßen, sich als Nutzen zum allgemeinen Besten darstellen.

[1022] *Isensee/Knobbe-Keuk*, Sondervotum zum Gutachten der Unabhängigen Sachverständigenkommission zur Prüfung des Gemeinnützigkeits- und Spendenrechts, in: Schriftenreihe des BMF, Heft 40, S. 331, 350.

[1023] *Isensee/Knobbe-Keuk*, Sondervotum zum Gutachten der Unabhängigen Sachverständigenkommission zur Prüfung des Gemeinnützigkeits- und Spendenrechts, in: Schriftenreihe des BMF, Heft 40, S. 331, 350ff.

[1024] So aber *Scholtz*, in: Koch/Scholtz, AO^5, § 52, Rn. 8.

[1025] *Spanner*, in: Hübschmann/Hepp/Spitaler, AO und FGO, § 52 AO, Rn. 29.

(2) Katalog der gemeinnützigen Zwecke

§ 52 Abs. 2 AO enthält einen beispielhaften Katalog[1026] der gemeinnützigen Zwecke, der nicht abschließend ist[1027]. Für das Verhältnis zu § 52 Abs. 1 AO soll insbesondere nach der Rechtsprechung des BFH gelten, dass die im Beispielkatalog des § 52 Abs. 2 AO aufgezählten Tätigkeiten von vornherein aufgrund ihrer ausdrücklichen gesetzlichen Festlegung als Förderung der Allgemeinheit anzusehen sind[1028]. Dieser Auffassung kann nicht gefolgt werden. Schon der Wortlaut des § 52 Abs. 2 AO verdeutlicht, dass die in Abs. 2 Nr. 1 bis 4 genannten Beispiele nur unter den Voraussetzungen des § 52 Abs. 1 AO als gemeinnützig anzusehen sind[1029]. Auch Sinne und Zeck des Gemeinnützigkeitsrechts würden verletzt, wenn eine gemeinwohlschädliche Tätigkeit nach § 52 Abs. 2 AO als Förderung der Allgemeinheit anerkannt werden müsste[1030].

[1026] Zum Katalog des § 52 Abs. 2 AO, insbesondere zu § 52 Abs. 2 Nr. 4 AO, siehe *Gmach*, in: FR 1996, S. 308ff.

[1027] BFH, Urteil vom 14. September 1994, I R 153/93, in: BStBl. II 1995, S. 499, 500; Urteil vom 29. Oktober 1997, I R 13/97, in: BStBl. II 1998, S. 9, 11; AEAO, Zu § 52, Nr. 2; *Buchna*, Gemeinnützigkeit im Steuerrecht[8], S. 43; *Gersch*, in: Franz Klein, AO[8], § 52, Rn. 15; *Gmach*, in: FR 1992, S. 313, 314; *ders.*, in: FR 1995, S. 85, 87; *ders.*, in: FR 1996, S. 308, 312; *ders.*, in: FR 1997, S. 793, 795; *Jost*, in: Dötsch/Eversberg/Jost/Pung/Witt, Körperschaftsteuer, § 5 Abs. 1 Nr. 9 KStG nF, Rn. 25; *Lang*, in: Tipke/Lang, Steuerrecht[17], § 20, Rn. 3; *Melchior*, in: Ax/Große/Melchior, AO und FGO[18], S. 70f; *Scholtz*, in: Koch/Scholtz, AO[5], § 52, Rn. 18; *ders.*, in: FR 1976, S. 181, 184; *Tipke*, in: Tipke/Kruse, AO und FGO, § 52 AO, Rn. 11; *v. Twickel*, in: Blümich, EStG/KStG/GewStG, § 5 KStG, Rn. 119. Der BFH, Urteil vom 14. September 1994, I R, in: BStBl. II 1995, S. 499, 501, betont jedoch am Beispiel der Freizeitgestaltung, dass die jeweilige Tätigkeit mit den in § 52 Abs. 2 Nr. 4 AO genannten Beispielen „identisch" sein müsse. Zur abschließenden bzw. annähernd abschließenden Aufzählung in Nr. 3 und 4 des § 52 Abs. 2 AO siehe AEAO, Zu § 52, Nr. 2, 9; *Buchna*, Gemeinnützigkeit im Steuerrecht[8], S. 43ff.

[1028] BFH, Urteil vom 29. Oktober 1997, I R 13/97, in: BStBl. II 1998, S. 9, 11; *Jost*, in: Dötsch/Eversberg/Jost/Pung/Witt, Körperschaftsteuer, § 5 Abs. 1 Nr. 9 KStG nF, Rn. 24; *Wallenhorst*, in: Troll/Wallenhorst/Halaczinsky, Die Besteuerung gemeinnütziger Vereine und Stiftungen[4], D Rn. 30ff, 33. Vgl. auch die Erläuterung der Rechtsprechung bei *Hofmeister*, in: DStZ 1999, S. 545ff.

[1029] FG Nürnberg, Urteil vom 17. März 1986, I 264/83, in: EFG 1986, S. 621; *Bauer*, in: FR 1989, S. 61, 65; *Buchna*, Gemeinnützigkeit im Steuerrecht[8], S. 43; *Gersch*, in: Franz Klein, AO[8], § 52, Rn. 15; *Gmach*, in: FR 1992, S. 313, 314f; *ders.*, in: FR 1995, S. 85, 87; *ders.*, in: FR 1996, S. 308, 312; *ders.*, in: FR 1997, S. 793, 795; *J. Martens*, Die Besteuerung wirtschaftlicher Aktivitäten im Amateursport, S. 44; *Pues/Scheerbarth*, Gemeinnützige Stiftungen im Zivil- und Steuerrecht[2], S. 107; *Scholtz*, in: Koch/Scholtz, AO[5], § 52, Rn. 21; *Tipke*, in: Tipke/Kruse, AO und FGO, § 52 AO, Rn. 11.

[1030] *Bauer*, in: FR 1989, S. 61, 65.

bb) Mildtätige Zwecke (§ 53 AO)

Was unter mildtätigen Zwecken zu verstehen ist, bestimmt § 53 AO. Danach werden mildtätige Zwecke verfolgt, wenn Personen unterstützt werden, die entweder wegen ihres körperlichen, geistigen oder seelischen Zustands auf die Hilfe anderer angewiesen sind – so § 53 Nr. 1 AO – oder die i. S. des § 53 Nr. 2 AO wirtschaftlich hilfsbedürftig sind.
Hilfsbedürftig gem. § 53 Nr. 1 AO sind vor allem Personen i. S. des § 68 Abs. 1 BSHG[1031]. Es ist nicht erforderlich, dass die Hilfsbedürftigkeit dauernd oder nicht nur vorübergehend gegeben ist, sondern es reicht aus, dass die Voraussetzungen in dem Zeitpunkt erfüllt sind, in dem die Hilfe gewährt wird[1032]. Die Finanzverwaltung hält es für zulässig, die Hilfsbedürftigkeit i. S. des § 53 Nr. 1 AO bei Personen, die über 75 Jahre alt sind, ohne weitere Nachprüfung anzunehmen[1033]. Da insbesondere bei altersbedingten Ausfallerscheinungen die Frage der Hilfsbedürftigkeit nur schwer beantwortet werden kann, ist der Vorgehensweise der Finanzverwaltung zuzustimmen[1034]. Unterstützung an hilfsbedürftige Personen i. S. des § 53 Nr. 1 AO in Form solcher Hilfen, die zur Linderung oder Beseitigung der körperlichen, geistigen oder seelischen Hilfsbedürftigkeit gewährt werden, darf ohne Rücksicht auf die wirtschaftliche Hilfsbedürftigkeit dieser Personen gewährt werden. Jedoch ist eine finanzielle Unterstützung nur solcher Personen zulässig, die die Voraussetzungen des § 53 Nr. 2 AO erfüllen[1035]. Wirtschaftliche Hilfsbedürftigkeit besteht nach § 53 Nr. 2 AO bei solchen Personen, deren Bezüge nicht höher als das Vierfache – das Fünffache

---

[1031] *Buchna*, Gemeinnützigkeit im Steuerrecht[8], S. 80; *Jost*, in: Dötsch/Eversberg/Jost/Pung/Witt, Körperschaftsteuer, § 5 Abs. 1 Nr. 9 KStG nF, Rn. 39; *Pues/Scheerbarth*, Gemeinnützige Stiftungen im Zivil- und Steuerrecht[2], S. 117; *Schauhoff*, in: Schauhoff, Handbuch der Gemeinnützigkeit, § 5, Rn. 83.

[1032] *Buchna*, Gemeinnützigkeit im Steuerrecht[8], S. 80; *Gersch*, in: Franz Klein, AO[8], § 53, Rn. 5; *Lorenz/Steer*, in: DB 1983, S. 2657, 2660; *Melchior*, in: Ax/Große/Melchior, AO und FGO[18], S. 72; *Scholtz*, in: Koch/Scholtz, AO[5], § 53, Rn. 7; *Tipke*, in: Tipke/Kruse, AO und FGO, § 53 AO, Rn. 3; *v. Twickel*, in: Blümich, EStG/KStG/GewStG, § 5 KStG, Rn. 126.

[1033] AEAO, Zu § 53, Nr. 4; BMF, Schreiben vom 7. Dezember 1990, IV B 4 – S 0170 – 229/90, IV A 5 – S 0062 – 9/90, in: BStBl. I 1990, S. 818, 819.

[1034] *Lorenz/Steer*, in: DB 1983, S. 2657, 2660. Vgl. auch *Buchna*, Gemeinnützigkeit im Steuerrecht[8], S. 81; *Schauhoff*, in: Schauhoff, Handbuch der Gemeinnützigkeit, § 5, Rn. 81; *Tipke*, in: Tipke/Kruse, AO und FGO, § 53 AO, Rn. 3; *v. Twickel*, in: Blümich, EStG/KStG/GewStG, § 5 KStG, Rn. 126; *Wallenhorst*, in: Troll/Wallenhorst/Halaczinsky, Die Besteuerung gemeinnütziger Vereine und Stiftungen[4], D Rn. 12. Kritisch im Hinblick auf umsatzsteuerliche Sachverhalte ist das Schleswig-Holsteinische FG, Urteil vom 21. Oktober 1992, IV 530/92, in: EFG 1993, S. 347, 348.

[1035] *Lorenz/Steer*, in: DB 1983, S. 2657, 2660.

beim Alleinstehenden oder Haushaltsvorstand – des Regelsatzes der Sozialhilfe i. S. des § 22 BSHG sind[1036].

Die Förderung mildtätiger Zwecke setzt anders als die Förderung gemeinnütziger Zwecke nicht einen unabgegrenzten Kreis der Begünstigten voraus, der Kreis kann somit dauerhaft klein sein[1037]. Erfolgt die Unterstützung der durch § 53 AO begünstigten Personen nicht durch finanzielle Zuwendungen, sondern in anderer Form, so sind die Leistungen nicht unentgeltlich zu erbringen, die Leistungen dürfen aber nicht nur wegen des Entgeltes erbracht werden[1038].

cc) Kirchliche Zwecke (§ 54 AO)

Eine Förderung kirchlicher Zwecke liegt nach § 54 Abs. 1 AO vor, wenn die Zwecke einer Religionsgemeinschaft, die eine Körperschaft des öffentlichen Rechts ist, gefördert werden sollen. Diese Definition verdeutlicht, dass kirchliche Zwecke nicht notwendigerweise gemeinnützig i. S. des § 52 AO sind, da ein Nutzen für die Allgemeinheit nicht erforderlich ist und allenfalls mittelbar erreicht wird[1039].

[1036] Zu den Einzelheiten der wirtschaftlichen Hilfsbedürftigkeit i. S. des § 53 Nr. 2 AO siehe *Buchna*, Gemeinnützigkeit im Steuerrecht[8], S. 81ff; *Lorenz/Steer*, in: DB 1983, S. 2657, 2660f; *Pues/Scheerbarth*, Gemeinnützige Stiftungen im Zivil- und Steuerrecht[2], S. 118ff; *Schauhoff*, in: Schauhoff, Handbuch der Gemeinnützigkeit, § 5, Rn. 84; *Scholtz*, in: Koch/Scholtz, AO[5], § 53, Rn. 9ff; *Tipke*, in: Tipke/Kruse, AO und FGO, § 53 AO, Rn. 4ff; *v. Twickel*, in: Blümich, EStG/KStG/GewStG, § 5 KStG, Rn. 127ff; *Wallenhorst*, in: Troll/Wallenhorst/Halaczinsky, Die Besteuerung gemeinnütziger Vereine und Stiftungen[4], D Rn. 13ff.

[1037] *Gersch*, in: Franz Klein, AO[8], § 53, Rn. 1; *Jost*, in: Dötsch/Eversberg/Jost/Pung/Witt, Körperschaftsteuer, § 5 Abs. 1 Nr. 9 KStG nF, Rn. 40; *Schauhoff*, in: Schauhoff, Handbuch der Gemeinnützigkeit, § 5, Rn. 81; *Scholtz*, in: Koch/Scholtz, AO[5], § 53, Rn. 4/1; *v. Twickel*, in: Blümich, EStG/KStG/GewStG, § 5 KStG, Rn. 124; *Wallenhorst*, in: Troll/Wallenhorst/Halaczinsky, Die Besteuerung gemeinnütziger Vereine und Stiftungen[4], D Rn. 6. Nach OFD Hannover, Verfügung vom 15. März 2000, S 0177 – 12 – StO 214, S 2729 – 326 – StH 233, in: BB 2000, S. 913, ist eine Stiftung, die hilfsbedürftige Angehörige des Stifters unterstützt, nicht gemeinnützig.

[1038] AEAO, Zu § 53, Nr. 2; *Jost*, in: Dötsch/Eversberg/Jost/Pung/Witt, Körperschaftsteuer, § 5 Abs. 1 Nr. 9 KStG nF, Rn. 41; *Scholtz*, in: Koch/Scholtz, AO[5], § 53, Rn. 4; *v. Twickel*, in: Blümich, EStG/KStG/GewStG, § 5 KStG, Rn. 125; *Wallenhorst*, in: Troll/Wallenhorst/Halaczinsky, Die Besteuerung gemeinnütziger Vereine und Stiftungen[4], D Rn. 6.

[1039] *P. Fischer*, in: Hübschmann/Hepp/Spitaler, AO und FGO, § 54 AO, Rn. 8, 10; *Tipke*, in: Tipke/Kruse, AO und FGO, § 54 AO, Rn. 3. A. A. *Buchna*, Gemeinnützigkeit im Steuerrecht[8], S. 88. Vgl. dazu auch RFH, Urteil vom 26. Januar 1921, I A 1/21, in: RFHE 4, S. 301f.

(1) Fördernde Subjekte

§ 54 AO betrifft nicht die kirchlichen Zwecke, die von einer öffentlich-rechtlich verfassten Kirche oder Religionsgemeinschaft selbst verfolgt werden, da diese nur als geförderte Subjekte in Betracht kommen[1040]. Umstritten ist, ob privatrechtliche Organisationen, die von den korporierten Religionsgemeinschaften anerkannt sind oder getragen werden, unter ihrer Einflussnahme und Aufsicht stehen und zu einem erheblichen Teil aus kirchlichen Haushalten finanziert werden, kirchliche Zwecke i. S. des § 54 AO fördern. Solche privatrechtlichen Organisationen treten z. B. im Bereich der Wohlfahrtspflege, Jugendarbeit, des Schul-, Bildungs- und Erziehungswesens, der Mission und des kirchlichen Entwicklungsdienstes auf[1041].

Unstrittig ist, dass die oben genannten privatrechtlichen Organisationen steuerbefreit oder steuerbegünstigt sind, wenn ihre auf die unmittelbare Förderung Dritter gerichtete Tätigkeit den allgemeinen Grundsätzen der Förderung gemeinnütziger oder mildtätiger Zwecke entspricht[1042]. Als Beispiel ist eine kirchliche GmbH zu nennen, die ein Allgemeinkrankenhaus im Geist ihres Bekenntnisses betreibt[1043]. Zwar wird die GmbH staatskirchenrechtlich infolge ihrer satzungsmäßigen Verzahnung mit der Kirche und dem kirchlichen Auftrag von dieser anerkannt und in diesem Sinne ihr auch zugeordnet[1044], die Steuerbegünstigung ergibt sich aber aus den §§ 52, 53, 66 und 67 AO[1045].

Was den Tatbestand der kirchlichen Zwecke betrifft, will *P. Fischer* § 54 AO jedoch einschränkend auslegen und auf die oben beispielhaft genannte kirchliche GmbH nicht anwenden. Die einschränkende Auslegung der kirchlichen Zwecke ergebe sich daraus, dass „kirchlich gebundene Körperschaften" des privaten Rechts, soweit sie am allgemeinen Rechtsleben teilnehmen, gegenüber

---

[1040] *P. Fischer*, in: Hübschmann/Hepp/Spitaler, AO und FGO, § 54 AO, Rn. 9; *Melchior*, in: Ax/Große/Melchior, AO und FGO[18], S. 73; *Scholtz*, in: Koch/Scholtz, AO[5], § 54, Rn. 2; *ders.*, in: FR 1976, S. 181, 187; *Tipke*, in: Tipke/Kruse, AO und FGO, § 54 AO, Rn. 1.

[1041] *P. Fischer*, in: Hübschmann/Hepp/Spitaler, AO und FGO, § 54 AO, Rn. 23; *C. Meyer*, in: HdbStKirchR, 1. Band[2], S. 907, 931. Siehe bei *Aymans*, Kirchliche Vereinigungen, S. 1ff, und *Muckel*, in: HdbStKirchR, 1. Band[2], S. 827ff, allgemein zum kirchlichen Vereins- und Vereinigungswesen. Vgl. zur Bindung kirchlicher Vereine an die Amtskirche *Rüfner*, in: FS Geiger (1989), S. 620ff.

[1042] *P. Fischer*, in: Hübschmann/Hepp/Spitaler, AO und FGO, § 54 AO, Rn. 24. Vgl. dazu BFH, Urteil vom 26. Juli 1956, V 90/53 U, in: BStBl. III 1956, S. 261ff; *Husmann*, in: Rau/Dürrwächter/Flick/Geist, UStG, § 4 Nr. 18, Rn. 14.

[1043] Nach *P. Fischer*, in: Hübschmann/Hepp/Spitaler, AO und FGO, § 54 AO, Rn. 24.

[1044] Vgl. BVerfG, Beschluss vom 25. März 1980, 2 BvR 208/76, in: BVerfGE 53, S. 366, 392ff.

[1045] *P. Fischer*, in: Hübschmann/Hepp/Spitaler, AO und FGO, § 54 AO, Rn. 24.

anderen Rechtsträgern nicht bevorzugt werden dürften, und dass ihre Betätigung nicht auf den Binnenbereich der Religionsgemeinschaften abziele[1046]. *Schön* dagegen wendet auf die „kirchlich gebundenen Körperschaften" des privaten Rechts den Regelungsapparat der §§ 51ff AO umfassend an. Seiner Vorgehensweise ist zuzustimmen, da der Wortlaut des § 54 Abs. 1 AO nur voraussetzt, dass eine Körperschaft i. S. des KStG eine öffentlich-rechtlich verfasste Kirche oder Religionsgemeinschaft fördert. Zudem würde man das Selbstbestimmungsrechts nach Art. 137 Abs. 3 WRV i. V. m. Art. 140 GG einschränken, wenn privatrechtlichen Organisationen, die von den Kirchen getragen werden, die Steuervergünstigung verwehrt wäre.

Neben den „kirchlich gebundenen Körperschaften" des privaten Rechts gibt es weitere Steuersubjekte, die kirchliche Zwecke i. S. des § 54 AO verfolgen und auf diese Weise Kirchen und Religionsgemeinschaften, die Körperschaften des öffentlichen Rechts sind, fördern. Derartige fördernde Steuersubjekte können z. B. körperschaftlich organisierte Kirchbauvereine, Paramentenvereine, Missionsgesellschaften, Priesterseminare, kirchliche Unterstützungskassen oder auch Stiftungen zur Versorgung von Geistlichen oder Hinterbliebenen von Geistlichen sein[1047].

(2) Geförderte Subjekte

Als geförderte Subjekte kommen nach dem Wortlaut des § 54 Abs. 1 AO nicht privatrechtlich organisierte Religionsgemeinschaften in Betracht. Private Religionsgemeinschaften können jedoch nach § 52 Abs. 2 Nr. 1 AO, der die Förderung der Religion zu den gemeinnützigen Zwecken i. S. des § 52 Abs. 1 AO zählt, gefördert werden[1048].

Die Unterscheidung zwischen der Förderung öffentlich-rechtlich und privatrechtlich verfasster Kirchen und Religionsgemeinschaften wird kritisiert und hinsichtlich der privaten Religionsgemeinschaften als Benachteiligung empfunden. Der Nachteil liege darin, dass der Begriff der Förderung der Religion i. S. des § 52 Abs. 2 Nr. 1 AO enger sei als der Begriff der Förderung kirchlicher Zwecke, der insbesondere Zwecke erfasse, die auf die Schaffung der Grundlage

---

1046 *P. Fischer*, in: Hübschmann/Hepp/Spitaler, AO und FGO, § 54 AO, Rn. 24, 26.

1047 *Buchna*, Gemeinnützigkeit im Steuerrecht[8], S. 88f; *Scholtz*, in: Koch/Scholtz, AO[5], § 54, Rn. 2; *Tipke*, in: Tipke/Kruse, AO und FGO, § 54 AO, Rn. 1.

1048 AEAO, Zu § 54; *Buchna*, Gemeinnützigkeit im Steuerrecht[8], S. 88; *Gersch*, in: Franz Klein, AO[8], § 54, Rn. 2; *Melchior*, in: Ax/Große/Melchior, AO und FGO[18], S.73; *Pues/Scheerbarth*, Gemeinnützige Stiftungen im Zivil- und Steuerrecht[2], S. 109, 121; *Scholtz*, in: Koch/Scholtz, AO[5], § 54, Rn. 4; *ders.*, in: FR 1976, S. 181, 187; *Tipke*, in: Tipke/Kruse, AO und FGO, § 54 AO, Rn. 2.

und des äußeren Rahmens einer institutionalisierten Religionsausübung zielten[1049]. Ein Verstoß gegen den Gleichheitssatz liegt jedoch nicht vor, da Art. 140 GG i. V. m. Art. 137 Abs. 5 WRV lex specialis gegenüber Art. 3 Abs. 1 und 3 GG ist[1050]. Die unterschiedliche steuerliche Behandlung von öffentlich-rechtlich verfassten Religionsgemeinschaften und solchen des privaten Rechts ist somit verfassungsrechtlich abgesichert. Wie bereits dargestellt[1051], üben die öffentlich-rechtlich verfassten Religionsgemeinschaften aufgrund ihres langjährigen Wirkens eine wichtige „öffentliche Rolle" im Bereich der Wertefindung und -vermittlung aus. Aufgrund dieser gesamtgesellschaftlichen Bedeutung ist die steuerliche Differenzierung zwischen privaten und öffentlich-rechtlichen Religionsgemeinschaften, die in § 52 Abs. 2 Nr. 1 AO und § 54 AO ihren Ausdruck findet, auch sachlich gerechtfertigt[1052].

(3) Aufzählung kirchlicher Zwecke in § 54 Abs. 2 AO

Die Aufzählung der kirchlichen Zwecke in § 54 Abs. 2 AO ist nicht abschließend, sondern nur beispielhaft[1053]. Aus dem Zusammenspiel der dort genannten Beispiele lässt sich der Begriff der kirchlichen Zwecke bestimmen. Allerdings kann in diesem Zusammenhang nicht der Auffassung von *Riewald* gefolgt werden. Nach *Riewald* kommen als kirchliche Zwecke „nur die eigentlichen Aufgaben der Kirchen [...] in Betracht, nicht Aufgaben, die sie sich darüber hinaus selbst stellen"[1054]. Auch wenn die Definition in einem Teilbereich noch dadurch

---

[1049] *Tipke*, in: Tipke/Kruse, AO und FGO, § 54 AO, Rn. 2f.

[1050] *P. Fischer*, in: Hübschmann/Hepp/Spitaler, AO und FGO, § 54 AO, Rn. 17; *Isensee*, in: FS Dürig (1990), S. 33, 48f; *Scholtz*, in: Koch/Scholtz, AO^5, § 54, Rn. 5; *ders.*, in: FR 1976, S. 181, 187; *H. Weber*, Die Religionsgemeinschaften als Körperschaften des öffentlichen Rechts im System des Grundgesetzes, S. 41f; *Weides*, in: FS Universität Köln (1988), S. 885, 888f. Vgl. auch BVerfG, Beschluss vom 4. Oktober 1965, 1 BvR 498/62, in: BVerfGE 19, S. 129, 134f.

[1051] Vgl. B. IV. 2.

[1052] *P. Fischer*, in: Hübschmann/Hepp/Spitaler, AO und FGO, § 54 AO, Rn. 17. Vgl. auch BVerfG, Beschluss vom 4. Oktober 1965, 1 BvR 498/62, in: BVerfGE 19, S. 129, 134f; BVerwG, Urteil vom 14. August 1992, 8 C 67.91, in: BVerwGE 90, S. 320, 326; *G. Hammer*, in: HdbStKirchR, 1. Band^2, S. 1065, 1068; *Weides*, in: FS Universität Köln (1988), S. 885, 888f.

[1053] *P. Fischer*, in: Hübschmann/Hepp/Spitaler, AO und FGO, § 54 AO, Rn. 27; *Gersch*, in: Franz Klein, AO^8, § 54, Rn. 4; *Pues/Scheerbarth*, Gemeinnützige Stiftungen im Zivil- und Steuerrecht^2, S. 121; *Scholtz*, in: Koch/Scholtz, AO^5, § 54, Rn. 7; *Tipke*, in: Tipke/Kruse, AO und FGO, § 54 AO, Rn. 3; *v. Twickel*, in: Blümich, EStG/KStG/GewStG, § 5 KStG, Rn. 132.

[1054] *Riewald*, in: Becker/Riewald/Koch, Reichsabgabenordnung, Band 1^9, § 19 StAnpG, Anm. 2 (2).

konkretisiert wird, dass jede Unterweisung in der Religion zu den eigentlichen Aufgaben der Kirche zu zählen sei[1055], ist sie letztlich doch zu unpräzise[1056]. Kirchliche Zwecke i. S. des § 54 AO sind vielmehr solche Zwecke, die auf eine Förderung im Binnenbereich der Kirche oder Religionsgemeinschaft abzielen[1057]. Sie können den Kultusbereich, den Verkündigungs- und Unterweisungsbereich – auch die Mission – und den Organisations- und Verwaltungsbereich der Religionsgemeinschaft betreffen[1058].
Im Mittelpunkt des Binnenbereichs der Kirche steht die Durchführung kultischer und anderer religiöser Handlungen, einschließlich der seelsorgerischen Tätigkeit[1059]. Notwendige Voraussetzung für das religiöse Handeln ist die Beschaffung und Unterhaltung der erforderlichen Sachmittel und die Ausbildung geeigneten Personals[1060]. So kann neben den in § 54 Abs. 2 AO genannten Beispielen die Ausbildung von Geistlichen in Priesterseminaren unter den Begriff der kirchlichen Zwecke gefasst werden. § 54 AO kann jedoch nicht mehr Anwendung finden, wenn sakrale Gegenstände und andere religiöse Werke und Bauten zur Erzielung von Entgelten eingesetzt werden[1061]. Dies trifft z. B. auf Kirchturmbesteigungen oder -besichtigungen zu, auf Besichtigungen des Domschatzes oder den Verkauf von Messwein[1062].
Wie schon angerissen, zählt zu den kirchlichen Zwecken i. S. des § 54 AO zudem die Verkündigung im weitesten Sinn[1063]. Unter den weiten Verkündigungsbegriff ist die religiöse Unterweisung in allen Formen der Belehrung über religiöse Fragen oder der Vermittlung religiösen Wissens einschließlich der re-

---

[1055] *Riewald*, in: Becker/Riewald/Koch, Reichsabgabenordnung, Band 1[9], § 19 StAnpG, Anm. 2 (2).
[1056] So auch *P. Fischer*, in: Hübschmann/Hepp/Spitaler, AO und FGO, § 54 AO, Rn. 26.
[1057] *P. Fischer*, in: Hübschmann/Hepp/Spitaler, AO und FGO, § 54 AO, Rn. 26. Ähnlich auch *Wallenhorst*, in: Troll/Wallenhorst/Halaczinsky, Die Besteuerung gemeinnütziger Vereine und Stiftungen[4], D Rn. 20.
[1058] *Schön*, in: DStZ 1999, S. 701, 703ff; *Tipke*, in: Tipke/Kruse, AO und FGO, § 54 AO, Rn. 3; *v. Twickel*, in: Blümich, EStG/KStG/GewStG, § 5 KStG, Rn. 132.
[1059] *Schön*, in: DStZ 1999, S. 701, 703.
[1060] *Schön*, in: DStZ 1999, S. 701, 703.
[1061] *Schön*, in: DStZ 1999, S. 701, 703.
[1062] RFH, Bescheid vom 6. September 1938, bestätigt durch Urteil vom 25. Oktober 1938, VI a 7/38, in: RStBl. 1938, S. 1189f; Urteil vom 4. April 1939, V 1/38, in: RStBl. 1939, S. 662; *Buchna*, Gemeinnützigkeit im Steuerrecht[8], S. 89; *Schön*, in: DStZ 1999, S. 701, 703; *Tipke*, in: Tipke/Kruse, AO und FGO, § 54 AO, Rn. 3; *v. Twickel*, in: Blümich, EStG/KStG/GewStG, § 5 KStG, Rn. 132; *Wallenhorst*, in: Troll/Wallenhorst/Halaczinsky, Die Besteuerung gemeinnütziger Vereine und Stiftungen[4], D Rn. 21.
[1063] *P. Fischer*, in: Hübschmann/Hepp/Spitaler, AO und FGO, § 54 AO, Rn. 27; *Schön*, in: DStZ 1999, S. 701, 703.

ligiösen Belehrung in kirchlichen Akademien zu fassen[1064]. Vor diesem Hintergrund wird auch die Abhaltung von Katholikentagen und evangelischen Kirchentagen als steuerbegünstigt anerkannt[1065].
Nach umstrittener Auffassung soll die Unterhaltung von Konvikten und Schülerheimen, Internaten, Studentenheimen und ähnlichen öffentlichen Bildungseinrichtungen nicht kirchlichen Zwecken, sondern allenfalls gemeinnützigen Zwecken dienen[1066]. Gegen diese Verallgemeinerung spricht, dass der Begriff der Verkündigung im Rahmen des § 54 AO weit auszulegen und daher im Einzelfall zu fragen ist, ob die jeweilige Betätigung noch zu den genuin kirchlichen Aufgaben gezählt werden kann[1067].
Wie bereits erwähnt, wird im Rahmen des § 54 AO die öffentlich-rechtlich verfasste Kirche „als Organisation"[1068] gefördert. Daher sind auch Aufgaben innerkirchlicher Organisation zu den kirchlichen Zwecken zu zählen[1069]. Neben der in § 54 Abs. 2 AO genannten Verwaltung von Kirchenvermögen ist u. a. die Übernahme von Bauaufgaben für eine öffentlich-rechtlich verfasste Kirche zu nennen[1070]. Bei der Verwaltung von Kirchenvermögen ist zu beachten, dass es sich um Vermögen handeln muss, das im rechtlichen Eigentum einer Kirche oder Religionsgemeinschaft steht[1071].

[1064] BFH, Urteil vom 14. November 1958, III 303/56 S, in: BStBl. III 1959, S. 81, 82; *P. Fischer*, in: Hübschmann/Hepp/Spitaler, AO und FGO, § 54 AO, Rn. 27.

[1065] OFD Düsseldorf, Verfügung vom 1. Juli 1982, S 7104/7300 A – St 141, in: DB 1982, S. 1596, 1597; *P. Fischer*, in: Hübschmann/Hepp/Spitaler, AO und FGO, § 54 AO, Rn. 27; *Schön*, in: DStZ 1999, S. 701, 703f; *v. Twickel*, in: Blümich, EStG/KStG/GewStG, § 5 KStG, Rn. 132.

[1066] RFH, Urteil vom 12. November 1941, VIa 83/41, in: RStBl. 1941, S. 892; *P. Fischer*, in: Hübschmann/Hepp/Spitaler, AO und FGO, § 54 AO, Rn. 27.

[1067] *G. Hammer*, in: HdbStKirchR, 1. Band², S. 1065, 1069; *Schön*, in: DStZ 1999, S. 701, 704; *Weides*, in: FS Universität Köln (1988), S. 885, 892.

[1068] *Schön*, in: DStZ 1999, S. 701, 705.

[1069] BFH, Urteil vom 8. Juli 1971, V R 1/68, in: BStBl. II 1972, S. 70, 73; Gutachten der Unabhängigen Sachverständigenkommission zur Prüfung des Gemeinnützigkeits- und Spendenrechts, in: Schriftenreihe des BMF, Heft 40, S. 102; *Isensee/Knobbe-Keuk*, Sondervotum zum Gutachten der Unabhängigen Sachverständigenkommission zur Prüfung des Gemeinnützigkeits- und Spendenrechts, in: Schriftenreihe des BMF, Heft 40, S. 331, 359ff.

[1070] BFH, Urteil vom 24. Juli 1996, in: BStBl. II 1996, S. 583, 584 und 586; *Jost*, in: Dötsch/Eversberg/Jost/Pung/Witt, Körperschaftsteuer, § 5 Abs. 1 Nr. 9 KStG nF, Rn. 45; *Tipke*, in: Tipke/Kruse, AO und FGO, § 54 AO, Rn. 3.

[1071] *Buchna*, Gemeinnützigkeit im Steuerrecht⁸, S. 89; *Jost*, in: Dötsch/Eversberg/Jost/Pung/Witt, Körperschaftsteuer, § 5 Abs. 1 Nr. 9 KStG nF, Rn. 45; *Schauhoff*, in: Schauhoff, Handbuch der Gemeinnützigkeit, § 5, Rn. 87; *Scholtz*, in: Koch/Scholtz, AO⁵, § 54, Rn. 7.

c) Selbstlosigkeit (§ 55 AO)

Die Selbstlosigkeit nach § 55 AO ist neben der Ausschließlichkeit (§ 56 AO) und der Unmittelbarkeit (§ 57 AO) eine Grundvoraussetzung für die Anerkennung der in den §§ 52 bis 54 AO genannten drei steuerbegünstigten Zwecke[1072]. Ausnahmen vom Grundsatz der Selbstlosigkeit ergeben sich aus § 58 Nr. 8 und 9 AO[1073].

aa) Selbstlosigkeit der Körperschaft?

Nach der finanzgerichtlichen Rechtsprechung[1074], der Finanzverwaltung[1075] und der h. M. in der Literatur[1076] ist das Merkmal der Selbstlosigkeit unter anderem auf der Ebene der Körperschaft anzuwenden, da sich § 55 Abs. 1, 1. HS. AO auch mit der Frage befasse, ob und inwieweit die Körperschaft ihre eigenen wirtschaftlichen Interessen durch Erhöhung ihrer Einkünfte und ihres Vermögens verfolgen dürfe. Diese Auffassung kann jedoch das Verhältnis des § 55 AO zu den §§ 56 und 64 AO nicht eindeutig klären, wobei sich insbesondere in Bezug auf das Merkmal der Ausschließlichkeit nach § 56 AO Unklarheiten ergeben[1077]. Insofern ist der von *Hüttemann* begründeten Gegenansicht[1078] zu folgen. Danach ergeben sich die Grenzen der wirtschaftlichen Betätigung der Körperschaften aus dem Gebot der strikten Finalität der Gesamttätigkeit der Kör-

---

[1072] *P. Fischer*, in: Hübschmann/Hepp/Spitaler, AO und FGO, § 55 AO, Rn. 12; *Pues/Scheerbarth*, Gemeinnützige Stiftungen im Zivil- und Steuerrecht[2], S. 122; *Scholtz*, in: Koch/Scholtz, AO[5], § 55, Rn. 2; *ders.*, in: FR 1976, S. 181, 187; *Tipke*, in: Tipke/Kruse, AO und FGO, § 55 AO, Rn. 1.

[1073] *P. Fischer*, in: Hübschmann/Hepp/Spitaler, AO und FGO, § 58 AO, Rn. 43; *Gersch*, in: Franz Klein, AO[8], § 58, Rn. 16; *Melchior*, in: Ax/Große/Melchior, AO und FGO[18], S. 74; *v. Twickel*, in: Blümich, EStG/KStG/GewStG, § 5 KStG, Rn. 152; *Wallenhorst*, in: Troll/Wallenhorst/Halaczinsky, Die Besteuerung gemeinnütziger Vereine und Stiftungen[4], C Rn. 157ff.

[1074] BFH, Urteil vom 26. April 1989, I R 209/85, in: BStBl. II 1989, S. 670, 672; Urteil vom 23. Oktober 1991, I R 19/91, in: BStBl. II 1992, S. 62, 64.

[1075] AEAO, Zu § 52, Nr. 1.

[1076] *Buchna*, Gemeinnützigkeit im Steuerrecht[8], S. 90; *Franz*, Grundlagen der Besteuerung gemeinnütziger Körperschaften bei wirtschaftlicher Betätigung, S. 95; *Gersch*, in: Franz Klein, AO[8], § 55, Rn. 2; *Herrnkind*, in: DStZ 1988, S. 581; *Lang*, in: StuW 1987, S. 221, 235; *Melchior*, in: Ax/Große/Melchior, AO und FGO[18], S. 73; *Scholtz*, in: Koch/Scholtz, AO[5], § 55, Rn. 3; *ders.*, in: FR 1976, S. 181, 187; *Tipke*, in: Tipke/Kruse, AO und FGO, § 55 AO, Rn. 5; *v. Twickel*, in: Blümich, EStG/KStG/GewStG, § 5 KStG, Rn. 134.

[1077] *Buchna*, Gemeinnützigkeit im Steuerrecht[8], S. 92; *P. Fischer*, in: Hübschmann/Hepp/Spitaler, AO und FGO, § 55 AO, Rn. 71; *Hüttemann*, Wirtschaftliche Betätigung und steuerliche Gemeinnützigkeit, S. 54; *Lang*, in: StuW 1987, S. 221, 235.

[1078] *Hüttemann*, Wirtschaftliche Betätigung und steuerliche Gemeinnützigkeit, S. 53ff, 64ff.

perschaft im Hinblick auf die gegenwartsnahe und möglichst effektive Verfolgung ideeller Zwecke[1079]. „Für die gemeinnützige Körperschaft selbst enthält ihre verbandsmäßige Zielsetzung inzidenter das Verbot ‚eigenwirtschaftlicher Vorteile', soweit diese die Verwirklichung der satzungsmäßigen Zwecke nicht fördern oder beeinträchtigen. Ein sachlicher Grund, auch solche einkünfteerzielenden oder vermögensmehrenden Maßnahmen unter Berufung auf eine ‚Selbstlosigkeit' der Körperschaft zu untersagen, welche die gegenwärtige Erfüllung der satzungsmäßigen Ziele voranbringen oder zur gegenwartsnahen Erfüllung notwendig sind, besteht demgegenüber nicht"[1080]. Daraus folgt, dass es auf der Ebene der Körperschaft selbst keines Merkmals der Selbstlosigkeit bedarf.

Vielmehr stellt sich die Selbstlosigkeit als „subjektives" Kriterium dar, das nur im Hinblick auf die Mitglieder der Körperschaft zu prüfen ist und kumulativ zum „objektiven" Merkmal der satzungsmäßigen und tatsächlichen ausschließlich gemeinnützigen und gegenwartsnahen Zielsetzung der Körperschaft tritt[1081]. Diese Auffassung entspricht auch der früher h. M. vor Inkrafttreten der AO 1977, wonach die wirtschaftliche Betätigung der Körperschaft eine Frage der Ausschließlichkeit war und die Formulierung „nicht in erster Linie eigenwirtschaftliche Zwecke" sich auf die wirtschaftlichen Interessen der Mitglieder bezog und die subjektive Gemeinnützigkeit betraf[1082].

bb) Selbstlosigkeit der Mitglieder

Unabhängig von dem Streit über die Frage, ob das Merkmal der Selbstlosigkeit auf der Ebene der Körperschaft Anwendung findet, besteht Übereinstimmung darin, dass § 55 Abs. 1 AO die vorrangige Verfolgung eigenwirtschaftlicher Interessen der Mitglieder der Körperschaft untersagt[1083]. Das derart verstandene

[1079] *P. Fischer*, in: Hübschmann/Hepp/Spitaler, AO und FGO, § 55 AO, Rn. 16; *Hüttemann*, Wirtschaftliche Betätigung und steuerliche Gemeinnützigkeit, S. 53.

[1080] *Hüttemann*, Wirtschaftliche Betätigung und steuerliche Gemeinnützigkeit, S. 55.

[1081] *Hüttemann*, Wirtschaftliche Betätigung und steuerliche Gemeinnützigkeit, S. 53.

[1082] RFH, Urteil vom 10. November 1921, I A 184/21, in: RFHE 7, S. 200, 201f; Urteil vom 2. Dezember 1921, I a A 113/21, in: RFHE 8, S. 339, 340f; Urteil vom 25. November 1927, I A 439/27, in: RFHE 22, S. 204, 206ff; *Meßmer*, in: Mattern/Meßmer, Reichsabgabenordnung, §§ 17-19 StAnpG, Rn. 2854, 2860; *Riewald*, in: Becker/Riewald/Koch, Reichsabgabenordnung, Band 1[9], § 17 StAnpG, Anm. 4b Abs. 4, 9a Abs. 2. Vgl. auch die ausführliche Darstellung bei *P. Fischer*, in: Hübschmann/Hepp/Spitaler, AO und FGO, § 55 AO, Rn. 1ff, 86ff.

[1083] RFH, Urteil vom 17. Juli 1930, III A 6/30, RStBl. 1930, S. 702; Urteil vom 31. Oktober 1930, III A 176/30, in: RStBl. 1931, S. 185; Urteil vom 7. Mai 1931, I A 92/31, in: RStBl. 1931, S. 392, 394; BFH, Urteil vom 13. Dezember 1978, I R 39/78, in: BStBl. II 1979, S. 482, 487; Urteil vom 26. April 1989, I R 209/85, in: BStBl. II 1989, S. 670, 672; Urteil vom 28.

„subjektive“ Merkmal der Selbstlosigkeit stellt sich jedoch weniger als Frage des Beweggrundes, der inneren Zielsetzung und Motivation der Mitglieder dar[1084], sondern ist objektiv aus den tatsächlichen Umständen zu ermitteln[1085]. Maßgeblich ist, ob die Mitglieder der Körperschaft aus ihrer Beteiligung tatsächlich überwiegend eigenwirtschaftliche Vorteile ziehen[1086].

(1) Mitgliederbegriff

Mitglieder sind nach § 55 Abs. 1 Nr. 1 AO die Mitglieder oder Gesellschafter der Körperschaft. Nach § 55 Abs. 3 AO gelten die die Mitglieder betreffenden Regelungen des § 55 Abs. 1 Nr. 1, 2 und 4 AO bei Stiftungen sinngemäß für die Stifter und ihre Erben, bei Betrieben gewerblicher Art von Körperschaften des öffentlichen Rechts sinngemäß für die Körperschaften des öffentlichen Rechts. Sind die Mitglieder der steuerbegünstigten Körperschaft Personenvereinigungen, findet § 55 AO gleichermaßen auf die Mitglieder dieser Personenvereinigungen Anwendung[1087].

Entsprechend den Grundsätzen zur verdeckten Gewinnausschüttung sind als Verfolgung eigenwirtschaftlicher Zwecke der Mitglieder auch solche eigenwirtschaftlichen Vorteile anzusehen, die bei den Mitgliedern nahe stehenden Perso-

---

Juni 1989, I R 86/85, in: BStBl. II 1990, S. 550, 551; Urteil vom 23. Oktober 1991, I R 19/91, in: BStBl. II 1992, S. 62, 64; *Buchna*, Gemeinnützigkeit im Steuerrecht[8], S. 91; *P. Fischer*, in: Hübschmann/Hepp/Spitaler, AO und FGO, § 55 AO, Rn. 31; *Gersch*, in: Franz Klein, AO[8], § 55, Rn. 2; *Hüttemann*, Wirtschaftliche Betätigung und steuerliche Gemeinnützigkeit, S. 53f, 64; *Melchior*, in: Ax/Große/Melchior, AO und FGO[18], S. 73; *Riewald*, in: Becker/Riewald/Koch, Reichsabgabenordnung, Band 1[9], § 17 StAnpG, Anm. 4b Abs. 3; *Schauhoff*, in: Schauhoff, Handbuch der Gemeinnützigkeit, § 8, Rn. 15; *Scholtz*, in: Koch/Scholtz, AO[5], § 55, Rn. 3; *ders.*, in: FR 1976, S. 181, 187; *Tipke*, in: Tipke/Kruse, AO und FGO, § 55 AO, Rn. 6; *v. Twickel*, in: Blümich, EStG/KStG/GewStG, § 5 KStG, Rn. 134; *Wallenhorst*, in: Troll/Wallenhorst/Halaczinsky, Die Besteuerung gemeinnütziger Vereine und Stiftungen[4], C Rn. 61ff.

[1084] So aber RFH, Urteil vom 10. Januar 1932, III A 341/32, in: RStBl. 1933, S. 17, 18; Urteil vom 27. April 1932, III A 929/31, in: RStBl. 1932, S. 970, 971; *P. Fischer*, in: Hübschmann/Hepp/Spitaler, AO und FGO, § 55 AO, Rn. 14; *Riewald*, in: Becker/Riewald/Koch, Reichsabgabenordnung, Band 1[9], § 17 StAnpG, Anm. 4a Abs. 3.

[1085] BFH, Urteil vom 13. Dezember 1978, I R 39/78, in: BStBl. II 1979, S. 482, 487f; *Hüttemann*, Wirtschaftliche Betätigung und steuerliche Gemeinnützigkeit, S. 53f.

[1086] *Hüttemann*, Wirtschaftliche Betätigung und steuerliche Gemeinnützigkeit, S. 54. Vgl. auch *Buchna*, Gemeinnützigkeit im Steuerrecht[8], S. 91.

[1087] BFH, Urteil vom 22. August 1952, III 256/51 U, in: BStBl. III 1952, S. 270, 271; *P. Fischer*, in: Hübschmann/Hepp/Spitaler, AO und FGO, § 55 AO, Rn. 31; *Hüttemann*, Wirtschaftliche Betätigung und steuerliche Gemeinnützigkeit, S. 65; *Riewald*, in: Becker/Riewald/Koch, Reichsabgabenordnung, Band 1[9], § 17 StAnpG, Anm. 4b Abs. 3; *Tipke*, in: Tipke/Kruse, AO und FGO, § 55 AO, Rn. 6.

nen eintreten[1088]. Bedeutet der Vorteil der nahe stehenden Person für das Mitglied selbst einen wirtschaftlichen Vorteil, stellt sich die nahe stehende Person also nur als eine Zahlstelle des Mitglieds dar, ist § 55 Abs. 1 S. 1 AO anzuwenden[1089].

(2) „Eigenwirtschaftliche Zwecke"

Nach § 55 Abs. 1, 1. HS. AO geschieht eine Förderung oder Unterstützung selbstlos, wenn dadurch nicht in erster Linie eigenwirtschaftliche Zwecke – z. B. gewerbliche Zwecke oder sonstige Erwerbszwecke – verfolgt werden. Die Entstehung wirtschaftlicher Vorteile in der erwerbswirtschaftlichen Sphäre der Mitglieder – einschließlich der Ersparnis von Aufwendungen – bildet immer eine eigenwirtschaftliche Zielsetzung[1090]. § 55 AO versteht die Selbstlosigkeit einseitig wirtschaftlich, so dass Vorteile nichtwirtschaftlicher Art unschädlich sind[1091]. Zwar wird kritisiert, dass § 55 AO nicht auch nichtwirtschaftliche Vorteile, wie Pflege der Geselligkeit oder der Freizeitgestaltung, ausschaltete[1092].

[1088] *P. Fischer*, in: Hübschmann/Hepp/Spitaler, AO und FGO, § 55 AO, Rn. 31; *Hüttemann*, Wirtschaftliche Betätigung und steuerliche Gemeinnützigkeit, S. 66; *Isensee/Knobbe-Keuk*, Sondervotum zum Gutachten der Unabhängigen Sachverständigenkommission zur Prüfung des Gemeinnützigkeits- und Spendenrechts, in: Schriftenreihe des BMF, Heft 40, S. 331, 418; *Schauhoff*, in: Schauhoff, Handbuch der Gemeinnützigkeit, § 8, Rn. 13; *Scholtz*, in: Koch/Scholtz, AO^5, § 55, Rn. 8; *Tipke*, in: Tipke/Kruse, AO und FGO, § 55 AO, Rn. 6; *v. Twickel*, in: Blümich, EStG/KStG/GewStG, § 5 KStG, Rn. 134. A. A. *J. Martens*, Die Besteuerung wirtschaftlicher Aktivitäten im Amateursport, S. 80.

[1089] *Hüttemann*, Wirtschaftliche Betätigung und steuerliche Gemeinnützigkeit, S. 66.

[1090] *Buchna*, Gemeinnützigkeit im Steuerrecht^8, S. 91; *P. Fischer*, in: Hübschmann/Hepp/Spitaler, AO und FGO, § 55 AO, Rn. 29; *Hüttemann*, Wirtschaftliche Betätigung und steuerliche Gemeinnützigkeit, S. 66f; *Riewald*, in: Becker/Riewald/Koch, Reichsabgabenordnung, Band 1^9, § 17 StAnpG, Anm. 4b Abs. 1ff; *Scholtz*, in: Koch/Scholtz, AO^5, § 55, Rn. 4. Dagegen bezweifelt *Schauhoff*, in: Schauhoff, Handbuch der Gemeinnützigkeit, § 8, Rn. 15, ob die Ersparnis von Aufwendungen schädlich ist.

[1091] *Buchna*, Gemeinnützigkeit im Steuerrecht^8, S. 91; *P. Fischer*, in: Hübschmann/Hepp/Spitaler, AO und FGO, § 55 AO, Rn. 28; *Kirchhartz*, in: ZKF 1985, S. 266, 267; *Riewald*, in: Becker/Riewald/Koch, Reichsabgabenordnung, Band 1^9, § 17 StAnpG, Anm. 4b; *Schauhoff*, in: Schauhoff, Handbuch der Gemeinnützigkeit, § 8, Rn. 13; *Scholtz*, in: Koch/Scholtz, AO^5, § 55, Rn. 6; *Tipke*, in: Tipke/Kruse, AO und FGO, § 55 AO, Rn. 1; *v. Twickel*, in: Blümich, EStG/KStG/GewStG, § 5 KStG, Rn. 133.

[1092] *Bauer*, in: FR 1989, S. 61, 66; *Franz*, Grundlagen der Besteuerung gemeinnütziger Körperschaften bei wirtschaftlicher Betätigung, S. 90f; Gutachten der Unabhängigen Sachverständigenkommission zur Prüfung des Gemeinnützigkeits- und Spendenrechts, in: Schriftenreihe des BMF, Heft 40, S. 83, 89f, 96; *Isensee/Knobbe-Keuk*, Sondervotum zum Gutachten der Unabhängigen Sachverständigenkommission zur Prüfung des Gemeinnützigkeits- und Spendenrechts, in: Schriftenreihe des BMF, Heft 40, S. 331, 348, 418ff; *Isensee*, in: FS Dürig (1990), S. 33, 38ff; *Lang*, in: StuW 1987, S. 221, 235.

Der Gesetzgeber hat diese Kritik jedoch durch die auf dem Gesetz zur Vereinfachung und Verbesserung der Vereinsbesteuerung (Vereinsförderungsgesetz)[1093] beruhende Ausweitung der förderungswürdigen Zwecke und das Anfügen des § 52 Abs. 2 Nr. 4 AO bewusst nicht aufgegriffen[1094]. Auch wenn man den Inhalt des § 55 AO rechtpolitisch für fragwürdig hält, bestehen doch keine verfassungsrechtlichen Bedenken gegen ihn[1095].

(3) „In erster Linie"

Die überwiegende Auffassung verneint die Selbstlosigkeit, wenn eigenwirtschaftliche Vorteile für einen wesentlichen Teil oder die Mehrheit der Mitglieder der Körperschaft entstehen[1096]. Zwar deutet ein wirtschaftlicher Vorteil für die Mehrheit der Mitglieder darauf hin, dass in erster Linie eigenwirtschaftliche Zwecke verfolgt werden[1097], jedoch ist die Anzahl der Mitglieder, die wirtschaftliche Vorteile aus der Tätigkeit der Körperschaft ziehen, nicht das allein maßgebliche Kriterium[1098]. Denn der Wortlaut „in erster Linie" weist auf eine Abwägung zwischen den eigenwirtschaftlichen Vorteilen der Mitglieder und der Förderung der Allgemeinheit hin[1099]. „Hier ist im Einzelfall abzuwägen, ob die wirtschaftlichen Vorteile im Interesse des Allgemeinwohls hinzunehmen sind, weil die allgemeinwohlfördernde Tätigkeit der Körperschaft im Vordergrund steht, oder ob der Nutzen für das Allgemeinwohl hinter dem Eigennutz der Beteiligten zurückbleibt"[1100]. Vor diesem Hintergrund kann bei Körperschaften, die nur ihre Mitglieder fördern und bei denen trotzdem das Merkmal „Förderung der Allgemeinheit" bejaht wird[1101], von Selbstlosigkeit nur dann

---

[1093] Vom 18. Dezember 1989, in: BGBl. I 1989, S. 2212.

[1094] *P. Fischer*, in: Hübschmann/Hepp/Spitaler, AO und FGO, § 55 AO, Rn. 28; *Tipke*, in: Tipke/Kruse, AO und FGO, § 55 AO, Rn. 1.

[1095] *P. Fischer*, in: Hübschmann/Hepp/Spitaler, AO und FGO, § 55 AO, Rn. 28; *Tipke*, in: Tipke/Kruse, AO und FGO, § 55 AO, Rn. 1.

[1096] FG des Saarlandes, Urteil vom 21. August 1981, I 74-75/78, in: EFG 1982, S. 214, 215; *Riewald*, in: Becker/Riewald/Koch, Reichsabgabenordnung, Band 1[9], § 17 StAnpG, Anm. 4b Abs. 5; *Scholtz*, in: Koch/Scholtz, AO[5], § 55, Rn. 4; *Wallenhorst*, in: Troll/Wallenhorst/Halaczinsky, Die Besteuerung gemeinnütziger Vereine und Stiftungen[4], C Rn. 61.

[1097] *Hüttemann*, Wirtschaftliche Betätigung und steuerliche Gemeinnützigkeit, S. 69.

[1098] Zu weitgehend daher auch *J. Martens*, Die Besteuerung wirtschaftlicher Aktivitäten im Amateursport, S. 87, der schon die eigenwirtschaftliche Förderung eines Mitglieds für mit § 55 Abs. 1 S. 1 AO unvereinbar hält.

[1099] *Buchna*, Gemeinnützigkeit im Steuerrecht[8], S. 95; *P. Fischer*, in: Hübschmann/Hepp/Spitaler, AO und FGO, § 55 AO, Rn. 32; *Hüttemann*, Wirtschaftliche Betätigung und steuerliche Gemeinnützigkeit, S. 68f.

[1100] *Hüttemann*, Wirtschaftliche Betätigung und steuerliche Gemeinnützigkeit, S. 68.

[1101] Vgl. D. II. 1. b) aa) (1) (b) (aa).

gesprochen werden, wenn die Förderung überwiegend zu nicht wirtschaftlichen Vorteilen der Mitglieder führt. Insofern darf der Aspekt der Ausgabenersparnis nicht im Vordergrund stehen[1102].

Nach Ansicht der Finanzverwaltung und eines Teils der finanzgerichtlichen Rechtsprechung und der Literatur handelt eine Kapitalgesellschaft, die von einer juristischen Person des öffentlichen Rechts gegründet wird, um die gesetzlichen Pflichtaufgaben der Gesellschafterin wahrzunehmen, wie z. B. eine zur Erfüllung von Abwasserbeseitigungsaufgaben gegründete GmbH[1103], aufgrund dieser alleinigen Förderung der Zwecke und Aufgaben der Gesellschafterin nicht selbstlos[1104]. Dieser Auffassung kann nicht gefolgt werden[1105], da eine Förderung der Mitgliederinteressen prinzipiell zulässig ist, solange nicht in erster Linie eigenwirtschaftliche Zwecke der Mitglieder verfolgt werden. Die Pflichtaufgaben, die von der Kapitalgesellschaft wahrgenommen werden sollen, haben einen hoheitlichen Charakter, so dass eine schädliche Förderung eigenwirtschaftlicher Interessen nicht in Betracht kommt[1106].

cc) § 55 Abs. 1 Nr. 1 bis 5, Abs. 3 AO

§ 55 Abs. 1 Nr. 1 S. 1 AO enthält das grundsätzliche Verbot, die Mittel[1107] der Körperschaft für andere als die satzungsmäßigen gemeinnützigen Zwecke zu

---

[1102] *Hüttemann*, Wirtschaftliche Betätigung und steuerliche Gemeinnützigkeit, S. 72.

[1103] Nach § 18a Abs. 2 und 2a WHG i. V. m. den Landeswassergesetzen obliegt es grundsätzlich den Gemeinden, das gesamte auf ihrem Gebiet anfallende Abwasser zu beseitigen, wobei sich die Gemeinden zur Erfüllung dieser Aufgabe privater Dritter bedienen dürfen. Siehe dazu *Czychowski/Reinhardt*, Wasserhaushaltsgesetz[8], § 18a, Rn. 14ff.

[1104] FG Bremen, Urteil vom 12. März 1991, II 246/87 K, in: EFG 1991, S. 26f; FG München, Urteil vom 21. Juni 1990, 14 K 14279/85, in: UR 1991, S. 174f; BMF, Schreiben vom 27. Dezember 1990, IV A 2 – S 7300 – 66/90, in: BStBl. I 1991, S. 81; *Gersch*, in: Franz Klein, AO[8], § 55, Rn. 3; *Scholtz*, in: Koch/Scholtz, AO[5], § 55, Rn. 4. Vgl. auch das Urteil des BFH vom 15. Dezember 1993, X R 115/91, in: BStBl. II 1994, S. 314, 316, in dem der BFH die Selbstlosigkeit in den oben genannten Fällen zwar nicht ausdrücklich verneint, aber auf die Rechtsprechung des RFH hinweist, die eine Selbstlosigkeit ablehnte. Nach *Hüttemann*, Wirtschaftliche Betätigung und steuerliche Gemeinnützigkeit, S. 71, handelt es sich nicht um einen bloßen Verstoß gegen das Gebot der Selbstlosigkeit, vielmehr gehe es „um eine grundsätzliche Frage der Gemeinnützigkeit, die als staatliche Förderung des privaten Altruismus der hoheitlichen Verwaltung insgesamt verschlossen bleiben" müsse.

[1105] FG Hamburg, Urteil vom 5. März 1986, II 144/83, in: EFG 1986, S. 516, 517; *Kirchhartz*, in: ZKF 1985, S. 266, 267ff; *Theobald*, in: BB 1985, S. 1911, 1912.

[1106] *Theobald*, in: BB 1985, S. 1911, 1912.

[1107] Zum Begriff „Mittel" i. S. des § 55 Abs. 1 Nr. 1 AO vgl. BFH, Urteil vom 23. Oktober 1991, I R 19/91, in: BStBl. II 1992, S. 62, 64; *Buchna*, Gemeinnützigkeit im Steuerrecht[8], S. 98; *Gersch*, in: Franz Klein, AO[8], § 55, Rn. 4; *Melchior*, in: Ax/Große/Melchior, AO und FGO[18], S. 74; *Schauhoff*, in: Schauhoff, Handbuch der Gemeinnützigkeit, § 8, Rn. 1; *Scholtz*,

verwenden. Während § 55 Abs. 1 Nr. 1 S. 3 AO im Hinblick auf § 55 Abs. 1 Nr. 1 S. 1 AO nur klarstellende Bedeutung hat, wollen die Regelungen in § 55 Abs. 1 Nr. 1 S. 2, Nr. 3, 4 und 5, Abs. 3 AO zusätzlich sicherstellen, dass § 55 Abs. 1 Nr. 1 S. 1 AO erfüllt wird[1108]. Gem. § 55 Abs. 3 AO gelten die Vorschriften des § 55 Abs. 1 Nr. 1, 2 und 4 AO ebenso für Stifter und ihre Erben und die Trägerkörperschaft eines steuerbegünstigten Betriebs gewerblicher Art.

d) Ausschließlichkeit (§ 56 AO)

Die durch § 5 Abs. 1 Nr. 9 KStG begünstigte Körperschaft muss ausschließlich den in §§ 52 bis 54 AO genannten Zwecke dienen. Gem. § 56 AO liegt Ausschließlichkeit vor, wenn nur die steuerbegünstigten satzungsmäßigen Zwecke verfolgt werden. Die Verfolgung mehrerer steuerbegünstigter Zwecke nebeneinander ist zulässig, soweit sich diese Zwecke aus der Satzung ergeben[1109]. Will eine Körperschaft steuerbegünstigte Zwecke fördern, die bisher nicht in die Satzung aufgenommen worden sind, muss eine Satzungsänderung vorgenommen werden, die den Bestimmungen des § 60 AO entspricht[1110].
Wie die Ausführungen zum Merkmal der Selbstlosigkeit nach § 55 AO gezeigt haben, widersprechen sich die Inhalte des § 56 AO und des § 55 AO nicht, wenn man der Auffassung *Hüttemanns* folgt und die Ausschließlichkeit als „ob-

---

in: Koch/Scholtz, AO[5], § 55, Rn. 7; *Tipke*, in: Tipke/Kruse, AO und FGO, § 55 AO, Rn. 8; *v. Twickel*, in: Blümich, EStG/KStG/GewStG, § 5 KStG, Rn. 139; *Wallenhorst*, in: Troll/Wallenhorst/Halaczinsky, Die Besteuerung gemeinnütziger Vereine und Stiftungen[4], C Rn. 81.

[1108] Vgl. dazu *Buchna*, Gemeinnützigkeit im Steuerrecht[8], S. 98; *Gersch*, in: Franz Klein, AO[8], § 55, Rn. 4ff; *Melchior*, in: Ax/Große/Melchior, AO und FGO[18], S. 74ff; *Pues/Scheerbarth*, Gemeinnützige Stiftungen im Zivil- und Steuerrecht[2], S. 124ff; *Schauhoff*, in: Schauhoff, Handbuch der Gemeinnützigkeit, § 8, Rn. 3ff; *Tipke*, in: Tipke/Kruse, AO und FGO, § 55 AO, Rn. 8; *v. Twickel*, in: Blümich, EStG/KStG/GewStG, § 5 KStG, Rn. 153ff. Zur Systematik der §§ 55 Abs. 1 Nr. 1 bis 4, 56 AO siehe *Hüttemann*, Wirtschaftliche Betätigung und steuerliche Gemeinnützigkeit, S. 72ff.

[1109] BFH, Urteil vom 2. Dezember 1955, III 99/55 U, in: BStBl. III 1956, S. 22; Urteil vom 20. Dezember 1978, I R 21/76, in: BStBl. II 1979, S. 496, 497; AEAO, Zu § 56; *Buchna*, Gemeinnützigkeit im Steuerrecht[8], S. 144; *P. Fischer*, in: Hübschmann/Hepp/Spitaler, AO und FGO, § 56 AO, Rn. 2; *Gersch*, in: Franz Klein, AO[8], § 56, Rn. 1; *Melchior*, in: Ax/Große/Melchior, AO und FGO[18], S.77; *Pues/Scheerbarth*, Gemeinnützige Stiftungen im Zivil- und Steuerrecht[2], S. 128; *Tipke*, in: Tipke/Kruse, AO und FGO, § 56 AO, Rn. 1; *v. Twickel*, in: Blümich, EStG/KStG/GewStG, § 5 KStG, Rn. 156. Zu den Problemstellungen, die sich ergeben, wenn eine Körperschaft mehrere Zwecke verfolgt, siehe *Schauhoff*, in: Schauhoff, Handbuch der Gemeinnützigkeit, § 5, Rn. 21ff.

[1110] AEAO, Zu § 56; *P. Fischer*, in: Hübschmann/Hepp/Spitaler, AO und FGO, § 56 AO, Rn. 2; *Scholtz*, in: Koch/Scholtz, AO[5], § 56, Rn. 3; *Tipke*, in: Tipke/Kruse, AO und FGO, § 56 AO, Rn. 1.

jektives“ Kriterium ansieht, das auf der Ebene der Körperschaft Anwendung findet[1111]. Daher ist es nicht notwendig, § 55 Abs. 1 AO als eine dem § 56 AO vorgehende Durchbrechung anzusehen[1112].

Dagegen lassen die in § 58 AO geregelten steuerlich unschädlichen Betätigungen, insbesondere § 58 Nr. 5, 8 und 9 AO, eine Durchbrechung der Ausschließlichkeit zu[1113]. So ist zwar grundsätzlich § 56 AO verletzt, wenn zugleich ein begünstigter und ein nicht begünstigter Zweck verfolgt werden[1114]. Etwas anderes gilt jedoch, wenn es sich bei dem nicht begünstigten Zweck um eine steuerlich unschädliche Betätigung handelt[1115]. Auch wenn ein steuerlich nicht begünstigter Zweck nur als mittelbare Folge der begünstigten Tätigkeit angestrebt wird, ist dies unschädlich für die Anerkennung als gemeinnützige Körperschaft[1116].

Im Hinblick auf § 64 AO zeigt sich, dass § 56 AO nicht für die wirtschaftliche, sondern nur für die ideelle Sphäre der Körperschaft gilt, da die Steuerbegünstigung nur insoweit ausschlossen ist, als ein wirtschaftlicher Geschäftsbetrieb unterhalten wird[1117]. Schließlich entfällt die Gemeinnützigkeit nicht durch vermögensverwaltende Tätigkeiten[1118].

e) Unmittelbarkeit (§ 57 AO)

Die steuerbegünstigten satzungsmäßigen Zwecke müssen auch unmittelbar verfolgt werden. Dies geschieht nach § 57 Abs. 1 S. 1 AO dann, wenn die Körper-

---

[1111] *Hüttemann*, Wirtschaftliche Betätigung und steuerliche Gemeinnützigkeit, S. 53ff.

[1112] So aber *Pues/Scheerbarth*, Gemeinnützige Stiftungen im Zivil- und Steuerrecht[2], S. 128f; *Tipke*, in: Tipke/Kruse, AO und FGO, § 55 AO, Rn. 2, § 56 AO, Rn. 2; *v. Twickel*, in: Blümich, EStG/KStG/GewStG, § 5 KStG, Rn. 157; *Wallenhorst*, in: Troll/Wallenhorst/Halaczinsky, Die Besteuerung gemeinnütziger Vereine und Stiftungen[4], C Rn. 39.

[1113] *Buchna*, Gemeinnützigkeit im Steuerrecht[8], S. 151; *Gersch*, in: Franz Klein, AO[8], § 56, Rn. 2, § 58, Rn. 6; *Melchior*, in: Ax/Große/Melchior, AO und FGO[18], S.78, 79ff; *Tipke*, in: Tipke/Kruse, AO und FGO, § 56 AO, Rn. 2; *v. Twickel*, in: Blümich, EStG/KStG/GewStG, § 5 KStG, Rn. 158f.

[1114] Niedersächsisches FG, Urteil vom 18. Februar 1997, VI 54/91, VI 37/92, in: EFG 1997, S. 1340.

[1115] *Tipke*, in: Tipke/Kruse, AO und FGO, § 56 AO, Rn. 1.

[1116] BFH, Urteil vom 11. März 1999, V R 57, 58/96, in: BStBl. II 1999, S. 331, 332.

[1117] *Gersch*, in: Franz Klein, AO[8], § 56, Rn. 2; *Melchior*, in: Ax/Große/Melchior, AO und FGO[18], S.78; *Scholtz*, in: Koch/Scholtz, AO[5], § 56, Rn. 2; *Tipke*, in: Tipke/Kruse, AO und FGO, § 56 AO, Rn. 2.

[1118] BFH, Urteil vom 23. Oktober 1991, I R 19/91, in: BStBl. II 1992, S. 62, 63; Urteil vom 24. Juli 1996, I R 35/94, in: BStBl. II 1996, S. 583, 585; *Gersch*, in: Franz Klein, AO[8], § 56, Rn. 2; *Jost*, in: Dötsch/Eversberg/Jost/Pung/Witt, Körperschaftsteuer, § 5 Abs. 1 Nr. 9 KStG nF, Rn. 115; *Melchior*, in: Ax/Große/Melchior, AO und FGO[18], S.77; *Scholtz*, in: Koch/Scholtz, AO[5], § 56, Rn. 2; *Tipke*, in: Tipke/Kruse, AO und FGO, § 56 AO, Rn. 2.

schaft selbst diese Zwecke verwirklicht. In Übereinstimmung mit dem Begriff des Förderns der Allgemeinheit ist unter „Verwirklichung" nicht zu verstehen, dass die Bestrebungen zum Ziel führen müssen. Wie auch der Wortlaut des § 63 Abs. 1 AO verdeutlicht[1119] – die tatsächliche Geschäftsführung muss auf die Erfüllung der steuerbegünstigten Zwecke „gerichtet" sein –, ist vielmehr die eigene Zweckverfolgung maßgeblich[1120].

Gem. § 57 Abs. 1 S. 2 AO ist die Unmittelbarkeit auch dann gewahrt, wenn Hilfspersonen die steuerbegünstigten Zwecke verfolgen und das Wirken der Hilfsperson nach den Umständen des Falls, insbesondere nach den rechtlichen und tatsächlichen Beziehungen, die zwischen der Körperschaft und der Hilfsperson bestehen, wie ein eigenes Wirken der Körperschaft anzusehen ist. § 57 Abs. 1 S. 2 AO besagt nicht, dass außen stehende Dritte nur als Hilfspersonen in Betracht kommen, wenn die Körperschaft durch ihre Organe nicht handeln kann[1121]. Vielmehr kann sich die Körperschaft unter den Voraussetzungen des § 57 Abs. 1 S. 2 AO in jeder Phase außen stehender Dritter bedienen[1122].

§ 57 Abs. 2 AO fingiert die Unmittelbarkeit der Zweckverfolgung bei Körperschaften, in denen steuerbegünstigte Körperschaften zusammengefasst sind. Verfolgt ein derartiger Dach- oder Spitzenverband selbst keine steuerbegünstigten Zwecke, wird er als gemeinnützig anerkannt, wenn alle in dem Verband zusammengeschlossenen Körperschaften als steuerbegünstigt anerkannt sind[1123]. Ist der Dachverband selbst gemeinnützig tätig und sind in ihm auch Körperschaften zusammengefasst, die keine steuerbegünstigten Zwecke verfolgen, verliert der Dachverband seine Steuervergünstigung nur, wenn er die nicht begünstigten Mitgliedskörperschaften fördert und so selbst steuerlich nicht begünstigte Zwecke verfolgt[1124].

1119 *Schauhoff*, in: Schauhoff, Handbuch der Gemeinnützigkeit, § 8, Rn. 2.

1120 *Tipke*, in: Tipke/Kruse, AO und FGO, § 57 AO, Rn. 1.

1121 *Tipke*, in: Tipke/Kruse, AO und FGO, § 57 AO, Rn. 2. So wohl auch *Wallenhorst*, in: Troll/Wallenhorst/Halaczinsky, Die Besteuerung gemeinnütziger Vereine und Stiftungen[4], C Rn. 45.

1122 BFH, Urteil vom 26. April 1995, I R 35/93, in: BStBl. II 1995, S. 767, 768; *Tipke*, in: Tipke/Kruse, AO und FGO, § 57 AO, Rn. 2. Vgl. auch *v. Twickel*, in: Blümich, EStG/KStG/GewStG, § 5 KStG, Rn. 160.

1123 AEAO, Zu § 57, Nr. 3; *Buchna*, Gemeinnützigkeit im Steuerrecht[8], S. 149; *Melchior*, in: Ax/Große/Melchior, AO und FGO[18], S.78; *Schauhoff*, in: Schauhoff, Handbuch der Gemeinnützigkeit, § 5, Rn. 10, § 8, Rn. 48, 63; *Scholtz*, in: Koch/Scholtz, AO[5], § 57, Rn. 6; *Tipke*, in: Tipke/Kruse, AO und FGO, § 57 AO, Rn. 3; *Wallenhorst*, in: Troll/Wallenhorst/Halaczinsky, Die Besteuerung gemeinnütziger Vereine und Stiftungen[4], C Rn. 49.

1124 AEAO, Zu § 57, Nr. 3; *Buchna*, Gemeinnützigkeit im Steuerrecht[8], S. 149f; *Melchior*, in: Ax/Große/Melchior, AO und FGO[18], S.78; *Scholtz*, in: Koch/Scholtz, AO[5], § 56, Rn. 4; *Tipke*, in: Tipke/Kruse, AO und FGO, § 57 AO, Rn. 3; *Wallenhorst*, in: Troll/Wallenhorst/Halaczinsky, Die Besteuerung gemeinnütziger Vereine und Stiftungen[4], C Rn. 50.

Der Grundsatz der Unmittelbarkeit gilt nicht ausnahmslos. Wie für den Grundsatz der Ausschließlichkeit sieht § 58 AO auch hier Ausnahmen vor[1125].

f) Formelle Voraussetzungen der Steuervergünstigung

§ 59 AO, ergänzt durch die §§ 60 bis 63 AO, stellt formelle Voraussetzungen für die Gewährung der gemeinnützigkeitsrechtlichen Steuervergünstigungen auf[1126].

aa) Satzung

Gem. § 59, 1. HS. AO wird die Steuervergünstigung nur gewährt, wenn die aus den §§ 52 bis 57 AO folgenden materiellen Voraussetzungen sich aus der Satzung ergeben. Satzung i. S. des Gemeinnützigkeitsrechts ist nach § 59, 1. HS. AO die Satzung, das Stiftungsgeschäft oder die sonstige Verfassung. Gem. § 60 Abs. 1 AO müssen die Satzungszwecke und die Art ihrer Verwirklichung so genau bestimmt sein, dass aus ihnen die Voraussetzungen für die Steuervergünstigung nach den §§ 52ff AO entnommen werden können[1127].
Auch wenn der Betrieb gewerblicher Art keine Mitglieder hat, die eine Satzung im eigentlichen Sinn beschließen könnten, ist das Satzungserfordernis bei den Betrieben gewerblicher Art dennoch notwendig[1128]. Mangels entsprechender Mitglieder muss eine Verfassung oder Satzung von der juristischen Person des öffentlichen Rechts festgelegt werden[1129]. Eine derartige Verfassung oder Satzung sorgt für eine „Art ‚Selbstbindung', durch die die Einhaltung der steuerlichen Merkmale […] abgesichert wird" und erleichtert zudem dem Finanzamt

[1125] *Buchna*, Gemeinnützigkeit im Steuerrecht[8], S. 151; *Gersch*, in: Franz Klein, AO[8], § 57, Rn. 2, 58, Rn. 1; *Melchior*, in: Ax/Große/Melchior, AO und FGO[18], S. 78; *Pues/Scheerbarth*, Gemeinnützige Stiftungen im Zivil- und Steuerrecht[2], S. 129; *Schauhoff*, in: Schauhoff, Handbuch der Gemeinnützigkeit, § 8, Rn. 46; *v. Twickel*, in: Blümich, EStG/KStG/GewStG, § 5 KStG, Rn. 162ff.

[1126] *Tipke*, in: Tipke/Kruse, AO und FGO, § 59 AO, Rn. 1.

[1127] Vgl. OFD Magdeburg, Verfügung vom 6. August 2001, S 0179 – 1 – St 217, in: DStZ 2002, S. 194, zur hinreichenden Bestimmtheit des Satzungszwecks "Förderung der Religion".

[1128] BFH, Urteil vom 31. Oktober 1984, I R 21/81, in: BStBl. II 1985, S. 162; Urteil vom 11. Februar 1997, I R 161/94, in: BFH/NV 1997, S. 625, 626; AEAO, Zu § 59, Nr. 2; *Bott*, in: Schauhoff, Handbuch der Gemeinnützigkeit, § 7, Rn. 30; *Buchna*, Gemeinnützigkeit im Steuerrecht[8], S. 31; *Hüttemann*, Die Besteuerung der öffentlichen Hand, S. 188f; *Scholtz*, in: Koch/Scholtz, AO[5], § 59, Rn. 6; *v. Twickel*, in: Blümich, EStG/KStG/GewStG, § 5 KStG, Rn. 168.

[1129] BFH, Urteil vom 31. Oktober 1984, I R 21/81, in: BStBl. II 1985, S. 162, 164; *Hüttemann*, Die Besteuerung der öffentlichen Hand, S. 189; *Scholtz*, in: Koch/Scholtz, AO[5], § 59, Rn. 6; *v. Twickel*, in: Blümich, EStG/KStG/GewStG, § 5 KStG, Rn. 168.

die Prüfung, ob die Voraussetzungen des Gemeinnützigkeitsrechts tatsächlich eingehalten werden[1130]. Im Hinblick auf das Satzungserfordernis kann mit *Hüttemann* von einem „Wahlrecht" gesprochen werden, das es der juristischen Person des öffentlichen Rechts ermöglicht, den Umfang ihrer gemeinnützigkeitsrechtlichen Sphäre selbst festzulegen[1131]. Wollen mehrere Betriebe gewerblicher Art einer juristischen Person des öffentlichen Rechts eine gemeinnützigkeitsrechtliche Steuervergünstigung in Anspruch nehmen, muss jedem Betrieb gewerblicher Art eine eigene Satzung i. S. des § 59, 1. HS. AO gegeben werden[1132]. Dies ist nur dann nicht erforderlich, wenn die juristische Person des öffentlichen Rechts selbst eine Satzung hat, die den Anforderungen des Gemeinnützigkeitsrechts genügt[1133].

§ 61 Abs. 1 AO bestimmt, dass der Grundsatz der Vermögensbindung i. S. des § 55 Abs. 1 Nr. 4 AO gewahrt ist, wenn der Zweck, für den das Vermögen bei Auflösung oder Aufhebung der Körperschaft oder bei Wegfall ihres bisherigen Zwecks verwendet werden soll, in der Satzung so genau bestimmt ist, dass aufgrund der Satzung geprüft werden kann, ob der Verwendungszweck steuerbegünstigt ist. Zu dieser Regelung sieht § 62 AO eine Ausnahme vor. Danach muss bei Betrieben gewerblicher Art von Körperschaften des öffentlichen Rechts, bei staatlichen Stiftungen, bei den von einer Körperschaft des öffentlichen Rechts verwalteten unselbstständigen Stiftungen und bei geistlichen Genossenschaften (Orden, Kongregationen) die Vermögensbindung nicht in der Satzung festgelegt werden. Trotzdem besteht auch hier die materielle Vermögensbindung und muss das Vermögen im Fall der Aufhebung oder Auflösung oder des Wegfalls des steuerbegünstigten Zwecks für steuerbegünstigte Zwecke verwendet werden[1134]. Gleichwohl kann auf die satzungsmäßige Vermögensbindung bei den in § 62 AO genannten Körperschaften verzichtet werden, da davon ausgegangen werden kann, dass das Restvermögen für steuerbegünstigte Zwecke verwendet wird[1135]. Denn diese Körperschaften unterliegen auch hin-

---

[1130] *Hüttemann*, Die Besteuerung der öffentlichen Hand, S. 189.

[1131] *Hüttemann*, Die Besteuerung der öffentlichen Hand, S. 186f.

[1132] AEAO, Zu § 59, Nr. 2; *Bott*, in: Schauhoff, Handbuch der Gemeinnützigkeit, § 7, Rn. 30; *Buchna*, Gemeinnützigkeit im Steuerrecht[8], S. 31, 177; *Gersch*, in: Franz Klein, AO[8], § 59, Rn. 1; *Tipke*, in: Tipke/Kruse, AO und FGO, § 59 AO, Rn. 2; *v. Twickel*, in: Blümich, EStG/KStG/GewStG, § 5 KStG, Rn. 168.

[1133] *V. Twickel*, in: Blümich, EStG/KStG/GewStG, § 5 KStG, Rn. 168.

[1134] AEAO, Zu § 62, Nr. 1; *Bott*, in: Schauhoff, Handbuch der Gemeinnützigkeit, § 7, Rn. 31; *Buchna*, Gemeinnützigkeit im Steuerrecht[8], S. 188; *Hüttemann*, Die Besteuerung der öffentlichen Hand, S. 190; *Melchior*, in: Ax/Große/Melchior, AO und FGO[18], S. 85; *Scholtz*, in: Koch/Scholtz, AO[5], § 62, Rn. 3; *Tipke*, in: Tipke/Kruse, AO und FGO, § 62; *v. Twickel*, in: Blümich, EStG/KStG/GewStG, § 5 KStG, Rn. 175.

[1135] *Gersch*, in: Franz Klein, AO[8], § 62, Rn. 2.

sichtlich der tatsächlichen Verwendung ihres Vermögens zu steuerbegünstigten Zwecken der Kontrolle der zuständigen Aufsichtsbehörden[1136].

bb) Tatsächliche Geschäftsführung

Nach den §§ 59, 2. HS, 63 AO muss die tatsächliche Geschäftsführung den oben dargestellten satzungsmäßigen Bestimmungen entsprechen und müssen die in der Satzung bestimmten steuerbegünstigten Zwecke auch tatsächlich verfolgt werden. Will die Körperschaft ihre Steuervergünstigung nicht verlieren, darf sie sich nicht anders als der Satzung entsprechend betätigen und darf sie die satzungsmäßige Betätigung nicht aufgeben. Soll ein anderer oder ein zusätzlicher Zweck verfolgt werden, muss eine Änderung der Satzung vorgenommen werden[1137].

2. Umfang der Steuerbefreiung

Wie schon dargestellt, bleibt bei der sachlichen Steuerbefreiung des § 5 Abs. 1 Nr. 9 KStG die persönliche Körperschaftsteuerpflicht des Steuersubjekts grundsätzlich bestehen, es werden nur Vermögensmehrungen, die aus der Förderung von gemeinnützigen, mildtätigen oder kirchlichen Zwecken stammen, von der Besteuerung ausgenommen. Abgesehen von der Steuerpflicht der wirtschaftlichen Geschäftsbetriebe – dazu sogleich – wird der Umfang der Steuerbefreiung durch § 5 Abs. 2 KStG eingeschränkt[1138].

[1136] *Buchna*, Gemeinnützigkeit im Steuerrecht[8], S. 188; *Tipke*, in: Tipke/Kruse, AO und FGO, § 62.

[1137] *Buchna*, Gemeinnützigkeit im Steuerrecht[8], S. 178; *Jost*, in: Dötsch/Eversberg/Jost/Pung/Witt, Körperschaftsteuer, § 5 Abs. 1 Nr. 9 KStG nF, Rn. 211; *Wallenhorst*, in: Troll/Wallenhorst/Halaczinsky, Die Besteuerung gemeinnütziger Vereine und Stiftungen[4], C Rn. 41. Zu Satzungsgestaltungen, die verhindern, dass durch Ausübung weiterer steuerbegünstigter Tätigkeiten die Satzung geändert werden muss, siehe u. a. *Schauhoff*, in: Schauhoff, Handbuch der Gemeinnützigkeit, § 5, Rn. 99; *Wallenhorst*, in: Troll/Wallenhorst/Halaczinsky, Die Besteuerung gemeinnütziger Vereine und Stiftungen[4], C Rn. 165.

[1138] Vgl. zum Inhalt des § 5 Abs. 2 KStG u. a. *Buchna*, Gemeinnützigkeit im Steuerrecht[8], S. 384ff; *Streck*, in: Streck, KStG[6], § 5, Nr. 79f.

a) Wirtschaftlicher Geschäftsbetrieb (§§ 14, 64 AO)

aa) Allgemeines

Nach § 5 Abs. 1 Nr. 9 S. 2 KStG ist die Steuerbefreiung des § 5 Abs. 1 Nr. 9 S. 1 KStG insoweit ausgeschlossen, als ein wirtschaftlicher Geschäftsbetrieb unterhalten wird. Durch diese Vorschrift wird eine partielle Steuerpflicht der befreiten Körperschaft normiert[1139]. Diese partielle Steuerpflicht findet ihre Grundlage in dem Gebot der Wettbewerbsneutralität gegenüber nichtgemeinnützigen Körperschaften[1140]. Für den Begriff des wirtschaftlichen Geschäftsbetriebs verweist § 64 Abs. 1 AO auf § 14 AO, dessen Definition auch bei der Anwendung des § 5 Abs. 1 Nr. 9 S. 2 KStG bindend ist[1141]. Gem. § 14 S. 1 AO ist ein wirtschaftlicher Geschäftsbetrieb eine selbstständige nachhaltige Tätigkeit, durch die Einnahmen oder andere wirtschaftliche Vorteile erzielt werden und die über den Rahmen einer Vermögensverwaltung hinausgeht.

bb) Betrieb gewerblicher Art als wirtschaftlicher Geschäftsbetrieb

Wird geprüft, ob eine Körperschaft i. S. des § 51 AO, die eine gemeinnützigkeitsrechtliche Steuervergünstigung in Anspruch nehmen möchte, einen wirtschaftlichen Geschäftsbetrieb unterhält, bedarf es keines weiteren Eingehens auf die einzelnen Voraussetzungen des wirtschaftlichen Geschäftsbetriebs, wenn die Körperschaft ein Betrieb gewerblicher Art ist. Der Begriff des wirtschaftlichen Geschäftsbetriebs und der Begriff des Betriebs gewerblicher Art stimmen zwar nicht vollständig überein[1142], da der Betrieb gewerblicher Art nach § 4 Abs. 1 S. 1 KStG die zusätzlichen Tatbestandsmerkmale der „Einrichtung" und des „wirtschaftlichen Heraushebens" aufweist und die Land- und

---

[1139] *Bott*, in: Schauhoff, Handbuch der Gemeinnützigkeit, § 7, Rn. 35, 37; *Buchna*, Gemeinnützigkeit im Steuerrecht[8], S. 378; *Lang/Seer*, in: FR 1994, S. 521; *Pues/Scheerbarth*, Gemeinnützige Stiftungen im Zivil- und Steuerrecht[2], S. 148; *Scholtz*, in: Koch/Scholtz, AO[5], § 64, Rn. 3; *Streck*, in: Streck, KStG[6], § 5, Nr. 5; *Thieme/Dorenkamp*, in: FR 2003, S. 693, 696.

[1140] *Bott*, in: Schauhoff, Handbuch der Gemeinnützigkeit, § 7, Rn. 5, 38, 44; *P. Fischer*, in: Hübschmann/Hepp/Spitaler, AO und FGO, § 14 Rn. 49, § 64 Rn. 9; *Hey*, in: StuW 2000, S. 467, 468; *Thieme/Dorenkamp*, in: FR 2003, S. 693, 694; *Tipke*, in: Tipke/Kruse, AO und FGO, § 14 Rn. 2.

[1141] *Bott*, in: Schauhoff, Handbuch der Gemeinnützigkeit, § 7, Rn. 41, 44; *C. Herrmann/Eversberg/Wagner*, in: C. Herrmann/Heuer/Raupach, EStG und KStG, § 5 KStG, Rn. 165, 170; *Streck*, in: Streck, KStG[6], § 5, Nr. 6.

[1142] So aber *Hüttemann*, Die Besteuerung der öffentlichen Hand, S. 188. Für eine Vereinheitlichung treten *Hey*, in: StuW 2000, S. 467, 469; *Lang*, in: Brühler Empfehlungen, Schriftenreihe des BMF, Heft 66, Anhang Nr. 1, S. 35; *Scholtz*, in: Koch/Scholtz, AO[5], § 51, Rn. 6, ein.

Forstwirtschaft ausscheidet, § 5 Abs. 1 Nr. 9 S. 3 KStG dagegen nur die selbst bewirtschafteten Forstbetriebe nicht zu den wirtschaftlichen Geschäftsbetrieben zählt. Der Begriff des wirtschaftlichen Geschäftsbetriebs ist jedoch weiter als der des Betriebs gewerblicher Art und bezieht diesen mit ein[1143]. Immer dann, wenn die Merkmale des Betriebs gewerblicher Art erfüllt sind, liegt auch ein wirtschaftlicher Geschäftsbetrieb vor[1144]. Allerdings ist zu beachten, dass im konkreten Einzelfall dieser Schluss nur zulässig ist, wenn die Körperschaft i. S. des § 51 S. 2 AO die Voraussetzungen für die gemeinnützigkeitsrechtliche Steuervergünstigung erfüllt und nur zu prüfen ist, ob und inwieweit eine partielle Steuerpflicht in Betracht kommt[1145]. Entfällt die Steuerbefreiung, begründet der wirtschaftliche Geschäftsbetrieb als solcher keine Steuerpflicht[1146].
Wollen Betriebe gewerblicher Art von juristischen Personen des öffentlichen Rechts Steuervergünstigungen nach dem Gemeinnützigkeitsrecht in Anspruch nehmen, scheitert dies also zunächst daran, dass – auch wenn die Voraussetzungen für eine gemeinnützigkeitsrechtliche Steuerbefreiung erfüllt sind – der gesamte Betrieb gewerblicher Art als wirtschaftlicher Geschäftsbetrieb zu charakterisieren ist.

cc) Besteuerungsgrenze des § 64 Abs. 3 AO

Die Qualifizierung als wirtschaftlicher Geschäftsbetrieb ist nach § 64 Abs. 3 AO unschädlich, wenn die Einnahmen des wirtschaftlichen Geschäftsbetriebs einschließlich Umsatzsteuer 30.678 € im Jahr nicht übersteigen[1147]. Dann unter-

---

[1143] *Gastl*, Betriebe gewerblicher Art im Körperschaftsteuerrecht, S. 34, 49; *Hey*, in: StuW 2000, S. 467, 469; *Siegel*, Der Begriff des „Betriebs gewerblicher Art" im Körperschaft- und Umsatzsteuerrecht, S. 238. Ungenau *Bott*, in: Schauhoff, Handbuch der Gemeinnützigkeit, § 7, Rn. 43.

[1144] *Hey*, in: StuW 2000, S. 467, 469. Vgl. auch *Thieme/Dorenkamp*, in: FR 2003, S. 693, 699. Auf die Frage, ob eine weitreichende wirtschaftliche Tätigkeit der Gemeinnützigkeit dann nicht entgegensteht, wenn sie im Verhältnis zu der steuerbegünstigten Tätigkeit den Charakter einer Hilfstätigkeit aufweist – so die von *Buchna*, Gemeinnützigkeit im Steuerrecht[8], S. 92f, vertretene Ansicht –, ist nicht einzugehen. Denn diese Frage wird bei Betrieben gewerblicher Art nicht relevant, da sich diese insgesamt nur wirtschaftlich betätigen.

[1145] BFH, Urteil vom 21. August 1985, I R 208/81, in: BFH/NV 1987, S. 397; *Bott*, in: Schauhoff, Handbuch der Gemeinnützigkeit, § 7, Rn. 45; *Streck*, in: Streck, KStG[6], § 5, Nr. 5.

[1146] *Bott*, in: Schauhoff, Handbuch der Gemeinnützigkeit, § 7, Rn. 42; *Streck*, in: Streck, KStG[6], § 5, Nr. 5; *Thieme/Dorenkamp*, in: FR 2003, S. 693, 696. A. A. BFH, Urteil vom 15. Dezember 1993, X R 115/91, in: BStBl. II 1994, S. 314, 315; *Buchna*, Gemeinnützigkeit im Steuerrecht[8], S. 94.

[1147] Vgl. dazu OFD München, Verfügung vom 3. Dezember 2003, S 0171 – 155 St 42, in: DStZ 2004, S. 168f. Kritisch sehen die Besteuerungsgrenze *Bauer*, in: FR 1989, S. 61, 70f; *Isensee/Knobbe-Keuk*, Sondervotum zum Gutachten der Unabhängigen Sachverständigen-

liegen die diesem Geschäftsbetrieb zuzuordnenden Besteuerungsgrundlagen nicht der Körperschaft- und Gewerbesteuer. Da eine Steuervergünstigung für bestimmte wirtschaftliche Geschäftsbetriebe ansonsten nur über die Figur des Zweckbetriebs gewährt wird[1148], befreit § 64 Abs. 3 AO von den zusätzlichen Voraussetzungen der §§ 65 bis 68 AO. Wird die Besteuerungsgrenze des § 64 Abs. 3 AO überschritten, kann eine steuerliche Vergünstigung für Betriebe gewerblicher Art nur noch über die Figur des Zweckbetriebs nach den §§ 65 bis 68 AO erreicht werden.

b) Zweckbetrieb

Die Begriffsbestimmung des Zweckbetriebs ergibt sich aus § 65 AO. Ohne Rücksicht auf diese Begriffsbestimmung kann von einem Zweckbetrieb dann ausgegangen werden, wenn die §§ 66 bis 68 AO einschlägig sind, da diese Regelungen als speziellere Vorschriften dem § 65 AO vorgehen[1149]. Neben diesen besonderen Vorschriften müssen die anderen Voraussetzungen des Gemeinnützigkeitsrechts erfüllt sein, damit einem wirtschaftlichen Geschäftsbetrieb als Zweckbetrieb eine steuerliche Vergünstigung gewährt werden kann[1150].
Für die Betriebe gewerblicher Art von öffentlich-rechtlich verfassten Kirchen und Religionsgemeinschaften kommen vor allem die §§ 66, 67 und 68 Nr. 1, 3, 4 und 5 AO in Betracht. So ist nach § 66 AO eine Einrichtung der Wohlfahrtspflege ein Zweckbetrieb, wenn sie in besonderem Maße den hilfsbedürftigen Personen i. S. des § 53 AO dient. Eine Definition der Wohlfahrtspflege bietet § 66 Abs. 2 AO. Danach muss die planmäßige, zum Wohle der Allgemeinheit

---

kommission zur Prüfung des Gemeinnützigkeits- und Spendenrechts, in: Schriftenreihe des BMF, Heft 40, S. 331, 495ff.

[1148] *Buchna*, Gemeinnützigkeit im Steuerrecht[8], S. 244; *Bauer*, in: FR 1989, S. 61, 71; *Melchior*, in: Ax/Große/Melchior, AO und FGO[18], S. 88; *Scholtz*, in: Koch/Scholtz, AO[5], § 65, Rn. 2; *Tipke*, in: Tipke/Kruse, AO und FGO, § 65, Rn. 1; *v. Twickel*, in: Blümich, EStG/KStG/GewStG, § 5 KStG, Rn. 108, 192; *Wallenhorst*, in: Troll/Wallenhorst/Halaczinsky, Die Besteuerung gemeinnütziger Vereine und Stiftungen[4], E Rn. 77.

[1149] BFH, Urteil vom 18. Oktober 1990, V R 35/85, in: BStBl. II 1991, S. 157, 160; *Bott*, in: Schauhoff, Handbuch der Gemeinnützigkeit, § 7, Rn. 54; *Buchna*, Gemeinnützigkeit im Steuerrecht[8], S. 245, 287; *Gastl*, Betriebe gewerblicher Art im Körperschaftsteuerrecht, S. 56; *Gersch*, in: Franz Klein, AO[8], § 65, Rn. 1, 3; *Gmach*, in: FR 1992, S. 313, 322; *Pues/Scheerbarth*, Gemeinnützige Stiftungen im Zivil- und Steuerrecht[2], S. 146; *Tipke*, in: Tipke/Kruse, AO und FGO, § 65, Rn. 1; *v. Twickel*, in: Blümich, EStG/KStG/GewStG, § 5 KStG, Rn. 205; *Wallenhorst*, in: Troll/Wallenhorst/Halaczinsky, Die Besteuerung gemeinnütziger Vereine und Stiftungen[4], E Rn. 79.

[1150] *Buchna*, Gemeinnützigkeit im Steuerrecht[8], S. 252f; *P. Fischer*, in: Hübschmann/Hepp/Spitaler, AO und FGO, § 66 AO, Rn. 5, § 67a, Rn. 26, § 68, Rn. 11; *Scholtz*, in: Koch/Scholtz, AO[5], § 65, Rn. 2.

ausgeübte Sorge für Not leidende oder gefährdete Menschen der Gegenstand der Betätigung sein. Daraus folgt, dass der Be-griff der Wohlfahrtspflege weiter gefasst ist als der Begriff der Mildtätigkeit nach § 53 AO, da sich mildtätiges Handeln nur auf bereits hilfsbedürftige Personen bezieht[1151].

Für Krankenhäuser enthält § 67 AO eine Spezialvorschrift, auf die § 66 Abs. 3 S. 2 AO hinweist. Der Krankenhausbegriff, den § 67 AO zugrunde legt, ist unter Berücksichtigung der in § 2 Nr. 1 KHG[1152] genannten Definition ein sehr weitgehender, so dass nicht nur die allgemeinen Krankenhäuser, sondern auch Spezialkliniken wie Heilstätten, Sanatorien[1153], Krankenheime, Entbindungsheime und teilstationäre Einrichtungen[1154] erfasst werden[1155]. Aus dem Katalog des § 68 AO sind die Einrichtungen, die dringliche Sozialaufgaben gegenüber alten Menschen erfüllen (§ 68 Nr. 1. a) AO)[1156], die Einrichtungen, die Betreuungs-, Erziehungs- und Bildungsstätten für Kinder, Jugendliche und junge Erwachsene darstellen (§ 68 Nr. 1. b) AO)[1157], und die Werkstätten für Behinderte (§ 68 Nr. 3 AO) hervorzuheben.

Unabhängig von den Spezialvorschriften der §§ 66 bis 68 AO liegt gem. § 65 AO ein Zweckbetrieb auch dann vor, wenn der wirtschaftliche Geschäftsbetrieb in seiner Gesamtrichtung dazu dient, die steuerbegünstigten satzungsmäßigen Zwecke der Körperschaft zu verwirklichen, die Zwecke nur durch einen solchen Geschäftsbetrieb erreicht werden können und der wirtschaftliche Geschäftsbetrieb zu nicht begünstigten Betrieben derselben oder ähnlicher Art nicht in größerem Umfang in Wettbewerb tritt, als es bei Erfüllung der steuerbegünstigten Zwecke unvermeidbar ist. Die aufgezählten Voraussetzungen, die im § 65 AO durch eine Nummerierung gekennzeichnet sind, müssen, wie schon der Wort-

---

1151 *Buchna*, Gemeinnützigkeit im Steuerrecht[8], S. 253; *Schauhoff*, in: Schauhoff, Handbuch der Gemeinnützigkeit, § 5, Rn. 82. *Tipke*, in: Tipke/Kruse, AO und FGO, § 66, Rn. 2, sieht § 66 AO dagegen als Unterfall der Mildtätigkeit nach § 53 AO an.

1152 In der Fassung vom 10. April 1991, BGBl. I, S. 886.

1153 BFH, Urteil vom 17. Dezember 1959, V 190/59 U, in: BStBl. III 1960, S. 222.

1154 BFH, Urteil vom 2. März 1989, IV R 83/86, in: BStBl. II 1989, S. 506, 507.

1155 *Buchna*, Gemeinnützigkeit im Steuerrecht[8], S. 257ff; *Gersch*, in: Franz Klein, Abgabenordnung[8], § 67, Rn. 2; *Scholtz*, in: Koch/Scholtz, AO[5], § 67, Rn. 3; *Tipke*, in: Tipke/Kruse, AO und FGO, § 67, Rn. 1; *Wallenhorst*, in: Troll/Wallenhorst/Halaczinsky, Die Besteuerung gemeinnütziger Vereine und Stiftungen[4], E Rn. 109.

1156 *Buchna*, Gemeinnützigkeit im Steuerrecht[8], S. 288; *Tipke*, in: Tipke/Kruse, AO und FGO, § 68, Rn. 2.

1157 *Buchna*, Gemeinnützigkeit im Steuerrecht[8], S. 289; *Tipke*, in: Tipke/Kruse, AO und FGO, § 68, Rn. 2.

laut verdeutlicht, kumulativ vorliegen[1158]. Zudem ist es notwendig, dass die allgemeinen Grundsätze des Gemeinnützigkeitsrechts erfüllt werden[1159].
Sinn und Zweck des § 65 AO ist es, die effektive Förderung steuerbegünstigter Gemeinwohlzwecke und die Freiheit des Wettbewerbs in Einklang zu bringen[1160]. Dem Schutz des Wettbewerbs dient innerhalb des § 65 AO insbesondere dessen Nr. 3, die sicherstellen will, dass durch die steuerliche Begünstigung eines wirtschaftlichen Geschäftsbetriebs weder Wettbewerber verdrängt noch zu Lasten von Konkurrenten Marktzutrittsschranken errichtet werden[1161]. In letzterer Hinsicht ist auch der potentielle Wettbewerb geschützt[1162]. Zwar bedarf es für die Anwendung des § 65 Nr. 3 AO einer Abwägung zwischen dem Interesse der Allgemeinheit an einem funktionierenden Wettbewerb und der steuerlichen Förderung ideeller Zwecke[1163]. Sind jedoch die von der Körperschaft verfolgten

---

[1158] BFH, Urteil vom 9. April 1987, V R 150/78, in: BStBl. II 1987, S. 659, 661; Urteil vom 2. März 1990, III R 89/87, in: BStBl. II 1990, S. 1012, 1013; Urteil vom 13. März 1991, I R 8/88, in: BStBl. II 1992, S. 101, 102; *Buchna*, Gemeinnützigkeit im Steuerrecht[8], S. 245; *Scholtz*, in: Koch/Scholtz, AO[5], § 65, Rn. 3; *Tipke*, in: Tipke/Kruse, AO und FGO, § 65, Rn. 1.

[1159] BFH, Urteil vom 26. April 1989, I R 209/85, in: BStBl. II 1989, S. 670, 673; Urteil vom 21. August 1985, I R 108/81, in: BFH/NV 1987, S. 397; *P. Fischer*, in: Hübschmann/Hepp/Spitaler, AO und FGO, § 65 AO, Rn. 18.

[1160] BFH, Urteil vom 15. Dezember 1993, X R 115/91, in: BStBl. II 1994, S. 314, 316; Gutachten der Unabhängigen Sachverständigenkommission zur Prüfung des Gemeinnützigkeits- und Spendenrechts, in: Schriftenreihe des BMF, Heft 40, S. 159f, 167f; *Hey*, in: StuW 2000, S. 467, 473; *Tipke*, in: Tipke/Kruse, AO und FGO, § 65, Rn. 1.

[1161] BFH, Urteil vom 27. Oktober 1993, I R 60/91, in: BStBl. II 1994, S. 573, 575; Urteil vom 15. Dezember 1993, X R 115/91, in: BStBl. II 1994, S. 314, 316; Urteil vom 15. Oktober 1997, II R 94/94, in: BFH/NV 1998, S. 150, 151; Urteil vom 30. März 2000, V R 30/99, in: BFH/NV 2000, S. 1173, 1174; *P. Fischer*, in: Hübschmann/Hepp/Spitaler, AO und FGO, § 65 AO, Rn. 27; *v. Twickel*, in: Blümich, EStG/KStG/GewStG, § 5 KStG, Rn. 209.

[1162] BFH, Urteil vom 23. November 1988, I R 11/88, in: BStBl. II 1989, S. 391, 393; Urteil vom 15. Dezember 1993, X R 115/91, in: BStBl. II 1994, S. 314, 316; Urteil vom 15. Oktober 1997, I R 10/92, in: BStBl. II 1998, S. 63, 67; BMF, Schreiben vom 27. November 2000, IV C 6 – S 0183 – 22/00, in: BStBl. I 2000, S. 1548; *Buchna*, Gemeinnützigkeit im Steuerrecht[8], S. 247; *Gersch*, in: Franz Klein, AO[8], § 65, Rn. 2, 6; *Hüttemann*, Wirtschaftliche Betätigung und steuerliche Gemeinnützigkeit, S. 180; *Pues/Scheerbarth*, Gemeinnützige Stiftungen im Zivil- und Steuerrecht[2], S. 146; *Scholtz*, in: Koch/Scholtz, AO[5], § 65, Rn. 9; *Thieme/Dorenkamp*, in: FR 2003, S. 693, 696; *Tipke*, in: Tipke/Kruse, AO und FGO, § 65, Rn. 4; *v. Twickel*, in: Blümich, EStG/KStG/GewStG, § 5 KStG, Rn. 209.

[1163] BFH, Urteil vom 15. Dezember 1993, X R 115/91, in: BStBl. II 1994, S. 314, 316; Urteil vom 26. April 1995, I R 35/93, in: BStBl. II 1995, S. 767, 769; *Buchna*, Gemeinnützigkeit im Steuerrecht[8], S. 247; *P. Fischer*, in: Hübschmann/Hepp/Spitaler, AO und FGO, § 65 AO, Rn. 28; *Hey*, in: StuW 2000, S. 467, 473; *Riewald*, in: Becker/Riewald/Koch, Reichsabgabenordnung, Band 1[9], § 17 StAnpG, Anm. 10b Abs. 2; *Scholtz*, in: Koch/Scholtz, AO[5], § 65, Rn. 9; *Wallenhorst*, in: Troll/Wallenhorst/Halaczinsky, Die Besteuerung gemeinnütziger Vereine und Stiftungen[4], E Rn. 86.

gemeinnützigen Zwecke auch ohne eine steuerlich begünstigte entgeltliche Tätigkeit zu erreichen, so ist aus der Sicht des Gemeinnützigkeitsrechts die Einhaltung des Grundsatzes der Wettbewerbsneutralität vorrangig und eine Beeinträchtigung des Wettbewerbs vermeidbar[1164].

Nach der Ansicht von *Hey* ist es fraglich, ob Betriebe gewerblicher Art von juristischen Personen des öffentlichen Rechts – also auch von öffentlich-rechtlich verfassten Kirchen und Religionsgemeinschaften – die „strengen Kriterien der allgemeinen Zweckbetriebsregelung des § 65 AO [...] erfüllen können", wobei insbesondere die nach § 65 Nr. 3 AO vorzunehmende Abwägung zuungunsten der Betriebe gewerblicher Art ausfalle[1165]. Im Ergebnis verdient die von *Hey* vertretene Auffassung Zustimmung, auch wenn – anders als *Hey*[1166] es sieht – die Frage, wann von der Ausübung öffentlicher Gewalt oder einer hoheitlichen Tätigkeit gesprochen werden kann, keine Parallele zu der Abwägung nach § 65 Nr. 3 AO aufweist, bei der geprüft wird, ob der Förderung der Allgemeinheit ein größeres Gewicht zukommt als der etwaigen Benachteiligung von Wettbewerbern. Denn der Begriff der Ausübung öffentlicher Gewalt findet nicht nur dann Anwendung, wenn im Rahmen des § 4 Abs. 5 S. 1 KStG ein Überwiegen der hoheitlichen Tätigkeit festgestellt werden soll. So kann eine Einrichtung nach § 4 Abs. 1 S. 1 KStG nur dann als Betrieb gewerblicher Art bezeichnet werden, wenn eine wirtschaftliche Tätigkeit und nicht öffentliche Gewalt ausgeübt wird[1167].

Zudem kann die hoheitliche Tätigkeit nicht mit der Verfolgung gemeinnütziger Zwecke gleichgesetzt werden[1168]. Vielmehr ist der Begriff der Ausübung öffentlicher Gewalt von gemeinnützigkeitsrechtlichen Erwägungen unabhängig, wobei natürlich nicht ausgeschlossen ist, dass die hoheitliche Tätigkeit sich auf eine Aufgabe i. S. der §§ 52 bis 54 AO bezieht. Eine Betätigung, die nicht Ausübung öffentlicher Gewalt ist, verfehlt nicht „automatisch" die Voraussetzung des § 65 Nr. 1 AO. Auch wenn die Einrichtung einer öffentlich-rechtlich verfassten Kirche oder Religionsgemeinschaft wirtschaftlich tätig wird, kann sie trotzdem in ihrer Gesamtrichtung dazu dienen, die steuerbegünstigten Zwecke des Gemeinnützigkeitsrechts zu verfolgen. Da im Rahmen des § 65 Nr. 1 AO

[1164] BFH, Urteil vom 11. April 1990, I R 122/87, in: BStBl. II 1990, S. 724, 725; Urteil vom 26. April 1995, I R 35/93, in: BStBl. II 1995, S. 767, 769; Urteil vom 15. Oktober 1997, II R 94/94, in: BFH/NV 1998, S. 150, 151f; Urteil vom 30. März 2000, V R 30/99, in: BFH/NV 2000, S. 1173, 1174; *Buchna*, Gemeinnützigkeit im Steuerrecht[8], S. 247; *v. Twickel*, in: Blümich, EStG/KStG/GewStG, § 5 KStG, Rn. 210.

[1165] *Hey*, in: StuW 2000, S. 467, 473.

[1166] *Hey*, in: StuW 2000, S. 467, 473.

[1167] Vgl. insbesondere C. II. 2. d) cc) (3).

[1168] Vgl. C. II. 2. c) dd) und C. II. 3.

das Gesamtbild der Verhältnisse maßgeblich ist, muss nicht jede einzelne Tätigkeit steuerbegünstigten Zwecken dienen[1169].
Entscheidend dafür, dass der Auffassung von *Hey* im Ergebnis gefolgt werden kann, ist jedoch, dass der Gesichtspunkt der Wettbewerbsneutralität der Besteuerung streng zu handhaben ist[1170]. Übt eine Einrichtung einer öffentlich-rechtlich verfassten Kirche oder Religionsgemeinschaft keine hoheitliche, sondern eine wirtschaftliche Tätigkeit aus und ist daher als Betrieb gewerblicher Art steuerpflichtig, wird sie im Hinblick auf eine etwaige gemeinnützigkeitsrechtliche Steuervergünstigung an der Grenze des § 65 Nr. 3 AO scheitern. Diese Zwangsläufigkeit folgt daraus, dass das maßgebliche Kriterium, das die wirtschaftliche Tätigkeit eines Betriebs gewerblicher Art ausmacht, in einem Handeln, das im Wettbewerb erbracht wird, zu sehen ist[1171]. Ausreichend ist – wie bei der Anwendung des § 65 Nr. 3 AO – eine bloß potentielle Wettbewerbssituation. Da § 65 Nr. 3 AO und die §§ 1 Abs. 1 Nr. 6, 4 Abs. 1 KStG insoweit die gleichen Voraussetzungen aufweisen, kann ein Betrieb gewerblicher Art der Wettbewerbsklausel nicht gerecht werden[1172].
Insofern können bei Betrieben gewerblicher Art von öffentlich-rechtlich verfassten Kirchen und Religionsgemeinschaften – abgesehen von der Besteuerungsgrenze des § 64 Abs. 3 AO – nur die bereits genannten Zweckbetriebsfiktionen der §§ 66 bis 68 AO zur Anwendung gelangen[1173]. Auf diesem Weg kann ein Betrieb gewerblicher Art, der immer auch ein wirtschaftlicher Geschäftsbetrieb i. S. der §§ 14, 64 Abs. 1 AO ist, als Zweckbetrieb doch noch in den Genuss der gemeinnützigkeitsrechtlichen Steuervergünstigung kommen.

3. Beginn und Ende der Steuerbefreiung

Über Art und Umfang der sachlichen Steuerbefreiung nach § 5 Abs. 1 Nr. 9 KStG wird für den jeweiligen Besteuerungsabschnitt (Veranlagungszeitraum)

[1169] *Tipke*, in: Tipke/Kruse, AO und FGO, § 65, Rn. 2.
[1170] RFH, Urteil vom 23. Oktober 1937, VI a 70/37, in: RStBl. 1937, S. 1160; Urteil vom 27. November 1937, VI a 1/37, 2/37, in: RStBl. 1938, S. 35, 36; BFH, Urteil vom 10. Mai 1955, I 173/53 U, in: BStBl. III 1955, S. 177, 178; Urteil vom 15. Dezember 1993, X R 115/91, in: BStBl. II 1994, S. 314, 316.
[1171] Vgl. die Ausführungen im Gliederungspunkt C. II. 2. d) cc) (2).
[1172] Entgegen *Buchna*, Gemeinnützigkeit im Steuerrecht[8], S. 221f, kann daher eine Gestellung von Personal durch eine öffentlich-rechtlich verfasste Kirche oder Religionsgemeinschaft an eine Einrichtung einer anderen juristischen Person des öffentlichen Rechts gegen eine Kostenerstattung, die als Betrieb gewerblicher Art und damit wirtschaftlicher Geschäftsbetrieb zu qualifizieren ist, nicht als Zweckbetrieb nach § 65 AO in den Genuss der Steuervergünstigung kommen.
[1173] *Hey*, in: StuW 2000, S. 467, 473; *Tipke*, in: Tipke/Kruse, AO und FGO, § 65, Rn. 1.

entschieden[1174]. Der Veranlagungszeitraum entspricht nach § 31 Abs. 1 KStG i. V. m. § 25 Abs. 1 EStG grundsätzlich dem Kalenderjahr. Daher setzt die Steuerbefreiung mit dem Veranlagungszeitraum ein, zu dessen Beginn die Voraussetzungen des § 5 Abs. 1 Nr. 9 KStG erstmalig gegeben waren[1175]. Die Befreiungsvoraussetzungen müssen unter Bezugnahme auf die §§ 60 Abs. 2, 63 Abs. 2 AO während des gesamten Veranlagungszeitraumes vorliegen[1176]. § 5 Abs. 1 Nr. 9 KStG kann für den Veranlagungszeitraum nicht mehr in Anspruch genommen werden, zu dessen Ende die Voraussetzungen für die Steuerbefreiung nicht mehr vorliegen[1177]. Wie die Einkommensermittlung in den Fällen vorzunehmen ist, in denen ein bisher steuerpflichtiges Steuersubjekt in vollem Umfang oder teilweise von der Körperschaftsteuer befreit, oder umgekehrt ein bisher befreites Steuersubjekt in vollem Umfang oder teilweise steuerpflichtig wird, regelt § 13 KStG.

4. Verfahrensrechtlicher Vergleich zwischen den gemeinnützigen Betrieben gewerblicher Art und den Hoheitsbetrieben

Unbeschränkt körperschaftsteuerpflichtig sind nach § 1 Abs. 1 Nr. 6 und § 4 KStG nur die Betriebe gewerblicher Art und nicht die Hoheitsbetriebe der juris-

---

[1174] BFH, Urteil vom 20. Januar 1972, I R 81/70, in: BStBl. II 1972, S. 440, 441; Urteil vom 13. Dezember 1978, I R 77/76, in: BStBl. II 1979, S. 481, 482; Beschluss vom 7. Mai 1986, I B 58/85, in: BStBl. II 1986, S. 677, 678; Urteil vom 10. Januar 1992, III R 201/90, in: BStBl. II 1992, S. 684, 686; Urteil vom 13. November 1996, I R 152/93, in: BStBl. II 1998, S. 711, 714; Urteil vom 11. März 1999, V R 57, 58/96, in: BStBl. II 1999, S. 331, 332; *Bott*, in: Schauhoff, Handbuch der Gemeinnützigkeit, § 7, Rn. 11, 330, § 9, Rn. 1; *Buchna*, Gemeinnützigkeit im Steuerrecht[8], S. 377; *Gersch*, in: Franz Klein, AO[8], § 51, Rn. 3; *Pel*, in: C. Herrmann/Heuer/Raupach, EStG und KStG, § 5 KStG, Rn. 15; *Pues/Scheerbarth*, Gemeinnützige Stiftungen im Zivil- und Steuerrecht[2], S. 153; *Rüsken/Gersch*, in: Franz Klein, AO[8], vor § 51, Rn. 2; *Schauhoff*, in: Schauhoff, Handbuch der Gemeinnützigkeit, § 5, Rn. 115; *Scholtz*, in: Koch/Scholtz, AO[5], vor § 51, Rn. 11, § 51, Rn. 9; *Spanner*, in: Hübschmann/Hepp/Spitaler, AO und FGO, vor § 51 AO, Rn. 10; *v. Twickel*, in: Blümich, EStG/KStG/GewStG, § 5 KStG, Rn. 8.

[1175] *Frotscher*, in: Frotscher/Maas, KStG und UmwStG, § 5 KStG, Rn. 3.

[1176] *Bott*, in: Schauhoff, Handbuch der Gemeinnützigkeit, § 9, Rn. 3; *Buchna*, Gemeinnützigkeit im Steuerrecht[8], S. 377; *Melchior*, in: Ax/Große/Melchior, AO und FGO[18], S. 84; *Pel*, in: C. Herrmann/Heuer/Raupach, EStG und KStG, § 5 KStG, Rn. 15; *Schauhoff*, in: Schauhoff, Handbuch der Gemeinnützigkeit, § 5, Rn. 98, § 8, Rn. 30; *Streck*, in: Streck, KStG[6], § 5, Nr. 58; *Tipke*, in: Tipke/Kruse, AO und FGO, § 60 AO, Rn. 6; *Wallenhorst*, in: Troll/Wallenhorst/Halaczinsky, Die Besteuerung gemeinnütziger Vereine und Stiftungen[4], C Rn. 173, 185.

[1177] *Frotscher*, in: Frotscher/Maas, KStG und UmwStG, § 5 KStG, Rn. 3. Siehe allgemein zu den Rechtsfolgen bei Verstößen gegen Gemeinnützigkeitsvorschriften *Bott*, in: Schauhoff, Handbuch der Gemeinnützigkeit, § 9, Rn. 2ff.

tischen Personen des öffentlichen Rechts. Diese Differenzierung hat Auswirkungen auf die Frage, ob eine Steuererklärung abzugeben ist. Gem. § 149 Abs. 1 S. 1 AO, § 31 Abs. 1 KStG i. V. m. § 25 Abs. 3 S. 1 EStG muss ein unbeschränkt Körperschaftsteuerpflichtiger für den abgelaufenen Veranlagungszeitraum eine Körperschaftsteuererklärung abgeben. Diese Pflicht trifft damit die Betriebe gewerblicher Art von juristischen Personen des öffentlichen Rechts[1178] und nicht die Hoheitsbetriebe.

Eine Pflicht zur Abgabe einer Körperschaftsteuererklärung besteht auch dann, wenn ein Betrieb gewerblicher Art als gemeinnützige Körperschaft i. S. des § 51 AO von der Körperschaftsteuer befreit ist[1179]. Über das Vorliegen der Voraussetzungen für die Steuerbefreiung entscheidet das Finanzamt im Veranlagungs- bzw. Festsetzungsverfahren für die jeweilige Steuer und den jeweiligen Veranlagungszeitraum[1180]. Spezielle Verfahrensvorschriften für die Anerkennung als gemeinnützige Körperschaft bestehen nicht[1181]. Es gelten die allgemei-

---

[1178] BFH, Urteil vom 4. September 2002, I R 42/01, in: BFH/NV 2003, S. 511, 512f; *Frotscher*, in: Frotscher/Maas, KStG und UmwStG, § 4 KStG, Rn. 7.

[1179] *Buchna*, Gemeinnützigkeit im Steuerrecht[8], S. 379; *Kümpel*, in: DStR 2001, S. 152, 156. A. A. *Felder*, in: Dötsch/Eversberg/Jost/Pung/Witt, Körperschaftsteuer, § 49 KStG, Rn. 8.

[1180] BFH, Urteil vom 20. Januar 1972, I R 81/70, in: BStBl. II 1972, S. 440, 441; Urteil vom 13. Dezember 1978, I R 77/76, in: BStBl. II 1979, S. 481, 482; Beschluss vom 7. Mai 1986, I B 58/85, in: BStBl. II 1986, S. 677, 678; Urteil vom 10. Januar 1992, III R 201/90, in: BStBl. II 1992, S. 684, 686; Urteil vom 13. November 1996, I R 152/93, in: BStBl. II 1998, S. 711, 714; Urteil vom 11. März 1999, V R 57, 58/96, in: BStBl. II 1999, S. 331, 332; *Bott*, in: Schauhoff, Handbuch der Gemeinnützigkeit, § 7, Rn. 330, § 9, Rn. 1; *Buchna*, Gemeinnützigkeit im Steuerrecht[8], S. 377; *Gersch*, in: Franz Klein, AO[8], § 51, Rn. 3; *Melchior*, in: Ax/Große/Melchior, AO und FGO[18], S. 82; *Pues/Scheerbarth*, Gemeinnützige Stiftungen im Zivil- und Steuerrecht[2], S. 153; *Rüsken/Gersch*, in: Franz Klein, AO[8], vor § 51, Rn. 2; *Schauhoff*, in: Schauhoff, Handbuch der Gemeinnützigkeit, § 5, Rn. 115; *Scholtz*, in: Koch/Scholtz, AO[5], vor § 51, Rn. 11, § 51, Rn. 9, § 59, Rn. 9; *Spanner*, in: Hübschmann/Hepp/Spitaler, AO und FGO, vor § 51 AO, Rn. 10; *v. Twickel*, in: Blümich, EStG/KStG/GewStG, § 5 KStG, Rn. 14, 212.

[1181] BFH, Beschluss vom 7. Mai 1986, I B 58/85, in: BStBl. II 1986, S. 677, 678; Urteil vom 10. Januar 1992, III R 201/90, in: BStBl. II 1992, S. 684, 686; Urteil vom 13. November 1996, I R 152/93, in: BStBl. II 1998, S. 711, 714; Urteil vom 11. März 1999, V R 57, 58/96, in: BStBl. II 1999, S. 331, 332; *Bott*, in: Schauhoff, Handbuch der Gemeinnützigkeit, § 7, Rn. 330; *Buchna*, Gemeinnützigkeit im Steuerrecht[8], S. 377; *Gersch*, in: Franz Klein, AO[8], § 51, Rn. 3; *Melchior*, in: Ax/Große/Melchior, AO und FGO[18], S. 82; *Schauhoff*, in: Schauhoff, Handbuch der Gemeinnützigkeit, § 5, Rn. 115; *Scholtz*, in: Koch/Scholtz, AO[5], vor § 51, Rn. 11, § 51, Rn. 9, § 59, Rn. 9; *Spanner*, in: Hübschmann/Hepp/Spitaler, AO und FGO, vor § 51 AO, Rn. 10; *Tipke*, in: Tipke/Kruse, AO und FGO, vor § 51 AO, Rn. 6; *v. Twickel*, in: Blümich, EStG/KStG/GewStG, § 5 KStG, Rn. 212; *Wallenhorst*, in: Troll/Wallenhorst/Halaczinsky, Die Besteuerung gemeinnütziger Vereine und Stiftungen[4], C Rn. 245.

nen Regelungen, insbesondere § 137 AO[1182]. § 137 Abs. 1 AO sieht vor, dass nach der Gründung der Körperschaft i. S. des § 51 AO – also auch nach „Gründung“ des Betriebs gewerblicher Art – dem Finanzamt die Satzung i. S. des § 59 AO vorzulegen ist. Später müssen alle Beschlüsse mitgeteilt werden, durch die wesentliche Satzungsregelungen geändert oder aufgehoben oder in die Satzung neu aufgenommen werden[1183]. Dies gilt auch dann, wenn eine Änderung der Satzung – z. B. bei Einfügung einer weiteren steuerbegünstigten Tätigkeit – die Steuerbefreiung nicht berührt[1184].

Hat noch keine Veranlagung stattgefunden, wird eine vorläufige Bescheinigung erteilt, wenn die eingereichte Satzung die Voraussetzungen der §§ 59 bis 61 AO erfüllt[1185]. Anhand eines besonderen Steuererklärungsvordrucks (Fragebogen) ermittelt das Finanzamt dann, ob die Voraussetzungen der Gemeinnützigkeit vorliegen[1186]. Sind die Voraussetzungen für die Steuerbefreiung gegeben, wird ein Freistellungsbescheid erlassen[1187]. Zwischen der vorläufigen Bescheinigung und dem Freistellungsbescheid besteht kein Zusammenhang, so dass die vorläufige Bescheinigung keinen Anspruch auf eine Freistellung vermittelt[1188]. In Ab-

---

[1182] *Tipke*, in: Tipke/Kruse, AO und FGO, vor § 51 AO, Rn. 6; *Wallenhorst*, in: Troll/Wallenhorst/Halaczinsky, Die Besteuerung gemeinnütziger Vereine und Stiftungen[4], C Rn. 245.

[1183] *Wallenhorst*, in: Troll/Wallenhorst/Halaczinsky, Die Besteuerung gemeinnütziger Vereine und Stiftungen[4], C Rn. 246.

[1184] *Wallenhorst*, in: Troll/Wallenhorst/Halaczinsky, Die Besteuerung gemeinnütziger Vereine und Stiftungen[4], C Rn. 246.

[1185] AEAO, Zu § 59, Nr. 4; *Bott*, in: Schauhoff, Handbuch der Gemeinnützigkeit, § 7, Rn. 331; *Buchna*, Gemeinnützigkeit im Steuerrecht[8], S. 382; *Gersch*, in: Franz Klein, AO[8], § 51, Rn. 3; *Melchior*, in: Ax/Große/Melchior, AO und FGO[18], S. 82, 318; *Schauhoff*, in: Schauhoff, Handbuch der Gemeinnützigkeit, § 5, Rn. 115; *Scholtz*, in: Koch/Scholtz, AO[5], § 59, Rn. 9; *Tipke*, in: Tipke/Kruse, AO und FGO, vor § 51 AO, Rn. 6; *v. Twickel*, in: Blümich, EStG/KStG/GewStG, § 5 KStG, Rn. 213; *Wallenhorst*, in: Troll/Wallenhorst/Halaczinsky, Die Besteuerung gemeinnütziger Vereine und Stiftungen[4], C Rn. 255.

[1186] *Buchna*, Gemeinnützigkeit im Steuerrecht[8], S. 379; *Tipke*, in: Tipke/Kruse, AO und FGO, vor § 51 AO, Rn. 6; *Wallenhorst*, in: Troll/Wallenhorst/Halaczinsky, Die Besteuerung gemeinnütziger Vereine und Stiftungen[4], C Rn. 258.

[1187] BFH, Urteil vom 13. November 1996, I R 152/93, in: BStBl. II 1998, S. 711, 715; *Bott*, in: Schauhoff, Handbuch der Gemeinnützigkeit, § 7, Rn. 332; *Buchna*, Gemeinnützigkeit im Steuerrecht[8], S. 379; *Melchior*, in: Ax/Große/Melchior, AO und FGO[18], S. 82; *Schauhoff*, in: Schauhoff, Handbuch der Gemeinnützigkeit, § 5, Rn. 115; *v. Twickel*, in: Blümich, EStG/KStG/GewStG, § 5 KStG, Rn. 14, 212; *Wallenhorst*, in: Troll/Wallenhorst/Halaczinsky, Die Besteuerung gemeinnütziger Vereine und Stiftungen[4], C Rn. 258.

[1188] BFH, Urteil vom 19. April 1989, I R 3/88, in: BStBl. II 1989, S. 595, 596; Urteil vom 2. August 1989, I R 72/87, in: BFH/NV 1990, S. 146, 147; Urteil vom 13. Juli 1994, I R 5/93, in: BStBl. II 1995, S. 134, 137; Beschluss vom 23. September 1998, I B 82/98, in: BFH/NV 1999, S. 105, 107; *Bott*, in: Schauhoff, Handbuch der Gemeinnützigkeit, § 7, Rn. 331; *Buchna*, Gemeinnützigkeit im Steuerrecht[8], S. 382f; *Gersch*, in: Franz Klein, AO[8], § 51, Rn. 3;

ständen von regelmäßig drei Jahren überprüft das Finanzamt, ob die Voraussetzungen der Gemeinnützigkeit noch vorliegen[1189]. Wird ein steuerpflichtiger wirtschaftlicher Geschäftsbetrieb unterhalten, der die Besteuerungsgrenze des § 64 Abs. 3 AO übersteigt, müssen jährlich Steuererklärungen abgegeben werden[1190].

Der Freistellungsbescheid beinhaltet die verbindliche Feststellung, dass die gemeinnützige Körperschaft eine bestimmte Steuer – in diesem Fall die Körperschaftsteuer – dem Grunde nach überhaupt nicht oder für einen bestimmten Veranlagungs- oder Erhebungszeitraum nicht schuldet[1191]. Da nach § 155 Abs. 1 S. 3 AO der Freistellungsbescheid wie ein Steuerbescheid zu behandeln ist[1192], kann er gem. § 164 AO unter dem Vorbehalt der Nachprüfung oder gem. § 165 AO vorläufig erlassen werden. Der Freistellungsbescheid wirkt nicht über den Veranlagungszeitraum hinaus. Bleibt das Finanzamt in der Folgezeit untätig, entsteht daher kein schutzwürdiger Vertrauenstatbestand nach den Grundsätzen von Treu und Glauben[1193].

Trotz der großzügigen Verfahrenspraxis der Finanzämter im Hinblick auf eine Anerkennung als gemeinnützige Körperschaft[1194] verdeutlichen die obigen Aus-

---

Melchior, in: Ax/Große/Melchior, AO und FGO[18], S. 318; *Scholtz*, in: Koch/Scholtz, AO[5], § 51, Rn. 13.

[1189] AEAO, Zu § 59, Nr. 7 S. 2; *Buchna*, Gemeinnützigkeit im Steuerrecht[8], S. 379; *Melchior*, in: Ax/Große/Melchior, AO und FGO[18], S. 82; *Schauhoff*, in: Schauhoff, Handbuch der Gemeinnützigkeit, § 5, Rn. 119; *Scholtz*, in: Koch/Scholtz, AO[5], § 51, Rn. 14; *Tipke*, in: Tipke/Kruse, AO und FGO, vor § 51 AO, Rn. 6; *v. Twickel*, in: Blümich, EStG/KStG/GewStG, § 5 KStG, Rn. 212; *Wallenhorst*, in: Troll/Wallenhorst/Halaczinsky, Die Besteuerung gemeinnütziger Vereine und Stiftungen[4], C Rn. 258.

[1190] *Bott*, in: Schauhoff, Handbuch der Gemeinnützigkeit, § 7, Rn. 336; *Buchna*, Gemeinnützigkeit im Steuerrecht[8], S. 380; *Schauhoff*, in: Schauhoff, Handbuch der Gemeinnützigkeit, § 5, Rn. 120.

[1191] BFH, Urteil vom 13. November 1979, VIII R 175/77, in: BStBl. II 1980, S. 193, 194; Urteil vom 16. Oktober 1991, I R 65/90, in: BStBl. II 1992, S. 322, 323; Urteil vom 13. November 1996, I R 152/93, in: BStBl. II 1998, S. 711, 714; Urteil vom 8. Februar 2001, VII R 59/99, in: BStBl. II 2001, S. 506, 507; *Buchna*, Gemeinnützigkeit im Steuerrecht[8], S. 379; *Rüsken*, in: Franz Klein, AO[8], § 155, Rn. 30; *Schauhoff*, in: Schauhoff, Handbuch der Gemeinnützigkeit, § 5, Rn. 119.

[1192] BFH, Urteil vom 13. November 1996, I R 152/93, in: BStBl. II 1998, S. 711, 714; *Baum*, in: Koch/Scholtz, AO[5], § 155, Rn. 14; *Bott*, in: Schauhoff, Handbuch der Gemeinnützigkeit, § 7, Rn. 332; *Buchna*, Gemeinnützigkeit im Steuerrecht[8], S. 379f; *Melchior*, in: Ax/Große/Melchior, AO und FGO[18], S. 318; *Rüsken*, in: Franz Klein, AO[8], § 155, Rn. 30; *Tipke*, in: Tipke/Kruse, AO und FGO, § 155 AO, Rn. 11.

[1193] BFH, Urteil vom 13. Dezember 1978, I R 77/76, in: BStBl. II 1979, S. 481, 482; Urteil vom 19. April 1989, I R 3/88, in: BStBl. II 1989, S. 595, 596; *Bott*, in: Schauhoff, Handbuch der Gemeinnützigkeit, § 7, Rn. 337; *Buchna*, Gemeinnützigkeit im Steuerrecht[8], S. 380. Kritisch *Schauhoff*, in: Schauhoff, Handbuch der Gemeinnützigkeit, § 5, Rn. 123.

[1194] *Tipke*, in: Tipke/Kruse, AO und FGO, vor § 51 AO, Rn. 6.

führungen, dass der Hoheitsbetrieb steuerverfahrensrechtlich einfacher zu handhaben ist als der gemeinnützige Betrieb gewerblicher Art. Der Hoheitsbetrieb muss keine Steuererklärung abgeben, wohingegen der Betrieb gewerblicher Art regelmäßig seine Gemeinnützigkeit nachweisen muss. Allerdings ist zu beachten, dass die Abgrenzung zwischen Betrieben gewerblicher Art und Hoheitsbetrieben oftmals schwierig ist, so dass Einzelfälle und einzelne Zeitperioden gesondert zu prüfen sind[1195]. Hier sind dann insbesondere die allgemeinen Mitwirkungspflichten nach § 90 Abs. 1 AO zu beachten[1196].

5. Das Verhältnis von § 5 Abs. 1 Nr. 9 KStG und § 1 Abs. 1 Nr. 6, 4 KStG

Die bisherigen Ausführungen haben gezeigt, dass juristische Personen des öffentlichen Rechts als solche und damit auch die öffentlich-rechtlich verfassten Kirchen und Religionsgemeinschaften nicht körperschaftsteuerpflichtig sind. Nach § 1 Abs. 1 Nr. 6 KStG besteht eine Steuerpflicht – und daher eine Pflicht zur Abgabe einer Steuererklärung – nur für die einzelnen Betriebe gewerblicher Art von juristischen Personen des öffentlichen Rechts. Gem. § 4 KStG liegt ein Betrieb gewerblicher Art vor, wenn eine bestimmte Einrichtung wirtschaftlich tätig wird und keine öffentliche Gewalt ausübt. Stellt sich die Betätigung als Ausübung öffentlicher Gewalt i. S. des § 4 Abs. 5 S. 1 KStG dar, handelt es sich um einen Hoheitsbetrieb. Muss ein Betrieb einer öffentlich-rechtlich verfassten Kirche oder Religionsgemeinschaft als Hoheitsbetrieb angesehen werden, besteht nach den §§ 1 Abs. 1 Nr. 6 und 4 KStG schon keine Steuerpflicht und damit auch keine Pflicht zur Abgabe einer Steuererklärung.

Handelt es sich bei der betreffenden Einrichtung um einen Betrieb gewerblicher Art i. S. der §§ 1 Abs. 1 Nr. 6, 4 Abs. 1 bis 4 KStG und ist damit dessen unbeschränkte Steuerpflicht eröffnet, kann die auf das Gemeinnützigkeitsrecht der AO zielende Steuerbefreiung nach § 5 Abs. 1 Nr. 9 KStG in Betracht kommen, wenn die Befreiungsvoraussetzungen gegeben sind. Ist dies der Fall, entfällt die Pflicht zur Abgabe einer Steuererklärung. Trotz der sachlichen Steuerbefreiung bleibt die persönliche Steuerpflicht des Betriebs gewerblicher Art bestehen, es werden nur Vermögensmehrungen aus den von § 5 Abs. 1 Nr. 9 KStG begünstigten Tätigkeiten von der Besteuerung ausgenommen. Diese Regelungssystematik verdeutlicht, dass hinsichtlich der Hoheitsbetriebe oder des hoheitlichen Bereichs von körperschaftlich verfassten Kirchen und Religionsgemeinschaften

---

[1195] *Frotscher*, in: Frotscher/Maas, KStG und UmwStG, § 4, Rn. 15.

[1196] Vgl. *C. Herrmann/Klempt*, in C. Herrmann/Heuer/Raupach, EStG und KStG, § 1 KStG, Rn. 100. Generell zu den allgemeinen Mitwirkungspflichten siehe *Tipke*, in: Tipke/Kruse, AO und FGO, § 90 AO, Rn. 1ff.

eine Steuerbefreiung nach § 5 Abs. 1 Nr. 9 KStG ausscheidet, da eine solche Befreiung erst dann in Betracht kommt, wenn überhaupt eine unbeschränkte Steuerpflicht nach den §§ 1 und 4 KStG besteht[1197]. Bezugspunkt des § 5 Abs. 1 Nr. 9 KStG können daher nur die Betriebe gewerblicher Art der öffentlich-rechtlich verfassten Kirchen und Religionsgemeinschaften sein[1198].

III. Die Bedeutung des Gemeinnützigkeitsrechts für öffentlich-rechtlich verfasste Kirchen und Religionsgemeinschaften

Die Steuervergünstigungen des Gemeinnützigkeitsrechts haben für die öffentlich-rechtlich verfassten Kirchen und Religionsgemeinschaften selbst nur eine geringe Bedeutung[1199]. Auch wenn der Begriff der Ausübung öffentlicher Gewalt nicht mit der Verfolgung gemeinnütziger Zwecke gleichgesetzt werden kann, werden Tätigkeiten, die gemeinnützige, mildtätige oder kirchliche Zwecke i. S. der §§ 52ff AO verfolgen, regelmäßig schon im steuerfreien Hoheitsbetrieb erbracht[1200]. Daher ergibt sich die Situation, dass im Hinblick auf juristische Personen des öffentlichen Rechts und ihre Betriebe gewerblicher Art das Gemeinnützigkeitsrecht nur im Bereich wirtschaftlicher Tätigkeiten Bedeutung erlangt, wo es jedoch in der Regel gerade nicht anwendbar ist.
Eröffnet § 5 Abs. 1 Nr. 9 KStG zunächst den Anwendungsbereich des Gemeinnützigkeitsrechts für Betriebe gewerblicher Art, schließt ihn die Feststellung, dass jeder Betrieb gewerblicher Art auch immer ein wirtschaftlicher Geschäftsbetrieb ist, nach § 5 Abs. 1 Nr. 9 S. 2 KStG wieder aus. Einzig die Besteuerungsgrenze nach § 64 Abs. 3 AO und die Figur des Zweckbetriebs können dann noch eine Steuervergünstigung ermöglichen[1201]. So kann z. B. ein kirchliches Erholungsheim, das als Betrieb gewerblicher Art anzusehen ist[1202], über § 68 Nr. 1 a) AO als Zweckbetrieb steuerbegünstigt werden, wenn es in besonderem Maße den hilfsbedürftigen Personen i. S. des § 53 AO dient. Auch kirchli-

---

[1197] *Hüttemann*, Die Besteuerung der öffentlichen Hand, S. 180f, 184; *Schauhoff*, in: Schauhoff, Handbuch der Gemeinnützigkeit, § 5, Rn. 1.

[1198] Vgl. zur Anwendbarkeit des Gemeinnützigkeitsrechts auf die wirtschaftliche Betätigung von juristischen Personen des öffentlichen Rechts *Hüttemann*, Die Besteuerung der öffentlichen Hand, S. 179ff; *Thieme/Dorenkamp*, in: FR 2003, S. 693, 697.

[1199] *Buchna*, Gemeinnützigkeit im Steuerrecht[8], S. 29f; *P. Fischer*, in: Hübschmann/Hepp/Spitaler, AO und FGO, § 54 AO, Rn. 6; Gutachten der Unabhängigen Sachverständigenkommission zur Prüfung des Gemeinnützigkeits- und Spendenrechts, in: Schriftenreihe des BMF, Heft 40, S. 102; *Hey*, in: StuW 2000, S. 467, 470.

[1200] *Hey*, in: StuW 2000, S. 467, 470.

[1201] *Hey*, in: StuW 2000, S. 467, 470.

[1202] Vgl. C. II. 4.

che Akademien oder Erwachsenenbildungseinrichtungen, die keine Hoheitsbetriebe sind, können, wenn sie als Betriebe gewerblicher Art qualifiziert werden, anhand des Maßstabes des § 68 Nr. 8 AO als steuerbegünstigte Zweckbetriebe fingiert werden. Nach § 68 Nr. 8 AO sind Volkshochschulen und andere Einrichtungen, soweit sie selbst Vorträge, Kurse und andere Veranstaltungen wissenschaftlicher oder belehrender Art durchführen, als Zweckbetriebe anzusehen. In den Kreis der geförderten Organisationen sind auch weltanschaulich oder religiös gebundene Einrichtungen einbezogen[1203]. Bei den kirchlichen Akademien oder Einrichtungen der Erwachsenenbildung handelt es sich um derartige religiös oder konfessionell gebundene Einrichtungen. Gem. § 68 Nr. 8, 2. HS. AO gehört zu diesem Zweckbetrieb auch die Beherbergung und Beköstigung der Teilnehmer der Veranstaltungen.

Produziert dagegen ein kirchlicher Betrieb gewerblicher Art entgeltlich religiöse Filme, ist keine der Zweckbetriebsfiktionen der §§ 66 bis 68 AO einschlägig. Auch über § 65 AO kann in diesem Fall keine Steuervergünstigung erreicht werden, da eine – zumindest potentielle – Wettbewerbssituation zu anderen Produktionsfirmen besteht, die mit denselben Produktionen betraut werden könnten[1204]. Dies gilt auch bei unmittelbar kirchlichen Inhalten der Filmproduktion[1205].

Zusammenfassend bedeutet dies, dass Betriebe von öffentlich-rechtlich verfassten Kirchen oder Religionsgemeinschaften dann nicht steuerpflichtig sind, wenn sie als Hoheitsbetriebe i. S. des § 4 Abs. 5 S. 1 KStG qualifiziert werden können. Ist eine solche Qualifikation nicht möglich und betätigt sich der Betrieb wirtschaftlich, ist er als Betrieb gewerblicher Art nach § 4 Abs. 1 KStG zunächst steuerpflichtig. Über § 5 Abs. 1 Nr. 9 KStG i. V. m. § 64 Abs. 3 oder den §§ 65 bis 68 AO besteht jedoch die Möglichkeit einer Steuervergünstigung, wenn entweder die Besteuerungsgrenze nicht überschritten wird oder sich der Betrieb als Zweckbetrieb darstellt.

[1203] BFH, Urteil vom 2. August 1962, V 37/60 U, in: BStBl. III 1962, S. 458, 459; *P. Fischer*, in: Hübschmann/Hepp/Spitaler, AO und FGO, § 68 AO, Rn. 22.

[1204] BFH, Urteil vom 13. August 1986, II R 246/81, in: BStBl. II 1986, S. 831, 832; *P. Fischer*, in: Hübschmann/Hepp/Spitaler, AO und FGO, § 65 AO, Rn. 36. Kritisch *Clausnitzer*, in: DStR 1987, S. 416, 417, der einen derartigen Betrieb an § 65 Nr. 2 AO scheitern lässt.

[1205] A. A. *v. Twickel*, in: Blümich, EStG/KStG/GewStG, § 5 KStG, Rn. 132.

E. Ergebnis

Die Untersuchung hat gezeigt, dass die Steuerbefreiung für Hoheitsbetriebe nach § 4 Abs. 5 KStG auch von öffentlich-rechtlich verfassten Kirchen und Religionsgemeinschaften in Anspruch genommen werden kann. Im Einzelnen gilt das Folgende:

1. Art. 140 GG i. V. m. Art. 137 Abs. 5 WRV, der bestimmten Kirchen und Religionsgemeinschaften den Status einer öffentlich-rechtlichen Körperschaft verleiht, ist sowohl verfassungsgemäß als auch legitim. Der Körperschaftsstatus ist nicht bloß eine formelle Bezeichnung, sondern gewährt ein umfassendes öffentlich-rechtliches Handlungsrecht. Insbesondere bei den beiden großen Kirchen steht der Körperschaftsstatus auch den Untergliederungen und Zusammenschlüssen zur Verfügung und erstreckt sich zudem auf neue Formen der mittelbaren Kirchenverwaltung. In den verfassungsrechtlichen Schutz des Körperschaftsstatus sind keine Steuerbefreiungen einbezogen. Eine Bestandsgarantie besteht nur für Staatsleistungen i. S. des Art. 138 Abs. 1 WRV, unter die § 4 Abs. 5 KStG jedoch nicht fällt.

2. Gem. § 1 Abs. 1 Nr. 6 KStG sind juristische Personen des öffentlichen Rechts als solche nicht unbeschränkt körperschaftsteuerpflichtig. Öffentlich-rechtlich verfasste Kirchen und Religionsgemeinschaften zählen aufgrund ihres durch Art. 140 GG i. V. m. Art. 137 Abs. 5 WRV vermittelten Körperschaftsstatus zu den juristischen Personen des öffentlichen Rechts i. S. des § 1 Abs. 1 Nr. 6 KStG und sind daher als solche nicht unbeschränkt körperschaftsteuerpflichtig.

3. Gem. § 1 Abs. 1 Nr. 6 und § 4 Abs. 1 bis 4 KStG besteht eine unbeschränkte Körperschaftsteuerpflicht nur für die Betriebe gewerblicher Art der öffentlich-rechtlich verfassten Kirchen und Religionsgemeinschaften. Ein Betrieb gewerblicher Art setzt nach § 4 Abs. 1 S. 1 KStG u. a. voraus, dass eine Einrichtung der juristischen Person des öffentlichen Rechts wirtschaftlich tätig wird. Von einer wirtschaftlichen Tätigkeit kann gesprochen werden, wenn ein „Wettbewerbsverhältnis" vorliegt, das auch in einer bloß potentiellen Wettbewerbssituation liegen kann. Die Körperschaftsteuerpflicht besteht nur dann, wenn keine öffentliche Gewalt ausgeübt wird. Daher ist auf der Ebene

des Merkmals der wirtschaftlichen Tätigkeit eine Abgrenzung von der Ausübung öffentlicher Gewalt vorzunehmen.

4. Öffentliche Gewalt i. S. des § 4 Abs. 5 KStG, die durch öffentlich-rechtlich verfasste Kirchen und Religionsgemeinschaften ausgeübt wird, ist eine von der staatlichen Hoheitsgewalt abgeleitete und anerkannte Gewalt. Um von einer derartigen hoheitlichen Tätigkeit sprechen zu können, muss sich eine korporierte Kirche oder Religionsgemeinschaft in öffentlich-rechtlicher Form betätigen, wobei sich diese Handlungsform auf eine öffentlich-rechtliche Rechtsgrundlage zurückführen lassen muss. Berührt die Ausübung öffentlicher Gewalt einen wichtigen Lebensbereich i. S. der Wesentlichkeitstheorie, ist notwendig, dass ein förmliches Gesetz als Rechtsgrundlage herangezogen werden kann. Soweit es sich um einen Fall handelt, für den das Prinzip des Vorbehalts des Gesetzes nicht gilt, kann auch die Exekutive durch die ihr gegebenen rechtlichen Instrumente eine adäquate Rechtsgrundlage zur Verfügung stellen.

5. Im innerkirchlichen Bereich, für den Art 140 GG i. V. m. Art. 137 Abs. 3 WRV gilt, kann die Kirche oder Religionsgemeinschaft keine öffentliche Gewalt i. S. des § 4 Abs. 5 KStG ausüben. Um Ausübung öffentlicher Gewalt in Zweifelsfällen annehmen zu können, ist zu fragen, ob die Kirche oder Religionsgemeinschaft ihre innere Sphäre verlassen hat und nach außen, in den weltlichen Bereich getreten ist. Zur Beantwortung dieser Frage ist zunächst das kirchliche Selbstverständnis heranzuziehen. Zudem muss jedoch darauf abgestellt werden, ob die Gesamtheit oder Teile der Öffentlichkeit oder Gesellschaft, einzelne Gruppen oder Personen durch religiös motivierte Vorgänge nur in ihrem religiösen Verständnis oder Wirken betroffen sind – dann handelt es sich um den innerkirchlichen Bereich – oder ob die Wirkung darüber hinaus reicht – dann ist die weltliche Sphäre betroffen.

6. Üben eine öffentlich-rechtlich verfasste Kirche oder Religionsgemeinschaft oder eine andere juristische Person des öffentlichen Rechts nicht nur öffentliche Gewalt aus, sondern sind auch wirtschaftlich tätig, muss versucht werden, den wirtschaftlichen Bereich von dem hoheitlichen zu trennen. Lässt sich diese Trennung nicht durchführen oder ist sie unzumutbar, ist der Betrieb einheitlich zu beurteilen. Nach § 4 Abs. 5 S. 1 KStG liegt ein Hoheitsbetrieb vor, wenn überwiegend öffentliche Gewalt ausgeübt wird. Ein Betrieb gewerblicher Art ist anzunehmen, wenn die wirtschaftliche Tätigkeit über-

wiegt. Ein steuerlich wirksamer Zusammenschluss von trennbaren oder getrennten Hoheitsbetrieben mit Betrieben gewerblicher Art ist nicht zulässig.

7. Handelt es sich bei einer Einrichtung einer öffentlich-rechtlich verfassten Kirche oder Religionsgemeinschaft um einen Betrieb gewerblicher Art i. S. der §§ 1 Abs. 1 Nr. 6, 4 Abs. 1 bis 4 KStG und ist damit dessen unbeschränkte Steuerpflicht eröffnet, kann die auf das Gemeinnützigkeitsrecht der AO zielende Steuerbefreiung des § 5 Abs. 1 Nr. 9 KStG in Betracht kommen. Trotz der sachlichen Steuerbefreiung bleibt die persönliche Steuerpflicht des Betriebs gewerblicher Art bestehen, es werden nur Vermögensmehrungen aus den von § 5 Abs. 1 Nr. 9 KStG begünstigten Tätigkeiten von der Besteuerung ausgenommen. Hinsichtlich der Hoheitsbetriebe der körperschaftlich verfassten Kirchen und Religionsgemeinschaften scheidet eine Steuerbefreiung nach § 5 Abs. 1 Nr. 9 KStG aus, da eine Befreiung erst dann in Betracht kommt, wenn überhaupt eine unbeschränkte Steuerpflicht nach den §§ 1 und 4 KStG besteht.

8. Die Steuervergünstigungen des Gemeinnützigkeitsrechts haben für die öffentlich-rechtlich verfassten Kirchen und Religionsgemeinschaften eine geringe Bedeutung. Tätigkeiten, die gemeinnützige, mildtätige oder kirchliche Zwecke i. S. der §§ 52ff AO verfolgen, werden regelmäßig schon im steuerfreien Hoheitsbetrieb erbracht. Das Gemeinnützigkeitsrecht erlangt nur im Bereich der wirtschaftlichen Tätigkeit Bedeutung, wo es jedoch in der Regel nicht anwendbar ist. Eröffnet § 5 Abs. 1 Nr. 9 KStG zunächst den Anwendungsbereich des Gemeinnützigkeitsrechts für Betriebe gewerblicher Art, schließt ihn die Feststellung, dass jeder Betrieb gewerblicher Art auch immer ein wirtschaftlicher Geschäftsbetrieb ist, nach § 5 Abs. 1 Nr. 9 S. 2 KStG wieder aus. Einzig die Besteuerungsgrenze nach § 64 Abs. 3 AO und die Figur des Zweckbetriebs nach den §§ 65 bis 68 AO können dann eine Steuervergünstigung ermöglichen.

9. Als Hoheitsbetriebe kommen u. a. von Kirchen und Religionsgemeinschaften unterhaltene Kindergärten, kirchliche Schulen, Hochschulen in kirchlicher Trägerschaft oder kirchliche Friedhöfe in Betracht. Gerade im Bereich der kirchlichen Hochschulen sind jedoch die einzelnen Tätigkeiten gesondert zu beurteilen, da insbesondere die entgeltlichen Auftragsforschung aufgrund seiner Wettbewerbsrelevanz als steuerpflichtige wirtschaftliche Betätigung und mangels Ausübung öffentlicher Gewalt nicht als hoheitliche Tätigkeit anzusehen ist.

10. Keine Hoheitsbetriebe, sondern regelmäßig Betriebe gewerblicher Art sind beispielsweise kirchliche Akademien und Erwachsenenbildungseinrichtungen, Gesangbuchverlage, Filmproduktionseinrichtungen und Erholungsheime. In diesen Fällen liegt eine wirtschaftliche Tätigkeit vor, da eine Wettbewerbssituation mit privaten Dritten besteht und keine öffentliche Gewalt ausgeübt wird. Auch Klosterbrauereien und die Ermöglichung entgeltlicher Kirchturmbesteigungen und Kirchenbesichtigungen sind Leistungen, die nicht im Rahmen eines Hoheitsbetriebs erbracht werden.

11. Ein kirchliches Erholungsheim, das als Betrieb gewerblicher Art anzusehen ist kann über § 68 Nr. 1 a) AO als Zweckbetrieb steuerbegünstigt werden. Kirchliche Akademien oder Erwachsenenbildungseinrichtungen können anhand des Maßstabes des § 68 Nr. 8 AO als steuerbegünstigte Zweckbetriebe fingiert werden. Produziert ein kirchlicher Betrieb gewerblicher Art entgeltlich religiöse Filme, sind die Zweckbetriebsvorschriften der §§ 65 bis 68 AO nicht einschlägig.

Literaturverzeichnis

A

Albrecht, Alfred Die mittelbare Kirchenverwaltung. Rechtslehre und Staatspraxis,
in: Festschrift für Joseph Listl zum 70. Geburtstag, hrsg. von Josef Isensee, Wilhelm Rees und Wolfgang Rüfner, S. 449ff,
Berlin 1999
(zit.: *Albrecht*, in: FS Listl (1999)).

ders. Koordination von Staat und Kirche in der Demokratie. Eine juristische Untersuchung über die allgemeinen Rechtsprobleme der Konkordate zwischen der katholischen Kirche und einem freiheitlich-demokratischen Staat,
Freiburg u. a. 1965.

Altehoefer, Klaus Betriebe gewerblicher Art von juristischen Personen des öffentlichen Rechts – Zur Abgrenzung der wirtschaftlichen von der hoheitlichen Tätigkeit,
in: Festschrift für Ludwig Schmidt zum 65. Geburtstag, hrsg. von Arndt Raupach, Adalbert Uelner, S. 677ff,
München 1993
(zit.: *Altehoefer*, in: FS L. Schmidt (1993)).

Anschütz, Gerhard Die Verfassung des Deutschen Reichs vom 11. August 1919, Ein Kommentar für Wissenschaft und Praxis, Berlin 1932, Vierte Bearbeitung, zugleich 14. Auflage.

App, Michael Überblick über die wichtigsten Neuregelungen im Anwendungserlaß zur Abgabenordnung (AEAO),
in: DStZ 1988, S. 303ff.

Ax, Rolf/Große, Thomas/ Melchior, Jürgen Abgabenordnung und Finanzgerichtsordnung,
Stuttgart 2003, 18. Auflage
(zit.: *Bearb.*, in: Ax/Große/Melchior, AO und FGO^{18}).

Axer, Peter Die Steuervergünstigungen für die Kirchen im Staat des Grundgesetzes. Bestandsaufnahme und Legitimation,
in: ArchkathKirchR 156. Band (1987), S. 460ff.

Aymans, Winfried Kirchliche Vereinigungen. Ein Kommentar zu den vereinigungsrechtlichen Bestimmungen des Codex Iuris

Canonici,
Paderborn 1988.

B

Bachof, Otto — Über öffentliches Recht, in: Festgabe aus Anlaß des 25jährigen Bestehens des Bundesverwaltungsgerichts, hrsg. von Otto Bachof, Ludwig Heigl, Konrad Redeker, S. 1ff, München 1978 (zit.: *Bachof*, in: FS BVerwG (1978)).

Bader, Hermann Georg — Hoheitsbetrieb und Betrieb gewerblicher Art im Umsatz- und Körperschaftsteuerrecht – Gleichheitsmaßstab und Systemgedanke im Steuerrecht, Frankfurt am Main 1997.

Badura, Peter — Das Staatskirchenrecht als Gegenstand des Verfassungsrechts. Die verfassungsrechtlichen Grundlagen des Staatskirchenrechts, in: Handbuch des Staatskirchenrechts der Bundesrepublik Deutschland, hrsg. von Joseph Listl und Dietrich Pirson, Erster Band, S. 211ff, Berlin 1994, 2. Auflage (zit.: *Badura*, in: HdbStKirchR, 1. Band^2).

ders. — Der Schutz von Religion und Weltanschauung durch das Grundgesetz. Verfassungsfragen zur Existenz und Tätigkeit der neuen „Jugendreligionen", Tübingen 1989.

ders. — Eigentum, in: Handbuch des Verfassungsrechts der Bundesrepublik Deutschland, hrsg. von Ernst Benda, Werner Maihofer und Hans-Jochen Vogel, § 10, S. 327ff, Berlin u. a. 1994, 2. Auflage (zit.: *Badura*, in: HdbVerfR^2).

ders. — Staatsrecht, Systematische Erläuterung des Grundgesetzes für die Bundesrepublik Deutschland, München 2003, 3. Auflage.

Baldus, Manfred — Kirchliche Hochschulen, in: Handbuch des Staatskirchenrechts der Bundesrepublik Deutschland, Zweiter Band, hrsg. von Joseph Listl und Dietrich Pirson, S. 601ff, Berlin 1995, 2. Auflage (zit.: *Baldus*, in: HdbStKirchR, 2. Band^2).

Bauer, Karl-Heinz M. — Die Steuerpflicht gemeinnütziger Körperschaften nach der Rechtsprechung des Bundesfinanzhofs, in: FR 1989, S. 61ff.

Bauschatz, Peter/Strahl, Martin — Steuerliche Behandlung von Vermögensübertragungen innerhalb von Körperschaften des öffentlichen Rechts, in: DStR 2004, S. 489ff.

Becker, Enno/Riewald, Alfred/ Koch, Carl — Reichsabgabenordnung mit Nebengesetzen, Kommentar, Band I, §§ 1-159 Reichsabgabenordnung, Steueranpassungsgesetz und Säumnisgesetz, Köln u. a. 1963, 9. Auflage (zit.: *Bearb.*, in: Becker/Riewald/Koch, Reichsabgabenordnung, Band I^9).

Beermann, Albert — Steuerliches Verfahrensrecht, AO, FGO, Nebengesetze, Kommentar, Bonn u. a. 1995ff (zit.: *Bearb.*, in: Beermann, Steuerliches Verfahrensrecht).

Berkenheide, Markus — Die kommunale Abfallentsorgung – ein Betrieb gewerblicher Art. Auswirkungen des Übergangs vom Hoheitsbetrieb zum Betrieb gewerblicher Art auf Besteuerung, Gebühren und Rechnungslegung, Lohmar u. a. 2000.

Birk, Dieter — Steuerrecht, Heidelberg 2003, 6. Auflage.

Birkenfeld, Wolfram — Juristische Personen des öffentlichen Rechts als Unternehmer (§ 2 Abs. 3 UStG), in: UR 1989, S. 1ff.

Blümich — EStG – KStG – GewStG, hrsg. von Klaus Ebling, Band 4: §§ 1 – 40 KStG, §§ 27 – 54 a KStG a. F., §§ 1 – 37 GewStG, München (zit.: *Bearb.*, in: Blümich, EStG/KStG/GewStG).

Böckenförde, Ernst-Wolfgang — Recht, Staat, Freiheit. Studien zur Rechtsphilosophie, Staatstheorie und Verfassungsgeschichte, Frankfurt am Main 1991.

Bolsenkötter, Heinz — Die steuerliche Behandlung des Verbundes öffentlicher Unternehmen, in: Die Besteuerung öffentlicher Unternehmen, hrsg. von Peter Friedrich und Peter Kupsch, S. 339ff, Baden-Baden 1981 (zit.: *Bolsenkötter*, in: Friedrich/Kupsch, Die Besteuerung öffentlicher Unternehmen).

Bott, Harald — Partielle Steuerpflicht, in: Handbuch der Gemeinnützigkeit, Verein – Stiftung – GmbH, Recht – Steuern – Personal, hrsg. von Stephan Schauhoff, § 7, München 2000 (zit.: *Bott*, in: Schauhoff, Handbuch der Gemeinnützigkeit, § 7).

ders. — Rechtsfolgen bei Verstoß gegen Gemeinnützigkeitsvorschriften, in: Handbuch der Gemeinnützigkeit, Verein – Stiftung – GmbH, Recht – Steuern – Personal, hrsg. von Stephan Schauhoff, § 9, München 2000 (zit.: *Bott*, in: Schauhoff, Handbuch der Gemeinnützigkeit, § 9).

Brauns, Hans-Jochen — Staatsleistungen an die Kirchen und ihre Ablösung. Inhalt – Grenzen – Aktualität, Berlin 1970.

Brauser-Jung, Gerrit — Religionsgewerbe und Religionsunternehmerfreiheit – Zum Spannungsverhältnis zwischen Religion und Wirtschaft aus wirtschaftsverwaltungsrechtlicher Perspektive. Zugleich ein Beitrag zur Auslegung des Art. 140 GG/Art. 137 Abs. 3 WRV in ökonomischer Hinsicht, Köln u. a. 2002.

Breitfeld, Artur — Die vermögensrechtliche Auseinandersetzung zwischen Kirche und Staat in Preußen auf Grundlage der Reichsverfassung, Breslau 1929.

Bremer, Eckhard/Esser, Michael/Hoffmann, Martin — Der Rundfunk in der Verfassungs- und Wirtschaftsordnung in Deutschland, Baden-Baden 1992.

Broß, Siegfried — Rechtswegprobleme zwischen den Zivil- und Verwaltungsgerichten, in: VerwArch Nr. 79 (1988), S. 97ff.

Buchna, Johannes — Gemeinnützigkeit im Steuerrecht, Die steuerlichen Begünstigungen für Vereine, Stiftungen und andere Körperschaften – steuerliche Spendenbehandlung, Achim 2003, 8. Auflage.

Bull, Hans Peter — Allgemeines Verwaltungsrecht, Ein Lehrbuch, Heidelberg 2000, 6. Auflage.

Bundesministerium der Finanzen — Gutachten der Unabhängigen Sachverständigenkommission zur Prüfung des Gemeinnützigkeits- und Spendenrechts, in: Schriftenreihe des Bundesministeriums der Finanzen, Heft 40, Bonn 1988.

Bunjes, Johann/Geist, Reinhold — Umsatzsteuergesetz, München 2000, 6. Auflage (zit.: *Bearb.*, in: Bunjes/Geist, UStG^{6}).

C

Calliess, Rolf-Peter — Kirche und Schule in der Demokratie, in: ZevKR 14. Band (1968/69), S. 58ff.

v. Campenhausen, Axel Freiherr — Der heutige Verfassungsstaat und die Religion, in: Handbuch des Staatskirchenrechts der Bundesrepublik Deutschland, hrsg. von Joseph Listl und Dietrich Pirson, Erster Band, S. 47ff, Berlin 1994, 2. Auflage (zit.: *A. v. Campenhausen*, in: HdbStKirchR, 1. Band^{2}).

ders. — Grenzprobleme staatlicher und kirchlicher Organisationsgewalt. Werner Weber zum 65. Geburtstag am 31.8.1969, in: ZevKR 14. Band (1968/69), S. 278ff.

ders. — Körperschaftsstatus der Kirchen und Religionsgemeinschaften. Zum Urteil des Bundesverfassungsgerichts zu den Zeugen Jehovas, in: ZevKR 46. Band (2001), S. 165ff.

ders. — Staatskirchenrecht – Ein Studienbuch, München 1996, 3. Auflage.

ders. — Zum Stand des Staatskirchenrechts in Deutschland, in: BayVBl. 1999, S. 65ff.

v. Campenhausen, Otto Freiherr — Die Organisationsstruktur der evangelischen Kirche, in: Handbuch des Staatskirchenrechts der Bundesrepublik Deutschland, hrsg. von Joseph Listl und Dietrich Pirson, Erster Band, S. 383ff, Berlin 1994, 2. Auflage (zit.: *O. v. Campenhausen*, in: HdbStKirchR, 1. Band^{2}).

Carl, Dieter — Zusammenfassung von Beteiligungen im kommunalen Bereich, in: ZKF 1989, S. 194ff.

Clausnitzer, Martin — Zum steuerschädlichen Wettbewerb bei einem gemeinnützigen Zweckbetrieb, in: DStR 1987, S. 416ff.

Conrad, Wolfgang — Der Öffentlichkeitsauftrag der Kirche. Eine Untersuchung über den Rechtscharakter der Einigungsformel der deutschen Staatskirchenverträge seit 1945, Göttingen 1964.

Czempiel, Benedict — Abwasserbeseitigung als Hoheitsbetrieb. Zu den umsatzsteuerlichen Folgen einer Schimäre, in: UR 1992, S. 285ff.

Czermak, Gerhard — Bewegung ins Staatskirchenrecht!, in: ZRP 1990, S. 475ff.

ders. — Das System der Religionsverfassung des Grundgesetzes, in: KJ 2000, S. 229ff.

ders. — Die Ablösung der historischen Staatsleistungen an die Kirchen – Hinweise zu einem vergessenen Verfassungspostulat und zur religiös-weltanschaulichen Gleichberechtigung, in: DÖV 2004, S. 110ff.

Czychowski, Manfred/ Reinhardt, Michael — Wasserhaushaltsgesetz unter Berücksichtigung der Landeswassergesetze, Kommentar, München 2003, 8. Auflage.

D

David, Hans-Joachim — Umsatzsteuerpflicht so genannter Drittbeauftragter, Beliehener und öffentlich-rechtlicher Aufgabenträger – Ursachen und Folgen der Entscheidung BFH, Beschl. v. 2.12.1999 – V B 81/99 –, in: UR 2000, S. 357ff.

Denninger, Erhard/Hoffmann-Riem, Wolfgang/Schneider, Hans-Peter/Stein, Ekkehart — Kommentar zum Grundgesetz für die Bundesrepublik Deutschland, Reihe Alternativkommentare, Gesamtherausgeber Rudolf Wassermann, Neuwied und Kriftel 2001, 3. Auflage (zit.: *Bearbeiter*, in: Denninger/Hoffmann-Riem/ Schneider/Stein, Alternativkommentar zum Grundgesetz[3]).

Depenheuer, Otto	Religion als ethische Reserve der säkularen Gesellschaft. Zur staatstheoretischen Bedeutung der Kirche in nachchristlicher Zeit, in: Nomos und Ethos, Hommage an Josef Isensee zum 65. Geburtstag von seinen Schülern, hrsg. von Otto Depenheuer, Markus Heintzen, Matthias Jestaedt, Peter Axer, S. 3ff, Berlin 2002 (zit.: *Depenheuer*, in: Hommage an Isensee).
Desens, Marc	Die Kapitalertragsteuer bei der Fiskusbesteuerung – eine systemwidrige Steuervergünstigung, in: DStZ 2003, S. 654ff.
Di Fabio, Udo	Staatsaufsicht über formelle Körperschaften des öffentlichen Rechts, in: BayVBl. 1999, S. 449ff.
Dötsch/Cattelaens/Gottstein/ Stegmüller/Zenthöfer	Körperschaftsteuer, von Heiner Cattelaens/Siegfried Gottstein/Hubert Stegmüller/Wolfgang Zenthöfer, Stuttgart 2002, 13. Auflage (zit.: *Bearb.*, in: Dötsch/Cattelaens/Gottstein/ Stegmüller/Zenthöfer, Körperschaftsteuer[13]).
Dötsch, Ewald/Eversberg, Horst/Jost, Werner F./Pung, Alexandra/Witt, Georg	Die Körperschaftsteuer, Kommentar zum Körperschaftsteuergesetz, zum Umwandlungsgesetz und zu den einkommensteuerrechtlichen Vorschriften der Anteilseignerbesteuerung, Stuttgart 2004 (zit.: *Bearb.*, in: Dötsch/Eversberg/Jost/Pung/Witt, Körperschaftsteuer).
Dolzer, Rudolf/Vogel, Klaus/Graßhof, Karin	Bonner Kommentar zum Grundgesetz, Heidelberg, 1950ff (zit.: *Bearb.*, in: Dolzer/Vogel/Graßhof, Bonner Kommentar).
Dreier, Horst	Grundgesetz, Kommentar, Band III, Artikel 83-146, Tübingen 2000 (zit.: *Bearb.*, in: Dreier, Grundgesetz-Kommentar).
Droege, Michael	Staatsleistungen an Religionsgemeinschaften im säkularen Kultur- und Sozialstaat, Berlin 2004.
Drüen, Klaus-Dieter/Rüping, Heike	Verfassungs- und Rechtsfragen der Kirchensteuer – Bericht über den Bochumer Kirchensteuertag am 17.

März 2004 an der Ruhr-Universität Bochum,
in: StuW 2004, S. 178ff.

E

Ehlers, Dirk — Die gemeinsamen Angelegenheiten von Staat und Kirche,
in: ZevKR 32. Band (1987), S. 158ff.

Engelhardt, Hanns — Bestattungswesen und Friedhofsrecht,
in: Handbuch des Staatskirchenrechts der Bundesrepublik Deutschland, Zweiter Band, hrsg. von Joseph Listl und Dietrich Pirson, § 43, S. 105ff,
Berlin 1995, 2. Auflage
(zit.: *Engelhardt*, in: HdbStKirchR, 2. Band²).

Erichsen, Hans-Uwe — Anmerkung zu BVerwG, Beschluß vom 10. Juli 1986, 7 B 27.86,
in: DVBl. 1986, S. 1203f.

ders. — Öffentliches und privates Recht,
in: Jura 1982, S. 537ff.

Erichsen, Hans-Uwe/Ehlers, Dirk — Allgemeines Verwaltungsrecht,
Berlin 2002, 12. Auflage
(zit.: *Bearb.*, in: Erichsen/Ehlers, Allgemeines Verwaltungsrecht¹²).

Eyermann, Erich — Verwaltungsgerichtsordnung, Kommentar,
München 2000, 11. Auflage
(zit.: *Bearb.*, in: Eyermann, VwGO¹¹).

F

Felix, Günther — Förderung der Allgemeinheit als Voraussetzung der Gemeinnützigkeit,
in: FR 1961, S. 236ff.

Fichtelmann, Helmar — Betriebe gewerblicher Art von gemeinnützigen Körperschaften des öffentlichen Rechts?,
in: DStR 1993, S. 1514f.

Fischer, Erwin — Das Bundesverfassungsgericht und das Gebot der Trennung von Staat und Kirche,
in: KJ 1989, S. 295ff.

ders. Trennung von Staat und Kirche. Die Gefährdung der Religionsfreiheit in der Bundesrepublik, Frankfurt am Main u. a. 1971, 2. Auflage.

Fischer, Peter Gemeinnutz und Eigennutz am Beispiel der steuerlichen Sportförderung, in: Festschrift für Klaus Offerhaus zum 65. Geburtstag, hrsg. von Paul Kirchhof, Wolfgang Jakob und Albert Beermann, S. 597ff, Köln 1999 (zit.: *P. Fischer*, in: FS Offerhaus (1999)).

ders. Gewerbliche Betätigung am Grundstücksmarkt. Zu den rechtlichen Typen des Grundstückshändlers und des Bauunternehmers, in: FR 1995, S. 803ff.

Forster, Eduard Umsatzsteuerliche Behandlung der Abfallgebühren – „Alle wollen das gleiche, aber alle zusammen trauen sich nicht" –, in: UR 1997, S. 211ff.

Forsthoff, Ernst Lehrbuch des Verwaltungsrechts, Erster Band, Allgemeiner Teil, München 1973, 10. Auflage.

Frank, Johann Kirchlicher Körperschaftsstatus und neuere staatliche Rechtsentwicklung, in: ZevKR 26. Band (1981), S. 51ff.

Frankenberger, Henning Bericht über die 41. Assistententagung Öffentliches Recht vom 6.3.2001 bis 9.3.2001 in Potsdam, in: BayVBl. 2002, S. 424ff.

Franz, Christoph Grundlagen der Besteuerung gemeinnütziger Körperschaften bei wirtschaftlicher Betätigung, Berlin 1991.

Frerk, Carsten Finanzen und Vermögen der Kirchen in Deutschland, Aschaffenburg 2002.

Friauf, Karl Heinrich Zur Rechtfertigung der Steuerprivilegien öffentlicher Unternehmen, in: Die Besteuerung öffentlicher Unternehmen, hrsg. von Peter Friedrich und Peter Kupsch, S. 57ff, Baden-Baden 1981 (zit.: *Friauf*, in: Friedrich/Kupsch, Die Besteuerung öffentlicher Unternehmen).

Friesenhahn, Ernst — Die Kirchen und Religionsgemeinschaften als Körperschaften des öffentlichen Rechts, in: Handbuch des Staatskirchenrechts der Bundesrepublik Deutschland, hrsg. von Ernst Friesenhahn und Ulrich Scheuner in Verbindung mit Joseph Listl, Erster Band, S. 545ff, Berlin 1974 (zit.: *Friesenhahn*, in: HdbStKirchR, 1. Band[1]).

ders. — Kirchen als Körperschaften des öffentlichen Rechts? Die Rechtslage in der Bundesrepublik Deutschland mit vergleichenden Ausblicken auf die Schweiz, in: Kirche und Staat in der neueren Entwicklung, hrsg. von Paul Mikat, S. 352ff, Darmstadt 1980 (zit.: *Friesenhahn*, in: Mikat, Kirche und Staat in der neueren Entwicklung).

Frotscher, Gerrit/Maas, Ernst — Körperschaftsteuergesetz, Umwandlungssteuergesetz, Freiburg 1978ff (zit.: *Bearb.*, in: Frotscher/Maas, KStG und UmwStG).

G

Gaedke, Jürgen — Handbuch des Friedhofs- und Bestattungsrechts, Köln u. a. 2000, 8. Auflage.

Gast-de Haan, Brigitte — Die Förderung der „Allgemeinheit" als Voraussetzung für die steuerliche Anerkennung der Gemeinnützigkeit von Vereinen, in: DStR 1996, S. 405ff.

Gastl, Christian — Betriebe gewerblicher Art im Körperschaftsteuerrecht. Abgrenzung – Einkommensermittlung – Steuerbelastung, Frankfurt am Main 2002.

ders. — Die Besteuerung juristischer Personen des öffentlichen Rechts – eine kritische Bestandsaufnahme, in: DStZ 2003, S. 99ff.

Gern, Alfons — Zur Körperschaft- und Umsatzsteuerpflicht kommunaler Unternehmen nach der Rechtsprechung des Bundesfinanzhofes, in: KStZ 1997, S. 167ff.

Gmach, Gertlieb — Freizeitaktivitäten und Gemeinnützigkeit, in: FR 1996, S. 308ff.

ders. Neuere Rechtsprechung zum Recht der steuerbegünstigten Zwecke,
in: FR 1992, S. 313ff.

ders. Neuere Rechtsprechung zum Recht der steuerbegünstigten Zwecke. Anschluß an FR 1992, 313 bzw. FR 1989, 61,
in: FR 1995, S. 85ff.

ders. Neuere Rechtsprechung zum Recht der steuerbegünstigten Zwecke (Teil I),
in: FR 1997, S. 793ff.

Görisch, Christoph „Staatskirchenrecht“ am Ende?,
in: NVwZ 2001, S. 885ff.

Goerlich, Helmut Anmerkung zu BAG, Beschluß vom 22. März 1995, 5 AZB 21/94,
in: JZ 1995, S. 955ff.

ders. Res sacrae und Rechtsweg – Bemerkungen zum Urteil des BVerwG vom 7.10.1983 – 7 C 44.81,
in: JZ 1984, S. 221ff.

Gramm, Christof Verrechtlichung von Ethik und Ethisierung des Rechts,
in: Festschrift für Alexander Hollerbach zum 70. Geburtstag, hrsg. von Joachim Bohnert, Christof Gramm, Urs Kindhäuser, Joachim Lege, Alfred Rinken und Gerhard Robbers, S. 611ff,
Berlin 2001
(zit.: *Gramm*, in: FS Hollerbach (2001)).

H

Häberle, Peter Besprechung von Hans-Jochen Brauns, Staatsleistungen an die Kirchen und ihre Ablösung,
in: AöR 97. Band (1972), S. 325ff.

ders. Kirchliche Gewalt als öffentliche und „mittelbar“ staatliche Gewalt. Zum Beschluss des BVerfG vom 17.2.1965,
in: ZevKR 11. Band (1964/65), S. 395ff.

ders. „Staatskirchenrecht“ als Religionsrecht der verfaßten Gesellschaft,
in: DÖV 1976, S. 73ff.

Hammer, Felix Ablösung der Staatsleistungen an die Kirche,
in: ZRP 2003, S. 298.

Hammer, Gerhard — Steuer- und Gebührenbefreiung der Kirchen, in: Handbuch des Staatskirchenrechts der Bundesrepublik Deutschland, hrsg. von Joseph Listl und Dietrich Pirson, Erster Band, S. 1065ff, Berlin 1994, 2. Auflage (zit.: *G. Hammer*, in: HdbStKirchR, 1. Band[2]).

Hammer, Walter — Die Kirche unter den Bedingungen von morgen als Gegenstand kirchenrechtlicher Überlegungen heute, in: ZevKR 14. Band (1968/69), S. 84ff.

Hartmann/Metzenmacher — Umsatzsteuergesetz, Kommentar, hrsg. von Wolfram Birkenfeld/Christian Forst, 2. Band, Berlin, 7. Auflage (zit.: *Bearb.*, in: Hartmann/Metzenmacher, UStG).

Heckel, Johannes — Kirchengut und Staatsgewalt. Ein Beitrag zur Geschichte und Ordnung des heutigen gesamt-deutschen Staatskirchenrechts, in: Festschrift für Rudolf Smend zum 70. Geburtstag, dargebracht von Freunden, Schülern und Kollegen, S. 103ff, Göttingen 1952 (zit.: *J. Heckel*, in: FS Smend (1952)).

Heckel, Martin — Das Auseinandertreten von Staat und Kirche in Deutschland seit der Mitte des 19. Jahrhunderts, in: ZevKR 45 (2000), S. 173ff.

ders. — Die Kirchen unter dem Grundgesetz, in: VVDStRL Heft 26 (1968), S. 5ff.

ders. — Staat und Kirchen in der Bundesrepublik. Staatskirchenrechtliche Aufsätze 1950-1967, in: ZevKR 18. Band (1973), S. 22ff.

ders. — Zur Ordnungsproblematik des Staatskirchenrechts im säkularen Kultur- und Sozialstaat, in: JZ 1994, S. 425ff.

Heidemann, Otto — Steuerliche Aspekte zur Wahl der Organisationsform kommunaler Einrichtungen – Teil III –, in: ZKF 1989, S. 107ff.

Heinze, Gerhard B. — Plädoyer für ein zeit- und verfassungsgemäßes Kirchensteuersystem, in: ZRP 1969, S. 97ff.

Herbert, Ulrich — Der wirtschaftliche Geschäftsbetrieb des gemeinnützigen Vereins, Köln 1988.

Herms, Eilert — Die weltanschaulich-religiöse Neutralität von Staat und Recht aus sozialethischer Sicht, in: Der Staat 40. Band (2001), S. 327ff.

Herrmann, Carl/Heuer, Gerhard/Raupach, Arndt — Einkommensteuer- und Körperschaftsteuergesetz, Kommentar, Köln 1950ff, 21. Auflage (zit.: *Bearb.*, in: Herrmann/Heuer/Raupach, EStG und KStG).

Herrmann, Günter — Rundfunkrecht: Fernsehen und Hörfunk mit neuen Medien, München 1994.

Herrnkind, Ulrich — Die steuerliche Behandlung von Freizeitvereinen aufgrund des Gutachtens der Gemeinnützigkeitskommission – Teil II –, in: DStZ 1988, S. 581ff.

Herschel, Wilhelm — Kirchliche Einrichtungen und Betriebsverfassung, in: AuR 1978, S. 172ff.

Hesse, Konrad — Das neue Bauplanungsrecht und die Kirchen. Zur Auslegung des Art. 138 Abs. 2 RV, in: ZevKR 5. Band (1956), S. 62ff.

ders. — Das Selbstbestimmungsrecht der Kirchen und Religionsgemeinschaften, in: Handbuch des Staatskirchenrechts der Bundesrepublik Deutschland, hrsg. von Ernst Friesenhahn und Ulrich Scheuner in Verbindung mit Joseph Listl, Erster Band, S. 409ff, Berlin 1974 (zit.: *Hesse*, in: HdbStKirchR, 1. Band[1]).

ders. — Der Rechtsschutz durch staatliche Gerichte im kirchlichen Bereich. Zugleich ein Beitrag zur Frage des rechtlichen Verhältnisses von Staat und Kirche in der Gegenwart, Göttingen 1956.

ders. — Die Entwicklung des Staatskirchenrechts seit 1945, in: JöR Neue Folge/Band 10 (1961), S. 3ff.

ders. — Freie Kirche im demokratischen Gemeinwesen. Zur Gegenwartslage des Verhältnisses von Staat und Kirche

in der Bundesrepublik,
in: ZevKR 11. Band (1964/65), S. 337ff.

Hey, Johanna — Die Steuerbegünstigung der gemeinnützigen Tätigkeit der öffentlichen Hand. Gedanken zur Anwendung des Gemeinnützigkeitsrechts auf die öffentliche Hand,
in: StuW 2000, S. 467ff.

v. d. Heyden, Gerhard — Zulässigkeit und Notwendigkeit der Einbeziehung der Deutschen Bundespost in die Mehrwertsteuerpflicht. Beiträge zum Begriff der Ausübung öffentlicher Gewalt im Steuerrecht, zum Rechtscharakter der Deutschen Bundespost und zur Anwendung des Steuergleichheitssatzes im Umsatzsteuergesetz 1967,
Köln 1971.

Himmelmann, Steffen/Gloria, Magnus — Die Besteuerung juristischer Personen des öffentlichen Rechts unter Berücksichtigung zulässiger Gestaltungsmöglichkeiten,
in: KStZ 2000, S. 121ff.

Hoffmann, Wolf-Dieter — Steuerliche „Liebhaberei" bei Personen- und Kapitalgesellschaften,
in: INF 1997, S. 362ff.

Hofmann, Werner — Staatsleistungen,
in: Evangelisches Staatslexikon, hrsg. von Hermann Kunst, Roman Herzog und Wilhelm Schneemelcher, Sp. 2513ff,
Stuttgart 1975, 2. Auflage
(zit.: *Hofmann*, in: Evangelisches Staatslexikon[2]).

Hofmeister, Ferdinand — Tendenzen der aktuellen BFH-Rechtsprechung zum Gemeinnützigkeitsrecht,
in: DStZ 1999, S. 545ff.

ders. — Zur Ertragsbesteuerung inländischer juristischer Personen des öffentlichen Rechts mit mehreren Betrieben gewerblicher Art,
in: Festschrift für Ludwig Schmidt zum 65. Geburtstag, hrsg. von Arndt Raupach, Adalbert Uelner, S. 691ff.
München 1993
(zit.: *Hofmeister*, in: FS L. Schmidt (1993)).

Hollerbach, Alexander — Anmerkung zu BVerfG, Beschluß vom 28. April 1965, 1 BvR 346/61,
in: JZ 1965, S. 612ff.

ders. — Der verfassungsrechtliche Schutz kirchlicher Organisation,

in: Handbuch des Staatsrechts der Bundesrepublik Deutschland, hrsg. von Josef Isensee und Paul Kirchhof, Band VI, Freiheitsrechte, § 139, S. 557ff, Heidelberg 2001, 2. Auflage
(zit.: *Hollerbach*, in: HdbStaatsR, Band VI², § 139).

ders. Die Kirchen unter dem Grundgesetz, in: VVDStRL Heft 26 (1968), S. 57ff.

ders. Grundlagen des Staatskirchenrechts, in: Handbuch des Staatsrechts der Bundesrepublik Deutschland, hrsg. von Josef Isensee und Paul Kirchhof, Band VI, Freiheitsrechte, § 138, S. 471ff, Heidelberg 2001, 2. Auflage.
(zit.: *Hollerbach*, in: HdbStaatsR, Band VI², § 138).

ders. Verträge zwischen Staat und Kirche in der Bundesrepublik Deutschland, Frankfurt am Main 1965.

Huber, Ernst Rudolf Besprechung von Artur Breitfeld, Die vermögensrechtliche Auseinandersetzung zwischen Kirche und Staat in Preußen auf Grundlage der Reichsverfassung, in: AöR 57. Band (1930), S. 147ff.

ders. Die Garantie der kirchlichen Vermögensrechte in der Weimarer Verfassung. Zwei Abhandlungen zum Problem der Auseinandersetzung von Staat und Kirche, Tübingen 1927.

Hübschmann, Walter/Hepp, Ernst/Spitaler, Armin Abgabenordnung – Finanzgerichtsordnung, Kommentar, Köln 1951ff
(zit.: *Bearb.*, in: Hübschmann/Hepp/Spitaler, AO und FGO).

Hüttemann, Rainer Die Besteuerung der öffentlichen Hand, Köln 2002.

ders. Grundprinzipien des steuerlichen Gemeinnützigkeitsrechts, in: DStJG Band 26 (2003), S. 49ff.

ders. Wirtschaftliche Betätigung und steuerliche Gemeinnützigkeit, Köln 1991.

I

Ipsen, Jörn Staatsrecht I, Staatsorganisationsrecht, Neuwied und Kriftel 2002, 14. Auflage.

ders. Staatsrecht II, Grundrechte, Neuwied und Kriftel 2004, 7. Auflage.

Ipsen, Jörn/Koch, Thorsten Öffentliches und privates Recht – Abgrenzungsprobleme bei der Benutzung öffentlicher Einrichtungen, in: JuS 1992, S. 809ff.

Isensee, Josef Demokratischer Rechtsstaat und staatsfreie Ethik, in: Essener Gespräche zum Thema Staat und Kirche, 11 (1977), S. 92ff.

ders. Die Finanzquellen der Kirchen im deutschen Staatskirchenrecht. Rechtsgrundlagen und Legitimationsgedanken, in: JuS 1980, S. 94ff.

ders. Die Zukunftsfähigkeit des deutschen Staatskirchenrechts. Gegenwärtige Legitimationsprobleme, in: Festschrift für Joseph Listl zum 70. Geburtstag, hrsg. von Josef Isensee, Wilhelm Rees und Wolfgang Rüfner, S. 67ff, Berlin 1999 (zit.: *Isensee*, in: FS Listl (1999)).

ders. Gemeinwohl und Bürgersinn im Steuerstaat des Grundgesetzes. Gemeinnützigkeit als Bewährungsprobe des Steuerrechts vor der Verfassung, in: Festschrift für Günter Dürig zum 70. Geburtstag, hrsg. von Hartmut Maurer, S. 33ff. München 1990 (zit.: *Isensee*, in: FS Dürig (1990)).

ders. Rechtsschutz gegen Kirchenglocken. Rechtsweg und Rechtsqualifikation bei Nachbarklagen auf Unterlassung kirchlicher Immissionen, in: Gedächtnisschrift für Léontin-Jean Constantinesco, hrsg. von Gerhard Lüke, Georg Ress und Michael R. Will, S. 301ff, Köln u. a. 1983 (zit.: *Isensee*, in: GS Constantinesco (1983)).

ders. Staatsleistungen an die Kirchen und Religionsgemeinschaften, in: Handbuch des Staatskirchenrechts der Bundesrepublik Deutschland, hrsg. von Ernst Friesenhahn und Ul-

	rich Scheuner in Verbindung mit Joseph Listl, Zweiter Band, S. 51ff, Berlin 1975 (zit.: *Isensee*, in: HdbStKirchR, 2. Band[1]).
ders.	Staatsleistungen an die Kirchen und Religionsgemeinschaften, in: Handbuch des Staatskirchenrechts der Bundesrepublik Deutschland, hrsg. von Joseph Listl und Dietrich Pirson, Erster Band, S. 1009ff, Berlin 1994, 2. Auflage (zit.: *Isensee*, in: HdbStKirchR, 1. Band[2]).
ders.	Verfassungsgarantie ethischer Grundwerte und gesellschaftlicher Konsens. Verfassungsrechtliche Überlegungen zu einer sozialethischen Kontroverse, in: NJW 1977, S. 545ff.
Isensee, Josef/Knobbe-Keuk, Brigitte	Reform des Gemeinnützigkeits- und Spendenrechts – Alternativentwurf und Begründung. Sondervotum zum Mehrheitsgutachten der Unabhängigen Sachverständigenkommission zur Prüfung des Gemeinnützigkeits- und Spendenrechts, in: Schriftenreihe des Bundesministeriums der Finanzen, Heft 40, S. 331ff, Bonn 1988.

J

Jakob, Wolfgang	Einkommensteuer, München 2003, 3. Auflage.
Janssen, Bernhard	Spenden aus wirtschaftlichen Geschäftsbetrieben und Betrieben gewerblicher Art – unter besonderer Berücksichtigung der Sparkassen –, in: DStZ 2001, S. 160ff.
Jeand'Heur, Bernd/Korioth, Stefan	Grundzüge des Staatskirchenrechts, Kurzlehrbuch, Stuttgart u. a. 2000.
Jong-Su Park	Die Steuerpflicht von Daseinsvorsorgeeinrichtungen der öffentlichen Hand. Darstellung und kritische Analyse des gegenwärtigen Rechtszustandes, Regensburg 2001.

K

Kämper, Burkhard	Kindergärten in kirchlicher Trägerschaft. Verfassungs- und verwaltungsrechtliche Fragen, dargestellt vornehm-

lich am Beispiel des Landes Nordrhein-Westfalen, Berlin 1991.

Kästner, Karl-Hermann — Die Geltung von Grundrechten in kirchlichen Angelegenheiten, in: JuS 1977, S. 715ff.

ders. — Die zweite Eigentumsgarantie im Grundgesetz, in: JuS 1995, S. 784ff.

ders. — Staatliche Justizhoheit und religiöse Freiheit. Über die Frage nach der staatlichen Kompetenz zur Rechtsschutzgewährung im Wirkungsbereich der Kirchen und Religionsgemeinschaften, Tübingen 1991.

Kennerknecht, Albert — Kommentar zum Körperschaftsteuergesetz vom 10. August 1925, Köln 1926 (zit.: *Kennerknecht*, KStG 1925).

ders. — Kommentar zum Körperschaftsteuergesetz vom 16. Oktober 1934, Köln 1943 (zit.: *Kennerknecht*, KStG 1934).

ders. — Zur Frage der Steuerpflicht gewerblicher Betriebe von kirchlichen, gemeinnützigen und mildtätigen Körperschaften und Vermögensmassen, in: DStBl. 1931, Sp. 783ff.

Kern, Eduard — Staat und Kirche in der Gegenwart, Hamburg u. a. 1951.

Kessler, Wolfgang/Fritz, Thomas/Gastl, Christian — Ertragsteuerliche Behandlung wirtschaftlicher Betätigungen von juristischen Personen des öffentlichen Rechts, in: BB 2001, S. 961ff.

Kessler, Wolfgang/Gastl, Christian — Umsatzbesteuerung öffentlich-rechtlicher Hochschulen im Spannungsfeld zwischen nationalem und EG-Recht, in: UR 2002, S. 452ff.

Kewenig, Wilhelm — Das Grundgesetz und die staatliche Förderung der Religionsgemeinschaften, in: Kirche und Staat in der neueren Entwicklung, hrsg. von Paul Mikat, S. 139ff, Darmstadt 1980 (zit.: *Kewenig*, in: Mikat, Kirche und Staat in der neueren Entwicklung).

Kirchhartz, Friedhelm — Zur Gemeinnützigkeit von Abfall- und Abwasserbeseitigungsgesellschaften,
in: ZKF 1985, S. 266ff.

Kirchhof, Ferdinand — Grundriß des Steuer- und Abgabenrechts,
Heidelberg 2001, 2. Auflage.

Kirchhof, Paul — Besteuerung und Eigentum,
in: VVDStRL Heft 39 (1981), S. 213ff.

ders. — Der allgemeine Gleichheitssatz,
in: Handbuch des Staatsrechts der Bundesrepublik Deutschland, hrsg. von Josef Isensee und Paul Kirchhof, Band V, Allgemeine Grundrechtslehren, § 124, S. 837ff,
Heidelberg 2000, 2. Auflage
(zit.: *P. Kirchhof*, in: HdbStaatsR, Band V[2]).

ders. — Die Kirchen und Religionsgemeinschaften als Körperschaften des öffentlichen Rechts,
in: Handbuch des Staatskirchenrechts der Bundesrepublik Deutschland, hrsg. von Joseph Listl und Dietrich Pirson, Erster Band, S. 651ff,
Berlin 1994, 2. Auflage
(zit.: *P. Kirchhof*, in: HdbStKirchR, 1. Band[2]).

Kirchhof, Paul/Söhn, Hartmut/ Mellinghoff, Rudolf — Einkommensteuergesetz, Kommentar,
Band 2, §§ 2, 2 a, 2 b,
Heidelberg 2004
(zit.: *Bearb.*, in: P. Kirchhof/Söhn/Mellinghoff, Einkommensteuergesetz).

Klein, Franz — Abgabenordnung – einschließlich Steuerstrafrecht,
München 2003, 8. Auflage
(zit.: *Bearb.*, in: Franz Klein, AO[8]).

Klein, Hans H. — Die Besteuerung wirtschaftlicher Unternehmungen der öffentlichen Hand,
in: StuW 1967, Sp. 657ff.

Klein, Hartmut — Besteuerung der Betriebe gewerblicher Art von juristischen Personen des öffentlichen Rechts,
in: NWB Nr. 13 vom 24. März 1997, Fach 4, S. 4145ff.

Kleindienst, Eugen/Binder, Josef — Das Finanzwesen der katholischen Kirche in den Mitgliedstaaten der Europäischen Union,
in: BayVBl. 1999, S. 197ff.

Klempt, Walter — Anmerkung zu BFH, Urteil vom 1. September 1982, I R 52/78,
in: DStZ 1983, S. 262ff.

ders. — Anmerkung zu BFH, Urteil vom 14. März 1984, I R 223/80,
in: DStZ 1984, S. 571f.

Kleine, Markus — Institutionalisierte Verfassungswidrigkeiten im Verhältnis von Staat und Kirchen unter dem Grundgesetz. Ein Beitrag zur juristischen Methodik im Staatskirchenrecht,
Baden-Baden 1993.

Klostermann, Götz — Der Öffentlichkeitsauftrag der Kirchen – Rechtsgrundlagen im kirchlichen und staatlichen Recht. Eine Untersuchung zum öffentlichen Wirken der evangelischen Kirchen in der Bundesrepublik Deutschland,
Tübingen 2000.

Knack, Hans Joachim — Verwaltungsverfahrensgesetz (VwVfG), Kommentar,
Köln u. a. 2004, 8. Auflage
(zit.: *Bearb.*, in: Knack, VwVfG-Kommentar[8]).

Knop, Klaus — Die Umsatzbesteuerung der Körperschaften des öffentlichen Rechts im neuen Umsatzsteuerrecht,
in: UR 1970, S. 348ff.

Koch, Karl/Scholtz, Rolf-Detlev — Abgabenordnung AO,
Köln u. a. 1996, 5. Auflage
(zit.: *Bearb.*, in: Koch/Scholz, AO[5]).

König, Johannes — Die subjektive Steuerpflicht der Betriebe gewerblicher Art von Juristischen Personen des öffentlichen Rechts nach dem deutschen Körperschaftsteuerrecht,
Münster 1958.

Korioth, Stefan — Vom institutionellen Staatskirchenrecht zum grundrechtlichen Religionsverfassungsrecht? Chancen und Gefahren eines Bedeutungswandels des Art. 140 GG,
in: Festschrift für Peter Badura zum 70. Geburtstag, hrsg. von Michael Brenner, Peter M. Huber und Markus Möstl, S. 727ff,
Tübingen 2004
(zit.: *Korioth*, in: FS Badura (2004)).

Kümpel, Andreas — Anforderungen an die tatsächliche Geschäftsführung bei steuerbegünstigten (gemeinnützigen) Körperschaften,
in: DStR 2001, S. 152ff.

Kugel, Birgit — Die Besteuerung öffentlicher Betriebe. Darstellung und kritische Analyse des gegenwärtigen Rechtszustandes, München 1989.

Kuhla, Wolfgang/Hüttenbrink, Jost/Endler, Jan — Der Verwaltungsprozess, München 2002, 3. Auflage.

L

Lademann, Fritz — Kommentar zum Körperschaftsteuergesetz, Ordner I, §§ 1 bis 26, Stuttgart u. a., 1977ff (zit.: *Bearb.*, in: Lademann, KStG).

Landwehr, Volker — Betriebe gewerblicher Art von juristischen Personen des öffentlichen Rechts im Körperschaftsteuerrecht, Regensburg 2000.

Lang, Joachim — Gemeinnützigkeitsabhängige Steuervergünstigungen. Ein Grundsatzthema zum Abbau von Steuersubventionen, in: StuW 1987, S. 221ff.

ders. — Liebhaberei im Einkommensteuerrecht. Grundsätzliches zur Abgrenzung einkommensteuerbarer Einkünfte, in: StuW 1981, S. 223ff.

ders. — Perspektiven der Unternehmenssteuerreform, in: Brühler Empfehlungen zur Reform der Unternehmensbesteuerung, Schriftenreihe des Bundesministeriums der Finanzen, Heft 66, 1999, Anhang Nr. 1, S. 1ff (zit.: *Lang*, in: Brühler Empfehlungen, Schriftenreihe des BMF, Heft 66 (1999)).

ders. — Zur steuerlichen Förderung gemeinnütziger Körperschaften, in: DStZ 1988, S. 18ff.

Lang, Joachim/Seer, Roman — Der Betriebsausgabenabzug im Rahmen eines wirtschaftlichen Geschäftsbetriebes gemeinnütziger Körperschaften, in: FR 1994, S. 521ff.

dies. — Die Besteuerung der Drittmittelforschung, in: StuW 1993, S. 47ff.

Lange, Hans-Friedrich Juristische Personen des öffentlichen Rechts als Unternehmer im Umsatzsteuerrecht, in: UR 2000, S. 1ff.

ders. Körperschaftsteuerpflicht juristischer Personen des öffentlichen Rechts – Zur Abgrenzung von Betrieben gewerblicher Art und Hoheitsbetrieben, in: DStZ 2000, S. 200ff.

Laule, Gerhard Die Körperschaftsteuerfreiheit für Hoheitsbetriebe – wann dient ein Betrieb der Ausübung öffentlicher Gewalt?, in: DStZ 1988, S. 183ff.

Lecheler, Helmut Kirchen und staatliches Schulsystem, in: Handbuch des Staatskirchenrechts der Bundesrepublik Deutschland, Zweiter Band, hrsg. von Joseph Listl und Dietrich Pirson, S. 415ff, Berlin 1995, 2. Auflage (zit.: *Lecheler*, in: HdbStKirchR, 2. Band^2).

Lehmann, Jürgen Die kleinen Religionsgesellschaften des öffentlichen Rechts im heutigen Staatskirchenrecht, Oldenstadt 1959.

Leidel, Peter Umsatzsteuerliche Behandlung der Überlassung von Werbeimmobilien an soziale Institutionen, Sportvereine und Kommunen, in: UR 2003, S. 328ff.

Leisner, Walter Die Unzulässigkeit steuerlicher Fiskalprivilegien. Unter besonderer Berücksichtigung der Forstwirtschaft, in: BB 1970, S. 405ff.

ders. Karitas – innere Angelegenheit der Kirchen, in: DÖV 1977, S. 475ff.

Lindner, Berend Körperschaftsstatus für Muslime?, in: ZevKR 48. Band (2003), S. 178ff.

Link, Christoph Axel v. Campenhausen und die ZevKR, in: ZevKR 49. Band (2004), S. 1ff.

Lipphardt, Hanns-Rudolf Negative Staatsleistungen und Ablösungs-vorbehalt, in: DVBl. 1975, S. 410ff.

Listl, Joseph Staat und Kirche in der Bundesrepublik Deutschland. Wandlungen und neuere Entwicklungstendenzen im Staatskirchenrecht, in: Kirche und Staat in der neueren Entwicklung, hrsg.

von Paul Mikat, S. 240ff,
Darmstadt 1980
(zit.: *Listl*, in: Mikat, Kirche und Staat in der neueren Entwicklung).

Lorenz, Hans/Steer, Eduard — Die steuerliche Behandlung wirtschaftlicher Geschäftsbetriebe bei Verfolgung steuerbegünstigter Zwecke,
in: DB 1983, S. 2657ff.

Louis, Hans Walter — Die Besteuerung der öffentlichen Unternehmen und Einrichtungen der Daseinsvorsorge,
Göttingen 1981.

M

Magen, Stefan — Zum Verhältnis von Körperschaftsstatus und Religionsfreiheit,
in: NVwZ 2001, S. 888f.

Mahrenholz, Ernst Gottfried — Die Kirchen in der Gesellschaft der Bundesrepublik,
Hannover 1969.

ders. — Kirchen als Korporationen,
in: ZevKR 20. Band (1975), S. 43ff.

Mainusch, Rainer — Staatskirchenrechtliche Überlegungen zur kirchlichen Organisationsgewalt,
in: ZevKR 49. Band (2004), S. 285ff.

v. Mangoldt, Hermann/Klein, Friedrich/Starck, Christian — Das Bonner Grundgesetz, Kommentar,
Band 1: Präambel, Artikel 1 bis 19,
München 1999, 4. Auflage,
Band 3: Artikel 79-146,
München 2001, 4. Auflage
(zit.: *Bearb.*, in: v. Mangoldt/Friedrich Klein/Starck, Bonner Grundgesetz).

Marré, Heiner/Schlief, Karl-Eugen — Der öffentlich-rechtliche Gesamtstatus der Kirchen,
in: NJW 1965, S. 1514ff.

Martens, Jörg — Die Besteuerung wirtschaftlicher Aktivitäten im Amateursport,
Berlin 1989.

Martens, Wolfgang — Öffentlich als Rechtsbegriff,
Bad Homburg v. d. H. u. a. 1969.

Matheja, Kurt W. — Zum Begriff „zur Erzielung von Einnahmen" – § 2 Abs. 1 Satz 3 UStG, in: UR 1978, S. 221ff.

Mathiak, Walter — Die erste Einkommensteuer in Deutschland: Das Reglement vom 23.2.1808 für Ostpreußen, in: StuW 1995, S. 352ff.

Mattern, Gerhard/Meßmer, Kurt — Reichsabgabenordnung, Mit Nebengesetzen einschließlich Steuerberatungsrecht (ohne Beitreibung und Steuerstrafrecht), Grundgesetz Art. 105ff, Bonn o. J.

Maunz, Theodor/Dürig, Günter — Grundgesetz, Kommentar,
Band I, Art. 1-11,
Band II, Art. 12-20,
Band V, Art. 89-146,
München 2003
(zit.; *Bearb.*, in: Maunz/Dürig, Kommentar zum Grundgesetz).

Maunz, Theodor/Zippelius, Reinhold — Deutsches Staatsrecht, Ein Studienbuch, München 1998, 30. Auflage.

Maurer, Hartmut — Allgemeines Verwaltungsrecht, München 2002, 14. Auflage.

Meincke, Jens Peter — Anmerkung zu BVerfG, Beschluß vom 27. Dezember 1991, 2 BvR 72/90, in: StuW 1992, S. 188ff.

Meßmer, Kurt — Der Betrieb gewerblicher Art im Körperschaftsteuerrecht – ein Stiefkind des Gesetzgebers –, in: Festschrift für Hugo von Wallis zum 75. Geburtstag am 12. April 1985, hrsg. von Franz Klein, Klaus Vogel, Bonn 1985
(zit.: *Meßmer*, in: FS Wallis (1985)).

Meyer, Christian — Die Vermögensverwaltung und das Stiftungsrecht im Bereich der evangelischen Kirche, in: Handbuch des Staatskirchenrechts der Bundesrepublik Deutschland, hrsg. von Joseph Listl und Dietrich Pirson, Erster Band, S. 907ff, Berlin 1994, 2. Auflage
(zit.: *C. Meyer*, in: HdbStKirchR, 1. Band²).

Meyer-Teschendorf, Klaus G. — Der Körperschaftsstatus der Kirchen. Zur Systemadäquanz des Art. 137 V WRV im pluralistischen Gemeinwesen des Grundgesetzes, in: AöR 103. Band (1978), S. 289ff.

ders. Staat und Kirche im pluralistischen Gemeinwesen. Verfassungstheoretische Vorverständnisse von Staat, Kirche und Gesellschaft in der staatskirchen-rechtlichen Diskussion der Gegenwart,
Tübingen 1979.

Mikat, Paul Bemerkungen zur Ortsbestimmung und Aufgabenstellung des deutschen Staatskirchenrechts,
in: Paul Mikat, Religionsrechtliche Schriften. Abhandlungen zum Staatskirchenrecht und Eherecht, hrsg. von Joseph Listl, Erster Halbband, S. 413ff,
Berlin 1974
(zit.: *Mikat*, in: Mikat, Religionsrechtliche Schriften).

ders. Das Verhältnis von Kirche und Staat in der Bundesrepublik,
Berlin 1964.

ders. Kirchen und Religionsgemeinschaften,
in: Die Grundrechte, Handbuch der Theorie und Praxis der Grundrechte, hrsg. von Karl August Bettermann, Hans Carl Nipperdey und Ulrich Scheuner, Vierter Band, 1. Halbband, S. 111ff,
Berlin 1960
(zit.: *Mikat*, in: Bettermann/Nipperdey/Scheuner, Die Grundrechte, 4. Band/1, Halbband).

ders. Kirche und Staat in nachkonziliarer Sicht,
in: Festschrift für Bischof D. Hermann Kunst D. D. zum 60. Geburtstag am 21. Januar 1967, hrsg. von Kurt Aland und Wilhelm Schneemelcher, S. 105ff,
Berlin 1967
(zit.: *Mikat*, in: FS Kunst (1967)).

ders. Staat, Kirchen und Religionsgemeinschaften,
in: Handbuch des Verfassungsrechts der Bundesrepublik Deutschland, hrsg. von Ernst Benda, Werner Maihofer und Hans-Jochen Vogel, § 29, S. 1425ff,
Berlin u. a. 1994, 2. Auflage
(zit.: *Mikat*, in: $HdbVerfR^2$).

Mohl, Helmut/Dicken, Claudia Steuerliche Perspektiven der kommunalen Abfall- und Abwasserentsorgung,
in: KStZ 1994, S. 164ff.

Morlok, Martin/Heinig, Michael Parität im Leistungsstaat – Körperschaftsstatus nur bei Staatsloyalität? Ein Beitrag zur Dogmatik des Art. 140 GG i. V. mit Art. 137 V 2 WRV,
in: NVwZ 1999, S. 697ff.

Muckel, Stefan — Kirchliche Vereine in der staatlichen Rechtsordnung, in: Handbuch des Staatskirchenrechts der Bundesrepublik Deutschland, hrsg. von Joseph Listl und Dietrich Pirson, Erster Band, S. 827ff, Berlin 1994, 2. Auflage (zit.: *Muckel*, in: HdbStKirchR, 1. Band^2).

ders. — Religionsgemeinschaften als Körperschaften des öffentlichen Rechts. Zur aktuellen Diskussion um die Verleihung der Körperschaftsrechte, in: Der Staat 38. Band (1999), S. 569ff.

Müller-Volbehr, Jörg — Das Christliche in Deutschland. Ein rechtshistorischer Rückblick, in: ZevKR 49. Band (2004), S. 73ff.

ders. — Körperschaftsstatus und Sachenrecht der Kirchen, in: ZevKR 33. Band (1988), S. 153ff.

ders. — Rechtsweg gegen Hausverbot für kirchlichen Kindergarten – VGH München, BayVBl. 1986, 271, und BVerwG, NVwZ 1987, 677, in: JuS 1987, S. 869ff.

ders. — Staatskirchenrecht im Umbruch, in: ZRP 1991, S. 345ff.

v. Münch, Ingo/Kunig, Philip — Grundgesetz-Kommentar, Band 1 (Präambel bis Art. 19), München 2000, 5. Auflage, Band 3 (Art. 70 bis Art. 146 und Gesamtregister), München 2003, 5. Auflage (zit.: *Bearb.*, in: v. Münch/Kunig, Grundgesetz-Kommentar).

N

Neureither, Georg — Recht und Freiheit im Staatskirchenrecht. Das Selbstbestimmungsrecht der Religionsgemeinschaften als Grundlage des staatskirchenrechtlichen Systems der Bundesrepublik Deutschland, Berlin 2002.

Niebler, Klaus — Betriebs-Atomisierung als steuerrechtliches Gebot? – dargestellt am Beispiel eines Fremdenverkehrsbetriebs, in: dgh 1980, S. 229f.

ders. — Körperschaftsteuerliche Beurteilung der Betriebe gewerblicher Art von Körperschaften des öffentlichen

Rechts,
in: DB 1976, S. 218f.

ders. Prüfstein „Müllverbrennungssteuer“,
in: dgh 1981, S. 53ff.

Niehues, Norbert Schul- und Prüfungsrecht, Band 1, Schulrecht,
München 2000, 3. Auflage.

O

Ossenbühl, Fritz Rundfunk zwischen Staat und Gesellschaft,
München 1975.

Ott, Sieghart Christliche Aspekte unserer Rechtsordnung,
Berlin u. a. 1968.

P

Pagels, Carsten Die Zuerkennung der Rechte einer öffentlichrechtlichen Körperschaft an eine Religionsgemeinschaft – OVG Berlin, NVwZ 1996, 478,
in: JuS 1996, S. 790ff.

Papier, Hans-Jürgen Rechtsschutzgarantie gegen die öffentliche Gewalt,
in: Handbuch des Staatsrechts der Bundesrepublik Deutschland, hrsg. von Josef Isensee und Paul Kirchhof, Band VI: Freiheitsrechte,
§ 154, S. 1233ff,
Heidelberg 2001, 2. Auflage
(zit.: *Papier*, in: HdbStaatsR, Band VI²).

Paulick, Heinz Der Hoheitsbetrieb im Steuerrecht,
in: StuW 1952, Sp. 679ff.

Pezzer, Heinz-Jürgen Anmerkung zu BFH, Urteil vom 8. Juli 1998, I R 123/97,
in: FR 1998, S. 1093.

Pflaumer, Gerd Der Begriff „Ausübung öffentlicher Gewalt“ im Steuerrecht,
Heidelberg 1964.

Pieroth, Bodo/Görisch, Christoph Was ist eine „Religionsgemeinschaft“?,
in: JuS 2002, S. 937ff.

Piltz, Dieter — Zur Besteuerung der Betriebe gewerblicher Art von juristischen Personen des öffentlichen Rechts, in: FR 1980, S. 34ff.

Plückebaum/Malitzky — Umsatzsteuergesetz mit Nebengesetzen und Verordnungen, Kommentar, hrsg. von Werner Widmann, Köln u. a. 2004, 10. Auflage (zit.: *Bearb.*, in: Plückebaum/Malitzky, UStG).

Pott, Hans-Michael — Die Führung von Verlustunternehmen als verdeckte Gewinnausschüttung – Zur Ergebnissaldierung zwischen Gewinn- und Verlustunternehmen, in: StuW 1979, S. 321ff.

Preuß, Ulrich K. — Zum staatsrechtlichen Begriff des Öffentlichen untersucht am Beispiel des verfassungsrechtlichen Status kultureller Organisationen, Stuttgart 1969.

Primetshofer, Bruno — Ordensrecht, in: Staatslexikon, hrsg. von der Görres-Gesellschaft, Vierter Band, Sp. 185ff, Freiburg, Basel, Wien 1988, 7. Auflage (zit.: *Primetshofer*, in: Staatslexikon, 4. Band^{7}).

Prugger, Karl — Anmerkung zu BFH, Urteil vom 14. April 1983, V R 3/79, in: UR 1983, S. 147ff.

Pues, Lothar/Scheerbarth, Walter — Gemeinnützige Stiftungen im Zivil- und Steuerrecht, München 2004, 2. Auflage.

Püttner, Günter — Anmerkung zu Gerichtshof für Kompetenzkonflikte beim BayObLG, Urteil vom 28. November 1974, KKReg. 1/74, in: DÖV 1975, S. 396f.

Q

Quaritsch, Helmut — Kirchen und Staat. Verfassungs- und staatstheoretische Probleme der staatskirchenrechtlichen Lehre der Gegenwart, in: Der Staat 1. Band (1962), S. 289ff.

ders. — Neues und Altes über das Verhältnis von Kirchen und Staat, in: Der Staat 5. Band (1966), S. 451ff.

R

Rader, Jürgen — Verdeckte Gewinnausschüttungen bei Stiftungen, Vereinen und Betrieben gewerblicher Art von juristischen Personen des öffentlichen Rechts,
in: BB 1977, S. 1441ff.

Ramme, Christoph — Betriebe gewerblicher Art von Körperschaften öffentlichen Rechts und die Ausübung öffentlicher Gewalt im Umsatzsteuerrecht,
Berlin 1970.

Ranft, Eckart — Steuerprivilegien der Sparkassen verfassungswidrig? Zum rechtswissenschaftlichen Gutachten von Nipperdey-Schneider,
in: StuW 1967, Sp. 331ff.

Rau, Günter/Dürrwächter, Erich/Flick, Hans/Geist, Reinhold — Kommentar zum Umsatzsteuergesetz,
Köln 1997ff, 8. Auflage
(zit.: *Bearb.*, in: Rau/Dürrwächter/Flick, Geist, UStG).

Redeker, Konrad/v. Oertzen, Hans-Joachim — Verwaltungsgerichtsordnung, Kommentar,
Stuttgart 2000, 13. Auflage
(zit.: *Bearb.*, in: Redeker/v. Oertzen, VwGO[13]).

Reich, Dietmar O./Helios, Marcus — Zur Besteuerung einer erwerbswirtschaftlichen Betätigung der öffentlichen Hand nach dem Steuersenkungsgesetz. Der Begriff des Betriebs gewerblicher Art am Beispiel eines Wochenmarktes,
in: BB 2001, S. 1442ff.

Renck, Ludwig — Die unvollkommene Parität,
in: DÖV 2002, S. 56ff.

ders. — Fragen zur Korporationsqualität von Religionsgesellschaften,
in: BayVBl. 1984, S. 708ff.

ders. — Nochmals: Zum Stand des „Staatskirchenrechts" in Deutschland. Replik auf von Campenhausen in BayVBl. 1999, S. 65ff,
in: BayVBl. 2000, S. 744ff.

ders. — Patronate der öffentlichen Hand,
in: DÖV 2003, S. 526ff.

ders. — Rechtsfragen der res sacra,
in: BayVBl. 1982, S. 329ff.

ders. Zum Stand des Bekenntnisverfassungsrechts in der Bundesrepublik,
in: BayVBl. 1999, S. 70ff.

Richardi, Reinhard Kirchenautonomie und gesetzliche Betriebsverfassung. Zum Fall Goch des Bundesverfassungsgerichts,
in: ZevKR 23. Band (1978), S. 367ff.

Ronellenfitsch, Michael Wirtschaftliche Betätigung des Staates,
in: Handbuch des Staatsrechts der Bundesrepublik Deutschland, hrsg. von Josef Isensee und Paul Kirchhof, Band III, Das Handeln des Staates, § 84, S. 1171ff,
Heidelberg 1996, 2. Auflage
(zit.: *Ronellenfitsch*, in: HdbStaatsR, Band III^2).

Rüfner, Wolfgang Die Geltung von Grundrechten im kirchlichen Bereich,
in: Essener Gespräche zum Thema Staat und Kirche, 7 (1972), S. 9ff.

ders. Die Gründung juristischer Personen des öffentlichen Rechts durch die Kirchen,
in: Festschrift für Joseph Listl zum 70. Geburtstag, hrsg. von Josef Isensee, Wilhelm Rees und Wolfgang Rüfner, S. 431ff,
Berlin 1999
(zit.: *Rüfner*, in: FS Listl (1999)).

ders. Rechtsschutz gegen kirchliche Rechtshandlungen und Nachprüfung kirchlicher Entscheidungen durch staatliche Gerichte,
in: Handbuch des Staatskirchenrechts der Bundesrepublik Deutschland, hrsg. von Ernst Friesenhahn und Ulrich Scheuner in Verbindung mit Joseph Listl, Erster Band, S. 759ff,
Berlin 1974
(zit.: *Rüfner*, in: HdbStKirchR, 1. Band^1).

ders. Zur Bindung kirchlicher Vereine an die Amtskirche nach kanonischem und weltlichem Recht,
in: Festschrift für Willi Geiger zum 80. Geburtstag, hrsg. von Hans Joachim Faller, Paul Kirchhof, Ernst Träger, S. 620ff,
Tübingen 1989
(zit.: *Rüfner*, in: FS Geiger (1989)).

S

Sachs, Michael — Grundgesetz, Kommentar, München 2003, 3. Auflage (zit.: *Bearb.*, in: Sachs, Grundgesetz-Kommentar[3]).

Sailer, Christian — Die staatliche Finanzierung der Kirchen und das Grundgesetz, in: ZRP 2001, S. 80ff.

ders. — Grenzen öffentlichrechtlicher Kirchenmacht. Zur verfassungsrechtlichen Bewältigung einer neuen Inquisitionsbewegung, in: ZRP 1999, S. 455ff.

Schäfer, Friedrich — Wege zum Vorsteuerabzug für staatliche Hochschulen, in: UR 2003, S. 526ff.

Schatzschneider, Wolfgang — Anmerkung zu BayVGH, Beschluß vom 14. März 1980, Nr. 157 VII 72, in: BayVBl. 1980, S. 564f.

ders. — Anmerkung zu BVerwG, Urteil vom 7. Oktober 1983, 7 C 44.81, in: NJW 1984, S. 991.

Schauhoff, Stephan — Gemeinnützige Mittelverwendung, in: Handbuch der Gemeinnützigkeit, Verein – Stiftung – GmbH, Recht – Steuern – Personal, hrsg. von Stephan Schauhoff, § 8, München 2000 (zit.: *Schauhoff*, in: Schauhoff, Handbuch der Gemeinnützigkeit, § 8).

ders. — Gemeinnützigkeit, in: Handbuch der Gemeinnützigkeit, Verein – Stiftung – GmbH, Recht – Steuern – Personal, hrsg. von Stephan Schauhoff, § 5, München 2000 (zit.: *Schauhoff*, in: Schauhoff, Handbuch der Gemeinnützigkeit, § 5).

Scheffler, Gerhard — Staat und Kirche. Die Stellung der Kirche im Staat nach dem Grundgesetz, Hamburg 1973, 2. Auflage.

Schenke, Wolf-Rüdiger — Verwaltungsprozessrecht, Heidelberg 2004, 9. Auflage.

Scheuner, Ulrich — Das System der Beziehungen von Staat und Kirchen im Grundgesetz. Zur Entwicklung des Staatskirchenrechts,

in: Handbuch des Staatskirchenrechts der Bundesrepublik Deutschland, hrsg. von Ernst Friesenhahn und Ulrich Scheuner in Verbindung mit Joseph Listl, Erster Band, S. 5ff,
Berlin 1974
(zit.: *Scheuner*, in: HdbStKirchR, 1. Band[1]).

ders. Der Bestand staatlicher und kommunaler Leistungspflichten an die Kirchen (Art. 138 Abs. 2 WRV),
in: Kirche und Staat in der neueren Entwicklung, hrsg. von Paul Mikat, S. 267ff,
Darmstadt 1980
(zit.: *Scheuner*, in: Mikat, Kirche und Staat in der neueren Entwicklung).

ders. Die Rechtsstellung der Kirchen in der pluralistischen Gesellschaft (Thesen),
in: Loccumer Protokolle, 8/1974, Kirche als Körperschaft öffentlichen Rechts, S. 82ff,
Loccum 1974
(zit.: *Scheuner*, in: Loccumer Protokolle, 8/1974).

ders. Erörterungen und Tendenzen im gegenwärtigen Staatskirchenrecht der Bundesrepublik,
in: Essener Gespräche zum Thema Staat und Kirche, 1 (1969), S. 108ff.

ders. Kirchensteuer und Verfassung,
in: Ulrich Scheuner, Schriften zum Staatskirchenrecht, hrsg. von Joseph Listl, S. 273ff,
Berlin 1973
(zit.: *Scheuner*, in: Scheuner, Schriften zum Staatskirchenrecht).

ders. Kirche und Staat in der neueren deutschen Entwicklung,
in: ZevKR 7. Band (1959/60), S. 225ff.

ders. Voraussetzungen und Formen der Errichtung öffentlicher Körperschaften (außerhalb des Kommunalrechts),
in: Gedächtnisschrift Hans Peters, hrsg. von Hermann Conrad, Hermann Jahrreiß, Paul Mikat, Hermann Mosler, Hans Carl Nipperdey und Jürgen Salzwedel, S. 797ff,
Berlin u. a. 1967
(zit.: *Scheuner*, in: GS Peters (1967)).

Schiffers, Joachim Kapitalertragsteuer bei Betrieben gewerblicher Art ohne eigene Rechtspersönlichkeit. Zugleich Anmerkung

zum BMF-Schreiben vom 11.9.2002 – IV A 2 – S 1910 – 194/02, BStBl. I 2002, 935,
in: BB 2003, S. 398ff.

Schlaich, Klaus — Neutralität als verfassungsrechtliches Prinzip vornehmlich im Kulturverfassungs- und Staatskirchenrecht,
Tübingen 1972.

Schlief, Karl Eugen — Staatsleistungen an die Kirchen,
in: Staatslexikon in 5 Bänden, hrsg. von der Görres-Gesellschaft, Fünfter Band, Sp. 199ff,
Freiburg u. a. 1989, 7. Auflage
(zit.: *Schlief*, in: Staatslexikon, 5. Band⁷).

Schlink, Bernhard — Die Amtshilfe. Ein Beitrag zu einer Lehre von der Gewaltenteilung in der Verwaltung,
Berlin 1982.

Schmid, Hansdieter — Der Querverbund kommunaler Unternehmen,
in: ZKF 1980, S. 34ff.

Schmidt, Reiner — Staatliche Verantwortung für die Wirtschaft,
in: Handbuch des Staatsrechts der Bundesrepublik Deutschland, hrsg. von Josef Isensee und Paul Kirchhof, Band III, Das Handeln des Staates, § 83, S. 1141ff,
Heidelberg 1996, 2. Auflage
(zit.: *R. Schmidt*, in: HdbStaatsR, Band III²).

Schmidt, Ludwig — Einkommensteuergesetz,
München 2004, 23. Auflage
(zit.: *Bearb.*, in: L. Schmidt, EStG²³).

Schmidt-Eichstaedt, Gerd — Die Körperschaftsqualität der Kirchen – Wegbereiter für ein neues öffentliches Verbandsrecht?,
in: Der Staat 21. Band (1982), S. 423ff.

ders. — Kirchen als Körperschaften des öffentlichen Rechts? Eine Überprüfung des öffentlich-rechtlichen Status von Religions- und Weltanschauungsgemeinschaften,
Köln u. a. 1975.

Schmidt-Liebig, Axel — „Gewerbe" im Steuerrecht. Eine Untersuchung zu Wort und Begriff,
Saarbrücken 1977.

Schmölder, Konstanz — Materialien zur steuerlichen Behandlung öffentlicher Unternehmen,
in: Hans Ritschl, Die Besteuerung der öffentlichen Unternehmen, Gutachten erstattet im Auftrage der Gesellschaft für öffentliche Wirtschaft e. V.,
Berlin 1960

(zit.: *Schmölder*, in: Ritschl, Die Besteuerung der öffentlichen Unternehmen).

Schnapp, Friedrich E./ Kaltenborn, Markus — Grundrechtsbindung nichtstaatlicher Institutionen, in: JuS 2000, S. 937ff.

Schneider, Hans — Rundfunkanstalten und Mehrwertsteuer: Zur Besteuerung der öffentlich-rechtlichen Rundfunkanstalten im Regierungsentwurf des Mehrwertsteuergesetzes, Frankfurt am Main u. a. 1966.

Scholtz, Rolf-Detlev — Steuerbegünstigte Zwecke (Teil I), in: FR 1976, S. 181ff.

Scholz, Rupert — Private Rundfunkfreiheit und öffentlicher Rundfunkvorbehalt – BVerwGE 39, 159, in: JuS 1974, S. 299ff.

Schön, Wolfgang — Kirchliche Hoheitsbetriebe, in: DStZ 1999, S. 701ff.

Seer, Roman — Die steuerliche Behandlung der Forschungstransfers unter Berücksichtigung der gesetzlichen Neuregelungen ab 1.1.1997, in: DStR 1997, S. 436ff.

ders. — Gemeinwohlzwecke und steuerliche Entlastung, in: DStJG Band 26 (2003), S. 11ff.

ders. — Inhalt und Funktion des Begriffs „Betrieb gewerblicher Art“ für die Besteuerung der öffentlichen Hand, in: DStR 1992, S. 1751ff (Teil I) und S. 1790ff (Teil II).

Seer, Roman/Wendt, Volker — Strukturprobleme der Besteuerung der öffentlichen Hand, in: DStR 2001, S. 825ff.

Seer, Roman M./Wolsztynski, Christian — Steuerrechtliche Gemeinnützigkeit der öffentlichen Hand. Eine Untersuchung zur Gemeinnützigkeit privatrechtlicher Körperschaften in staatlicher (Mit-) Trägerschaft, Berlin 2002.

Seifert, Karl-Heinz/Hömig, Dieter — Grundgesetz für die Bundesrepublik Deutschland, Taschenkommentar, Baden-Baden 2003, 7. Auflage (zit.: *Bearb.*, in: Seifert/Hömig, Grundgesetz[7]).

Selmer, Peter — Finanzordnung und Grundgesetz. Die Rechtsprechung des Bundesverfassungsgerichts in Finanz- und Steuer-

sachen,
in: AöR 101. Band (1976), S. 399ff.

Selmer, Peter/Schulze-Osterloh, Lerke — Besteuerung öffentlicher Unternehmen und Wettbewerbsneutralität – Steuer- und verfassungsrechtliche Überlegungen zur subjektiven Steuerpflicht juristischer Personen des öffentlichen Rechts –,
in: DÖV 1978, S. 381ff.

Sendler, Horst — Glaubensgemeinschaften als Körperschaften des öffentlichen Rechts,
in: DVBl. 2004, S. 8ff.

Siegel, Manfred — Der Begriff des „Betriebs gewerblicher Art“ im Körperschaft- und Umsatzsteuerrecht,
Berlin 1999.

Smend, Rudolf — Staat und Kirche nach dem Bonner Grundgesetz,
in: ZevKR 1. Band (1951), S. 4ff.

ders. — Zur Gewährung der Rechte einer Körperschaft des öffentlichen Rechts an Religionsgesellschaften gemäß Art. 137 WRV,
in: ZevKR 2. Band (1952/1953), S. 374ff.

Solte, Ernst-Lüder — Die Organisationsstruktur der übrigen als öffentliche Körperschaften verfaßten Religionsgemeinschaften und ihre Stellung im Staatskirchenrecht,
in: Handbuch des Staatskirchenrechts der Bundesrepublik Deutschland, hrsg. von Joseph Listl und Dietrich Pirson, Erster Band, S. 417ff,
Berlin 1994, 2. Auflage
(zit.: *Solte*, in: HdbStKirchR, 1. Band^2).

Stadie, Holger — Anmerkung zu EuGH, Urteil vom 6. Februar 1997, Rs. C-247/95,
in: UR 1997, S. 262f.

Stähr, Axel/Bohnert, Cornelia/Greßmann, Michael/Grube, Christian/Rombach, Wolfgang — SBG VIII, Kinder- und Jugendhilfe, Kommentar, 1. Band,
Berlin 1991ff
(zit.: *Bearb*., in: Stähr/Bohnert/Greßmann/Grube/ Rombach, SGB VIII).

Starck, Christian — Staatliche Organisation und staatliche Finanzierung als Hilfen zu Grundrechtsverwirklichungen?,
in: Festgabe aus Anlaß des 25jährigen Bestehens des Bundesverfassungsgerichts, in Gemeinschaft mit Martin Drath, Ernst Friesenhahn, Wilhelm Karl Geck, Gerhard Leibholz, Gerd Roellecke, Hans F. Zacher und

	Konrad Zweigert hrsg. von Christian Starck, Zweiter Band, Verfassungsauslegung, S. 480ff, Tübingen 1976 (zit.: *Starck*, in: Festgabe BVerfG, 2. Band (1976)).
Steffen, Urban	Der Betrieb gewerblicher Art. Die Zusammenfassung von wirtschaftlichen Tätigkeiten der juristischen Person des öffentlichen Rechts, Baden-Baden 2001.
ders.	Neuregelungen der Unternehmenssteuerreform für die Ertragsbesteuerung der juristischen Personen des öffentlichen Rechts, in: DStR 2000, S. 2025ff.
Stein, Ekkehard/Roell, Monika	Handbuch des Schulrechts, Köln u. a. 1988.
Stelkens, Paul/Bonk, Heinz Joachim/Sachs, Michael	Verwaltungsverfahrensgesetz, Kommentar, München 2001, 6. Auflage (zit.: *Bearb.*, in: P. Stelkens/Bonk/Sachs, VwVfG[6]).
Stolleis, Michael	Anmerkung zu VG Würzburg, Beschluß vom 1. Juni 1971, Nr. 391 II 71, in: BayVBl. 1972, S. 23f.
ders.	Kirchliches Glockenläuten und staatliche Gerichte, in: ZevKR 17. Band (1972), S. 150ff.
Strahl, Martin	Die Ausgliederung hoheitlicher und wirtschaftlicher Tätigkeiten durch staatliche Hochschulen – Ertragsteuerliche Konsequenzen und Gestaltungsmöglichkeiten –, in: FR 2004, S. 72ff.
ders.	Steuerliche Aspekte der wirtschaftlichen Betätigung von Hochschulen, in: FR 1998, S. 761ff.
ders.	Steuerliche Chancen und Risiken bei Beteiligung einer Körperschaft des öffentlichen Rechts an Tochtergesellschaften – unter besonderer Berücksichtigung von staatlichen Hochschulen als Trägerkörperschaften, in: FR 2002, S. 916ff.
ders.	Umsatzsteuerliche Aspekte des Hochschulsports, in: UR 2001, S. 277ff.

Streck, Michael — Körperschaftsteuergesetz mit Nebengesetzen, München 2003, 6. Auflage (zit.: *Bearb.*, in: Streck, KStG[6]).

Stüdemann, Klaus — Grundformen der Einnahmenbesteuerung – Versuch eines betriebswirtschaftlichen Besteuerungsmodells –, in: StuW 1985, S. 141ff.

Stumpf, Christoph A./ Zaborowski, Holger — Wertevermittlung im Verfassungsleben des weltanschaulich neutralen Staates, in: ThürVBl. 1999, S. 197ff und 225ff.

Stutz, Ulrich — Die päpstliche Diplomatie unter Leo XIII. nach den Denkwürdigkeiten des Kardinals Domenico Ferrata, Berlin 1926.

T

Tettinger, Peter J./Wahrendorf, Volker — Verwaltungsprozessrecht, Köln u. a. 2001, 2. Auflage.

Theobald, Wolfgang — Umsatzsteuer und Gemeinnützigkeit kommunaler Abfallgesellschaften. Zum Erlaß des Finanzministers Nordrhein-Westfalen vom 14.5.1985, BB 1985 S. 1118, in: BB 1985, S. 1911f.

Thieme, Hauke — Steuersenkungsgesetz: Änderungen bei der Besteuerung juristischer Personen des öffentlichen Rechts und Lösungsansätze zur Steueroptimierung, in: FR 2000, S. 1074ff.

ders. — Umsatzsteuerrechtliche Behandlung von Abwasserbeseitigung und Abfallentsorgung – Mit und ohne Einschaltung Dritter –, in: UR 2003, S. 369ff.

Thieme, Hauke/Dorenkamp, Nico — Auswirkungen des Gemeinnützigkeitsrechts auf die öffentliche Hand im Hinblick auf das Subjekt der Gemeinnützigkeit und die Zulässigkeit eines Ergebnisausgleichs, in: FR 2003, S. 693ff.

Thode, Bernd — Steuerliche Auswirkungen der Umwandlung von Hoheitsbetrieben in Wettbewerbsanstalten oder Kapitalgesellschaften, in: DB 1996, S. 2098ff.

Thouet, Philipp — Die Besteuerung der Organisationen des Handwerks. Handwerkskammern, Innungen und Kreishandwerkerschaften, in: DStZ 2002, S. 91ff.

Thüsing, Gregor — Ist Scientology eine Religionsgemeinschaft? Rechtsvergleichende Gedanken zu einer umstrittenen Frage, in: ZevKR 45. Band (2000), S. 592ff.

v. Tiling, Peter — Die Kirche in der pluralistischen Gesellschaft, in: ZevKR 14. Band (1968/69), S. 238ff.

Tillmanns, Reiner — Zur Verleihung des Körperschaftsstatus an Religionsgemeinschaften, in: DÖV 1999, S. 441ff.

Tipke, Klaus — Die Steuerprivilegien der Sparkassen. Steuersystematische und verfassungsrechtliche Aspekte, Köln 1972.

ders. — Steuergerechtigkeit in Theorie und Praxis. Vom politischen Schlagwort zum Rechtsbegriff und zur praktischen Anwendung, Köln 1981.

Tipke, Klaus/Lang, Joachim — Steuerrecht, Köln 2002, 17. Auflage (zit.: *Bearb.*, in: Tipke/Lang, Steuerrecht[17]).

Triebel, Matthias — Kopftuch und staatliche Neutralität, in: BayVBl. 2002, S. 624ff.

Troll, Max/Wallenhorst, Rolf/ Halaczinsky, Raymond — Die Besteuerung gemeinnütziger Vereine und Stiftungen, München 2000, 4. Auflage (zit.: *Bearb.*, in: Troll/Wallenhorst/Halaczinsky, Die Besteuerung gemeinnütziger Vereine und Stiftungen[4]).

Trzaskalik, Christoph — Die steuerliche Förderung des Sports, in: StuW 1986, S. 219ff.

V

Vangerow, Friedrich — Erläuterungen zur Rechtsprechung, D. Zur Körperschaftsteuer, Zu den Urteilen des BFH vom 10.7.1962 I 164/59 S StW 1963 Nr. 8 und vom 6.8.1962 I 65/60 StW 1963 Nr. 7, in: StuW 1963, Sp. 59ff.

Voll, Otto/Störle, Johann — Neue kirchliche Ordnungen für Juristische Personen im Bereich der Katholischen Kirche in Bayern, in: BayVBl. 1991, S. 97ff.

W

Wagner, Wilfried — Der leise Abschied des „Betriebs gewerblicher Art" aus dem Umsatzsteuerrecht. Anstöße und Anstößiges des Gemeinschaftsrechts zur Umsatzbesteuerung der juristischen Personen des öffentlichen Rechts, in: UR 1993, S. 301ff.

ders. — Umsatzsteuer und öffentliche Hand, in: DStJG Band 13 (1990), S. 59ff.

v. Wallis, Hugo — Steuerbegünstigung gemeinnütziger Zwecke, Herne u. a. 1972, 3. Auflage.

Wank, Rolf — Die juristische Begriffsbildung, München 1985.

Weber, Hermann — Die Grundrechtsbindung der Kirchen, in: ZevKR 17. Band (1972), S. 386ff.

ders. — Die Religionsgemeinschaften als Körperschaften des öffentlichen Rechts im System des Grundgesetzes, Berlin 1966.

ders. — Die Verleihung der Körperschaftsrechte an Religionsgemeinschaften. Grundsätzliche und aktuelle Probleme, in: ZevKR 34. Band (1989), S. 337ff.

ders. — Gelöste und ungelöste Probleme des Staatskirchenrechts, in: NJW 1983, S. 2541ff.

ders. — Grundprobleme des Staatskirchenrechts, Bad Homburg v. d. H. u. a. 1970.

ders. — Staatliche und kirchliche Gerichtsbarkeit, in: NJW 1989, S. 2217ff.

ders. — Staat und Kirchen unter dem Grundgesetz, in: Kirche und moderne Gesellschaft, hrsg. von Heinz Wilhelm Brockmann, S. 84ff, Düsseldorf 1976 (zit.: *H. Weber*, in: Brockmann, Kirche und moderne Gesellschaft).

Weber, Werner Die Ablösung der Staatsleistungen an die Religionsgesellschaften,
Waiblingen 1948.

ders. Zur staatskirchenrechtlichen Bedeutung des Rechts der öffentlichen Sachen,
in: ZevKR 11. Band (1964/65), S. 111ff.

Weber-Grellet, Heinrich Anmerkung zu BFH, Beschluß vom 29. Oktober 1997, X R 183/96,
in: FR 1998, S. 313f.

ders. Der Typus des Typus,
in: Festschrift zum 70. Geburtstag von Heinrich Beisse, hrsg. von Wolf Dieter Budde, Adolf Moxter, Klaus Offerhaus, S. 551ff,
Düsseldorf 1997
(zit.: *Weber-Grellet*, in: FS Beisse (1997)).

Wehdeking, Thomas Pieter Die Kirchengutsgarantien und die Bestimmungen über Leistungen der öffentlichen Hand an die Religionsgesellschaften im Verfassungsrecht des Bundes und der Länder,
München 1971.

Weides, Peter Die Religionsgemeinschaften im Steuerrecht,
in: Festschrift der Rechtswissenschaftlichen Fakultät zur 600-Jahr-Feier der Universität zu Köln, S. 885ff,
Köln u. a. 1988
(zit.: *Weides*, in: FS Universität Köln (1988).

Weissenborn, Hans-Ullrich/ Schaaf, Herbert Zur Körperschaftsteuerpflicht der Gemeinden. Grundsätze und Besonderheiten bei ihrer Besteuerung,
in: KStZ 1969, S. 65ff und S. 87ff.

Wenk, Reinhard/Stein, Klaus Der körperschaftsteuerliche Verlustausgleich zwischen Betrieben gewerblicher Art von juristischen Personen des öffentlichen Rechts,
in: FR 1999, S. 573ff.

Wernsmann, Rainer Das gleichheitswidrige Steuergesetz – Rechtsfolgen und Rechtsschutz,
Berlin 2000.

Widmann, Werner „Teilweise unentgeltliche" Umsätze als Eigenverbrauch? Zu dem Urteil des FG des Saarlandes I 246/84 vom 30.7.1986,
in: UR 1987, S. 221ff.

Wieland, Joachim Die Angelegenheiten der Religionsgesellschaften, in: Der Staat 25. Band (1986), S. 321ff.

Wilms, Heinrich Glaubensgemeinschaften als Körperschaften des öffentlichen Rechts, in: NJW 2003, S. 1083ff.

Winter, Jörg Die Union Evangelischer Kirchen als Beitrag zur Strukturreform der Evangelischen Kirche in Deutschland, in: ZevKR 49. Band (2004), S. 239ff.

Wolf, Jens Steuerliche Privilegien staatlicher Wirtschaftstätigkeit, in: DB 2003, S. 849ff.

Wolff, Hans J. Der Unterschied zwischen öffentlichem und privatem Recht, in: AöR 76. Band (1950/51), S. 205ff.

Wolff, Hans J./Bachof, Otto/Stober, Rolf Verwaltungsrecht, Ein Studienbuch, Band 1, München 1999, 11. Auflage, Band 3, München 2004, 5. Auflage.

Wolff, Heinrich Amadeus Ablösung der Staatsleistungen an die Kirche, in: ZRP 2003, S. 12.

ders. Die Struktur des Grundsätzegesetzes zur Ablösung der Staatsleistungen an die Religionsgesellschaften (Art. 138 Abs. 1 S. 2 WRV/Art. 140 GG), in: Festschrift für Peter Badura zum 70. Geburtstag, hrsg. von Michael Brenner, Peter M. Huber und Markus Möstl, S. 727ff, Tübingen 2004 (zit.: *H. A. Wolff*, in: FS Badura (2004)).

Z

Zilles, Hans/Kämper, Burkhard Kirchengemeinden als Körperschaften im Rechtsverkehr. Voraussetzungen und Funktionsstörungen rechtswirksamer Betätigung, in: NVwZ 1994, S. 109ff.

Zündorf, Volker Die Ablösung der Staatsleistungen an die Religionsgesellschaften unter dem Grundgesetz, Münster 1967.

Zu den in dieser Arbeit verwendeten Abkürzungen siehe *Kirchner, Hildebert/Butz, Cornelie*, Abkürzungsverzeichnis der Rechtssprache, Berlin 2003, 5. Auflage.

Schriften zum Staatskirchenrecht

Herausgegeben von Axel Frhr. von Campenhausen und Christoph Link

Band 1 Christoph Link: Staat und Kirche in der neueren deutschen Geschichte. Fünf Abhandlungen. 2000.

Band 2 Andreas Franitza: Der Allgemeine Hannoversche Klosterfonds und die Klosterkammer Hannover. Untersuchung zur rechtsgeschichtlichen Entwicklung. 2000.

Band 3 Reinald Willenberg: Rundfunk unter kirchlicher Trägerschaft. 2001.

Band 4 Martin Fischer: Kirchliche Beiträge im Fernsehen. Darstellung eines abgestuften Mitgestaltungsmodells kirchlicher Beteiligung im Fernsehen. 2001.

Band 5 Bernd Albrecht von Garmissen: Landwirtschaftliches Grundvermögen in kirchlicher Hand. Dargestellt am Beispiel der Evangelischen Kirche in Deutschland und unter besonderer Berücksichtigung der Evangelisch-Lutherischen Landeskirche Hannovers. 2001.

Band 6 Berend Lindner: Entstehung und Untergang von Körperschaften des öffentlichen Rechts. Unter besonderer Berücksichtigung der Religions- und Weltanschauungsgemeinschaften. 2002.

Band 7 Gesa Dirksen: Das deutsche Staatskirchenrecht - Freiheitsordnung oder Fehlentwicklung? 2003.

Band 8 Im Dienste der Sache. Liber amicorum für Joachim Gaertner. Herausgegeben von Ricarda Dill, Stephan Reimers, Christoph Thiele. 2003.

Band 9 Arnd Diringer: Scientology. Verbotsmöglichkeit einer verfassungsfeindlichen Bekenntnisgemeinschaft. 2003.

Band 10 Konstantin v. Notz: Lebensführungspflichten im evangelischen Kirchenrecht. 2003.

Band 11 Matthias Schwara: Die Heiliggeistkirche in Heidelberg im Wandel der Zeiten. Ein Beitrag zur Rechtsgeschichte Südwestdeutschlands. 2003.

Band 12 Axel Frhr. von Campenhausen (Hrsg.): Deutsches Staatskirchenrecht zwischen Grundgesetz und EU-Gemeinschaftsrecht. Symposion im Kirchenamt der Evangelischen Kirche in Deutschland am 25. und 26. April 2002 in Hannover. 2003.

Band 13 Thomas Bauer: Die GmbH als Rechtsform karitativer Einrichtungen der Kirche. 2003.

Band 14 Anne-Ruth Glawatz: Die Zuordnung privatrechtlich organisierter Diakonie zur evangelischen Kirche. Unter besonderer Berücksichtigung von unternehmerischen Umstrukturierungen in der Diakonie. 2003.

Band 15 Detlef Kehlen: Europäische Antidiskriminierung und kirchliches Selbstbestimmungsrecht. Zur Auslegung von Art. 13 EG und Art. 4 der Richtlinie 2000/78/EG. 2003.

Band 16 Andreas Grube: Der Sonntag und die kirchlichen Feiertage zwischen Gefährdung und Bewährung. Aspekte der feiertagsrechtlichen Entwicklung im 19. und 20. Jahrhundert. 2003.

Band 17 Burghard Winkel: Kirche und Vergaberecht. Der vergaberechtliche Status der evangelischen Landeskirchen in Deutschland. 2004.

Band 18 Suzanne Mann: Das Kopftuch der muslimischen Lehramtsanwärterin als Eignungsmangel im Beamtenrecht. 2004.

Band 19 Markus Ogorek: Geltung und Fortbestand der Verfassungsgarantie staatlichen Religionsunterrichts in den neuen Bundesländern. Ein Beitrag zur Lehre vom sogenannten Verfassungswandel. 2004.

Band 20 Steffen Rupp: Verwaltungsmodernisierung in der Kirche. Eine Untersuchung am Beispiel des Neuen Steuerungsmodells der Evangelischen Landeskirche in Baden. 2004.

Band 21 Gunter Barwig: Die Geltung der Grundrechte im kirchlichen Bereich. Eine Untersuchung zur Grundrechtsfähigkeit und Grundrechtsbindung der Religionsgemeinschaften. 2004.

Band 22 Andreas Kasper: Sozialsponsoring. Eine rechtliche Bewertung unter besonderer Berücksichtigung des Sponsorings kirchlicher Werke und Einrichtungen. 2004.

Band 23 Martin Rauhaus: Das kirchenrechtliche Gemeindeprinzip und seine Auswirkungen auf die kirchliche Verfassungsgestaltung. Dargestellt am Beispiel der Verfassung der evangelisch-reformierten Kirche. 2005.

Band 24 Heidi Reichegger: Die Auswirkungen der Richtlinie 2000/78/EG auf das kirchliche Arbeitsrecht unter Berücksichtigung von Gemeinschaftsgrundrechten als Auslegungsmaxime. 2005.

Band 25 Matthias Triebel: Das europäische Religionsrecht am Beispiel der arbeitsrechtlichen Anti-Diskriminierungsrichtlinie 2000/78/EG. 2005.

Band 26 René Seidel: Die Anerkennung der privaten Ersatzschule und ihre Auswirkungen auf das Privatschulverhältnis. 2005.

Band 27 Uta Kleine: Die Eingrenzung des Haftungsrisikos für den ehrenamtlichen Betreuer. 2005.

Band 28 Gerrit Nils Beermann: Hoheitsbetriebe von Kirchen und Religionsgemeinschaften. Eine körperschaftsteuerliche Untersuchung. 2005.

www.peterlang.de

www.ingramcontent.com/pod-product-compliance
Ingram Content Group UK Ltd.
Pitfield, Milton Keynes, MK11 3LW, UK
UKHW021914290926
8980IPUK00015B/1260